MICHAEL SCHÄFER

101 KLASSIKER

UND SOLCHE, DIE ES WERDEN WOLLEN

SONGBOOK MIT MUSIK AUS SECHS JAHRHUNDERTEN

für variable Besetzung und Klavierbegleitung

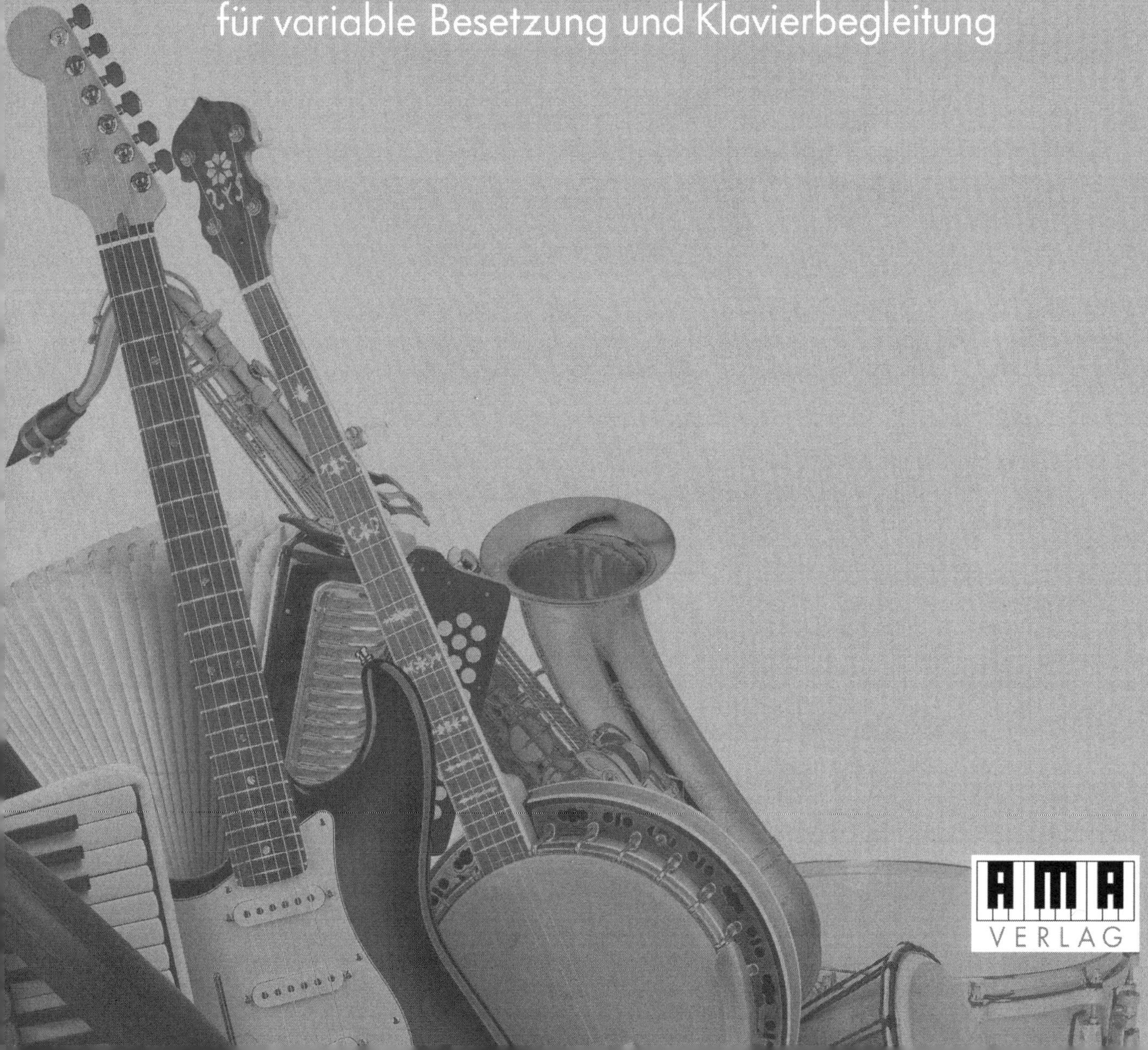

AMA VERLAG

Für meine Familie :)

Impressum

AMA Verlag GmbH
Postfach 1168
50301 Brühl
Germany

ama-verlag.com
E-Mail: mail@ama-verlag.de

Umschlaggestaltung: Katharina Blum
Autorenfoto: Luisa Schäfer
Redaktion: Harald Wingerter
Gesamtherstellung: Detlef Kessler
Printed in Germany

AMA 610580
ISBN 978-3-89922-312-5
ISMN 979-0-50155-267-2

Hallo liebe Musikanten,

seid willkommen und eingeladen zu einer unterhaltsamen Reise durch die Geschichte der Musik!

Im Mittelalter reisten die Spielleute mit Fiedel, Flöte und Schalmei durchs Land und spielten auf Hochzeiten, Jahrmärkten und in Wirtshäusern. Minnesänger zogen von Burg zu Burg und unterhielten mit ihren Dichtungen die Hofgesellschaft. Mit schmachtenden Liebesliedern besangen sie zur Harfen- oder Lautenbegleitung die Schönheit der adeligen Damen.
Aus Sologesang und Instrumentalstimme mit Begleitung entstanden zur Barockzeit Opern, Instrumentalkonzerte und Oratorien. Opernhäuser wurden gebaut, die Orchester wurden mit der Zeit immer größer, die Partituren dicker und die Werke länger. Der Ring des Nibelungen, ein aus vier Teilen bestehender Opernzyklus von Richard Wagner, gilt als die längste Oper der Welt, sie dauert etwa 14 Stunden.
Aus der Funktionsharmonik entstand Ende des 19. Jahrhunderts die Klangmalerei des Impressionismus, die auch den Jazz beeinflusst hat. Ein wesentliches Merkmal der Jazzmusik ist die Improvisation, die in der notierten klassischen Musik kaum eine Rolle spielt. Dabei ist die Improvisation so alt wie das Musizieren selbst. Komponisten wie Bach, Mozart, Beethoven, Schubert und Chopin beherrschten die Kunst der Improvisation. Ihre Kompositionen entstanden oft aus einer Improvisation, die dann ausgearbeitet und niedergeschrieben wurde.
Heute können wir eine bunte Vielfalt an Kunst und Kultur genießen, zu der Musik und Tanz, ob zu feierlichen Anlässen oder zur Unterhaltung, im Theater, Konzertsaal, Opernhaus oder im Jazzclub gleichermaßen gehören.

Im Anhang findet ihr Beispiele und Anregungen für eure eigene Improvisation. Mit Hilfe der Akkordsymbole über der Melodie könnt ihr die Begleitung variieren, eine eigene Begleitung erfinden oder mit anderen Instrumenten begleiten, z. B. mit der Gitarre. Für das deutsche H wird übrigens die internationale Schreibweise B verwendet.

Unter **ama-verlag.com** findet ihr im Downloadbereich zu diesem Buch folgende Einzelstimmen als PDF:

• Solostimme im Violinschüssel
• Solostimme im Bassschlüssel (hohe und tiefe Lage)

Um die Zip-Datei zu öffnen, gebt folgendes Passwort ein:
KL1agp

Viel Spaß beim Musizieren und Improvisieren wünscht euch

euer Michael Schäfer

1. La Mourisque

nach Tielman Susato (ca. 1500–1570)
Bearb.: Michael Schäfer

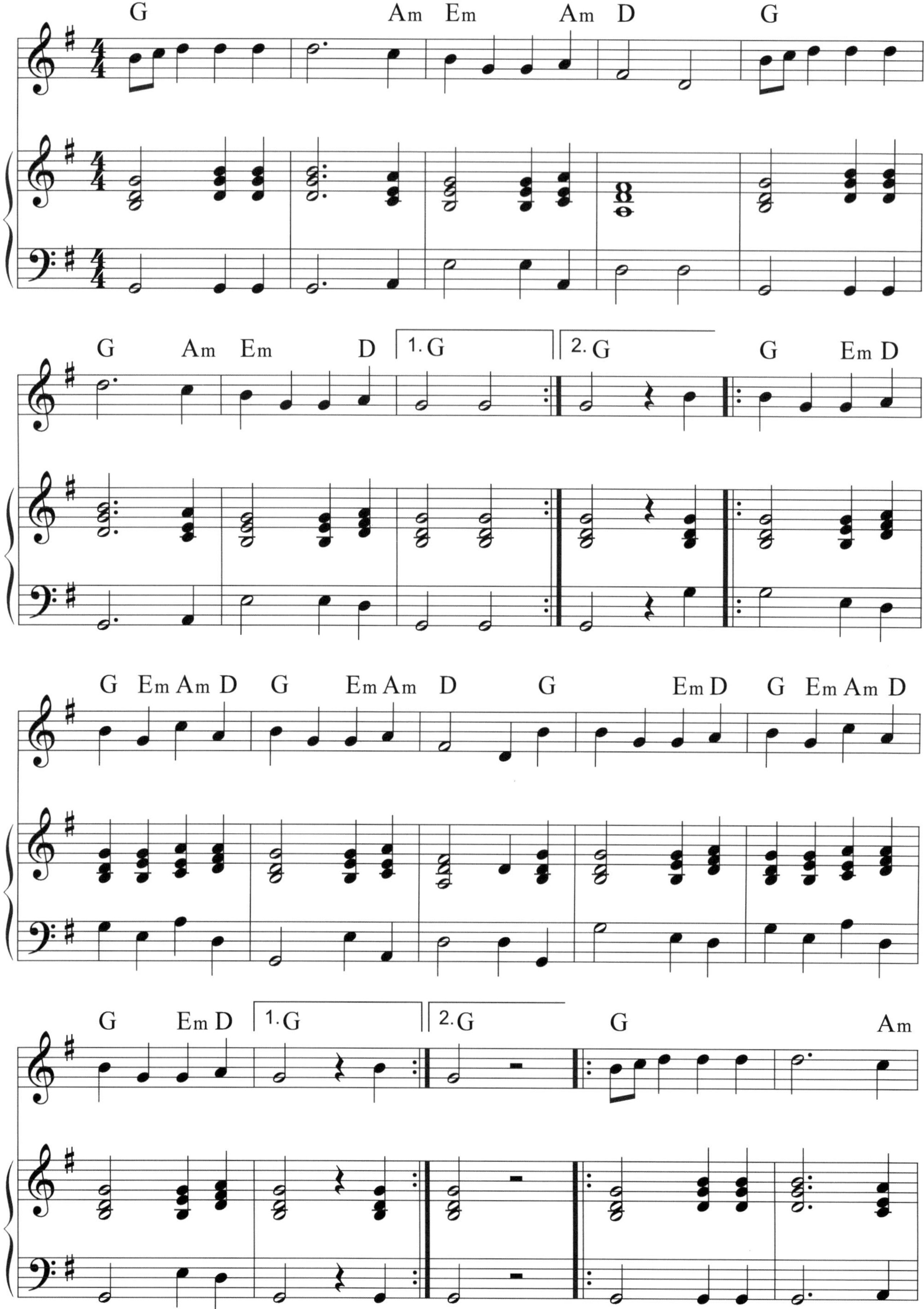

AMA VERLAG

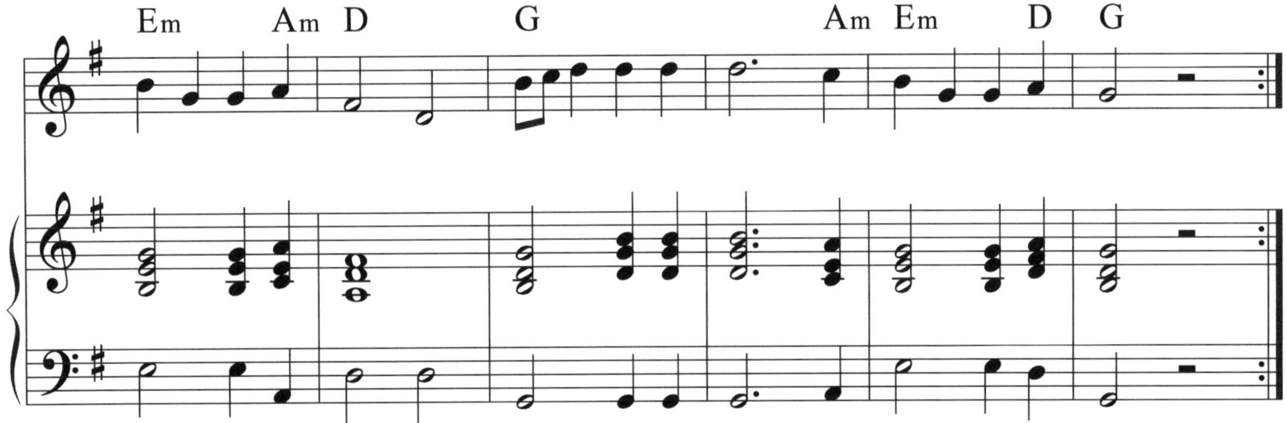

Der Gesellschaftstanz wurde in der Renaissance sehr geschätzt. Der Adel tanzte auf Festen vornehm durch die prächtigen Festsäle und die Landleute ausgelassen unter freiem Himmel. Einige der Renaissance-Tänze haben eine festgelegte Schrittfolge, eine Choreographie, in anderen gibt es Raum für Improvisation. Man tanzte paarweise oder mit vielen Menschen im Reigen (im Kreis oder in einer Reihe).
Der Moriskentanz war im ausgehenden Mittelalter in vielen Gegenden Europas eine beliebte Volksbelustigung. Die Tänzer traten in bunten Kostümen und bizarren Kopfbedeckungen auf und vollführten ausgefallene Sprünge und Capriolen. Im Münchner Stadtmuseum kann man eine Sammlung von geschnitzten Moriskentänzern bewundern, die Erasmus Grasser im Jahr 1480 für das Alte Rathaus in München schuf.
La Mourisque stammt aus der 1551 veröffentlichten Danserye, einer Sammlung instrumentaler Tänze für beliebige Instrumente.

2. Bransle de Village

nach Robert Ballard (ca. 1575 – ca. 1673)
Bearb.: Michael Schäfer

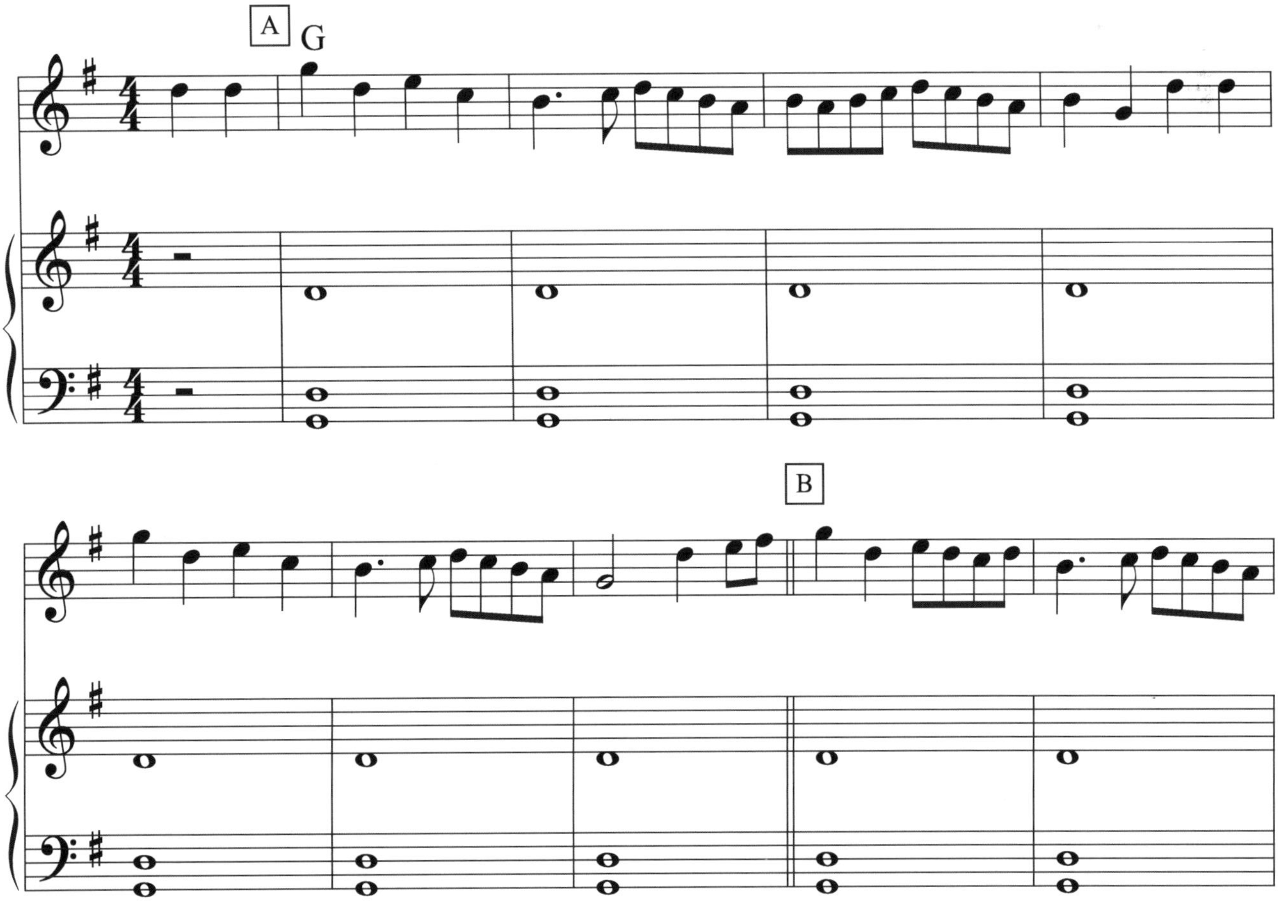

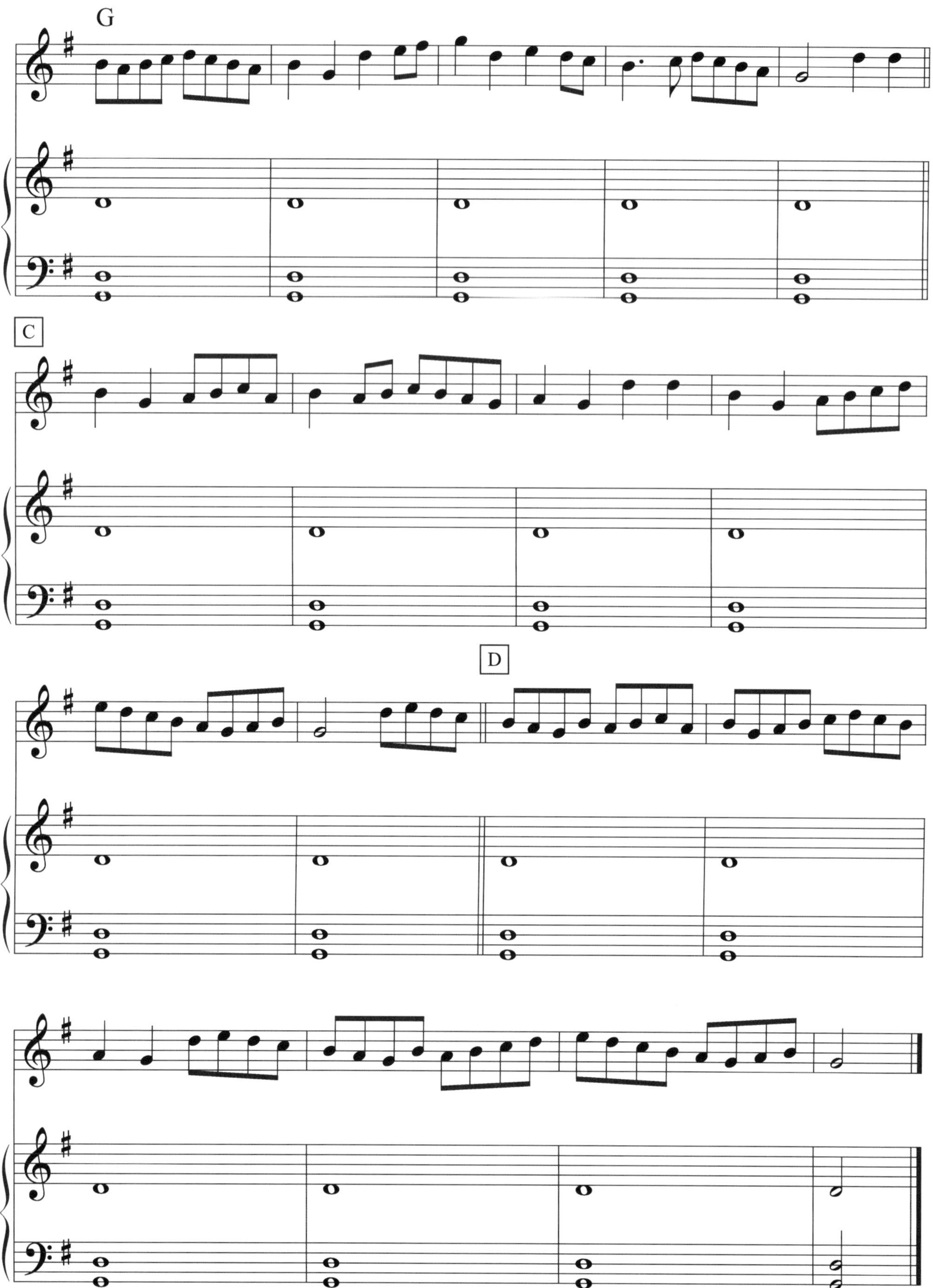

Branles, oder Bransles, sind historische Tänze, die vom 15. bis zum 17. Jahrhundert gebräuchlich waren und deren erste schriftliche und somit genaue Beschreibung aus dem 16. Jahrhundert stammt.
Der Branle ist ein meist mäßig bewegter Reigentanz im geraden Takt. Die Tanzrichtung aller Branles geht nach links.

3. La Canarie

nach Michael Praetorius (1571–1621)
Bearb.: Michael Schäfer

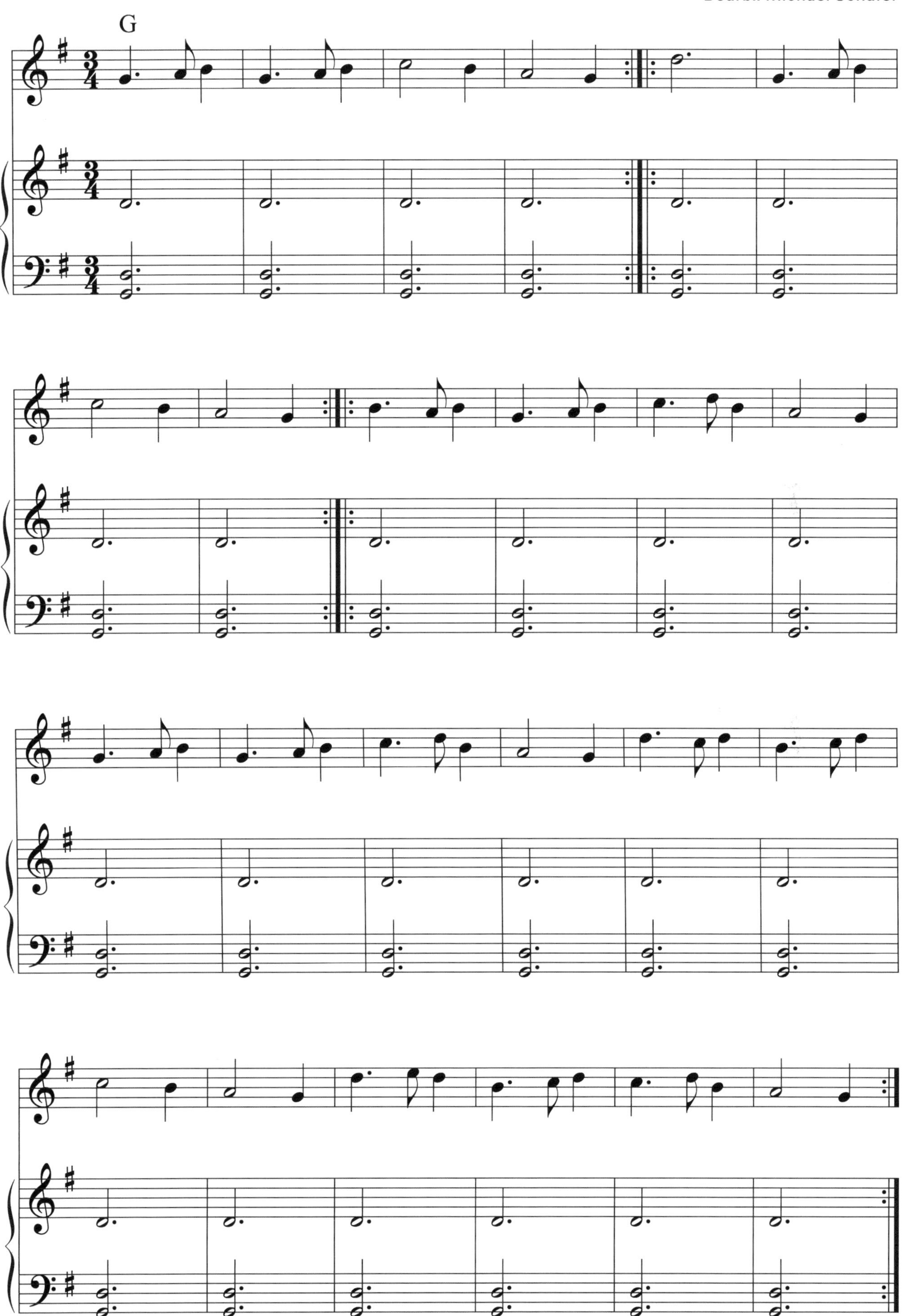

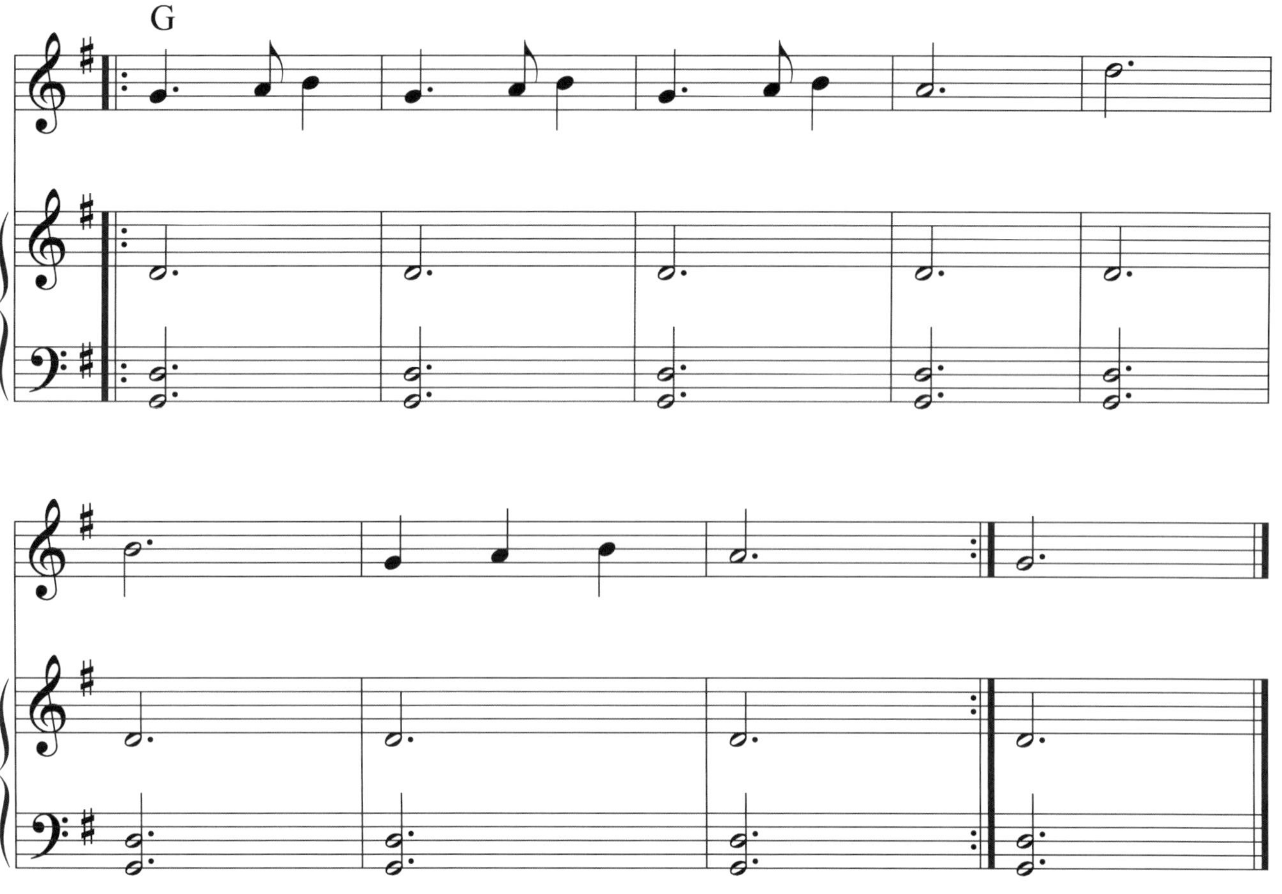

Variiert die Melodie in den freien Takten und notiert sie.

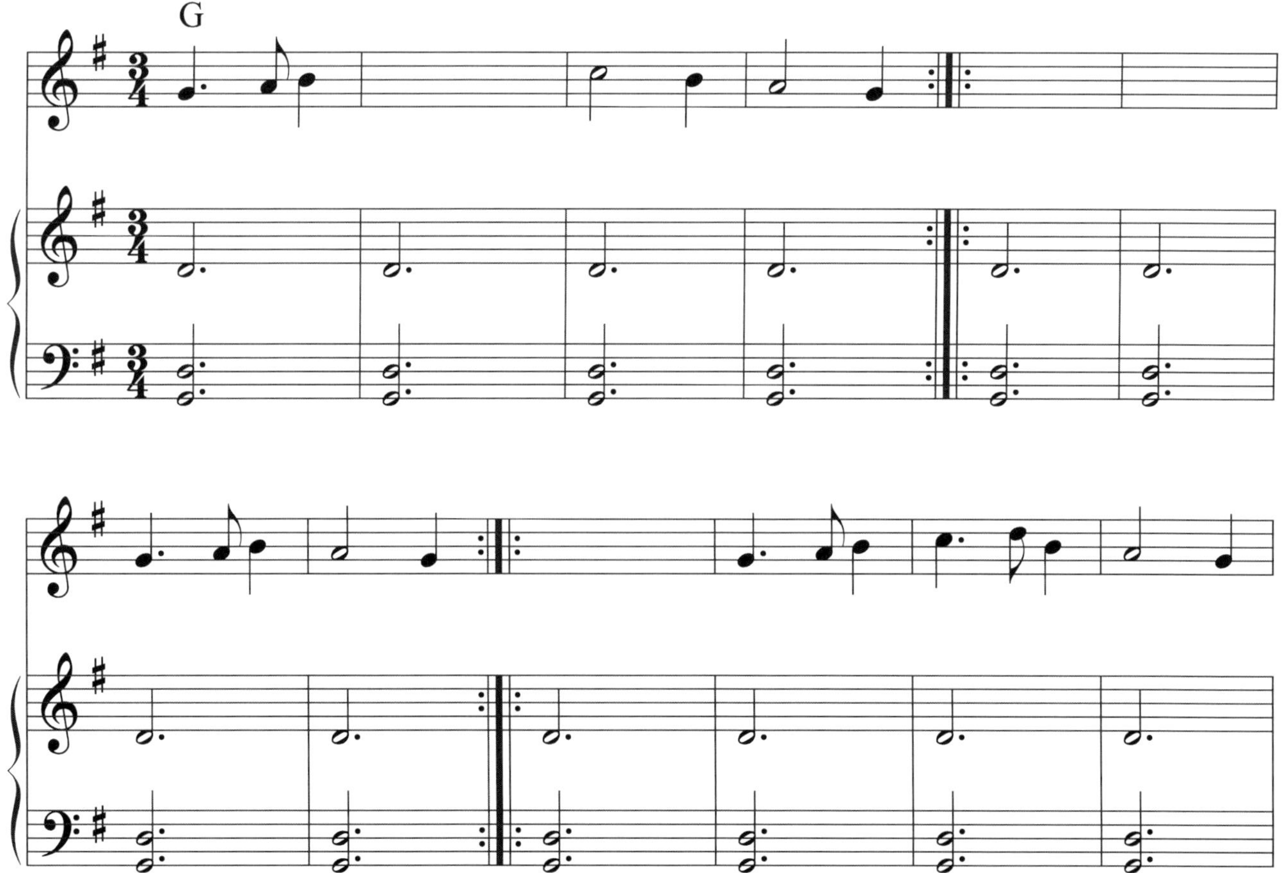

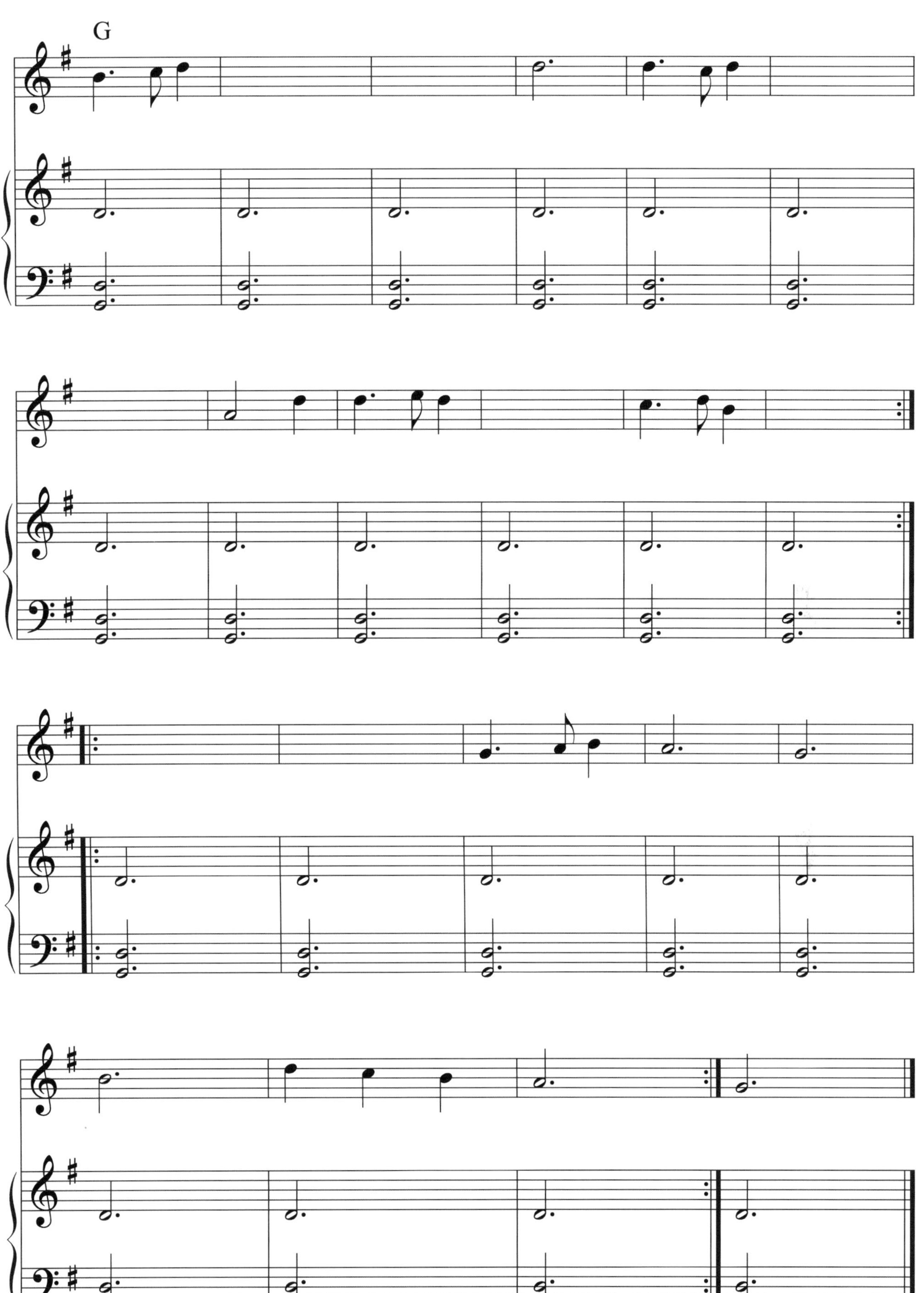

La Canarie war ein Tanz der Renaissance, inspiriert von einem ursprünglichen Tanz und Gesang von den Kanarischen Inseln. Es ist ein schneller und energiegeladener Tanz im Dreiertakt mit heftigen Bewegungen und Sprüngen und Stampfen der Füße. Er war in ganz Europa populär und fand als Teil der Suite auch Eingang in die Kunstmusik.

4. Sarabande

Volkstanz aus Spanien, 16. Jh.
Bearbeitung und Variationen: Michael Schäfer

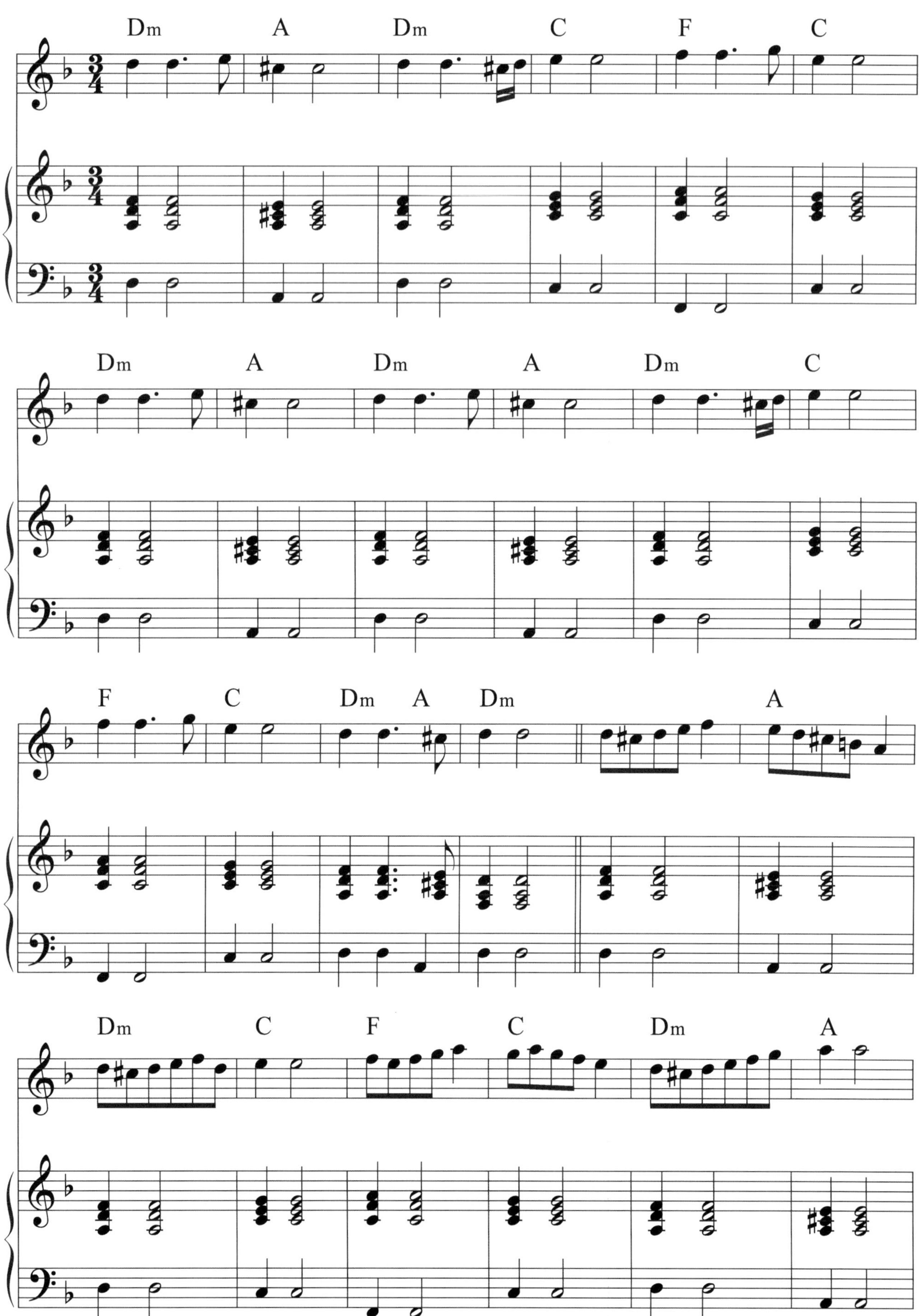

AMA VERLAG

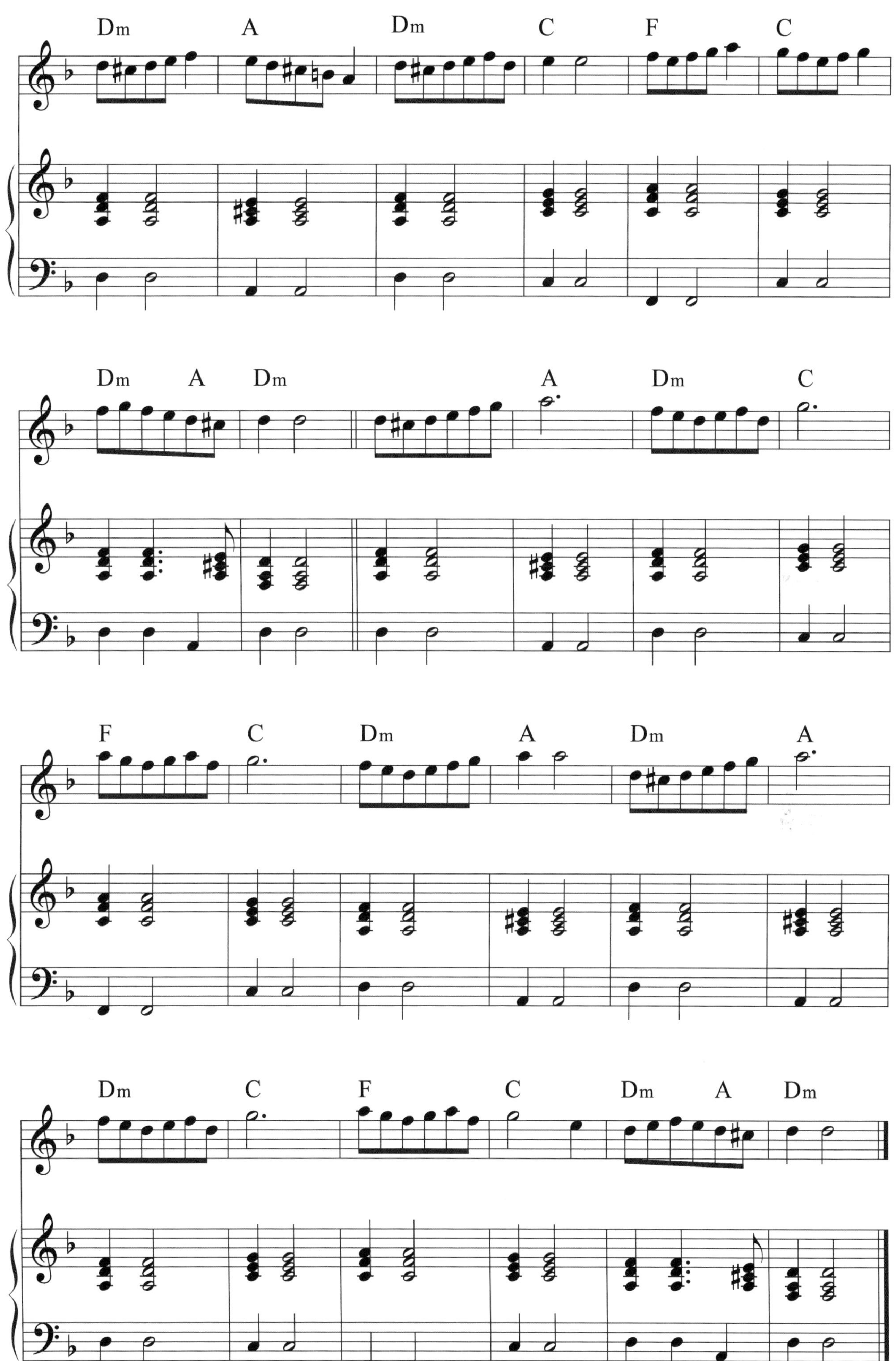
Dm A Dm C F C
Dm A Dm A Dm C
F C Dm A Dm A
Dm C F C Dm A Dm

Die Folia ist ursprünglich ein aus Portugal stammender ausgelassener, wilder und lärmender Volkstanz im Dreiertakt aus dem 15. Jahrhundert. In gemäßigtem Tempo mit ihrer schlichten, einprägsamen Melodie eroberte sie im 17. Jahrhundert ganz Europa. Das charakteristische Harmonieschema (Wechsel zwischen Moll- und Durparallele) mit 2 x 8 Takten über einer gleichbleibenden Basslinie (Basso ostinato) wurde beliebig oft wiederholt und darüber improvisiert. Dieses Satzmodell war in der Barockmusik Vorlage für viele Variationswerke. Die Folia ist eng verwandt mit der Sarabande, Passacaglia und Chaconne. Sie taucht in den Werken berühmter Komponisten auf, u.a. bei Corelli, Lully, Bach, Beethoven, Schubert, Liszt, Rachmaninow oder auch in Popsongs wie *Conquest of Paradise* von Vangelis.

Improvisiert mit den notierten Töne und erfindet eigene Variationen.

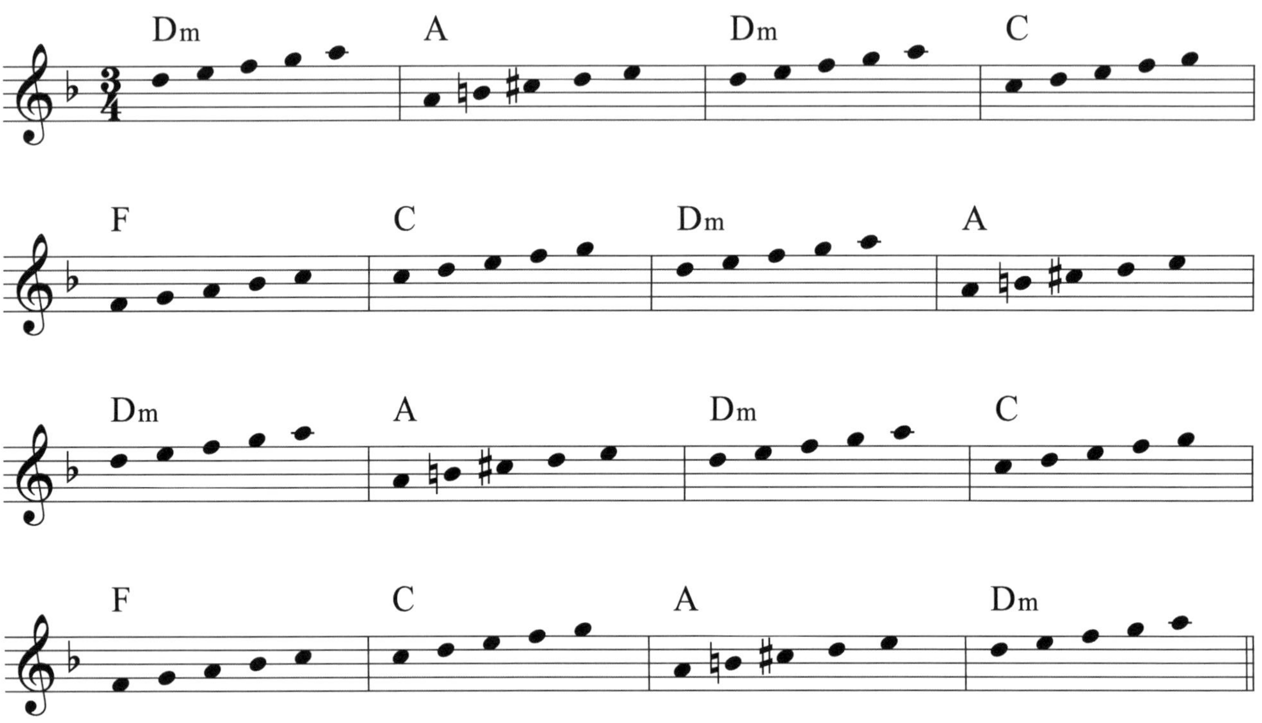

Notiert eure Variationen.

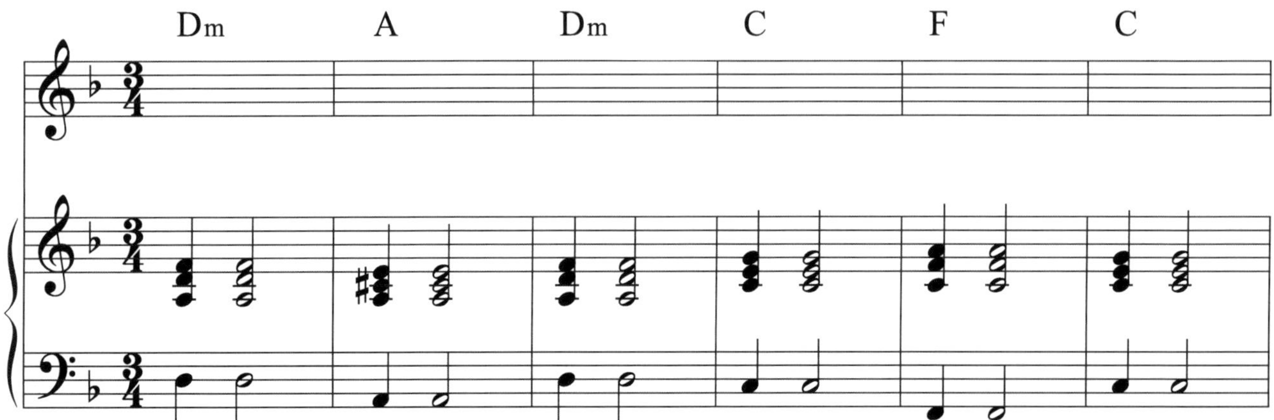

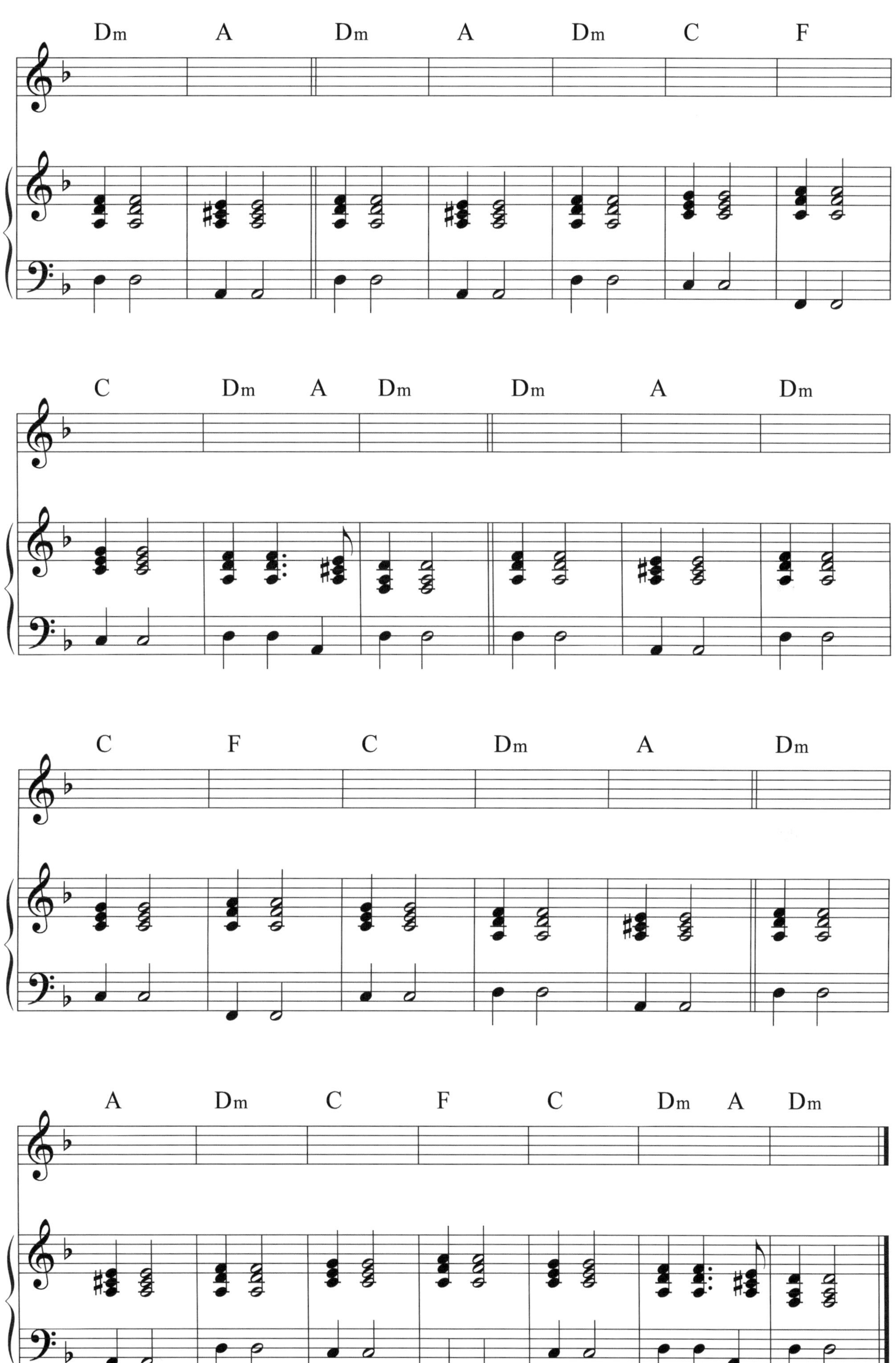
Dm
A
Dm
A
Dm
C
F
C
Dm
A
Dm
Dm
A
Dm
C
F
C
Dm
A
Dm
A
Dm
C
F
C
Dm
A
Dm

5. Come Again

John Dowland (1563–1626)
Bearb.: Michael Schäfer

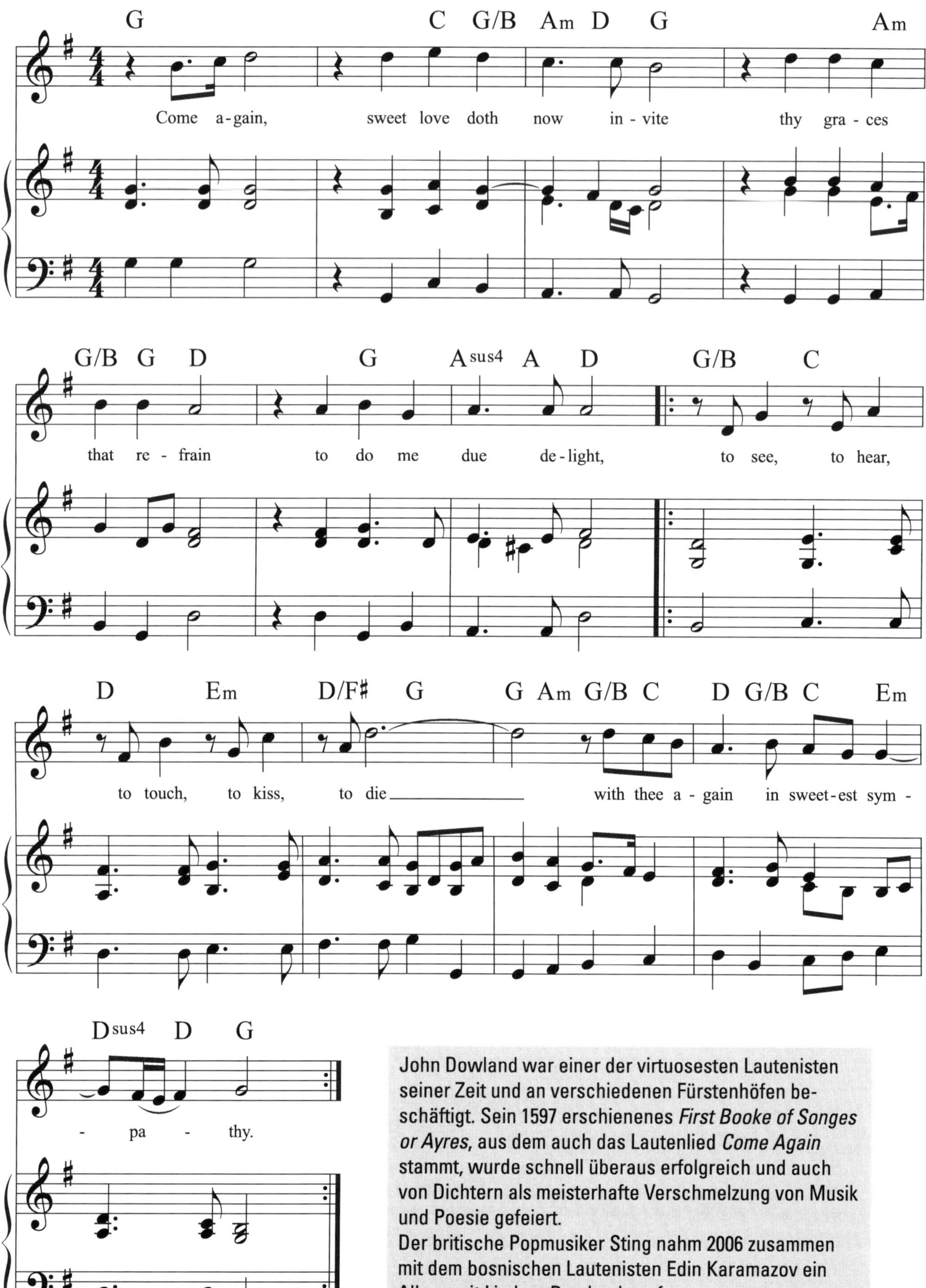

John Dowland war einer der virtuosesten Lautenisten seiner Zeit und an verschiedenen Fürstenhöfen beschäftigt. Sein 1597 erschienenes *First Booke of Songes or Ayres*, aus dem auch das Lautenlied *Come Again* stammt, wurde schnell überaus erfolgreich und auch von Dichtern als meisterhafte Verschmelzung von Musik und Poesie gefeiert.
Der britische Popmusiker Sting nahm 2006 zusammen mit dem bosnischen Lautenisten Edin Karamazov ein Album mit Liedern Dowlands auf.

6. Fenesta vascia

Neapolitanisches Liebeslied, 16. Jh.
Bearb.: Michael Schäfer

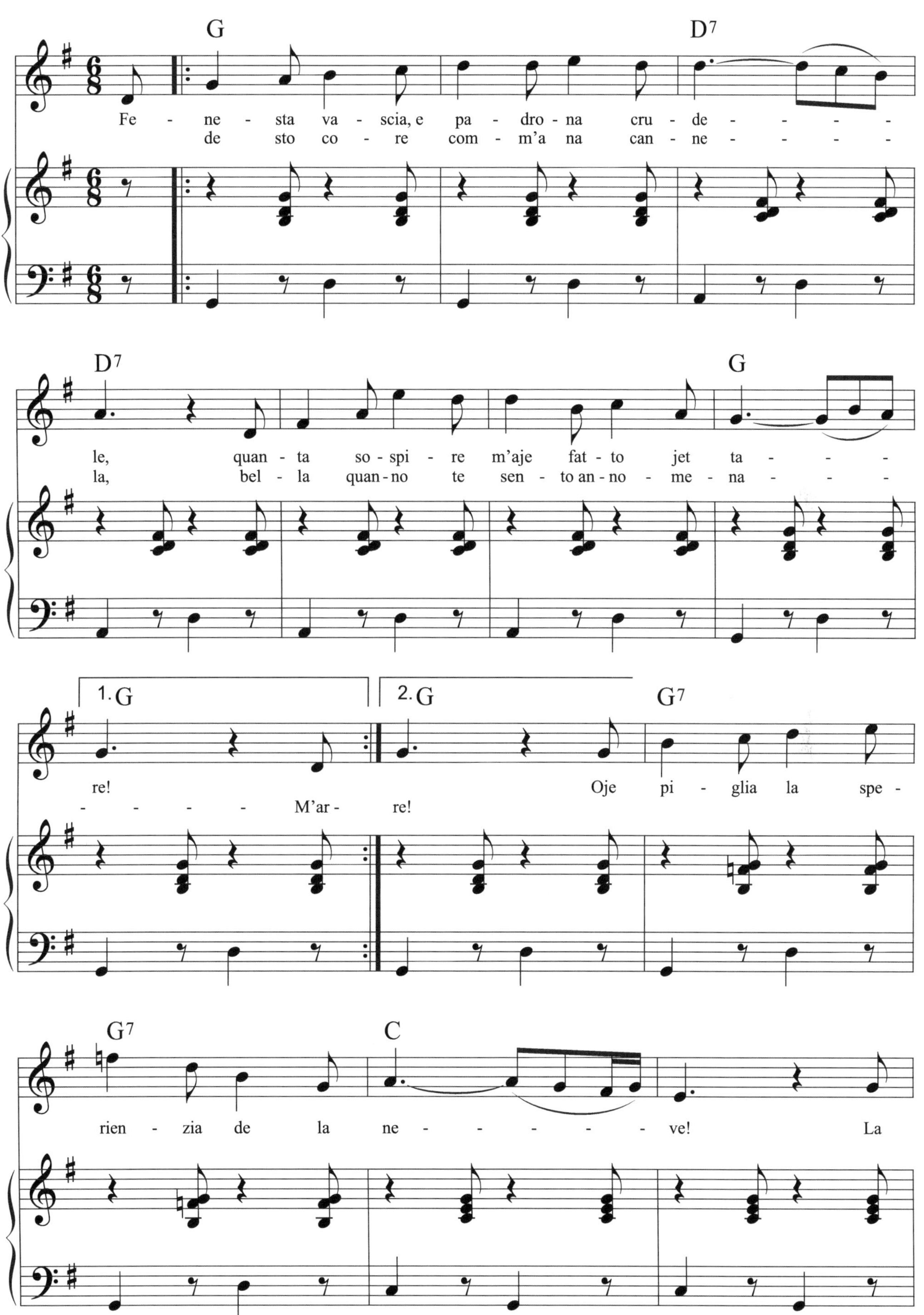

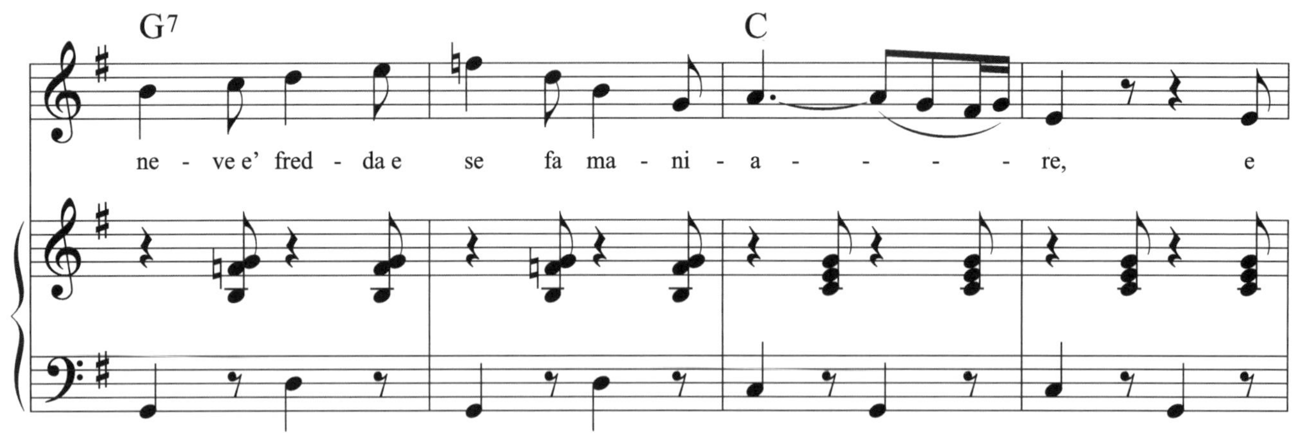

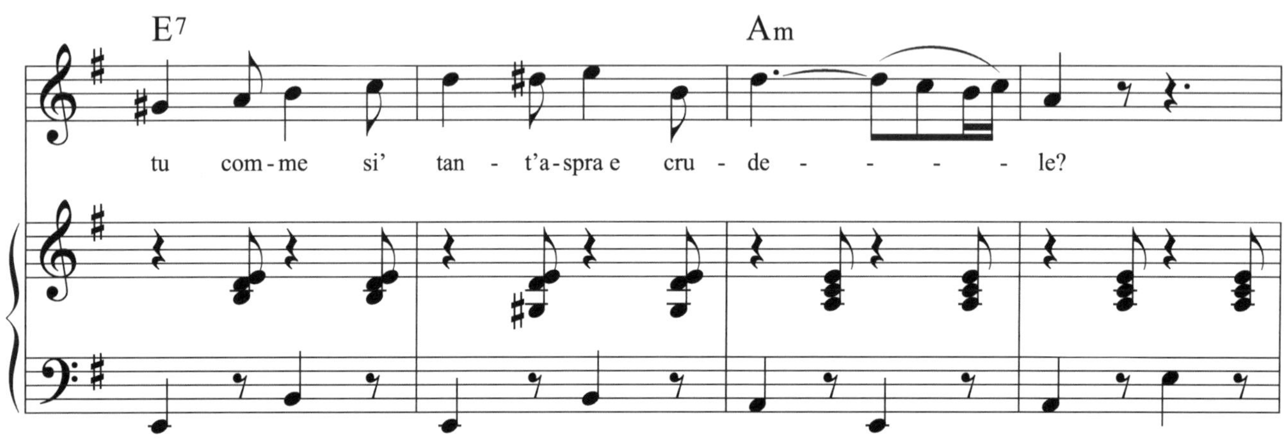

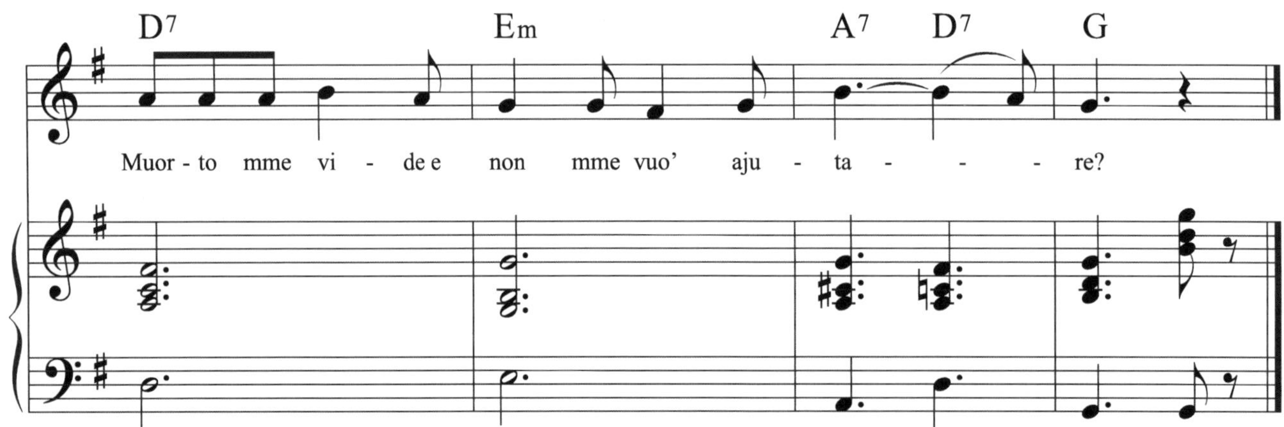

Das Lied erzählt von einem verschmähten Liebhaber, der am Fenster seiner Angebeteten steht und ihr sein Liebesleid klagt. Er möchte wieder ein kleiner Junge sein, der auf der Straße Wasser verkauft. Aber es ist kein Wasser, sondern seine Liebestränen.
Die berühmte Melodie wurde auch von Luciano Pavarotti und Milva gesungen.
Als Vorspiel könnt ihr die ersten zwei oder vier Takte der Begleitung spielen.

7. Prelude aus Te Deum

Marc-Antoine Charpentier (1643–1704)
Bearb.: Michael Schäfer

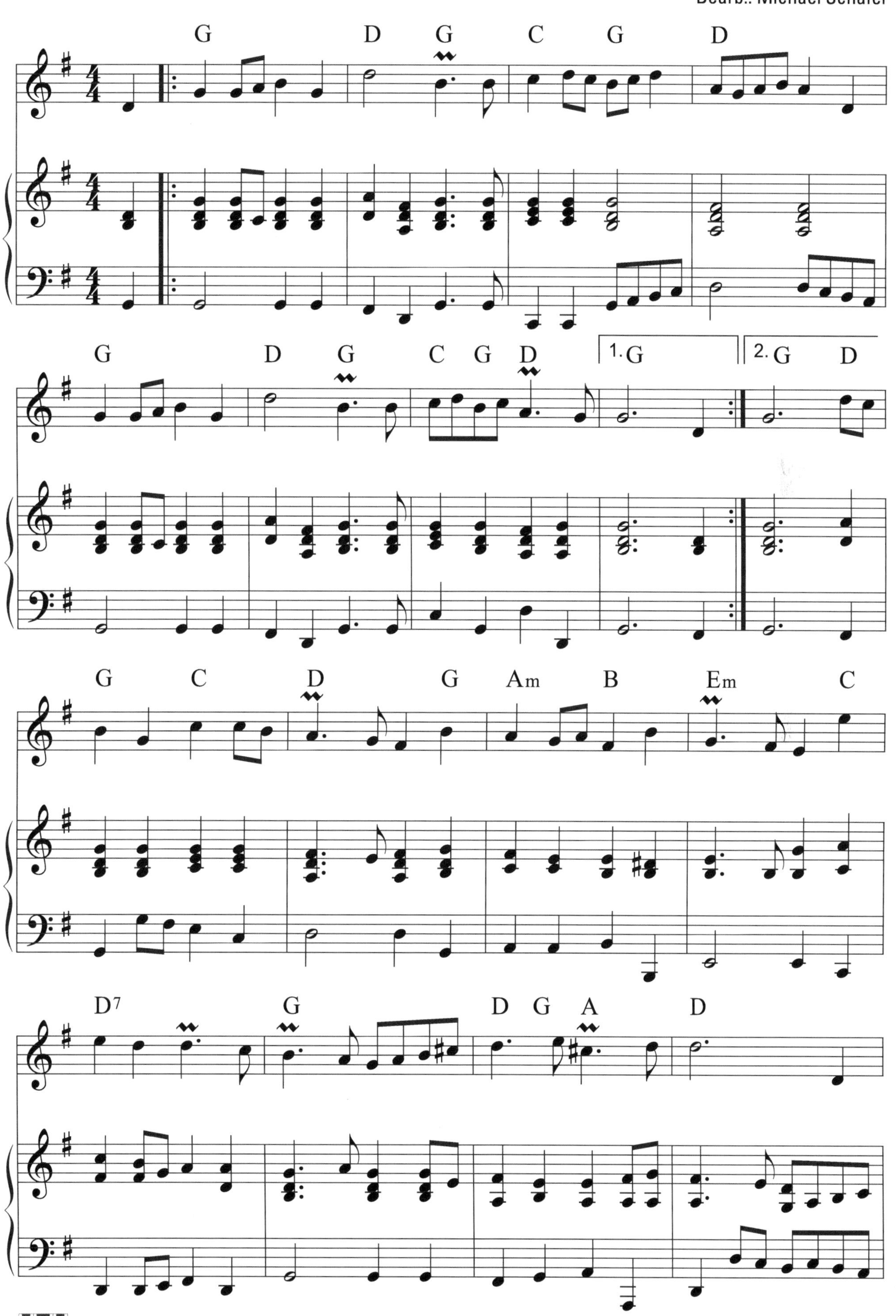

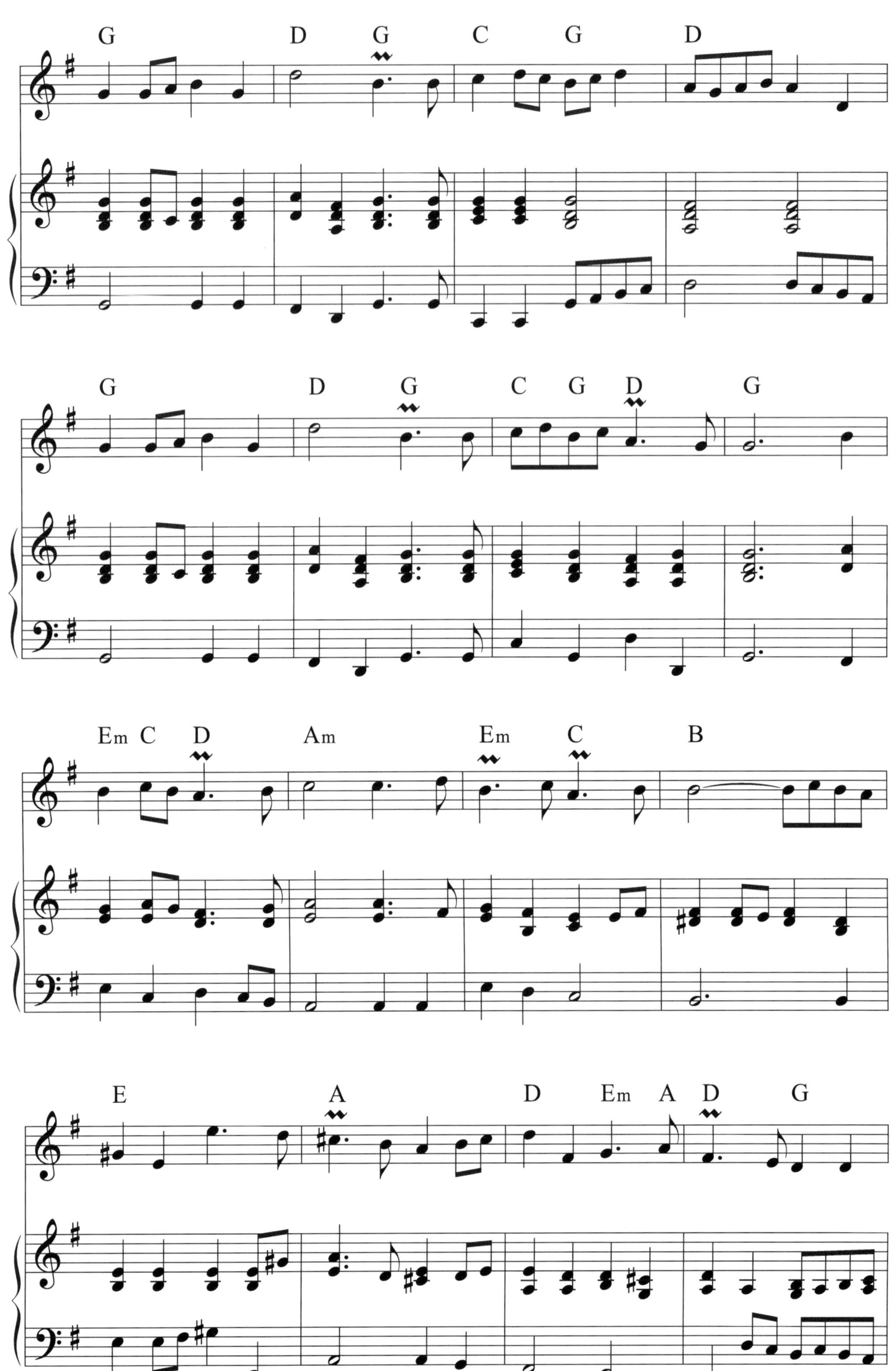
G
D
G
C
G
D
G
D
G
C
G
D
G
Em
C
D
Am
Em
C
B
E
A
D
Em
A
D
G

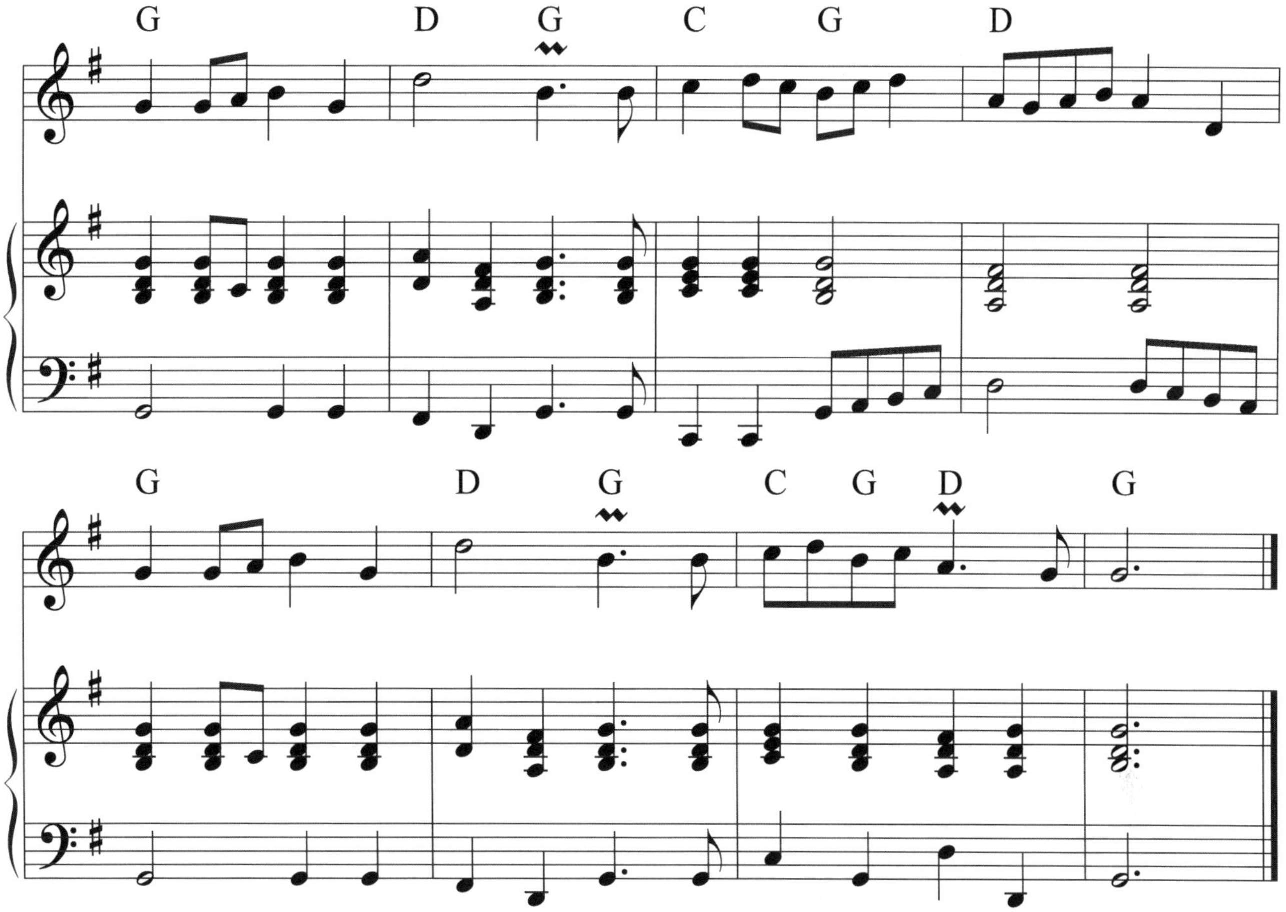

Marc-Antoine Charpentier war ein französischer Komponist zur Zeit Ludwigs XIV. Er studierte Musik in Rom, ging zurück nach Paris und arbeitete als Kapellmeister, Komponist und Musiklehrer. Nach seinem Tod verblasste sein Ruhm schnell. Allgemeine Bekanntheit erlangte er wieder in unserem Jahrhundert mit dem *Te Deum*, dessen erste acht Takte des Eingangsstückes seit 1954 als Eurovisionshymne ertönt. Mit ihrem fanfarenhaften Charakter hat sie seitdem zahlreiche europäisch-öffentlich-rechtliche Shows eröffnet. Der Eurovision Song Contest (ESC) ist die bekannteste Eurovisionssendung.

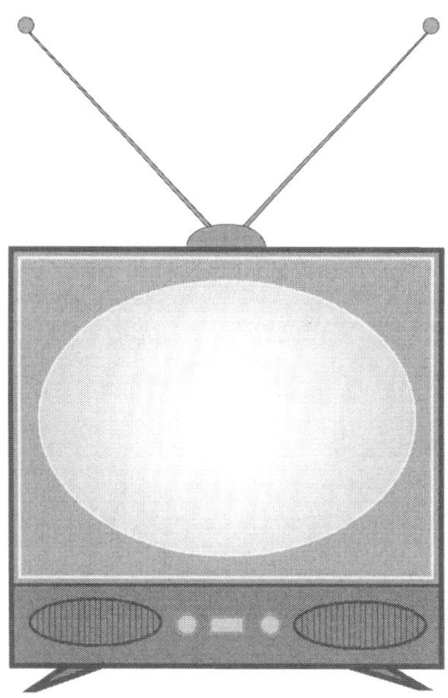

Spieltipp:
Das Prelude ist als Rondo angelegt, bei dem sich eine Art Refrain mit einzelnen Strophen abwechselt. Das Original enthält keinerlei Tempo- und Dynamikangaben. Das Stück sollte feierlich vorgetragen werden, den Refrain forte und die Strophen etwas leiser. Die Verzierungen stammen von Charpentier, sie können aber weggelassen werden.

8. Kanon in D

Johann Pachelbel (1653–1706)
Bearb.: Michael Schäfer

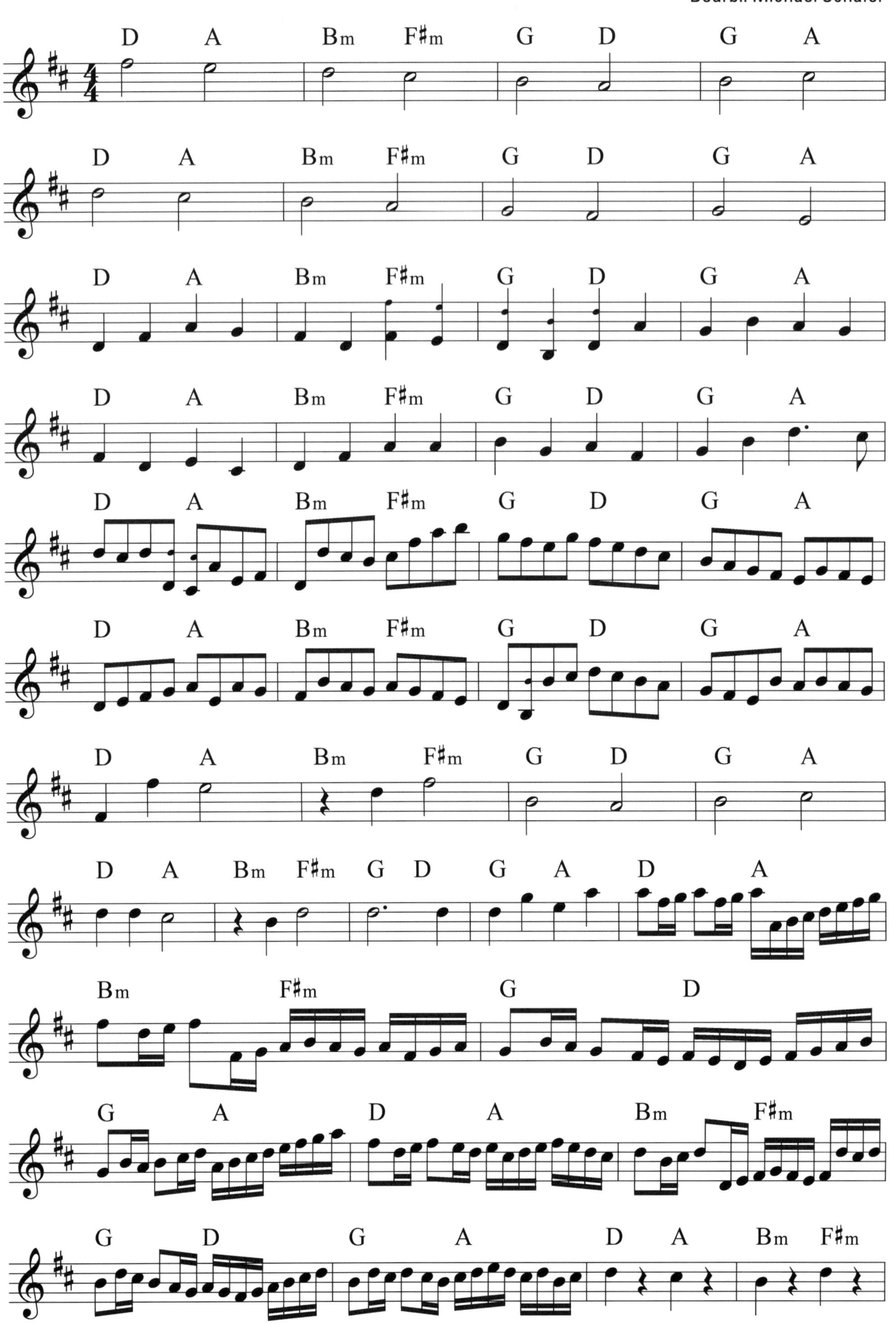

AMA VERLAG

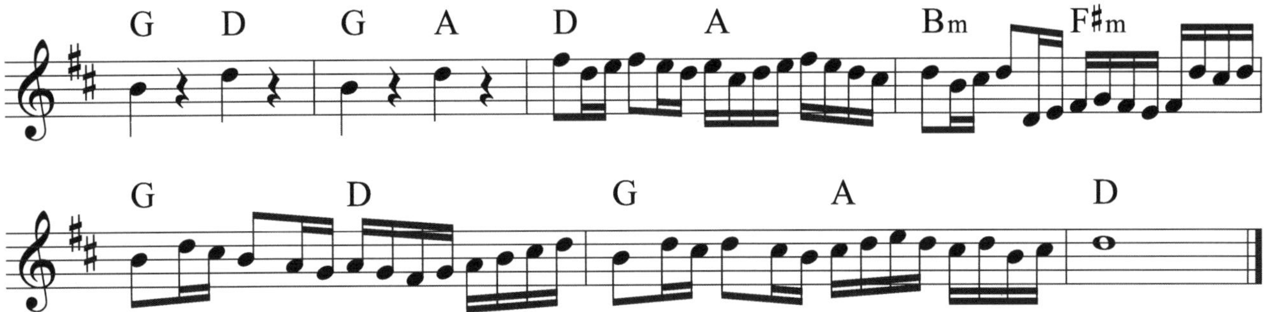

Begleitet den Kanon mit Akkorden oder spielt in der rechten Hand die Melodie und in der linken Hand die Akkorde.

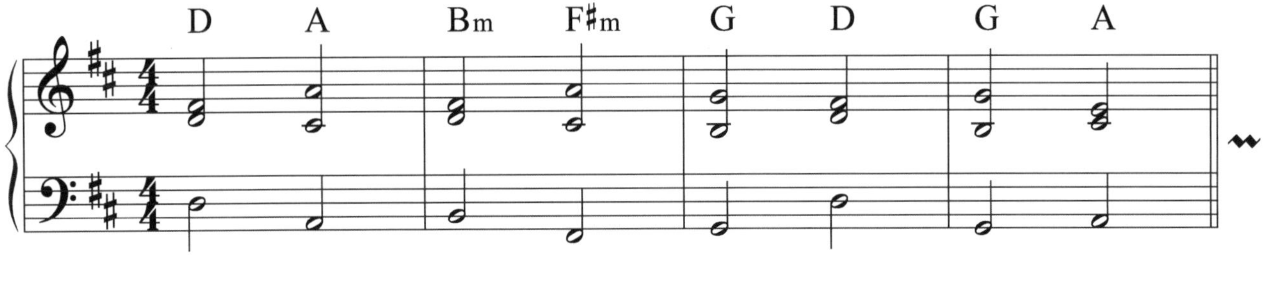

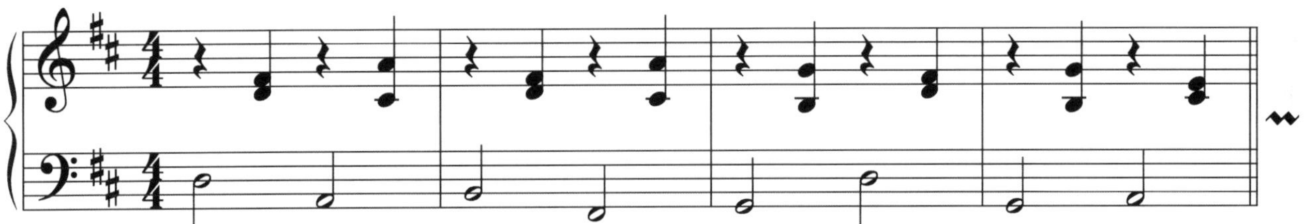

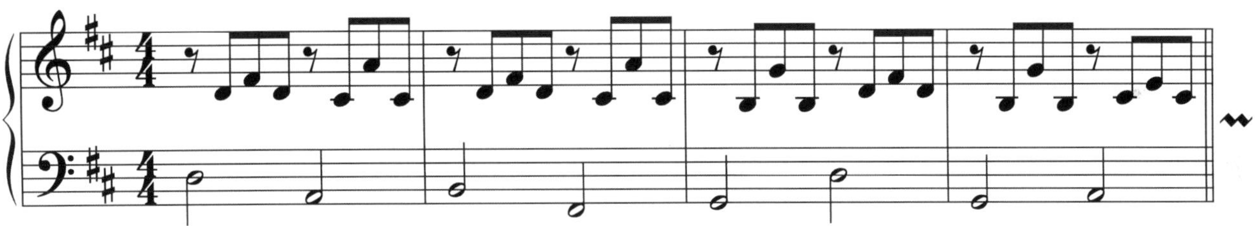

Akkordbegleitung für die linke Hand:

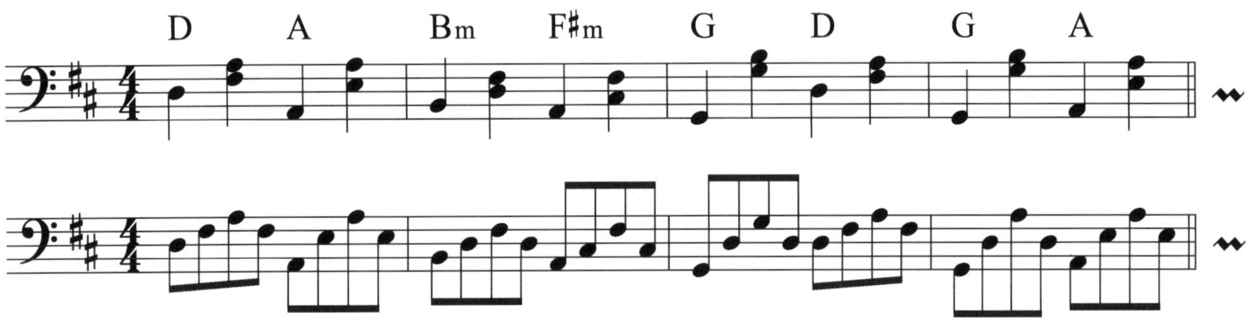

Johann Pachelbel war ein Barockkomponist, Organist und Musiklehrer, zu seinen Schülern zählte auch der ältere Bruder Johann Sebastian Bachs. Der *Kanon in D* ist die bekannteste Komposition Pachelbels, ihr liegt folgende immer wiederkehrende Akkordfolge zugrunde:
D A | Hm F♯m | G D | G A |
Sie ist auch als Pachelbel-Sequenz bekannt und findet sich in populären Popsongs wieder, z. B. in *Spicks and Specks* von den Bee Gees, *Wenn ein Mensch lebt* von den Puhdys und *Streets of London* von Ralph McTell.
Improvisiert auch über die Akkordfolge mit den Tönen der D-Dur-Tonleiter.

9. Der Frühling

Antonio Vivaldi (1671–1741)
Bearb.: Michael Schäfer

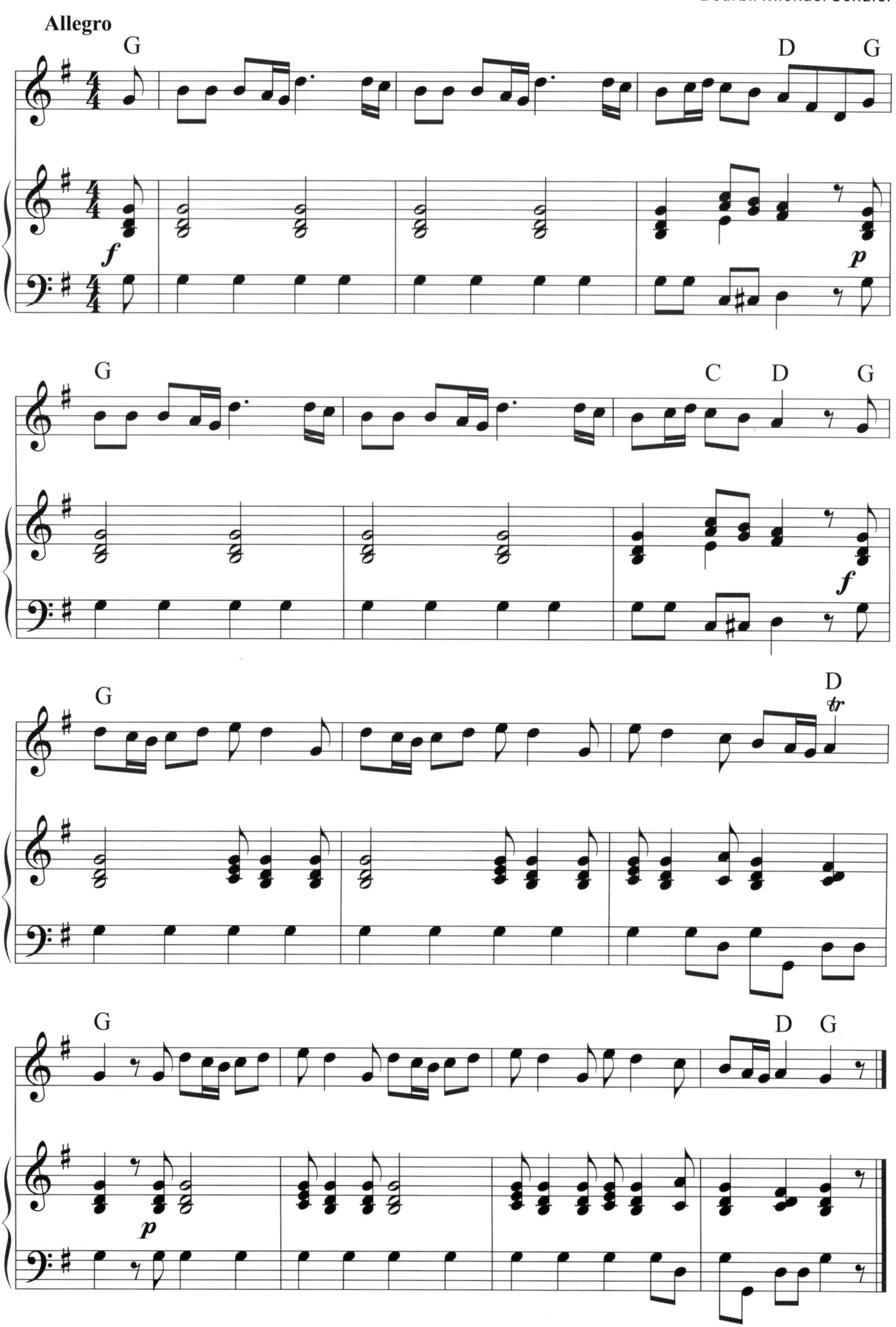

AMA VERLAG

Die vier Jahreszeiten ist ein Zyklus von vier Violinkonzerten vom italienischen Komponisten Antonio Vivaldi. Jedes Konzert stellt in drei Sätzen die typische Szenerie jeder Jahreszeit dar. Vivaldi hat jedem der vier Konzerte ein erklärendes Programm vorangestellt und die entsprechenden Naturereignisse exakt in der Partitur vermerkt. La primavera (Der Frühling) ist das erste der vier Konzerte. Zu Beginn des ersten Satzes erklingt das bekannte Thema, dann stellen drei Soloviolinen das Zwitschern der Vögel dar, die den Frühling begrüßen, man hört plätschernde Quellen und ein kurzes Gewitter. Der Satz schließt mit dem Eingangsthema, das auch zwischen den einzelnen Abschnitten als eine Art Refrain erklingt.

10. Hornpipe

Georg Friedrich Händel (1685–1759)
Bearb.: Michael Schäfer

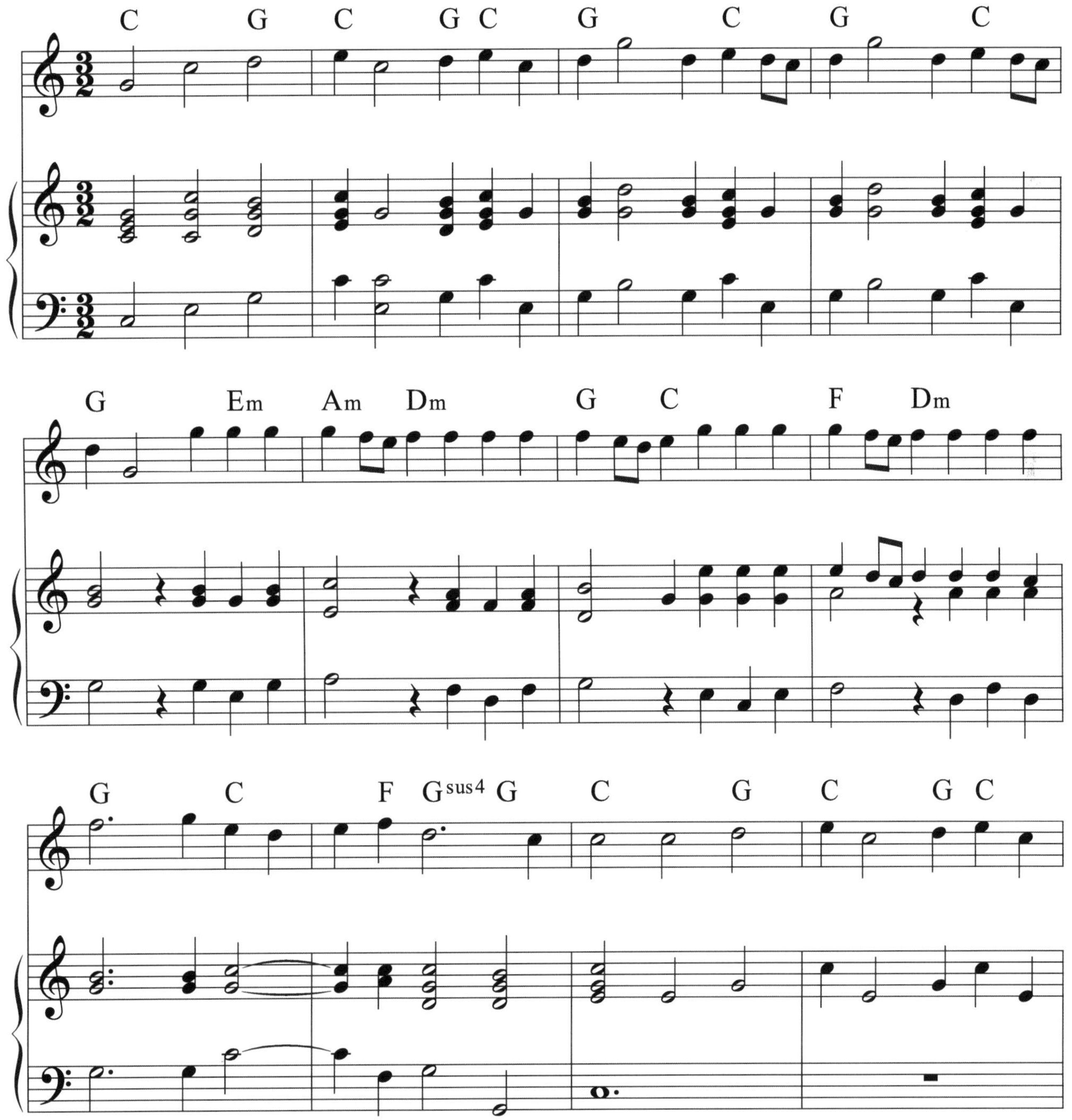

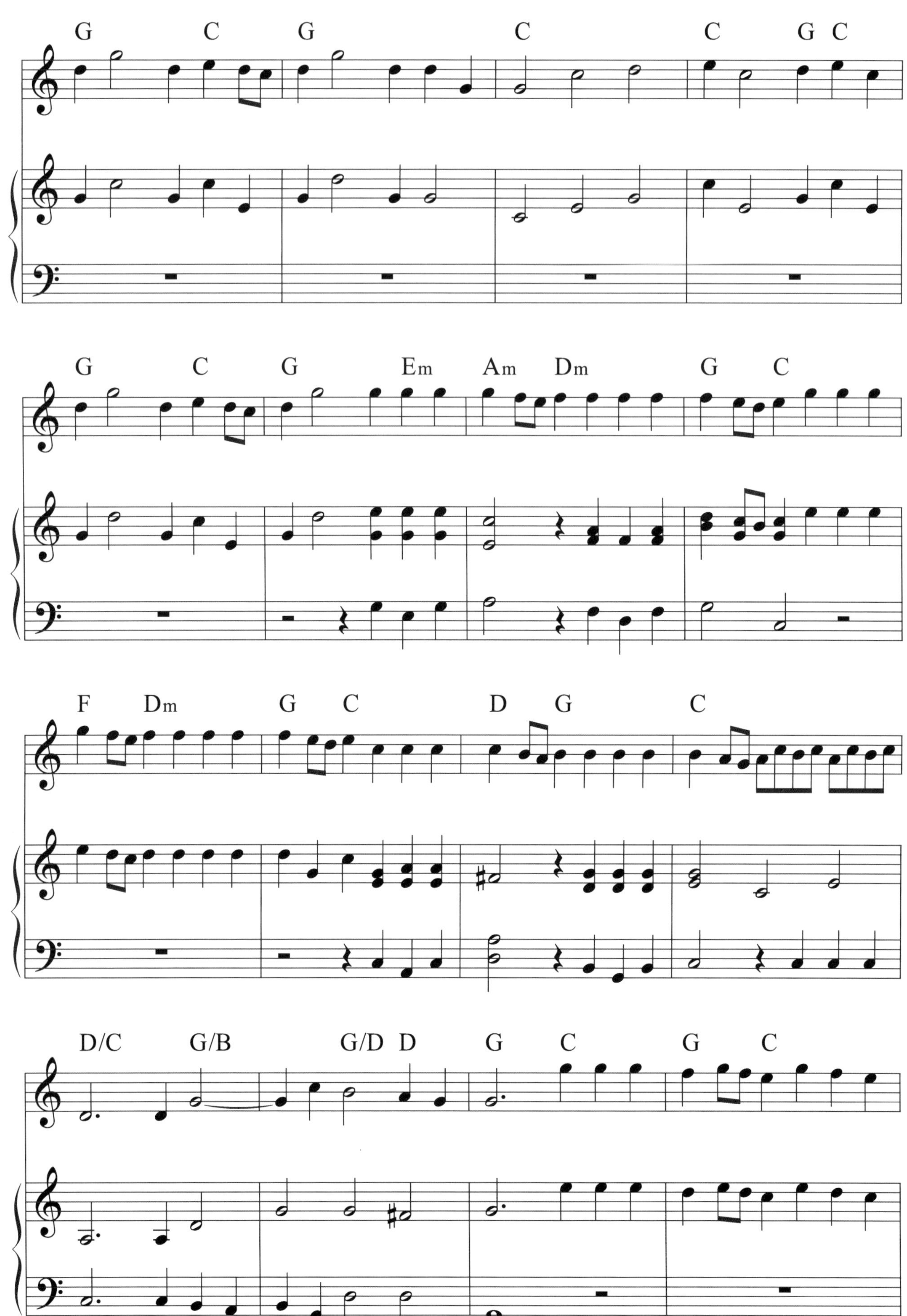

AMA VERLAG

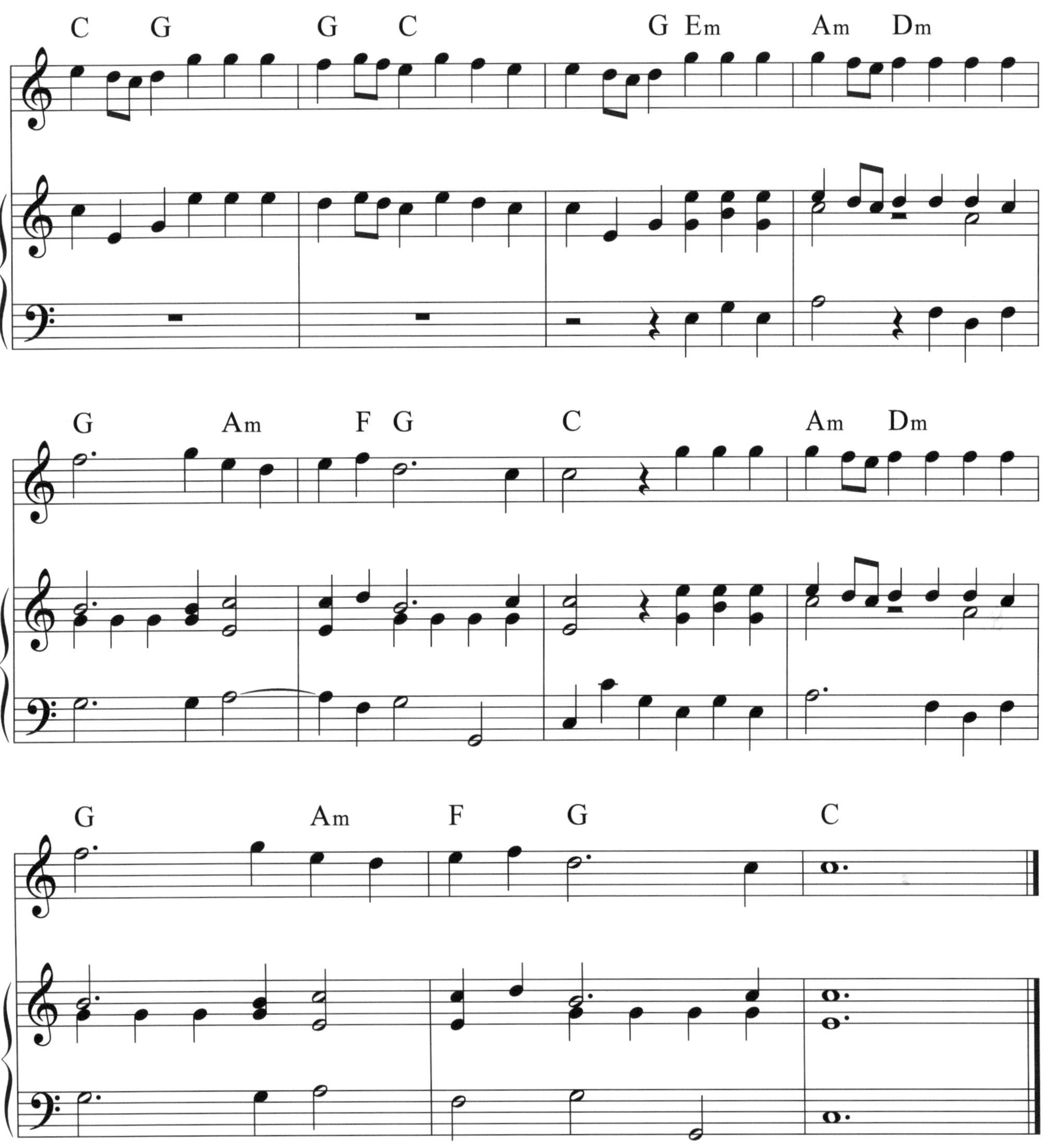

Komponisten wie Vivaldi und Händel waren auch Geschäftsleute, die Geld verdienen wollten.
Als Kapellmeister, Violinvirtuose, Opernkomponist und Leiter mehrerer Opernhäuser war Vivaldi lange Zeit ein sehr erfolgreicher Unternehmer. Er publizierte seine Kompositionen erst selbst und sorgte später für die Vermarktung durch einen Verlag in Amsterdam. Er wurde europaweit berühmt, der Verkauf seiner Manuskripte machte ihn zum Spitzenverdiener. Vivaldis Lebensstil war ausschweifend und üppig, doch in Venedig ging man auch in der Musik mit der Mode. Das Interesse an seiner Musik ließ schließlich nach, Anfragen und Aufträge blieben aus. Ein Neuanfang in Wien missglückte, Vivaldi starb verarmt.
Mit 25 Jahren ist Händel Kapellmeister, gut bezahlt, am kultivierten Hof von Hannover. Doch es zieht ihn nach London, er wagt den Schritt in eine erfolgversprechende, aber unsichere Zukunft. Seine Wassermusik untermalte als festliche Unterhaltungsmusik eine Lustfahrt des englischen Königs auf der Themse.

11. Ave Maria

Charles Gounod (1818–1893)
Johann Sebastian Bach (1685–1750)
Bearb.: Michael Schäfer

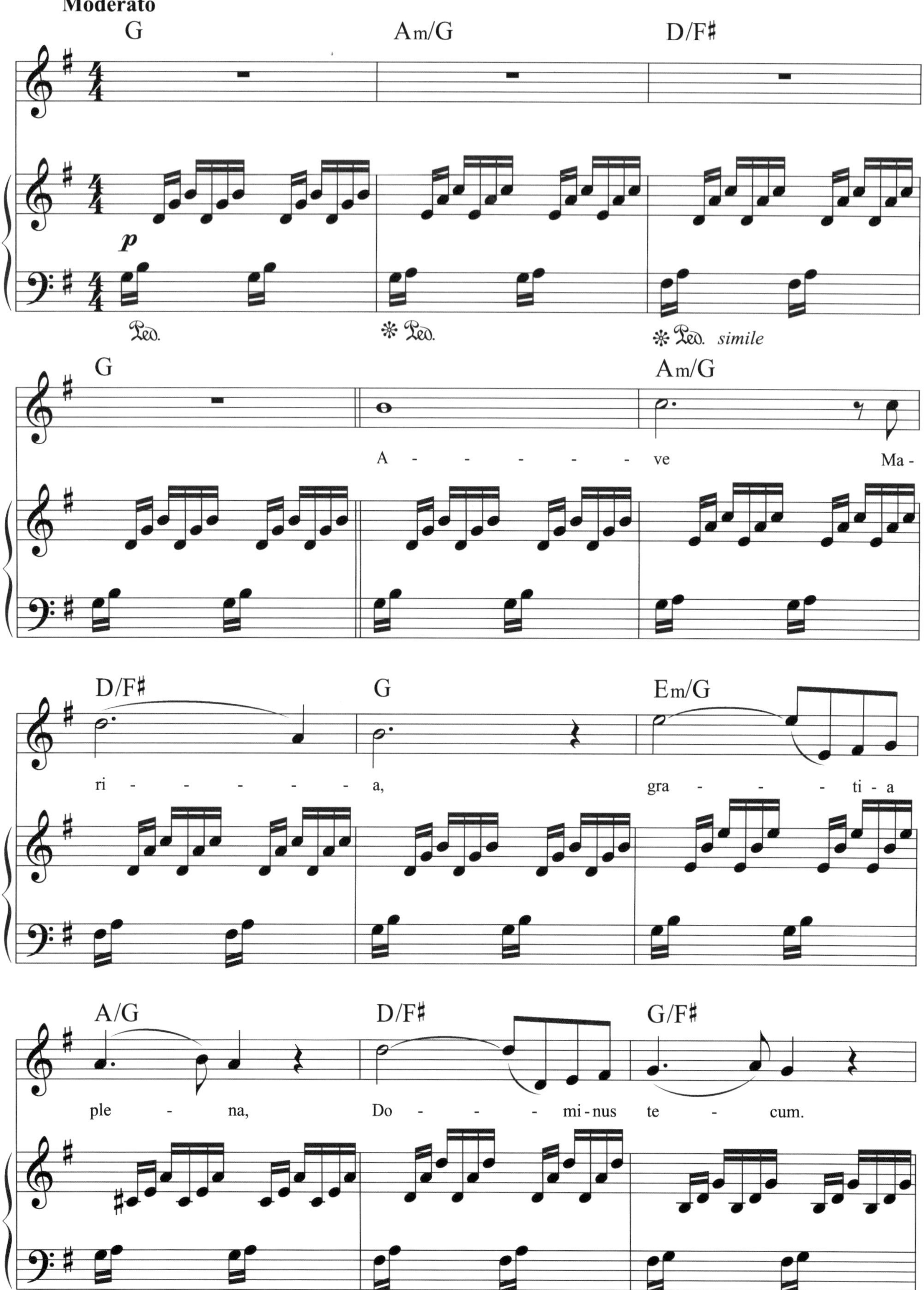

AMA VERLAG

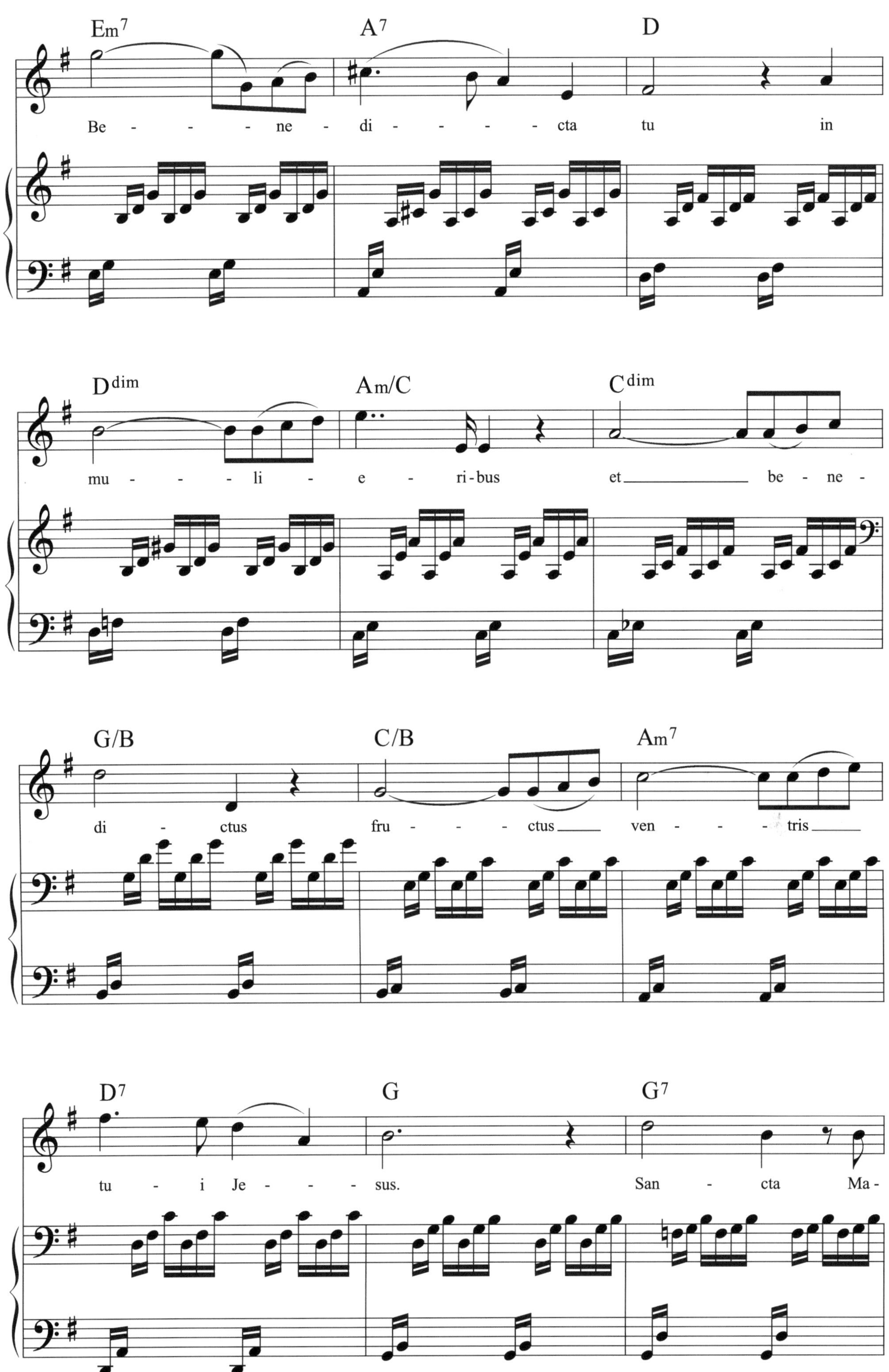
Em7
A7
D
Be - - - ne - di - - - - cta tu in
Ddim
Am/C
Cdim
mu - - - li - e - ri-bus et be - ne -
G/B
C/B
Am7
di - ctus fru - - - - ctus ven - - - tris
D7
G
G7
tu - i Je - - - - sus. San - cta Ma -

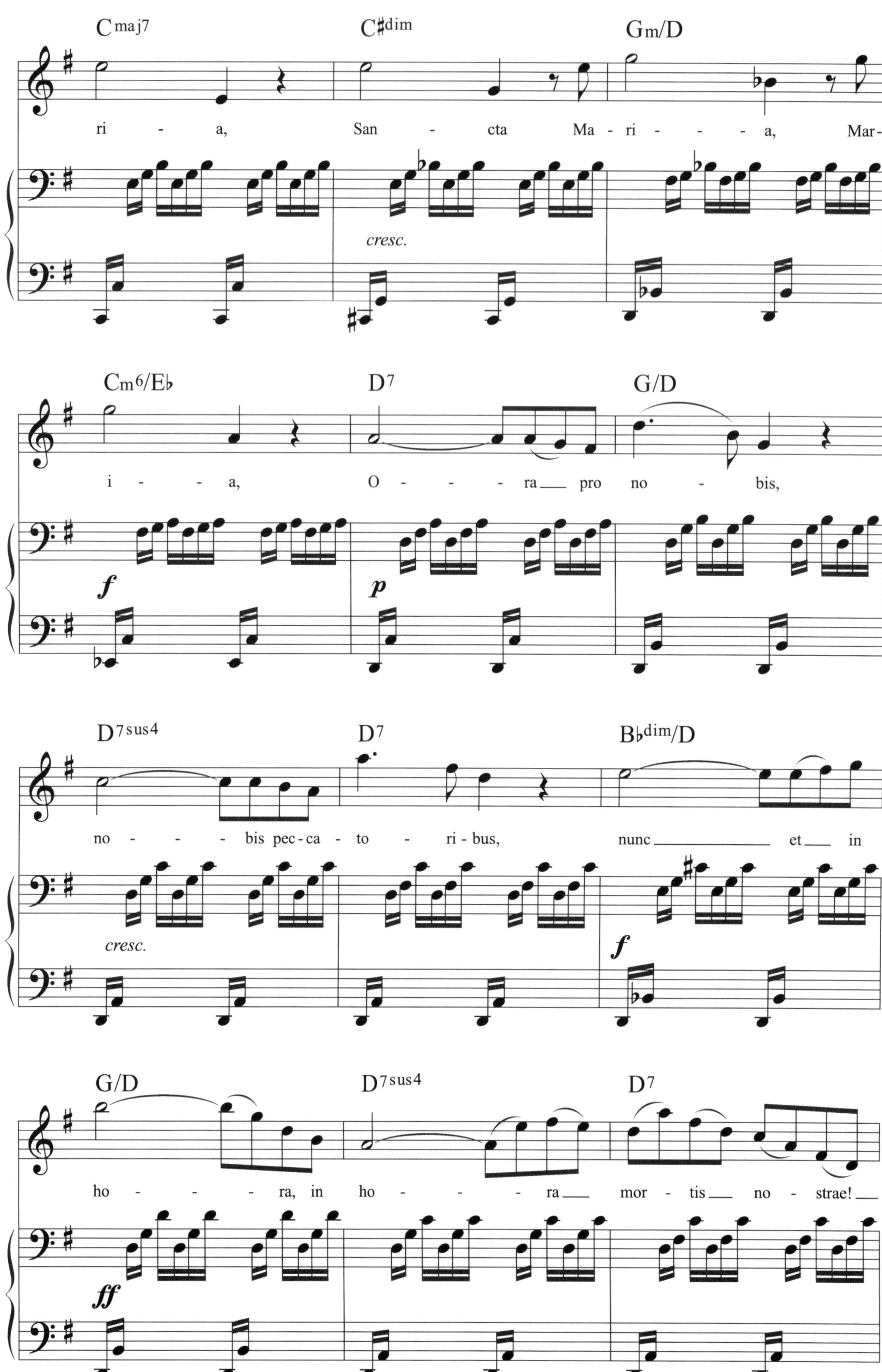
Cmaj7
C♯dim
Gm/D
ri - a, San - cta Ma - ri - - - - a, Mar-
cresc.
Cm6/E♭
D7
G/D
i - - a, O - - - - ra pro no - bis,
f
p
D7sus4
D7
B♭dim/D
no - - - bis pec - ca - to - ri - bus, nunc et in
cresc.
f
G/D
D7sus4
D7
ho - - - - ra, in ho - - - - ra mor - tis no - strae!
ff

AMA VERLAG

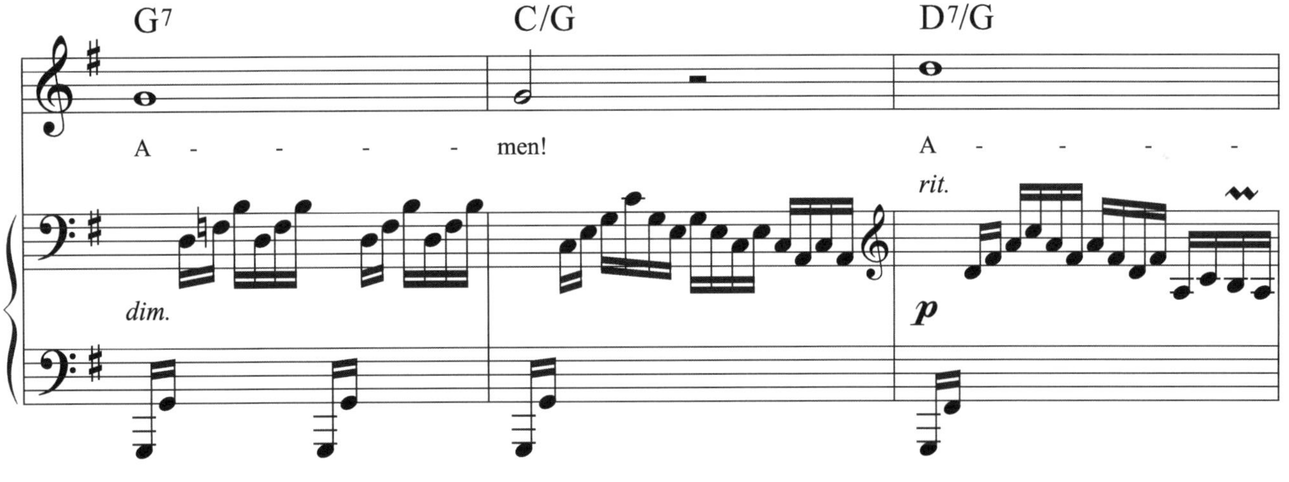

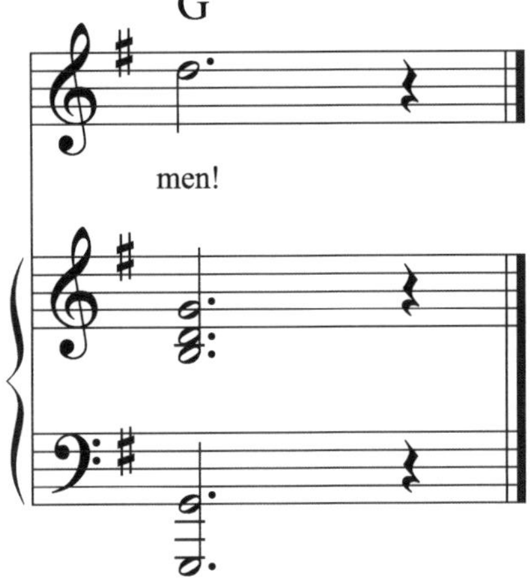

Das Präludium in C-Dur aus dem 1. Teil des *Wohltemperierten Klaviers* von Johann Sebastian Bach ist eine Folge von gebrochenen Akkorden. Charles Gounod komponierte darauf eine Melodie und unterlegte sie mit dem Text des lateinischen Gebets Ave Maria. Die Méditation sur le 1er prélude de Bach zählt heute zu den bekanntesten Stücken der klassischen Musik.

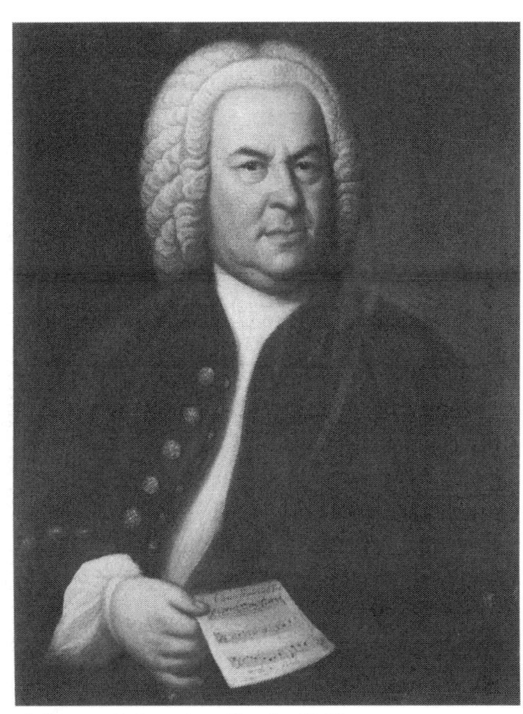

Johann Sebastian Bach, 1746,
Ölgemälde von Elias Gottlob Haußmann

12. Bereite dich, Zion

Johann Sebastian Bach (1685–1750)
Bearb.: Michael Schäfer

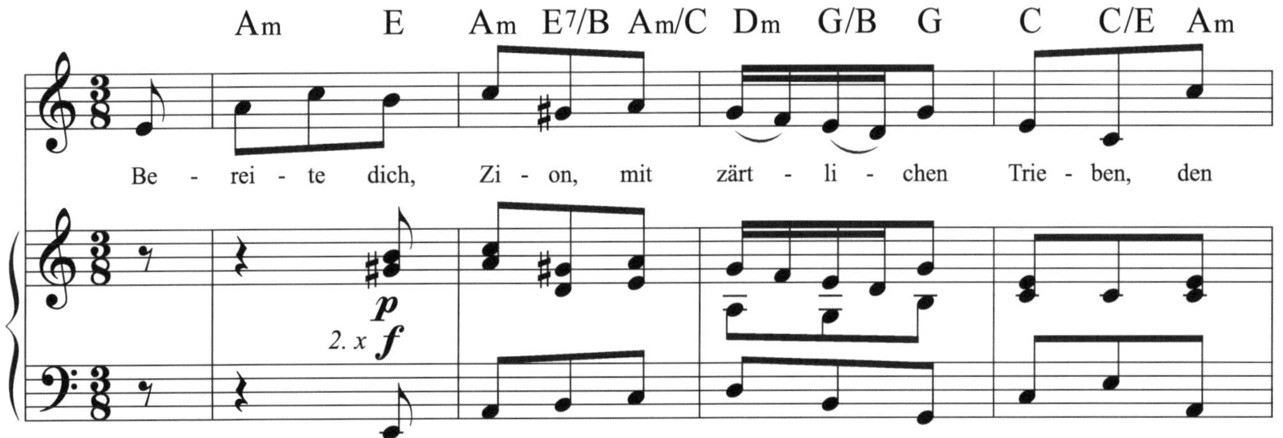

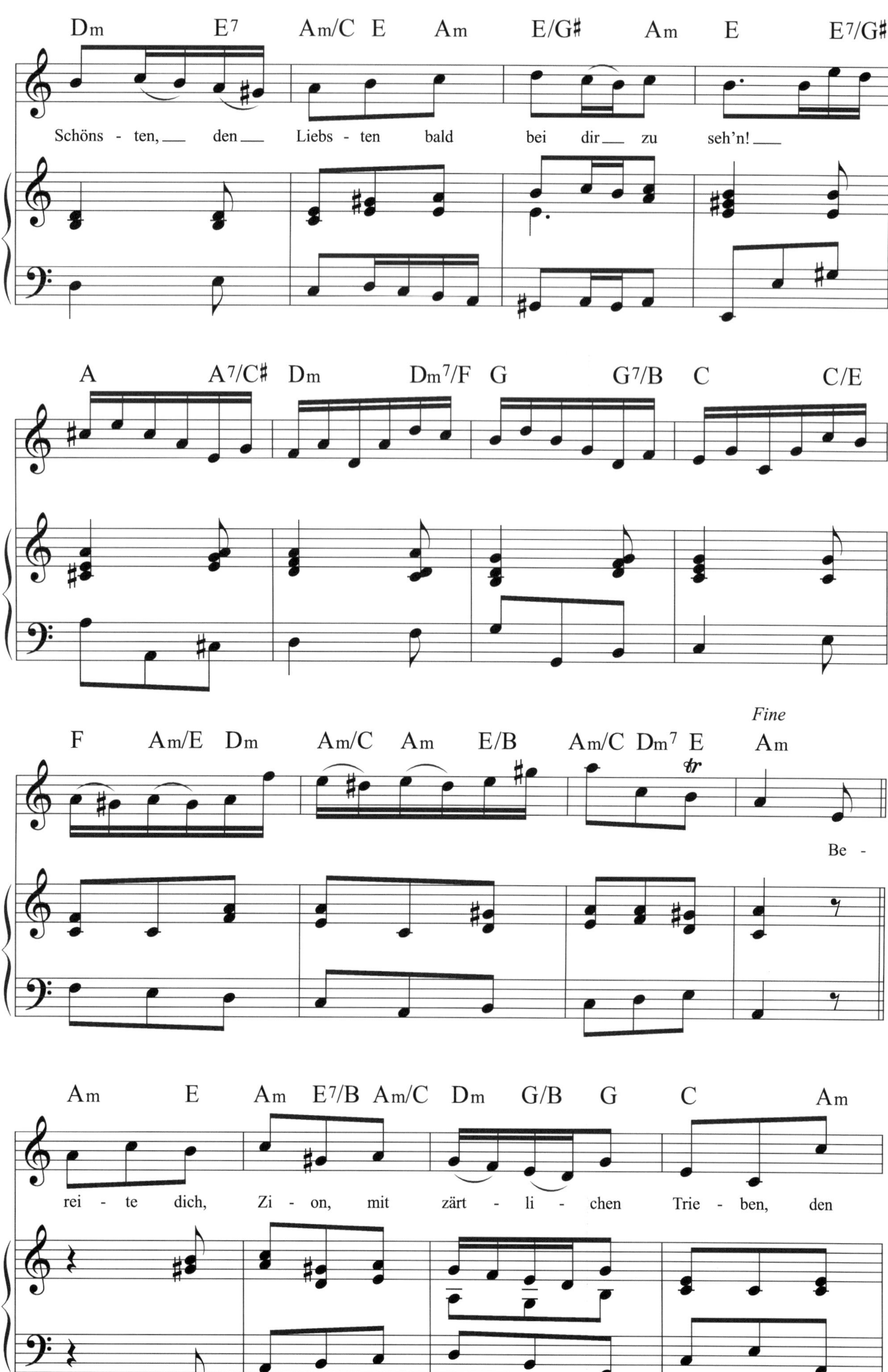
Dm E7 Am/C E Am E/G♯ Am E E7/G♯
Schöns - ten, __ den __ Liebs - ten bald bei dir __ zu seh'n! __
A A7/C♯ Dm Dm7/F G G7/B C C/E
F Am/E Dm Am/C Am E/B Am/C Dm7 E Am
Fine
tr
Be -
Am E Am E7/B Am/C Dm G/B G C Am
rei - te dich, Zi - on, mit zärt - li - chen Trie - ben, den

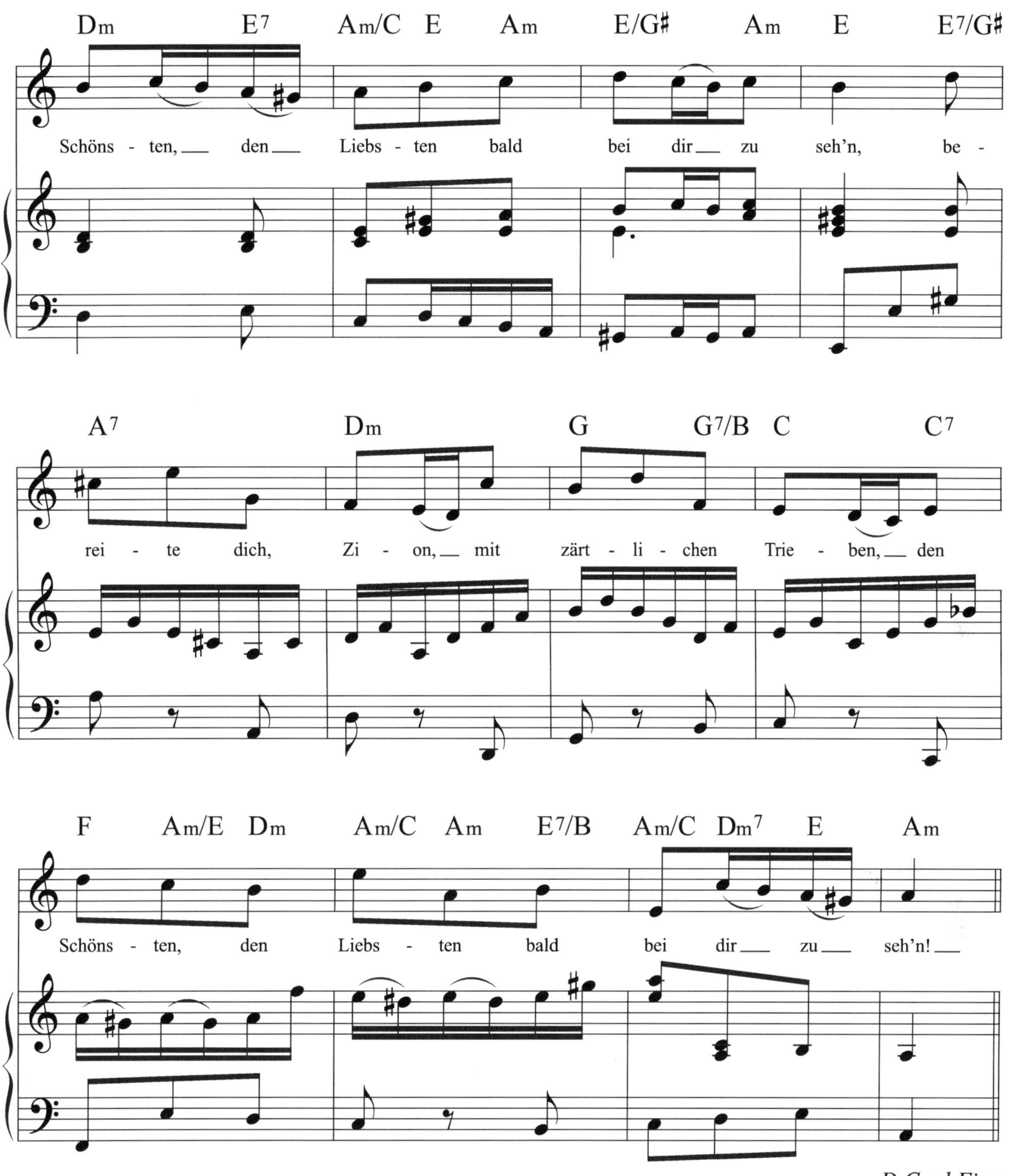

„Bereite dich, Zion, mit zärtlichen Trieben" – Im Alten Testament meint Zion einen Ort, nämlich den Tempelberg in Jerusalem. Zugleich steht Zion auch für die „himmlische Stadt" und für Gottes Volk.
Die Arie, vom Alt gesungen, ist aus dem 1. Teil des *Weihnachtsoratoriums*, das Bach zu seiner Zeit als Thomaskantor in Leipzig schrieb.

13. Halleluja

Georg Friedrich Händel (1685–1759)
Bearb.: Michael Schäfer

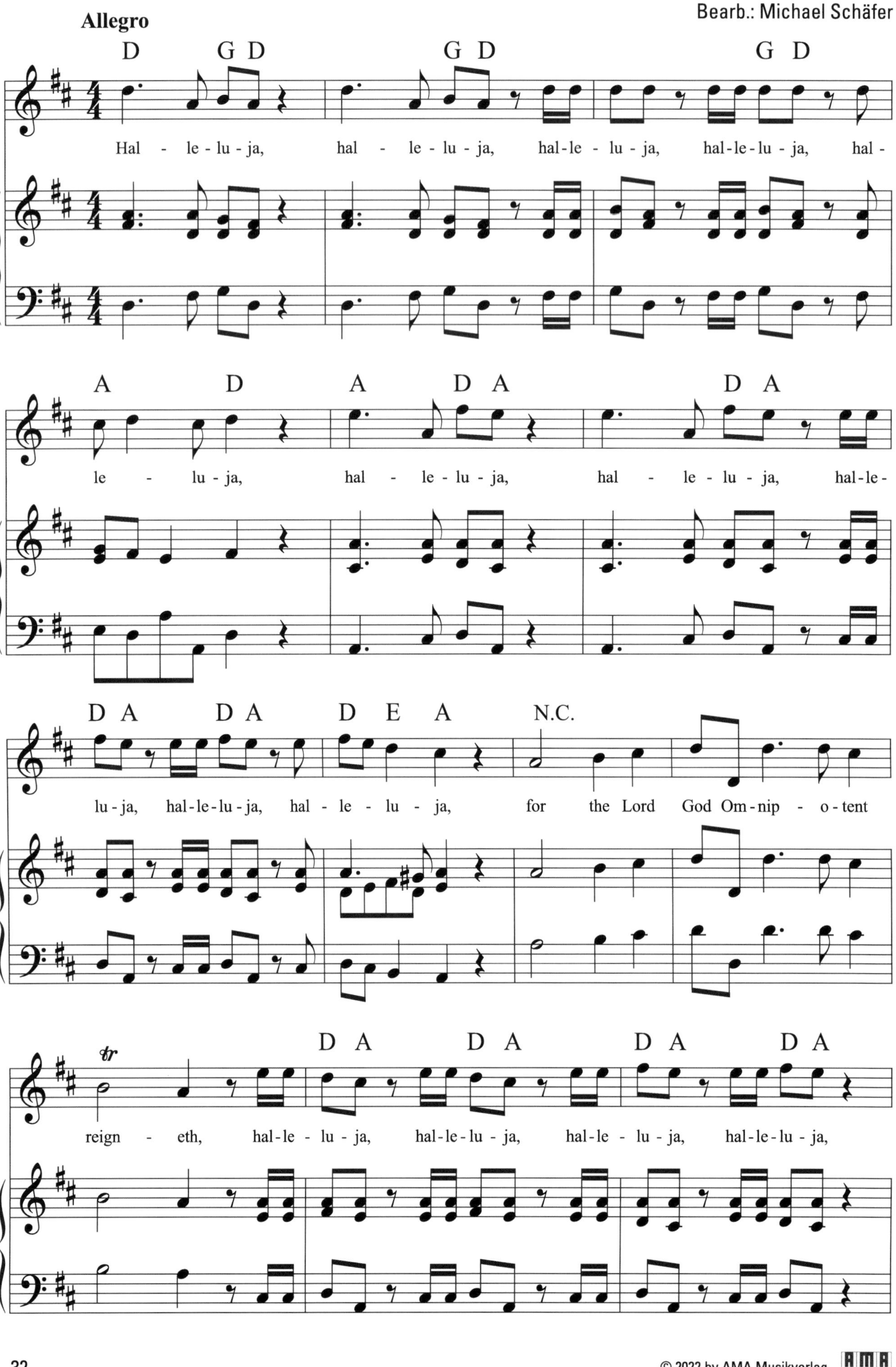

Allegro

D G D G D G D

Hal - le - lu - ja, hal - le - lu - ja, hal-le - lu - ja, hal-le-lu - ja, hal-

A D A D A D A

le - lu - ja, hal - le - lu - ja, hal - le - lu - ja, hal-le-

D A D A D E A N.C.

lu - ja, hal-le-lu - ja, hal - le - lu - ja, for the Lord God Om-nip - o - tent

tr

D A D A D A D A

reign - eth, hal-le - lu - ja, hal-le-lu - ja, hal-le - lu - ja, hal-le-lu - ja,

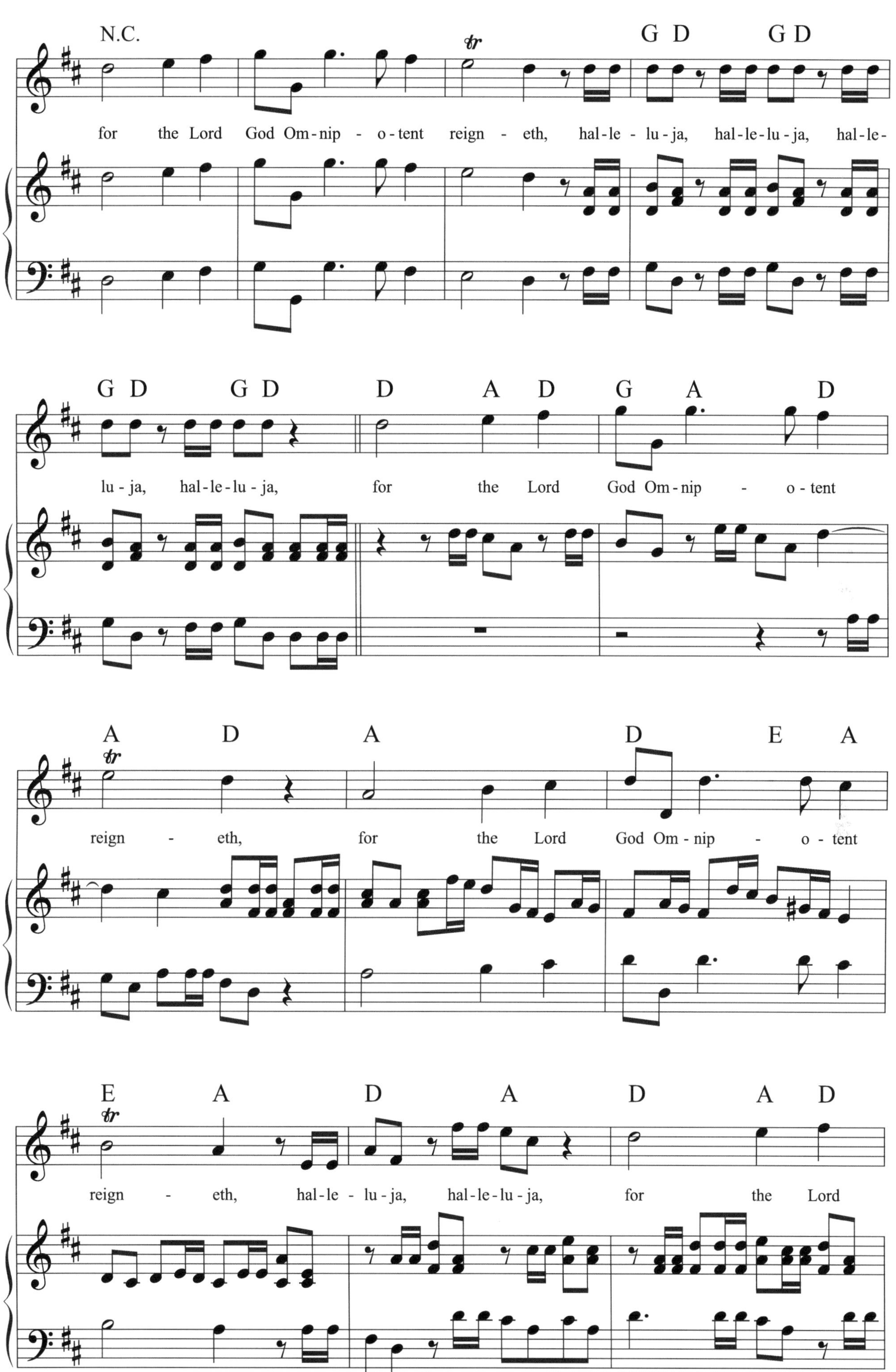
N.C.
G D G D
for the Lord God Om-nip - o-tent reign - eth, hal-le - lu-ja, hal-le-lu-ja, hal-le-
G D G D D A D G A D
lu-ja, hal-le-lu-ja, for the Lord God Om-nip - o-tent
A D A D E A
reign - eth, for the Lord God Om-nip - o-tent
E A D A D A D
reign - eth, hal-le - lu-ja, hal-le-lu-ja, for the Lord

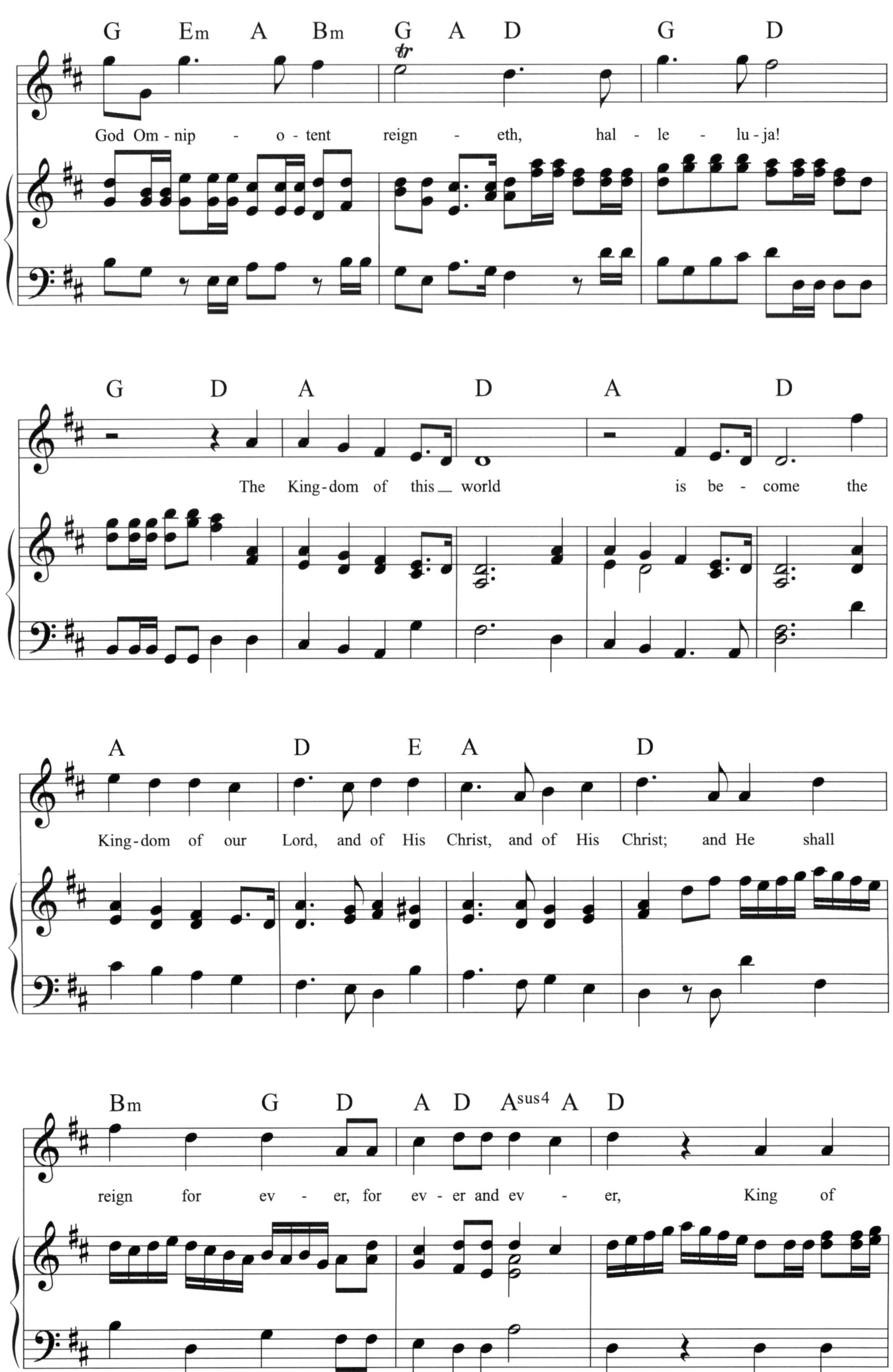
G Em A Bm G A D G D
God Om - nip - o - tent reign - eth, hal - le - lu - ja!
G D A D A D
The King - dom of this world is be - come the
A D E A D
King - dom of our Lord, and of His Christ, and of His Christ; and He shall
Bm G D A D Asus4 A D
reign for ev - er, for ev - er and ev - er, King of

AMA VERLAG

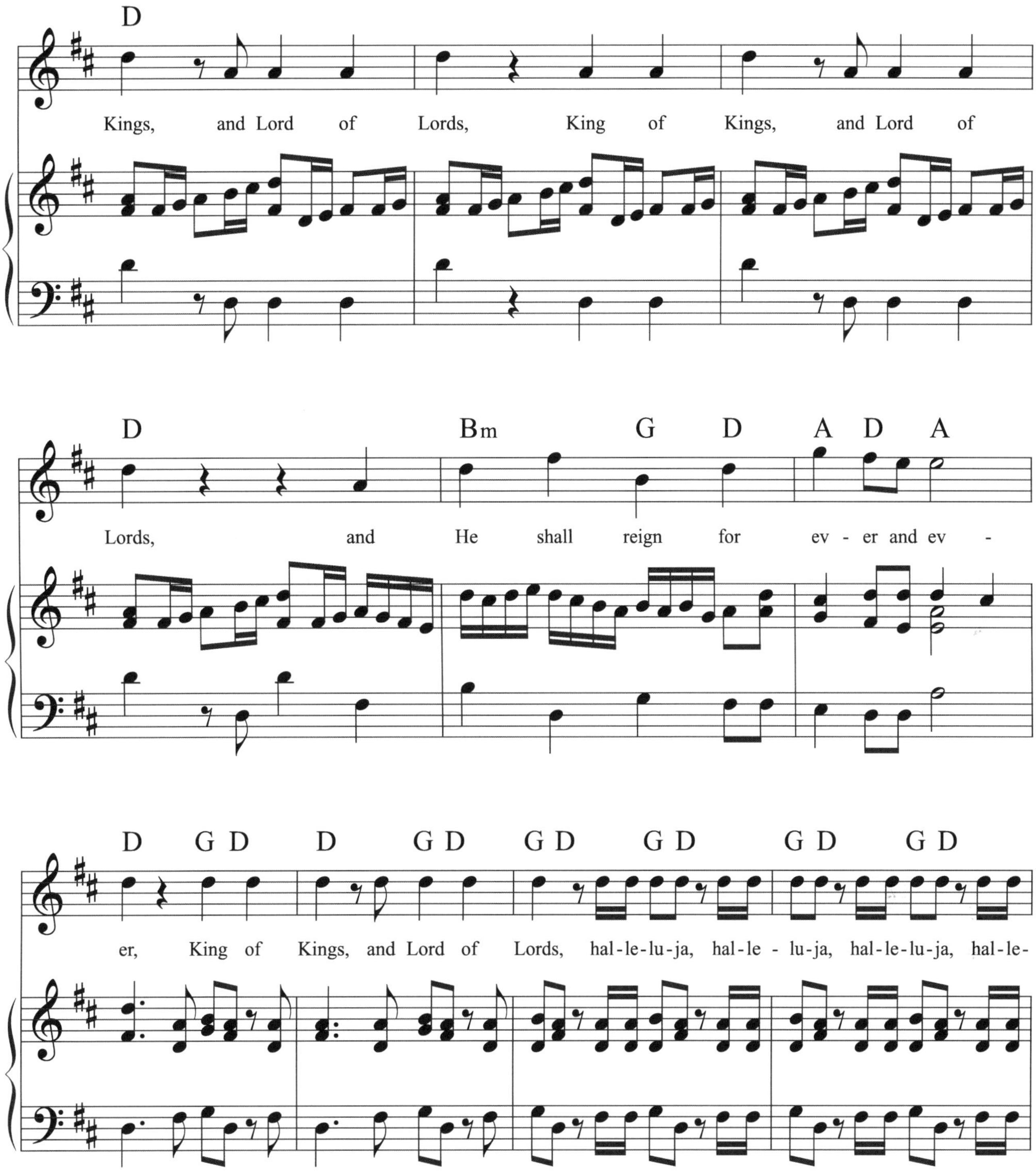

D

Kings, and Lord of Lords, King of Kings, and Lord of

D Bm G D A D A

Lords, and He shall reign for ev - er and ev -

D G D D G D G D G D G D G D

er, King of Kings, and Lord of Lords, hal-le-lu-ja, hal-le - lu-ja, hal-le-lu-ja, hal-le-

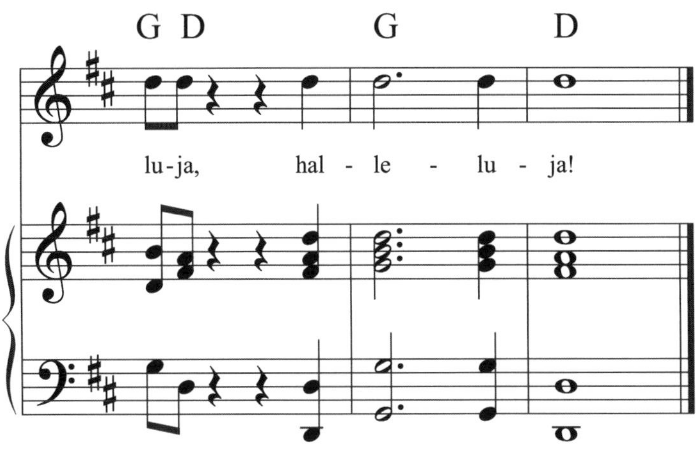

Das *Halleluja* ist Händels großer Hit. Es stammt aus seinem Oratorium Messiah (Der Messias) und beschließt den zweiten der drei Teile. Händel schrieb das Werk im Sommer 1741 in London. Es ist eine Mischung aus Weihnachts- und Passionsgeschichte und besteht ausschließlich aus Bibelversen. Händel selbst dirigierte den Messiah stets zur Fasten- und Osterzeit, in Weihnachtskonzerten erklingen aber auch der erste Teil und das Halleluja.

14. Ombra mai fu

Georg Friedrich Händel (1685–1759)
Bearb.: Michael Schäfer

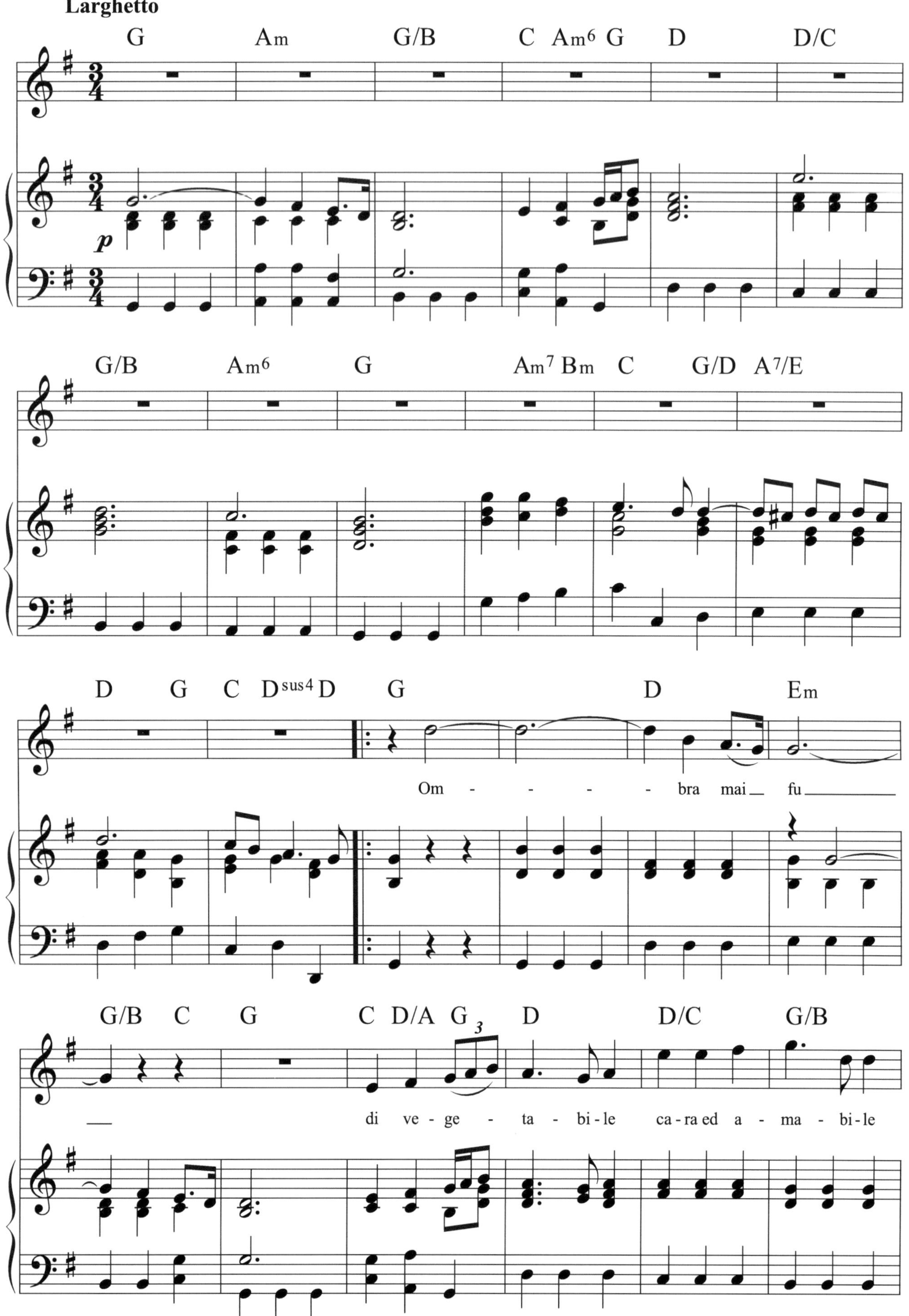

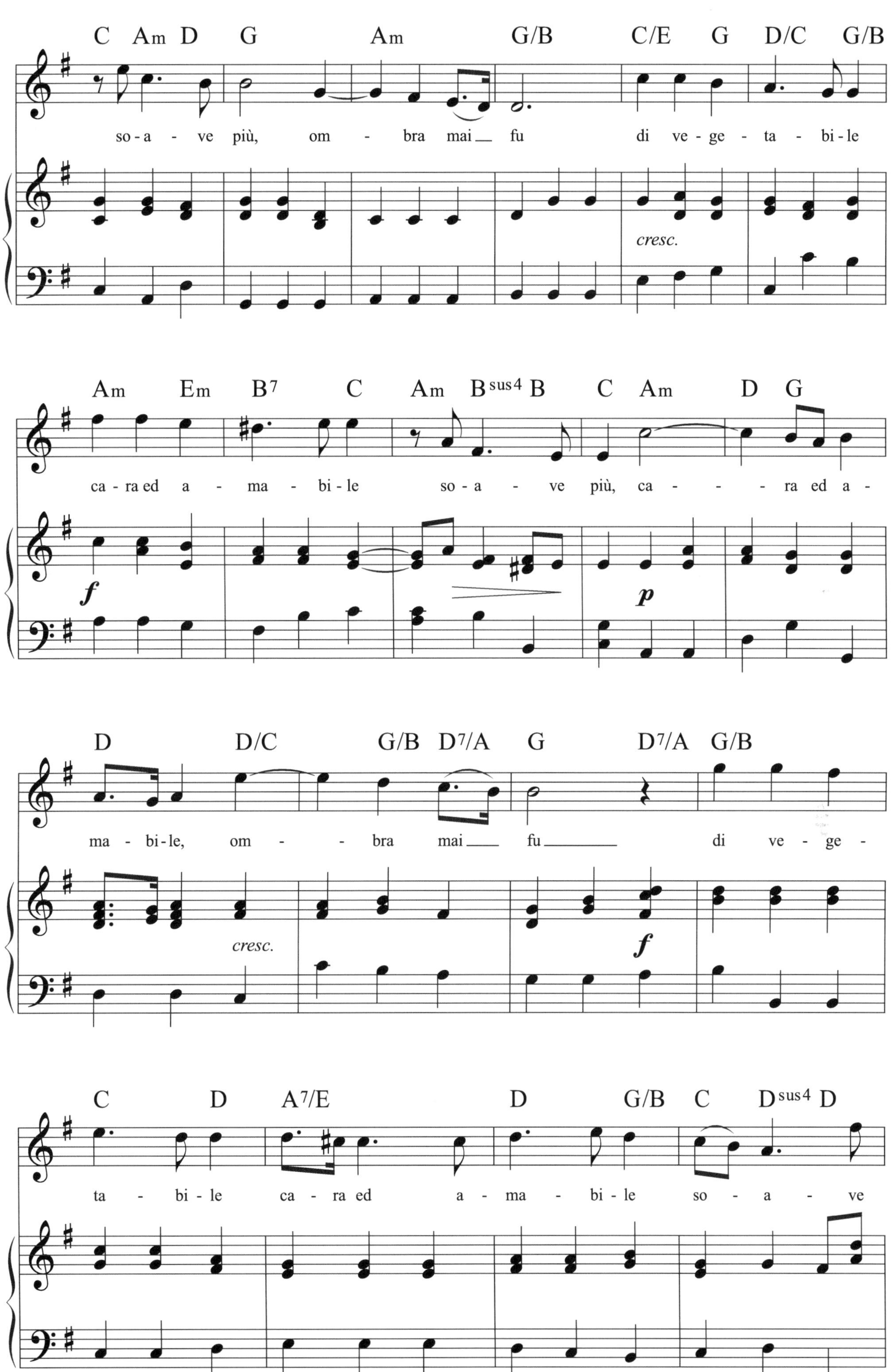
C Am D G Am G/B C/E G D/C G/B
so - a - ve più, om - bra mai fu di ve - ge - ta - bi - le
cresc.
Am Em B7 C Am Bsus4 B C Am D G
ca - ra ed a - ma - bi - le so - a - ve più, ca - - - ra ed a -
f
p
D D/C G/B D7/A G D7/A G/B
ma - bi - le, om - - bra mai fu di ve - ge -
cresc.
f
C D A7/E D G/B C Dsus4 D
ta - bi - le ca - ra ed a - ma - bi - le so - a - ve

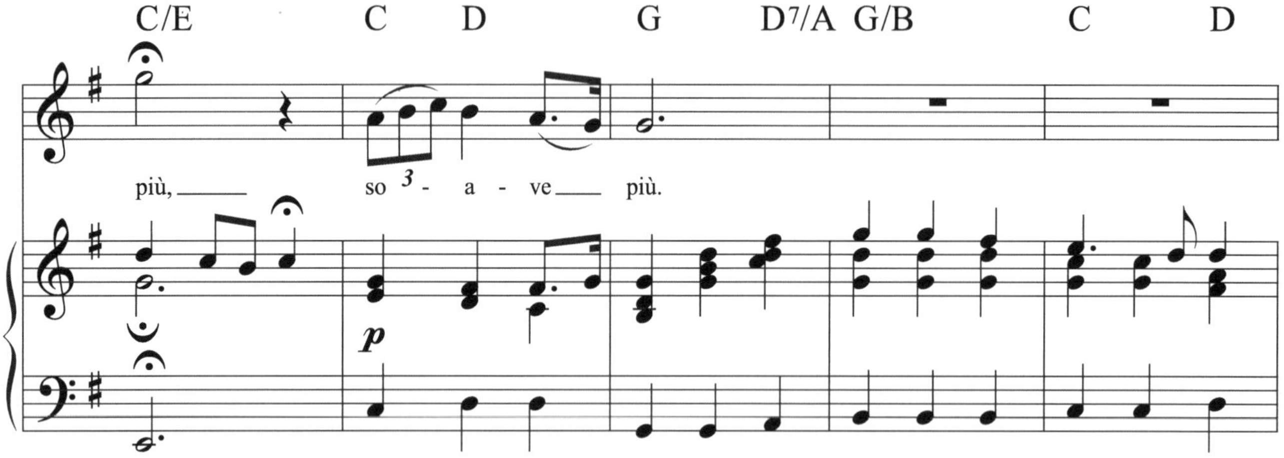

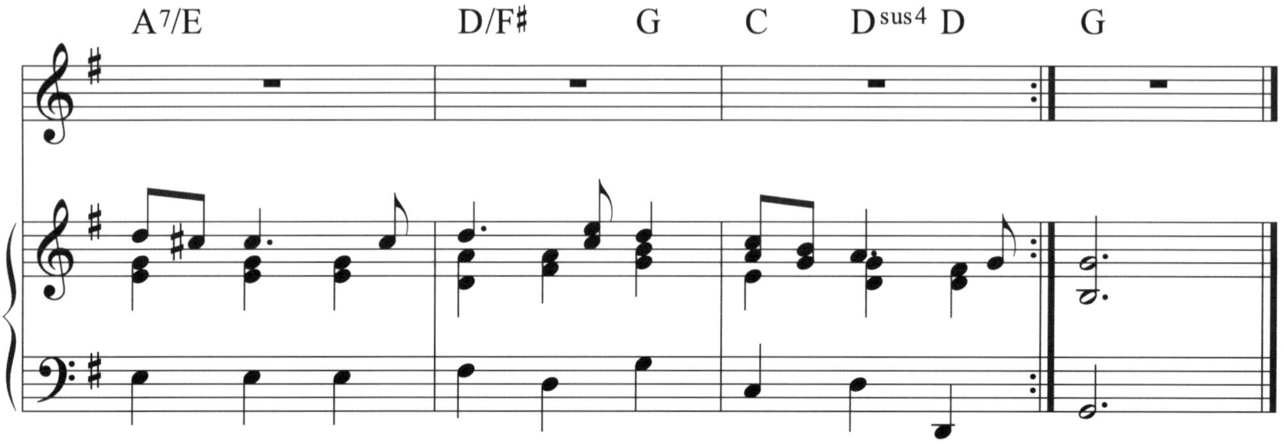

C/E C D G D7/A G/B C D

più, so - a - ve più.

A7/E D/F♯ G C Dsus4 D G

Die heute auch als Largo aus *Xerxes* bekannte Arie stammt aus Händels Oper *Serse* (Xerxes). Nach einer kurzen Ouvertüre erklingt sie schon in der Eingangsszene: Der persische König Xerxes singt in seinem Palastgarten ein Loblied auf seine Platane. Händel schrieb die Titelrolle für einen Kastraten, heute wird sie von einem Countertenor, Sopran oder Mezzosopran gesungen. Die Oper wurde 1738 in London uraufgeführt und nach nur fünf Vorstellungen als Misserfolg abgesetzt. Im 19. Jahrhundert wurde die Arie jedoch wiederentdeckt und zu einem der bekanntesten Stücke Händels. Sie gelangte ins Repertoire berühmter Interpreten aller Stimmlagen und wird heute in Konzerten gesungen und auch als Instrumentalstück musiziert.

15. Jesu bleibet meine Freude

Johann Sebastian Bach (1685–1750)
Bearb.: Michael Schäfer

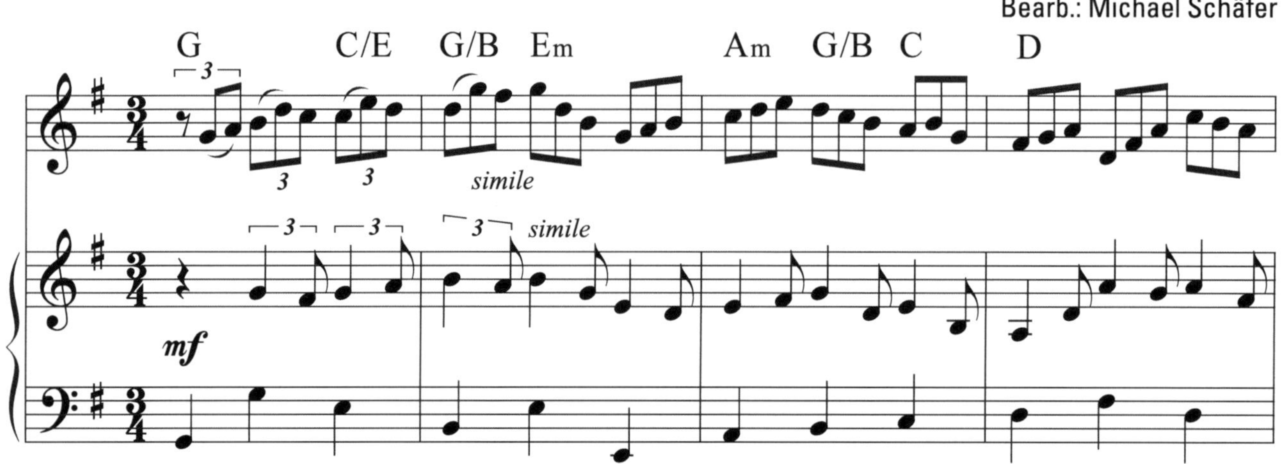

AMA VERLAG

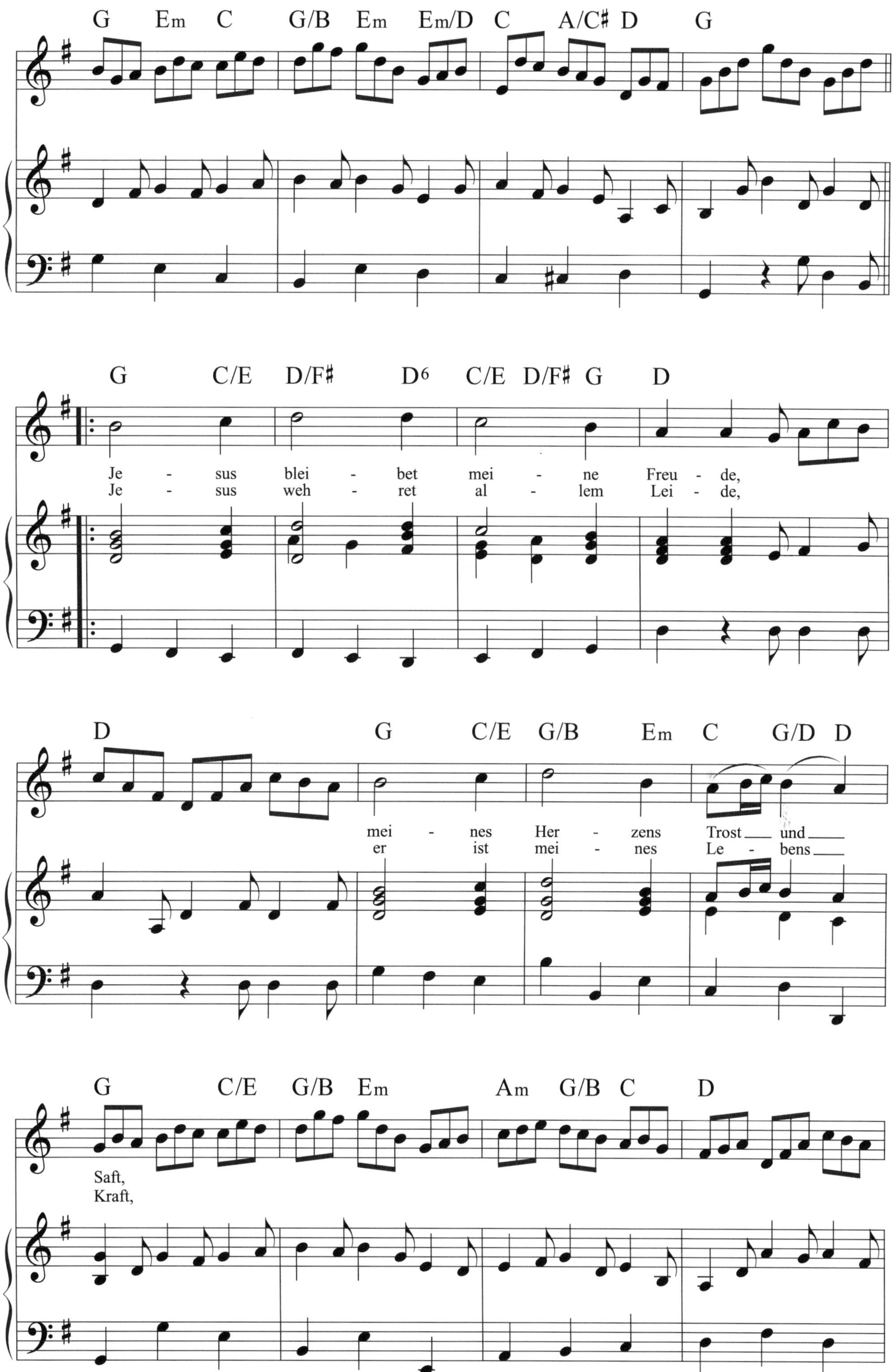
G Em C G/B Em Em/D C A/C♯ D G
G C/E D/F♯ D6 C/E D/F♯ G D
Je - sus blei - bet mei - ne Freu - de,
Je - sus weh - ret al - lem Lei - de,
D G C/E G/B Em C G/D D
mei - nes Her - zens Trost und
er ist mei - nes Le - bens
G C/E G/B Em Am G/B C D
Saft,
Kraft,

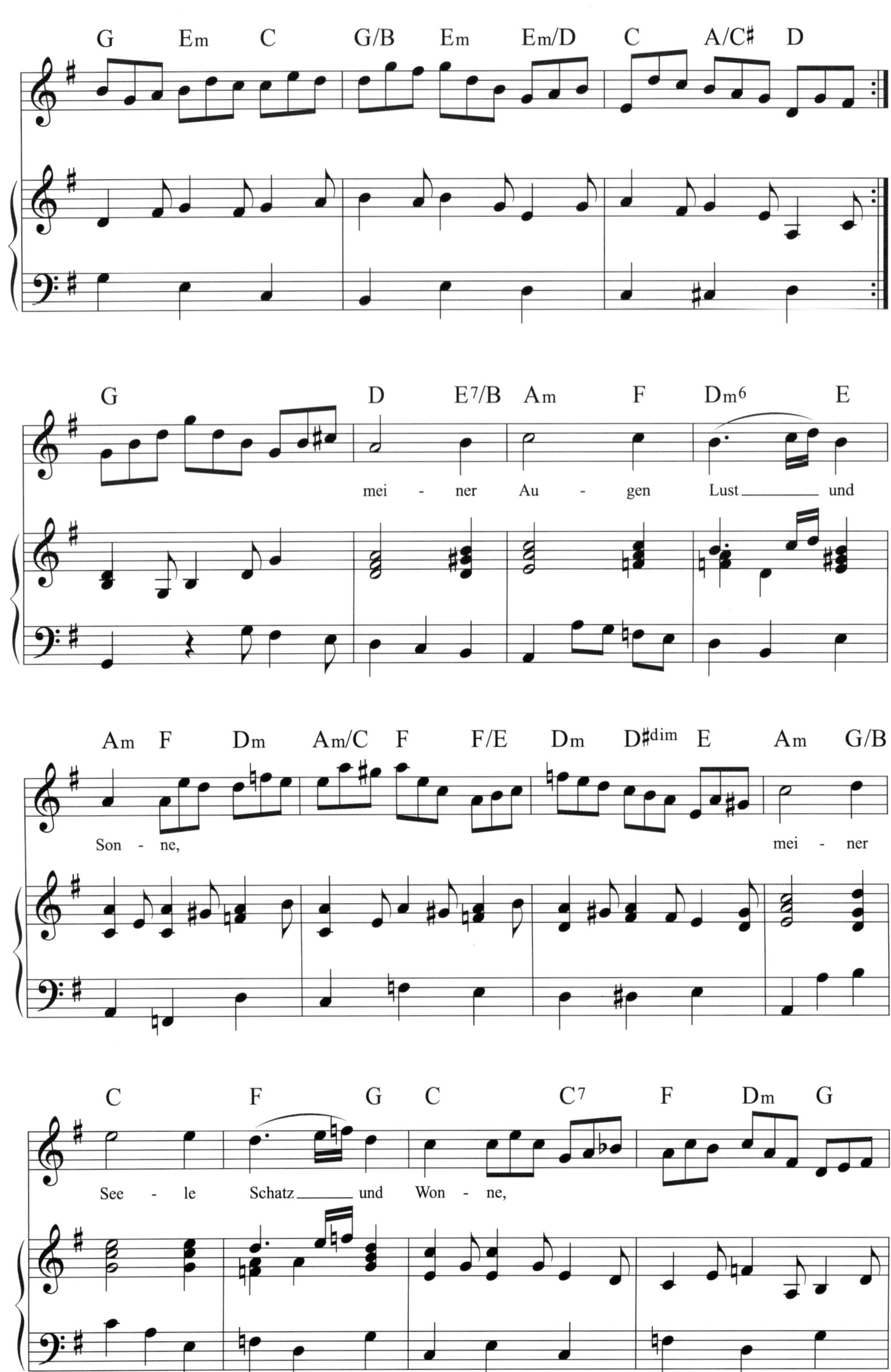
G Em C G/B Em Em/D C A/C♯ D
G D E7/B Am F Dm6 E
mei - ner Au - gen Lust und
Am F Dm Am/C F F/E Dm D♯dim E Am G/B
Son - ne, mei - ner
C F G C C7 F Dm G
See - le Schatz und Won - ne,

AMA VERLAG

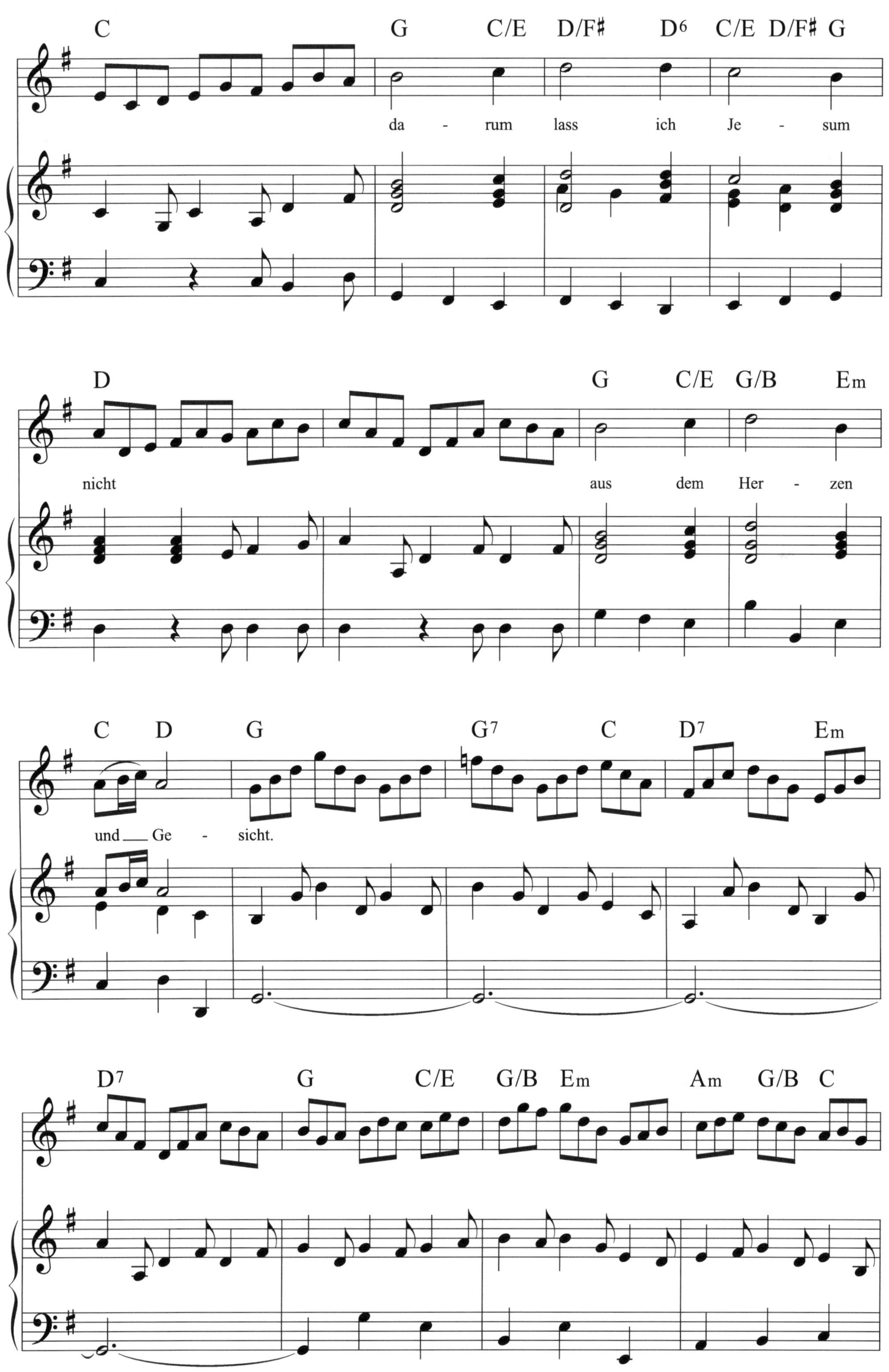
C G C/E D/F♯ D6 C/E D/F♯ G
da - rum lass ich Je - sum
D G C/E G/B Em
nicht aus dem Her - zen
C D G G7 C D7 Em
und Ge - sicht.
D7 G C/E G/B Em Am G/B C

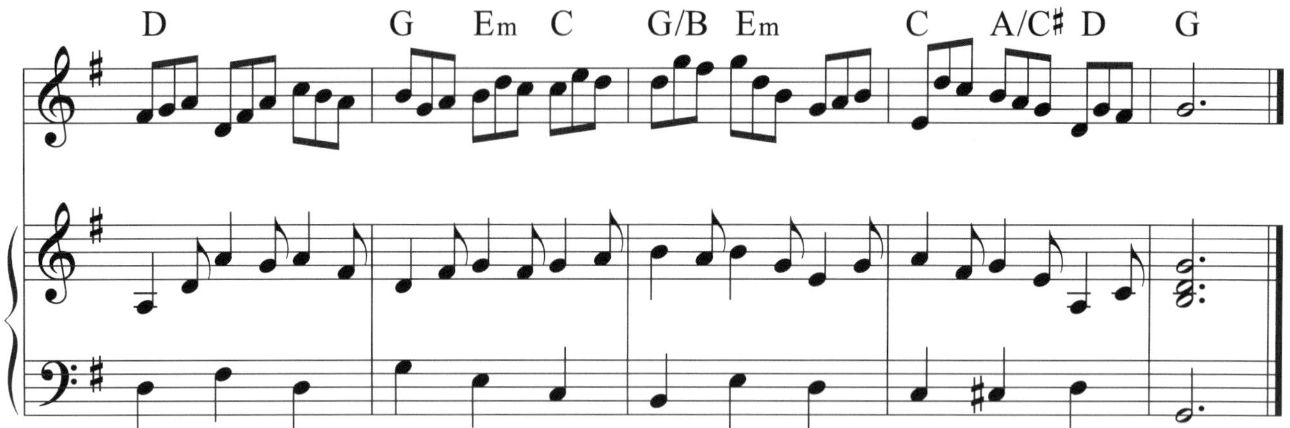

Bach war von 1723 bis zu seinem Tod im Jahr 1750 Thomaskantor in Leipzig. Zu seinen Dienstverpflichtungen gehörte es, an allen Sonn- und Feiertagen auf das Kirchenjahr bezogene Kantaten einzustudieren und in den Gottesdiensten aufzuführen. Er schuf eine Vielzahl neuer Kantaten, *Jesus bleibet meine Freude* ist der Schlusschoral aus der Kantate *Herz und Mund und Tat und Leben* (BWV 147) aus dem Jahr 1726. Er gehört zu den bekanntesten Choralbearbeitungen Bachs und ist international bekannt als *Jesu, Joy of Man's Desiring*.

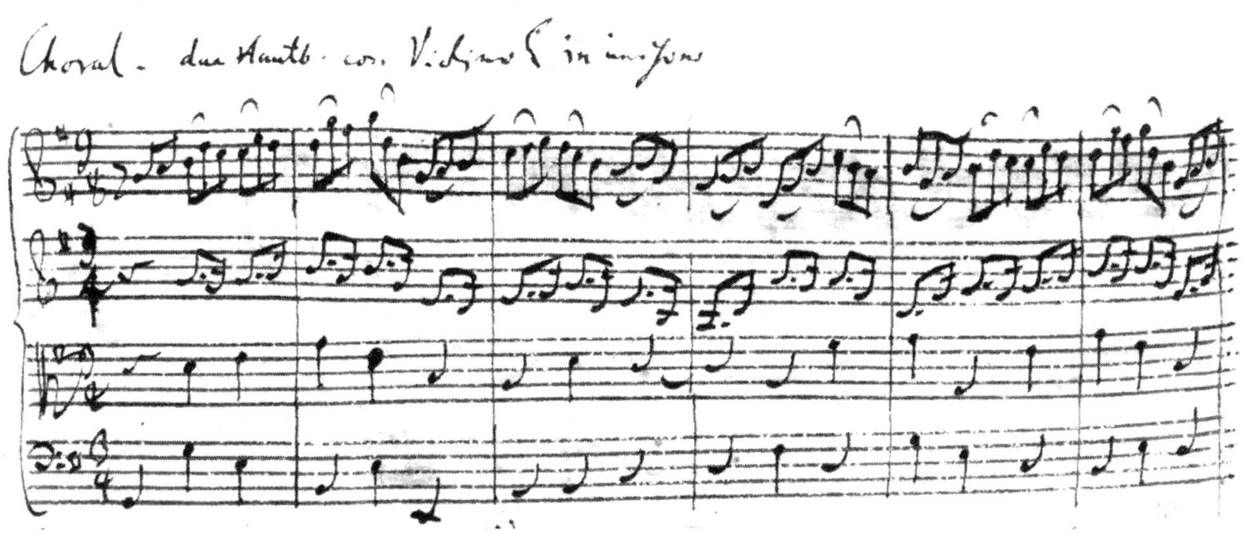

Erste Seite von Bachs Originalhandschrift *Jesus bleibet meine Freude* aus dem Jahr 1723.

16. Kaiserhymne

Joseph Haydn (1732–1809)
Bearb.: Michael Schäfer

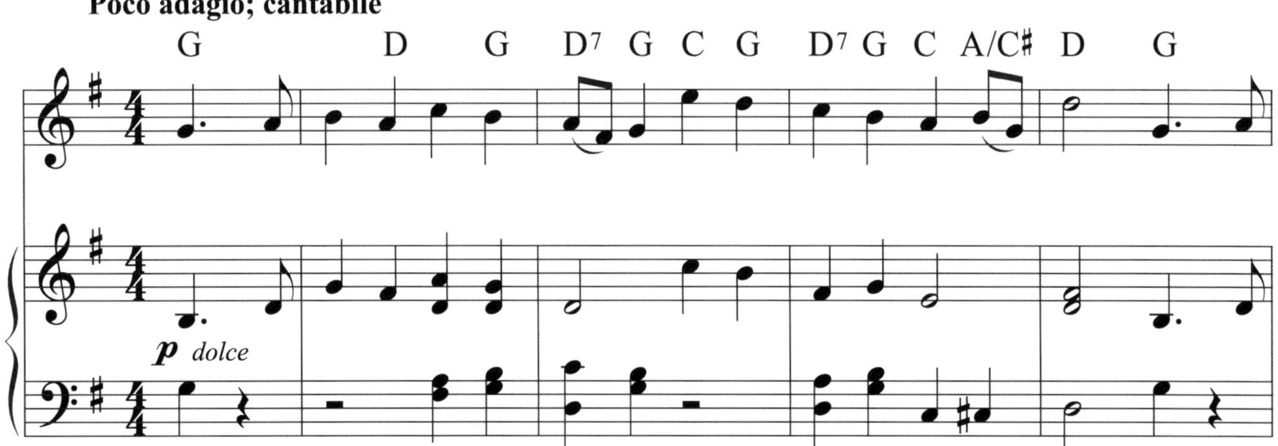

AMA VERLAG

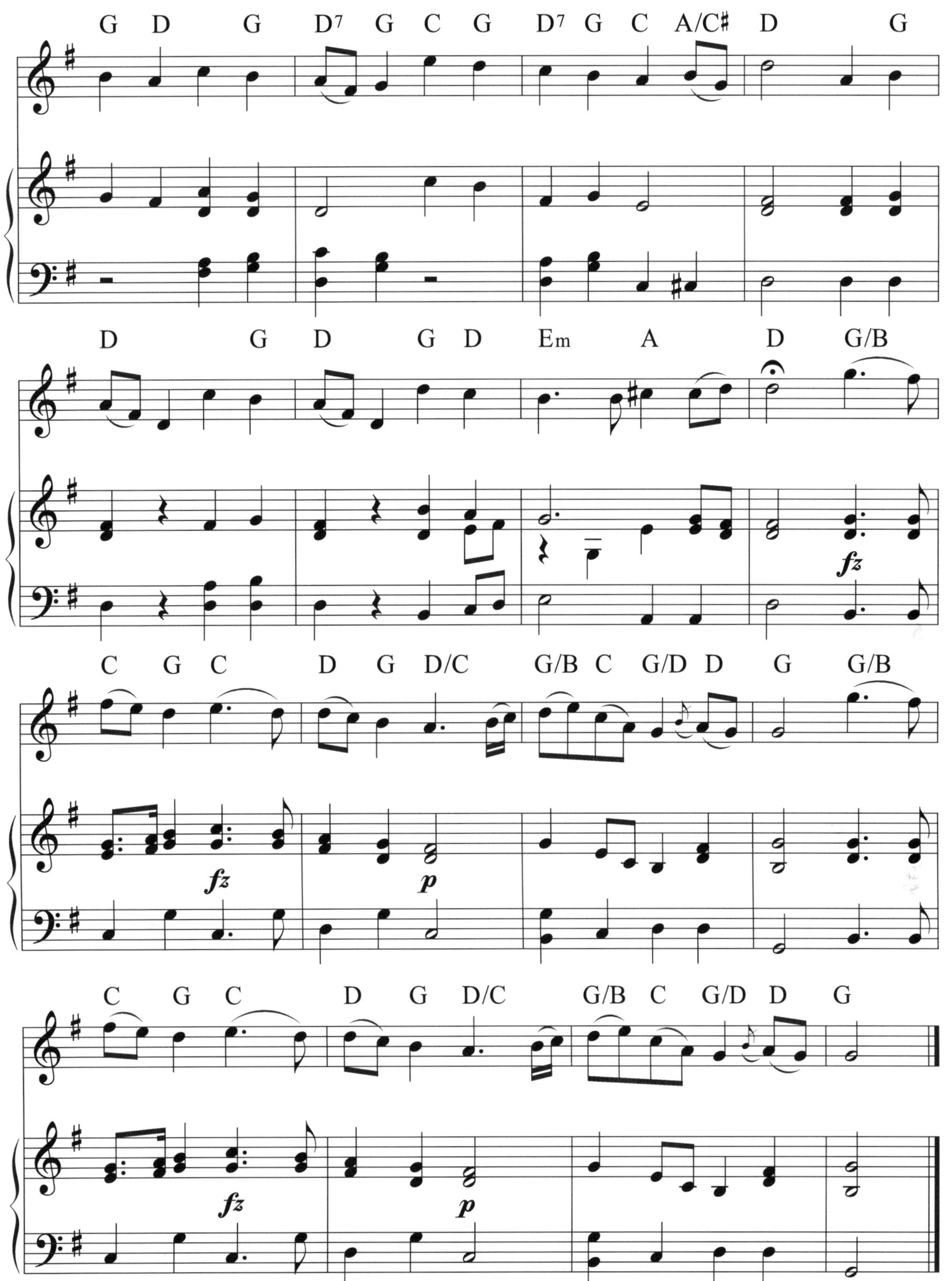

Haydn wurde bei der Komposition der Melodie möglicherweise von einem kroatischen Volkslied inspiriert. Er werwendete sie auch in seinem *Streichquartett op. 76 Nr. 3* im zweiten Satz. Zu seiner Melodie gibt es zahlreiche Textunterlegungen. Mit dem Text von Lorenz Leopold Haschka (1749–1827) *Gott erhalte Franz, den Kaiser* (1797) wurde die Kaiserhymne die erste österreichische Volkshymne. Die dritte Strophe aus dem „Lied der Deutschen", einem Gedicht von Hoffmann von Fallersleben aus dem Jahr 1841, wurde seit 1952 in der Bundesrepublik Deutschland zu offiziellen Anlässen gesungen. Nach der Wiedervereinigung im Jahr 1991 wurde die dritte Strophe zur Nationalhymne Deutschlands erklärt.

17. Plaisir d'amour

Jean-Paul Martini (1741–1816)
Bearb.: Michael Schäfer

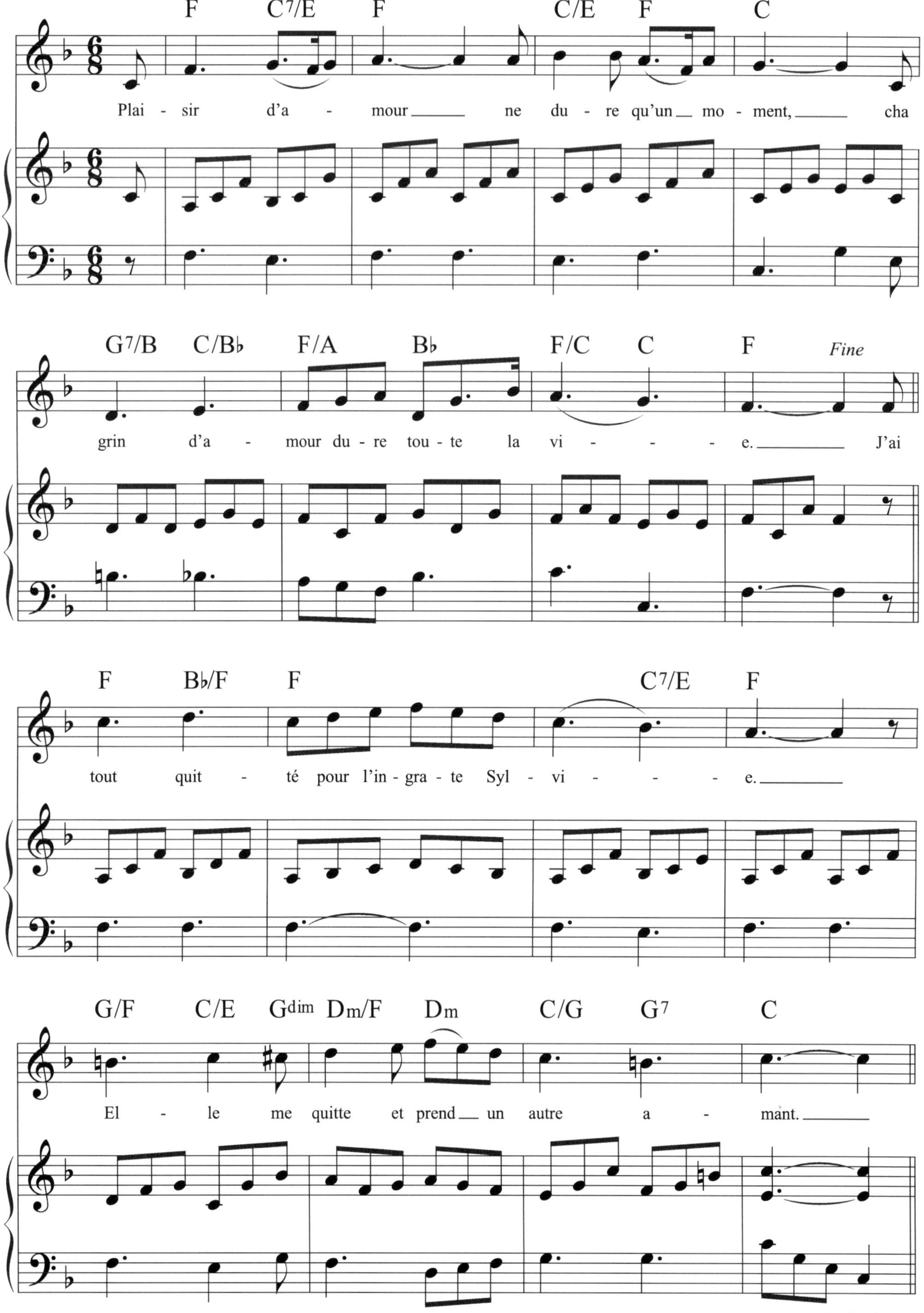

Plaisir d'amour (etwa „Die Freuden der Liebe") ist ein klassisches französisches Liebeslied zählt zum Repertoire vieler berühmter Interpreten. Es gibt Aufnahmen von Fritz Wunderlich, Nana Mouskouri und Charles Aznavour, Mireille Mathieu, Joan Baez, Mary Hopkin und Marianne Faithfull.
Elvis Presleys Hit *Can't Help Falling in Love* (1961) basiert auf der Melodie von *Plaisir d'amour*.

18. Caro mio ben

Guiseppe Giordani (1744–1798)
Bearb.: Michael Schäfer

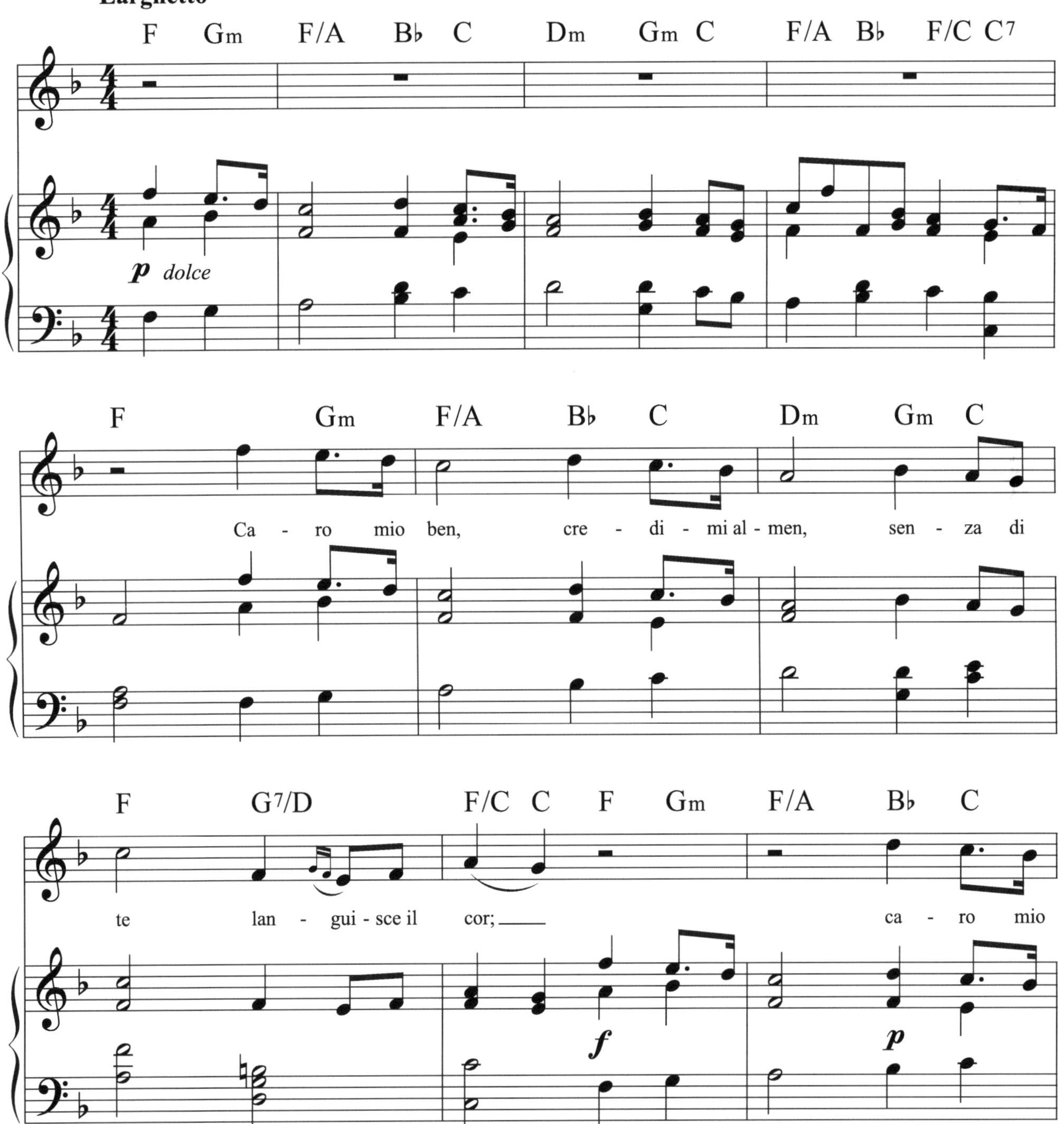

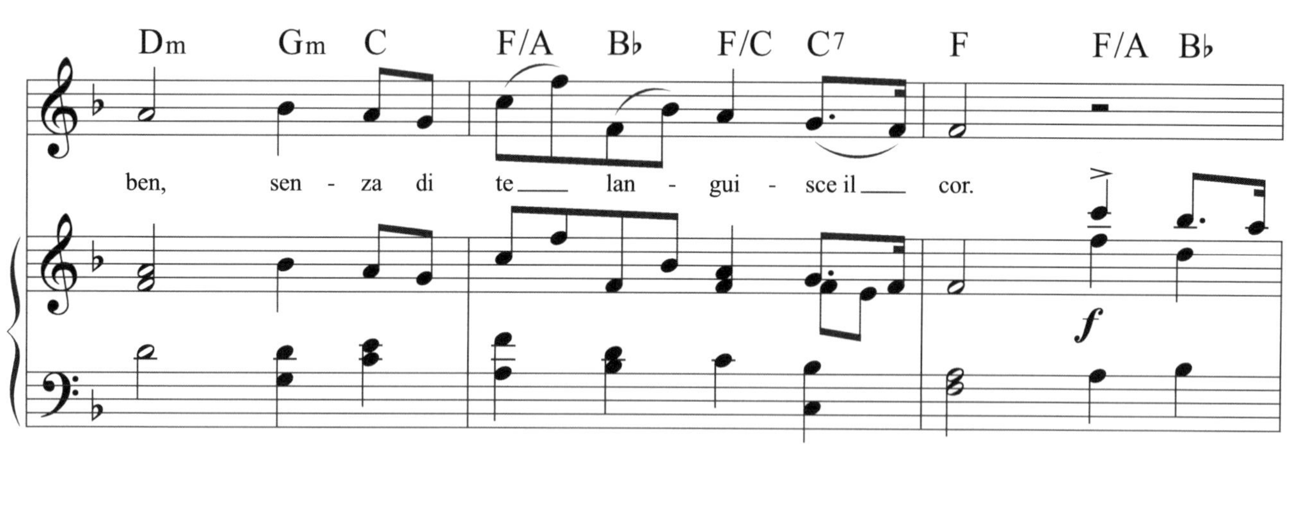
Dm Gm C F/A B♭ F/C C7 F F/A B♭
ben, sen - za di te lan - gui - sce il cor.
f

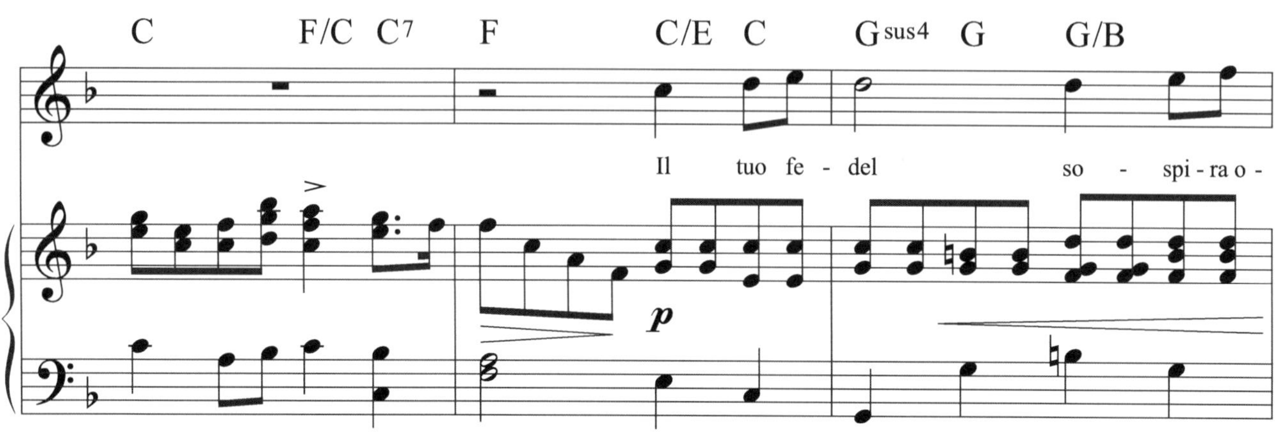
C F/C C7 F C/E C Gsus4 G G/B
Il tuo fe - del so - spi - ra o -
p

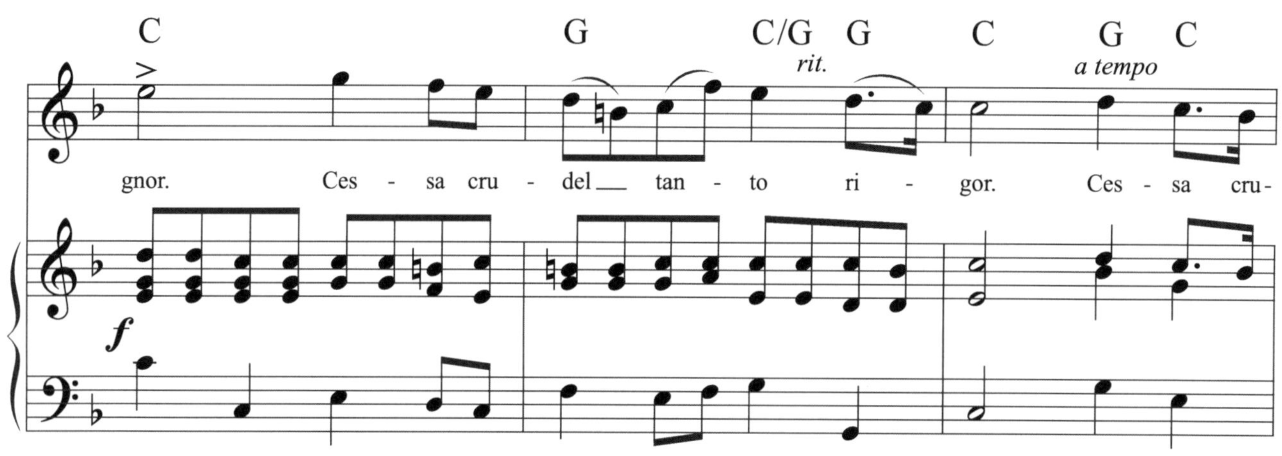
C G C/G G C G C
rit.
a tempo
gnor. Ces - sa cru - del tan - to ri - gor. Ces - sa cru -
f

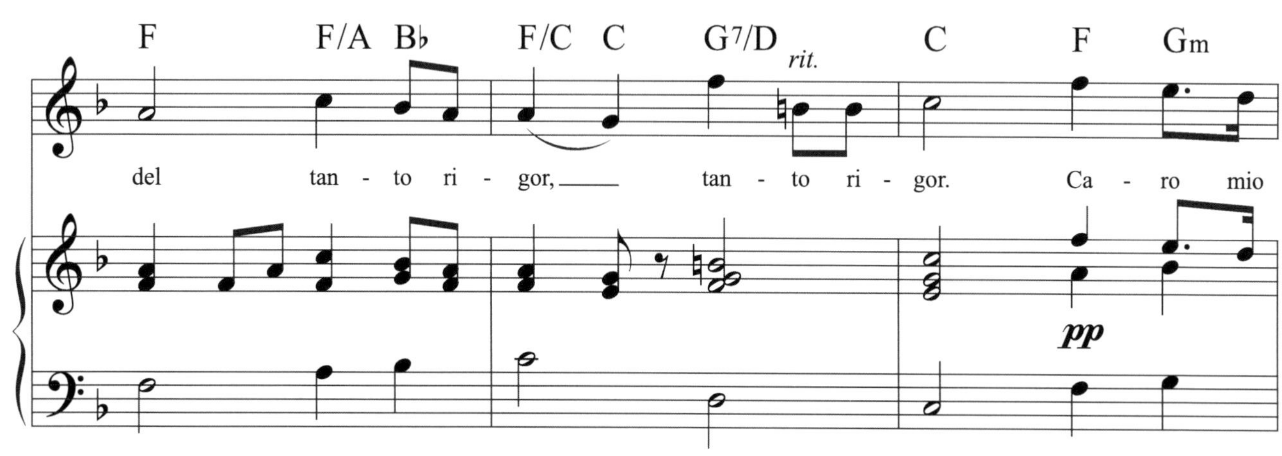
F F/A B♭ F/C C G7/D C F Gm
rit.
del tan - to ri - gor, tan - to ri - gor. Ca - ro mio
pp

 AMA VERLAG

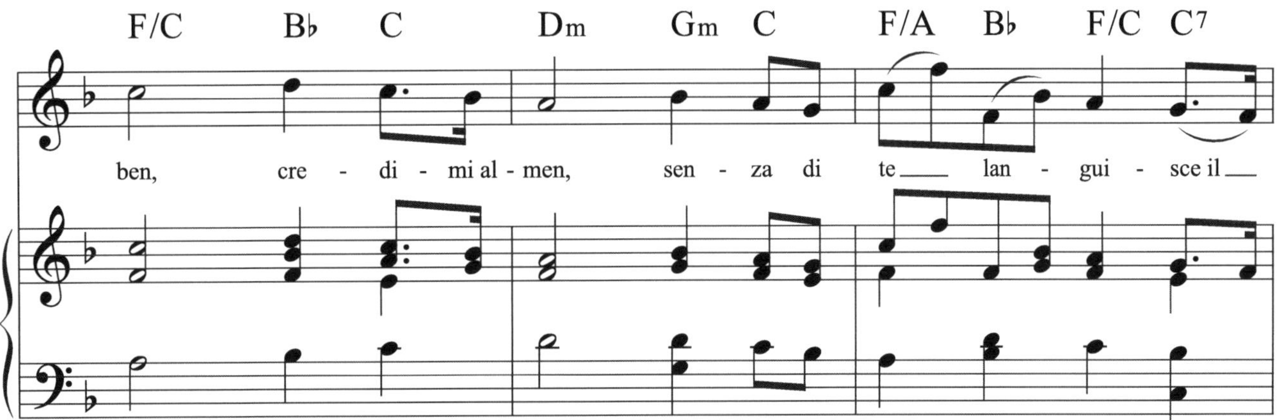

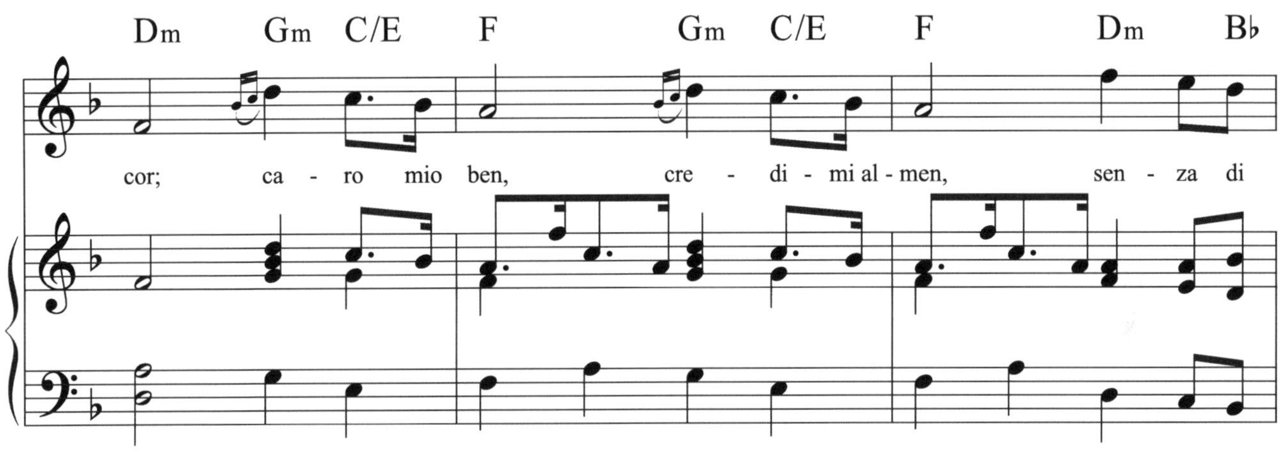

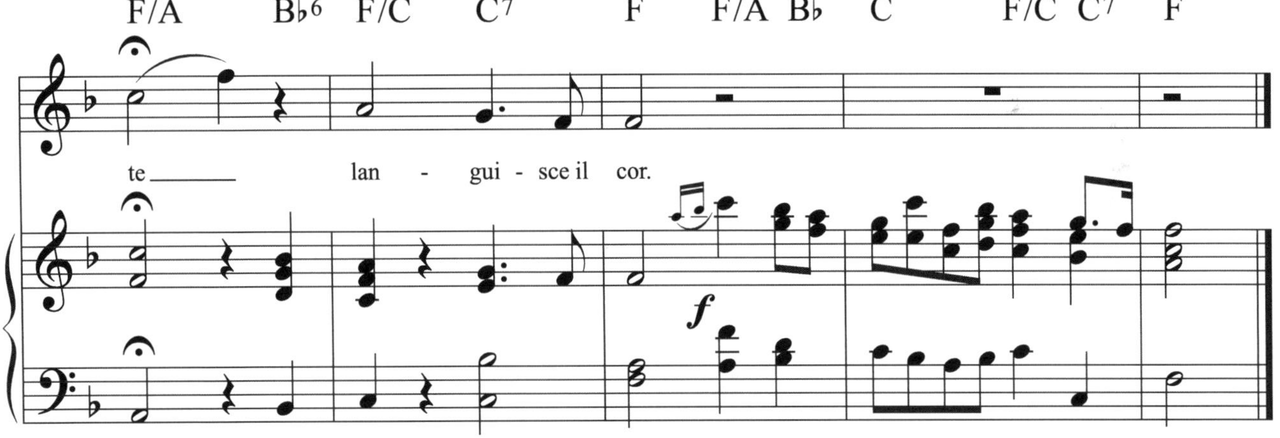

Caro mio ben, credimi almen, senza di te languisce il cor. (Etwa „Mein geliebter Schatz, glaub mir, ohne dich verzehrt sich mein Herz.")
Caro mio ben ist eine der beliebtesten und meistgehörten Arien des 18. Jahrhunderts und gehörte auch zum Repertoire des großer Tenöre wie Luciano Pavarotti, Fritz Wunderlich oder José Carreras. Aufnahmen gibt es auch von berühmten Sängerinnen wie Montserrat Caballé und Cecilia Bartoli.

19. Menuett

Wolfgang Amadeus Mozart (1756–1791)
Bearb.: Michael Schäfer

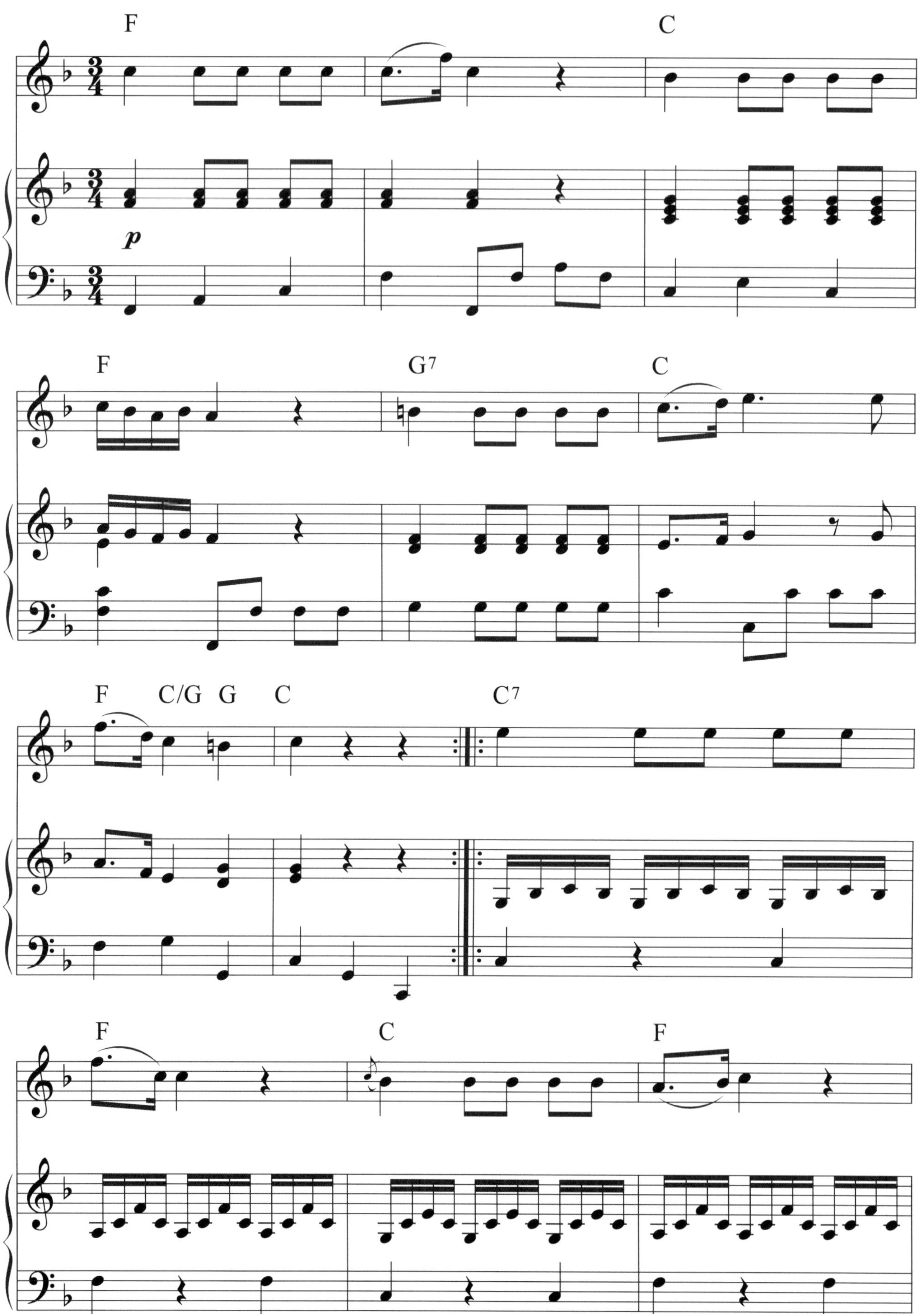

AMA VERLAG

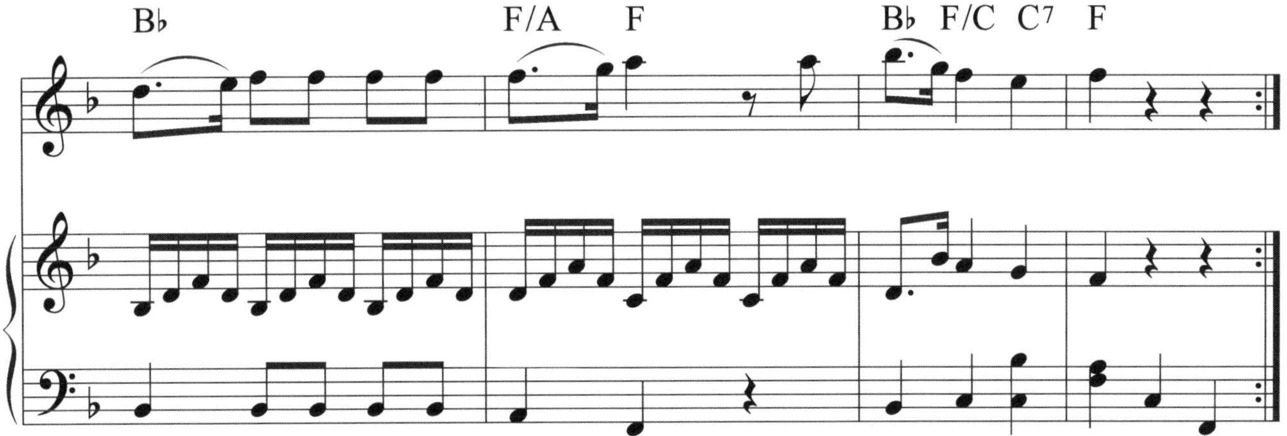

Das Menuett stammt aus der Oper *Don Giovanni*, die 1787 in Prag uraufgeführt wurde und bald als „die Oper der Opern" gelten sollte. Im Finale des ersten Akts findet ein Ball statt, bei dem das Orchester drei Tänze gleichzeitig spielt: ein Menuett, einen Kontratanz und einen Deutschen Tanz.

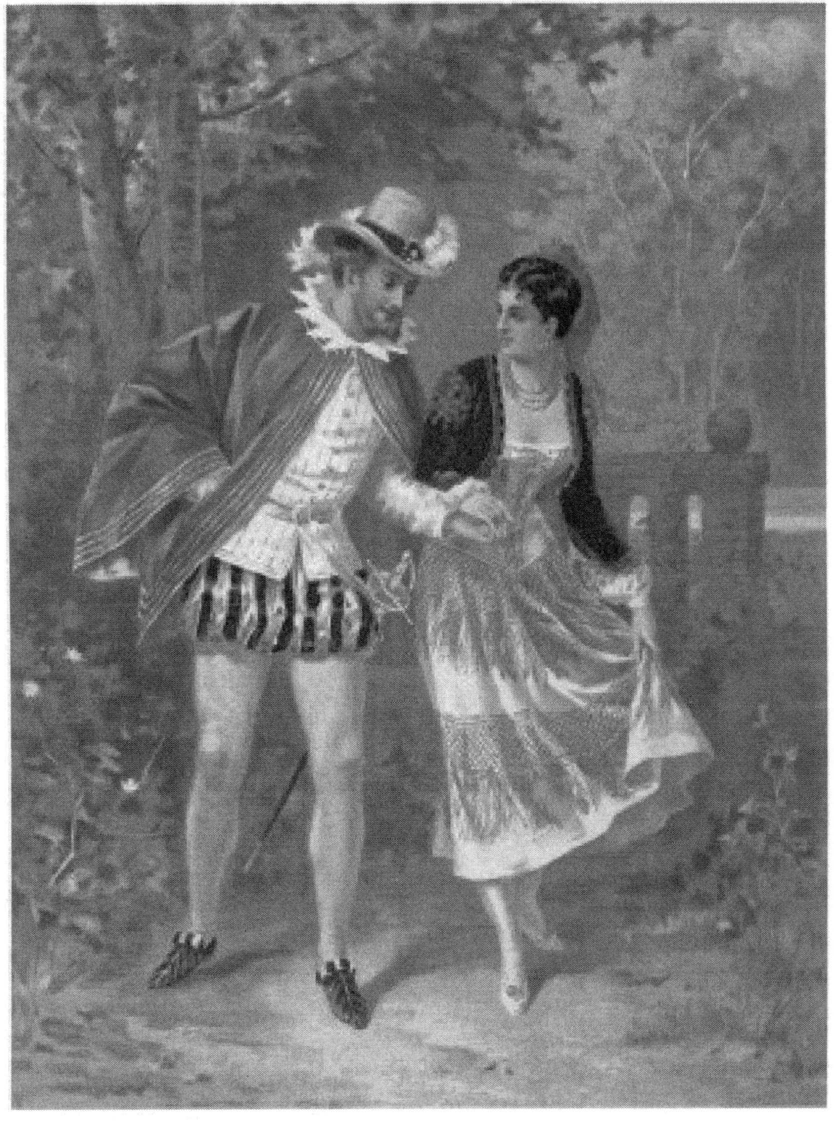

Don Giovanni und Zerlina, Illustration ca. 1890–1900

20. Ode an die Freude

M: Ludwig van Beethoven (1770–1827)
Bearb.: Michael Schäfer

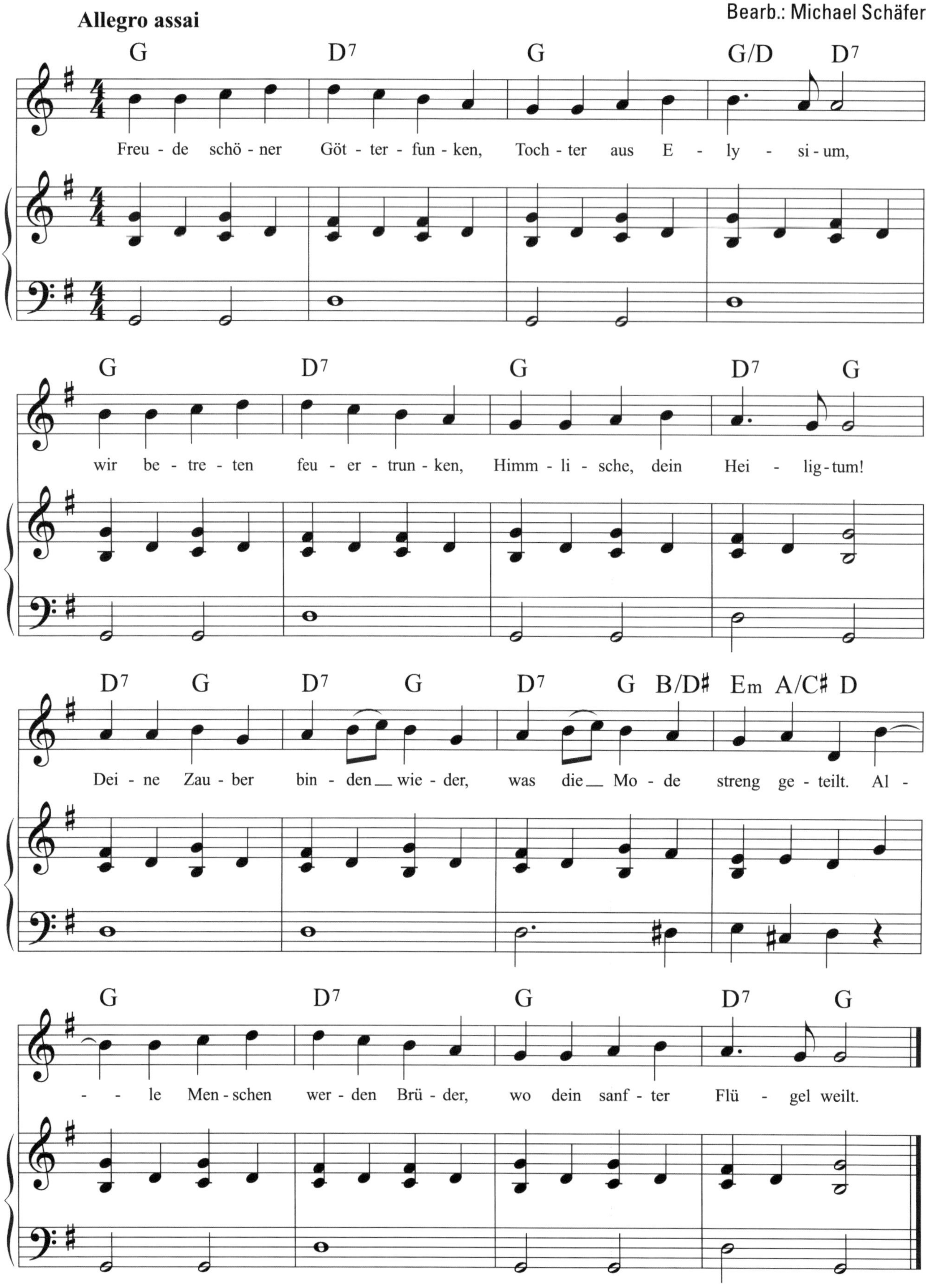

Allegro assai

G D7 G G/D D7

Freu - de schö - ner Göt - ter - fun - ken, Toch - ter aus E - ly - si - um,

G D7 G D7 G

wir be - tre - ten feu - er - trun - ken, Himm - li - sche, dein Hei - lig - tum!

D7 G D7 G D7 G B/D♯ Em A/C♯ D

Dei - ne Zau - ber bin - den __ wie - der, was die __ Mo - de streng ge - teilt. Al -

G D7 G D7 G

\- - le Men - schen wer - den Brü - der, wo dein sanf - ter Flü - gel weilt.

Die Melodie ist Teil des letzten Satzes der 9. Sinfonie von Ludwig van Beethoven, der Text stammt von Friedrich Schillers Gedicht *An die Freude*. Die *Ode an die Freude* ist seit 1972 Europahymne.

21. Moderato

Anton Diabelli (1781–1851)
Bearb.: Michael Schäfer

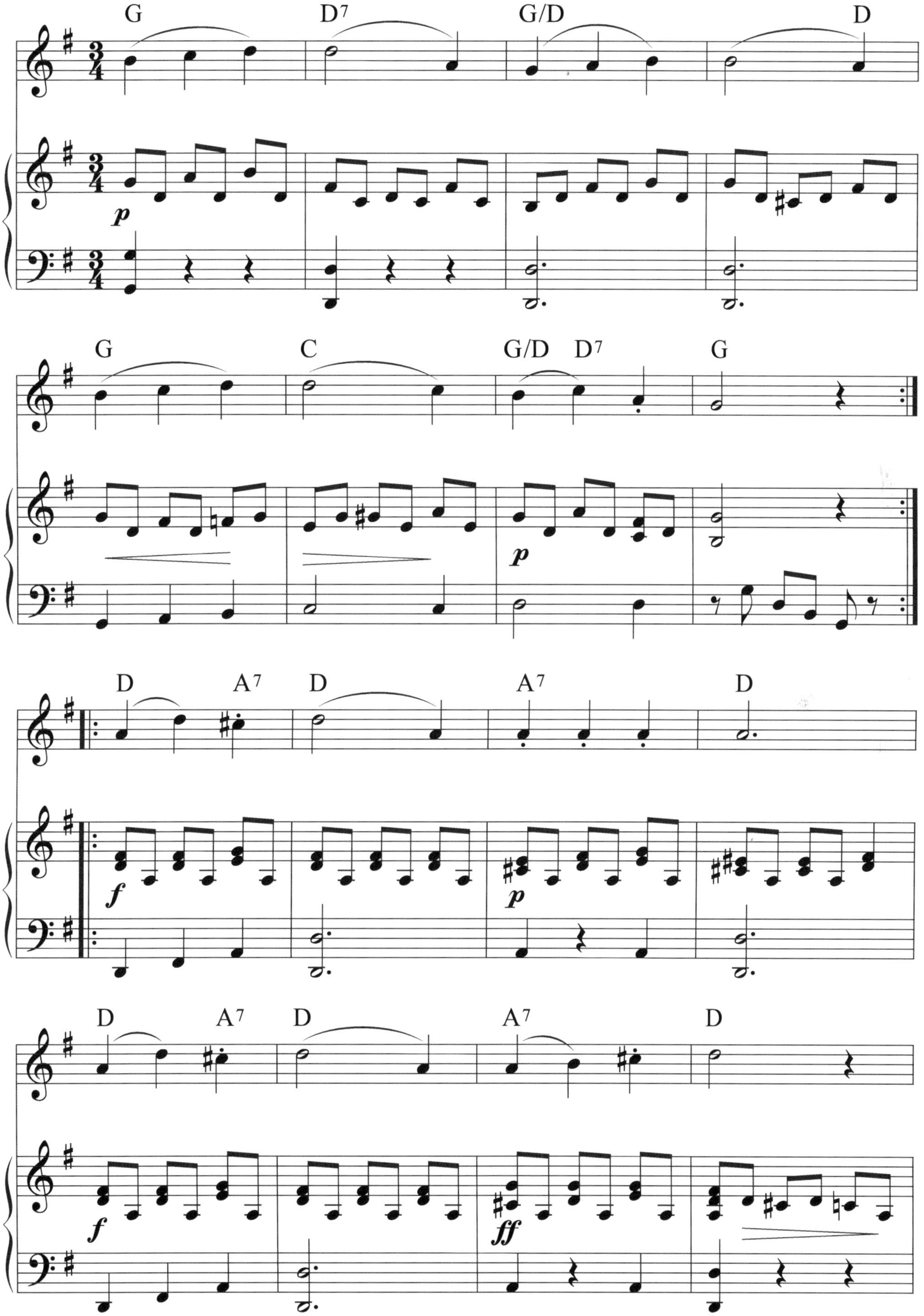

G D7 G/D D
G C G/D D7 G
D A7 D A7 D
D A7 D A7 D

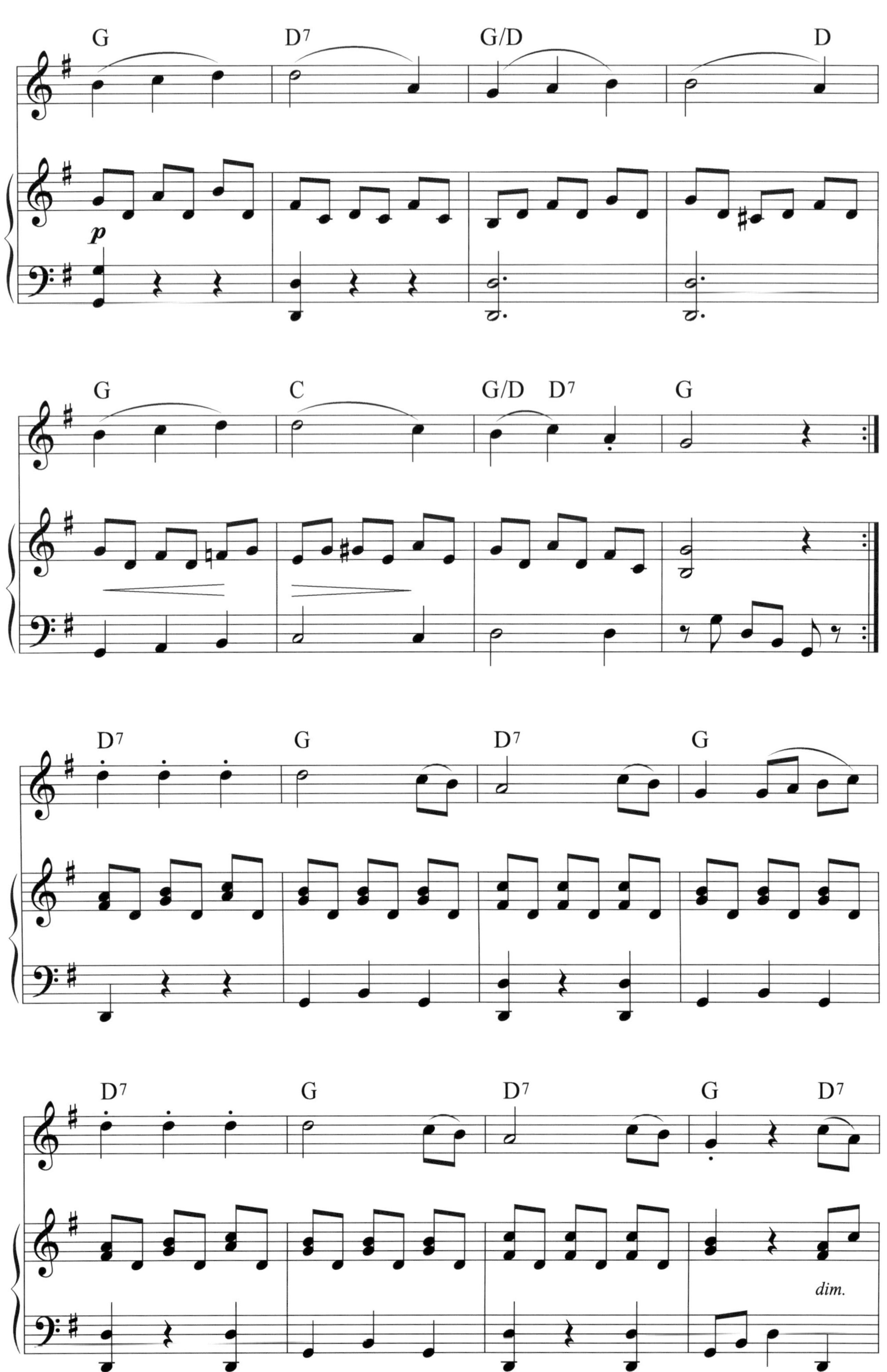

AMA VERLAG

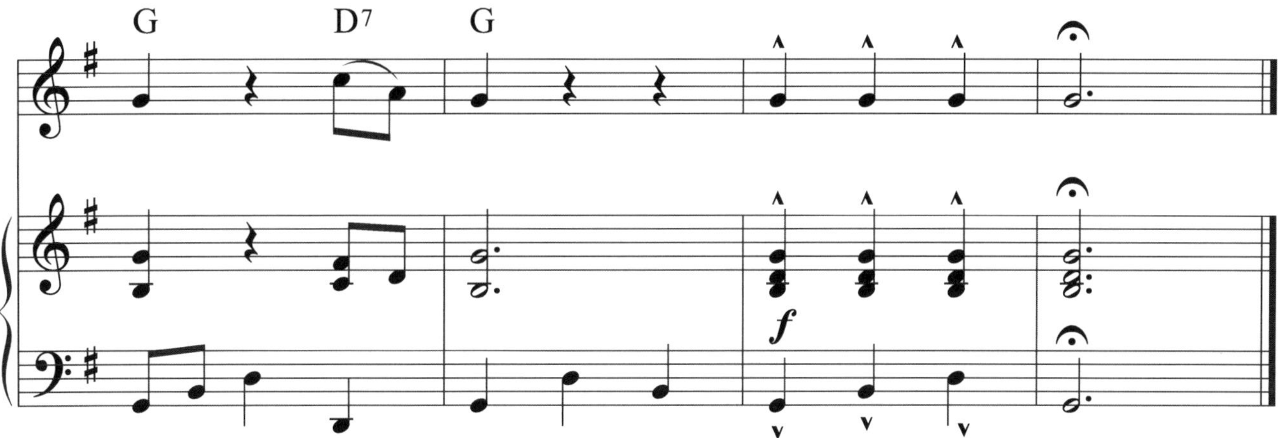

Anton Diabelli war ein österreichische Komponist und Musikverleger. Er veröffentlichte Lieder von Franz Schubert und nach dessen Tod den größten Teil seines Nachlasses. Diabelli machte sich auch als Musiklehrer einen Namen und schrieb zahlreiche Werke für den Unterrichtsgebrauch. Musikalisch berühmt machte ihn Ludwig van Beethoven mit *33 Veränderungen über einen Walzer von A. Diabelli für das Pianoforte.*

22. Una furtiva lagrima

Gaetano Maria Donizetti (1797–1848)
Bearb.: Michael Schäfer

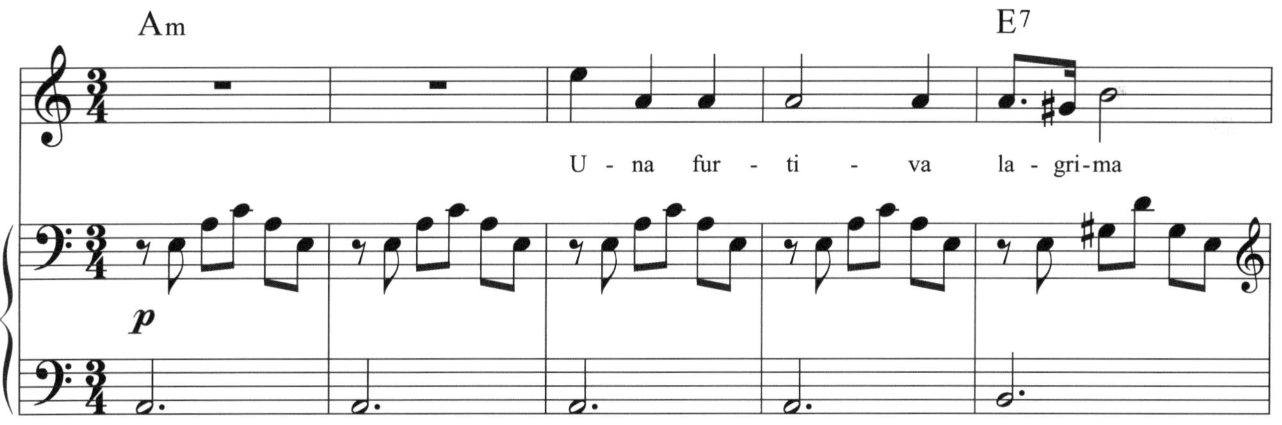

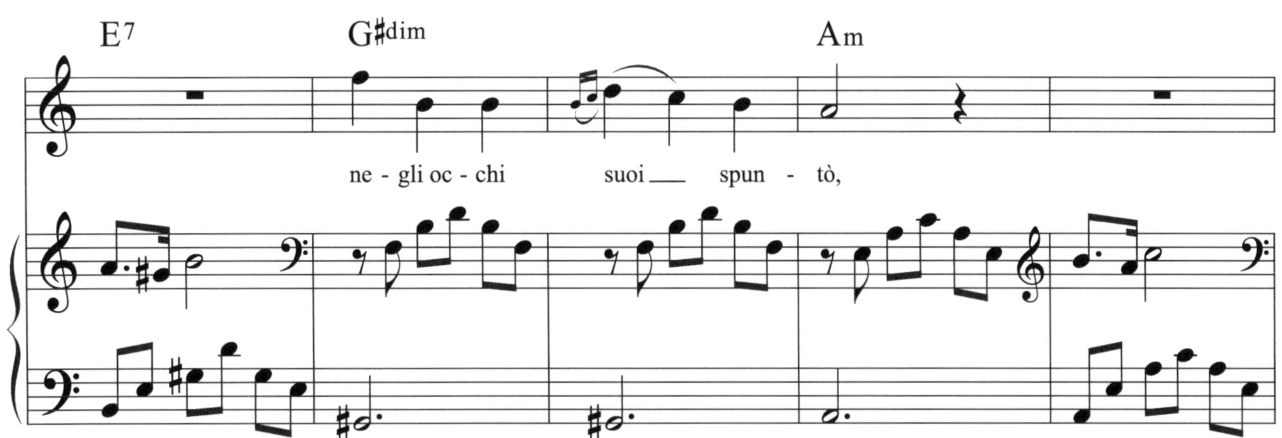

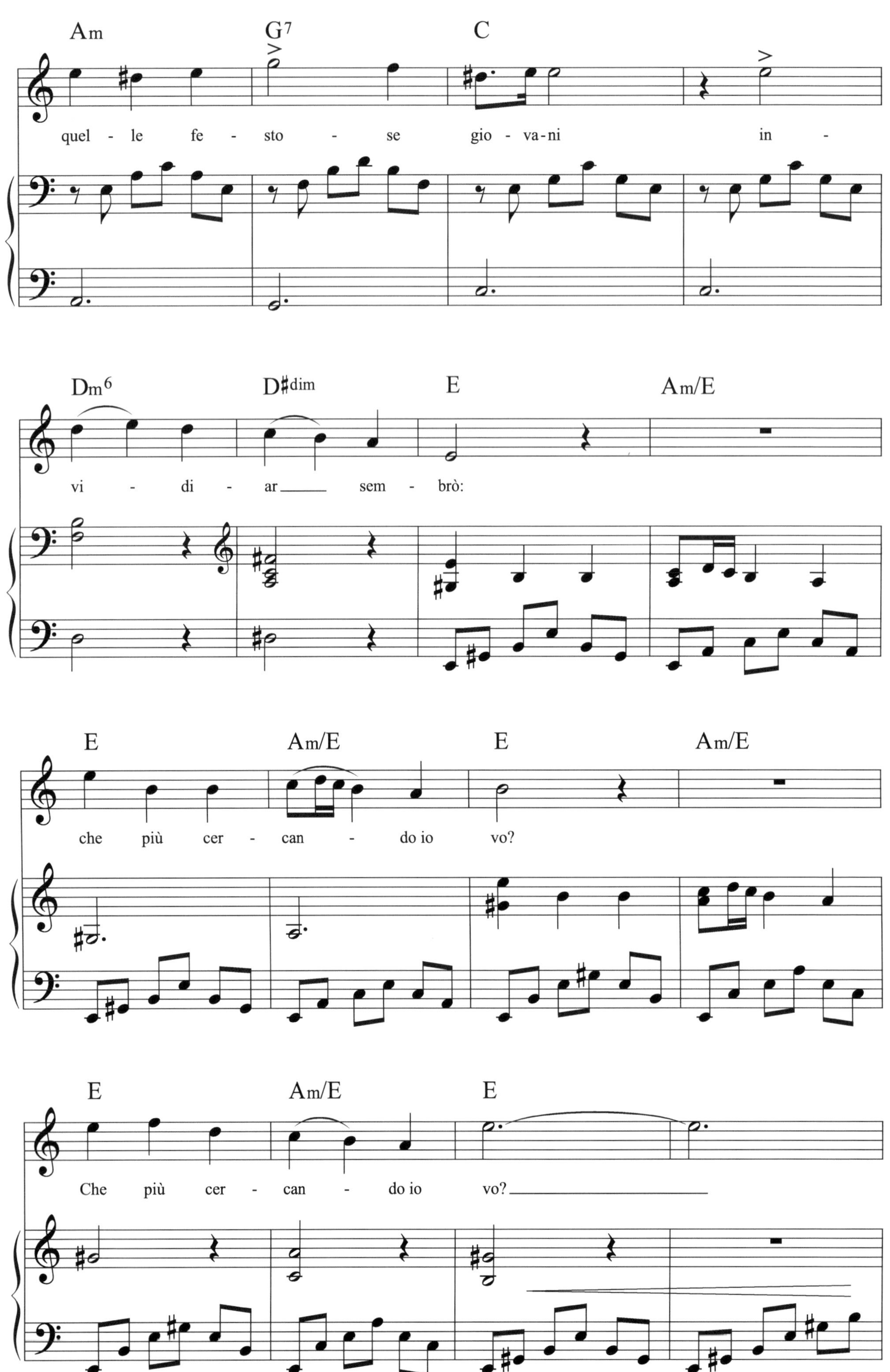
Am G7 C
quel - le fe - sto - se gio - va-ni in -
Dm6 D♯dim E Am/E
vi - di - ar sem - brò:
E Am/E E Am/E
che più cer - can - do io vo?
E Am/E E
Che più cer - can - do io vo?

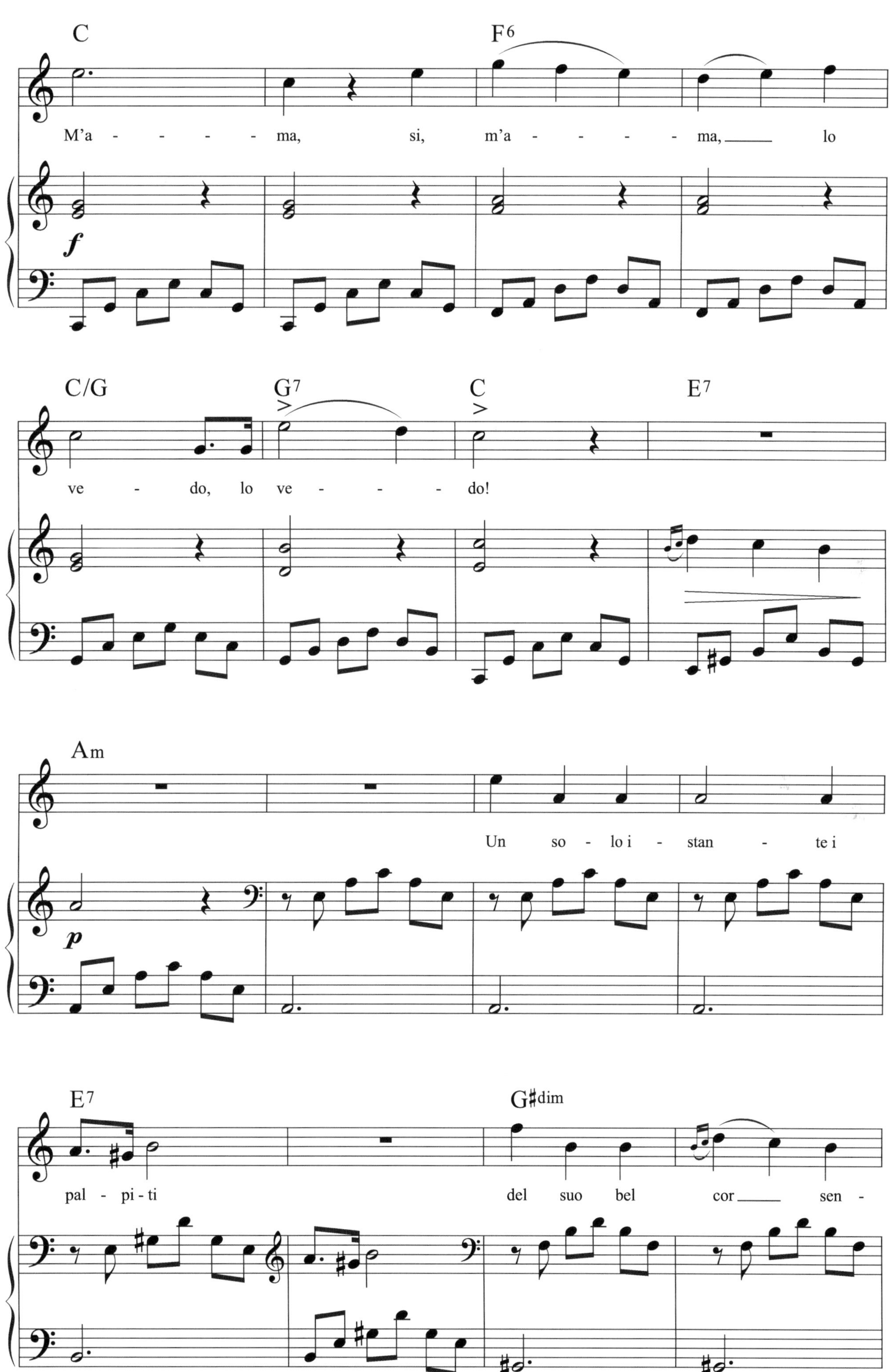
C
F6
M'a - - - - ma, si, m'a - - - - ma, lo
f
C/G
G7
C
E7
ve - do, lo ve - - - do!
Am
Un so - lo i - stan - te i
p
E7
G♯dim
pal - pi - ti del suo bel cor sen -

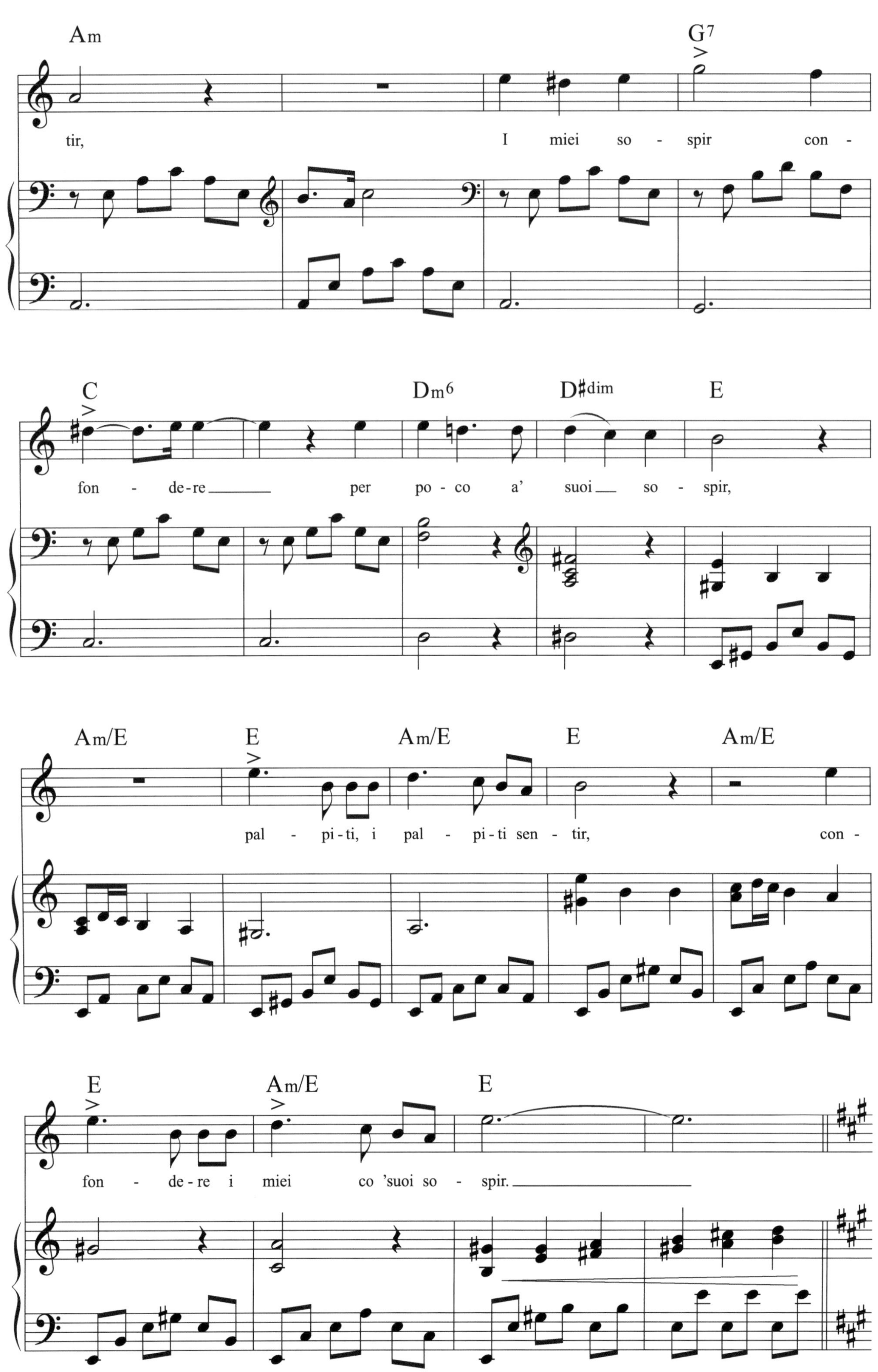
Am
G7
tir,
I miei so - spir con -
C
Dm6
D♯dim
E
fon - de-re per po-co a' suoi so - spir,
Am/E
E
Am/E
E
Am/E
pal - pi-ti, i pal - pi-ti sen - tir, con -
E
Am/E
E
fon - de-re i miei co 'suoi so - spir.

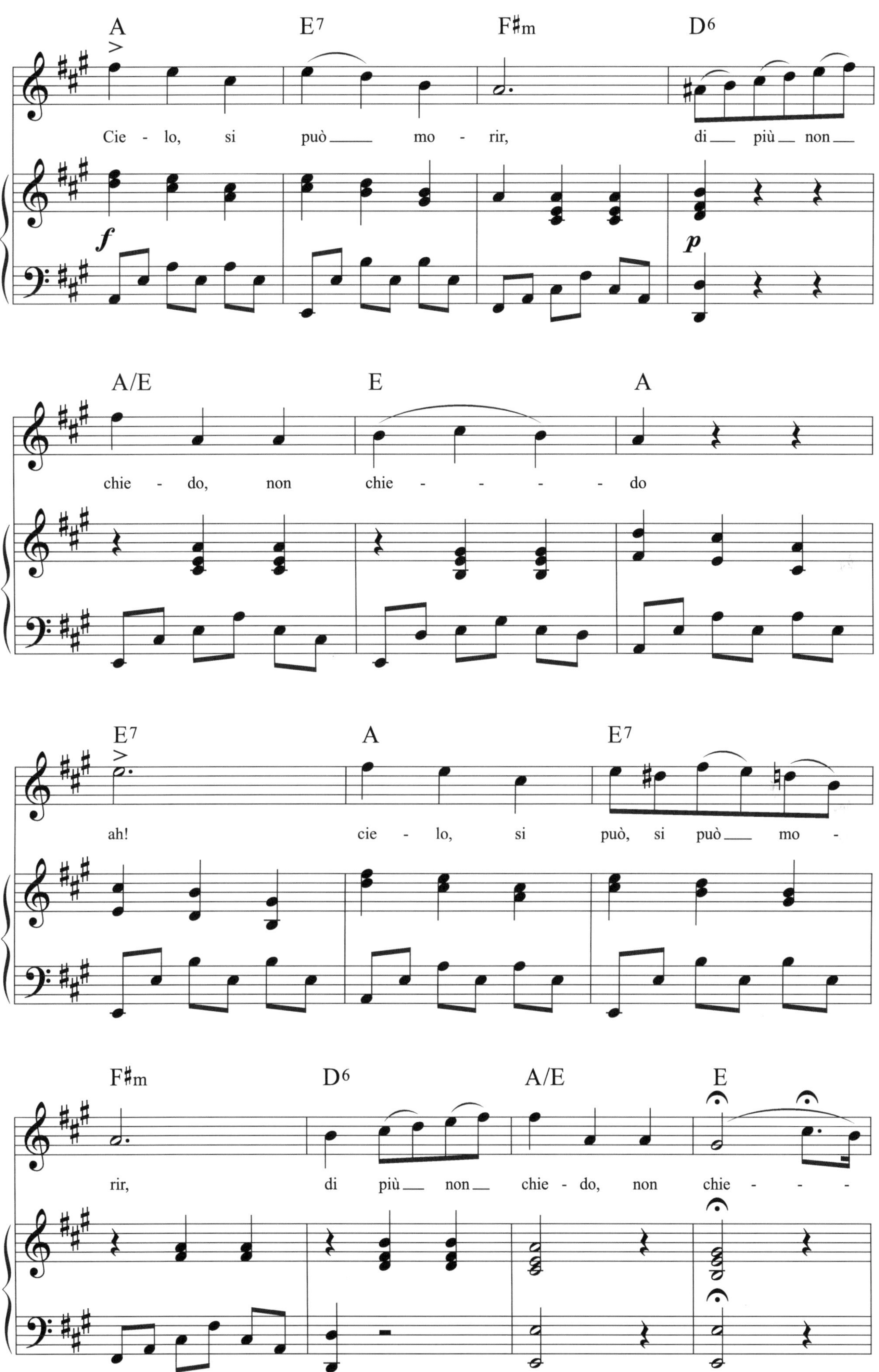
A
E7
F♯m
D6
Cie - lo, si può mo - rir, di più non
f
p
A/E
E
A
chie - do, non chie - - - - do
E7
A
E7
ah! cie - lo, si può, si può mo -
F♯m
D6
A/E
E
rir, di più non chie - do, non chie - - -

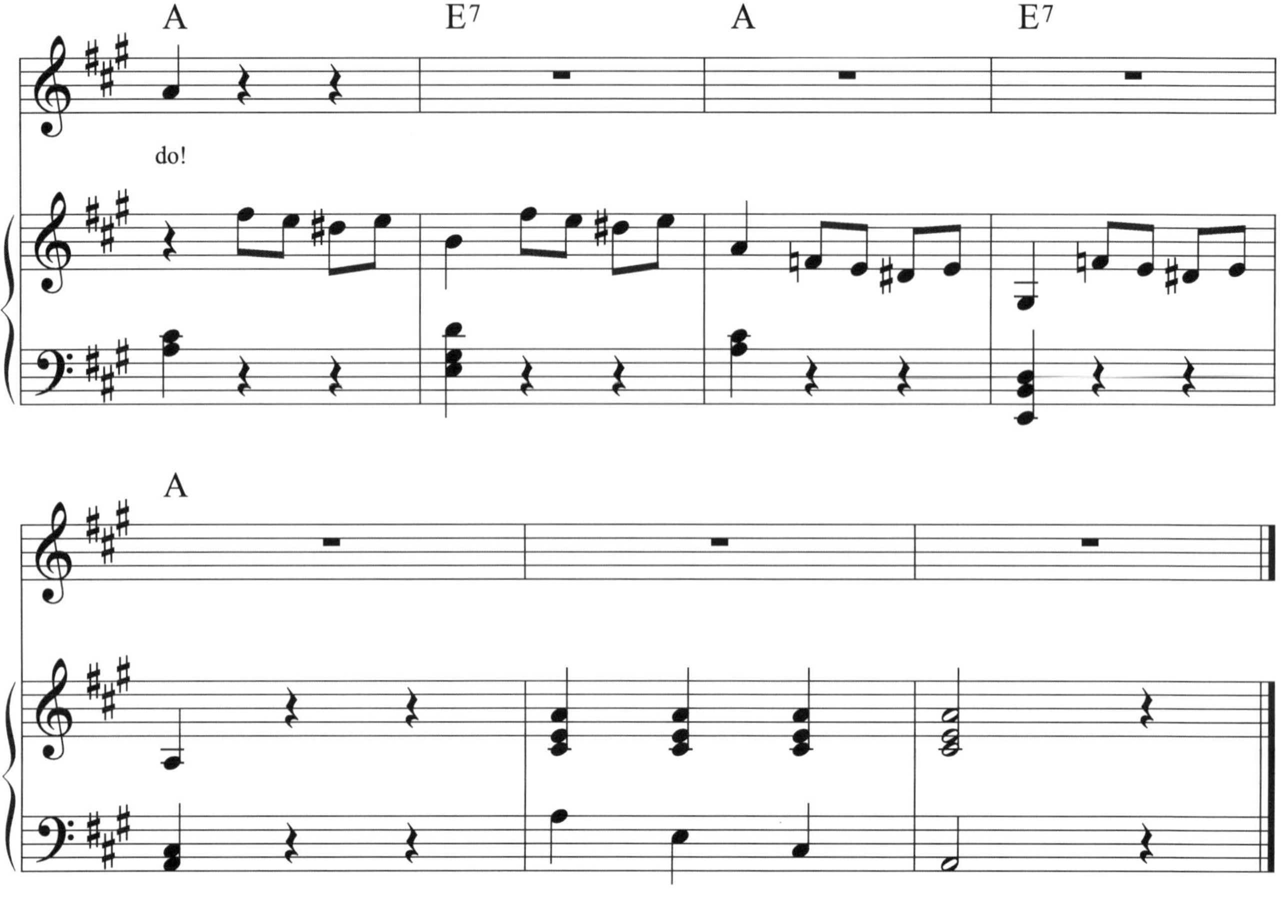

L'elisir d'amore (Der Liebestrank) ist eine Opera buffa (Komische Oper) in zwei Akten. Sie wurde am 12. Mai 1832 am Mailänder Teatro della Canobbiana uraufgeführt und zählt zu den großen Musikkomödien der Operngeschichte.

Nemorino, ein etwas einfältiger und schüchterner junger Bauer, ist bedrückt, denn Adina, die er liebt, beachtet ihn nicht. Er hört sie in einer Arbeitspause aus dem Buch von *Tristan und Isolde* vorlesen, sie amüsiert sich darüber, wie die beiden mittels eines Liebestranks zueinander gefunden hatten. Nemorino wünscht, er hätte solch einen Liebestrank. Der fahrende Quacksalber Dulcamara verkauft dem ahnungslosen Nemorino eine Flasche Wein als Liebestrank.

Dieser trinkt die Flasche sofort aus, kauft eine zweite und ist nun von der Wirkung des Liebestranks überzeugt. Mit einer einzigen Träne – „una furtiva lagrima" – verrät Adina ihre Liebe, er schwebt im siebten Himmel.

Die Arie beginnt mit einem Fagott-Solo, was von der Harfe begleitet wird. Berühmte Tenöre wie Enrico Caruso, Tito Schipa, Luciano Pavarotti, Placido Domingo und Rolando Villazón glänzten in der Rolle des Nemorino.

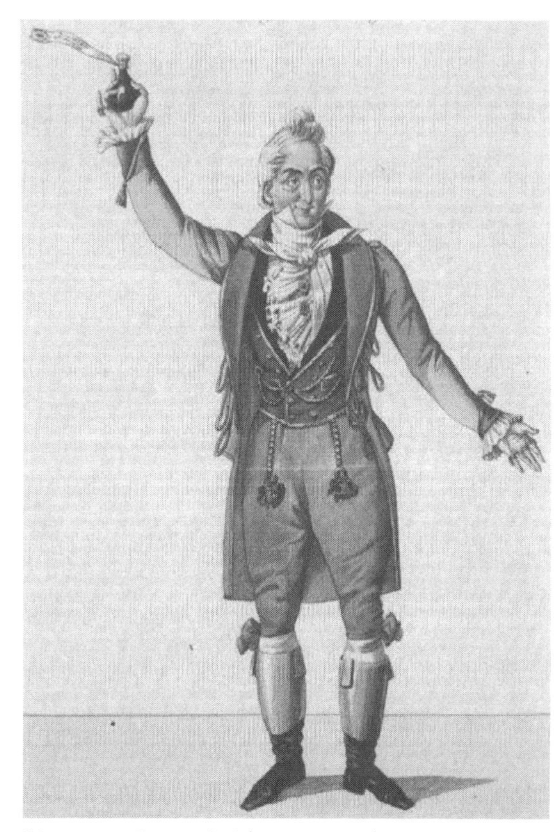

Giuseppe Frezzolini (1789–1861) übernahm die Rolle des Dulcamara bei der Uraufführung.

23. Tirolese

Gaetano Maria Donizetti (1797–1848)
Bearb.: Michael Schäfer

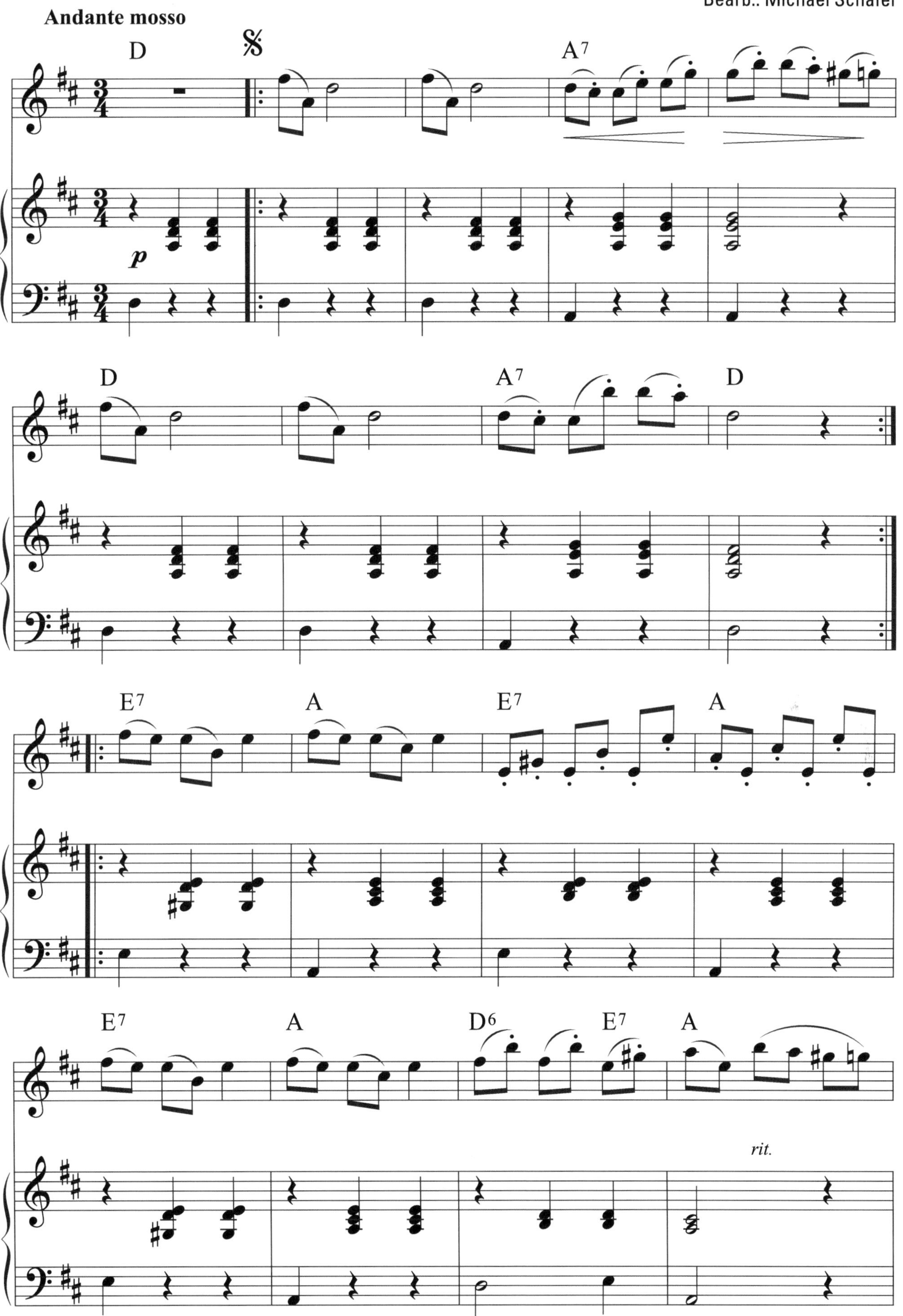

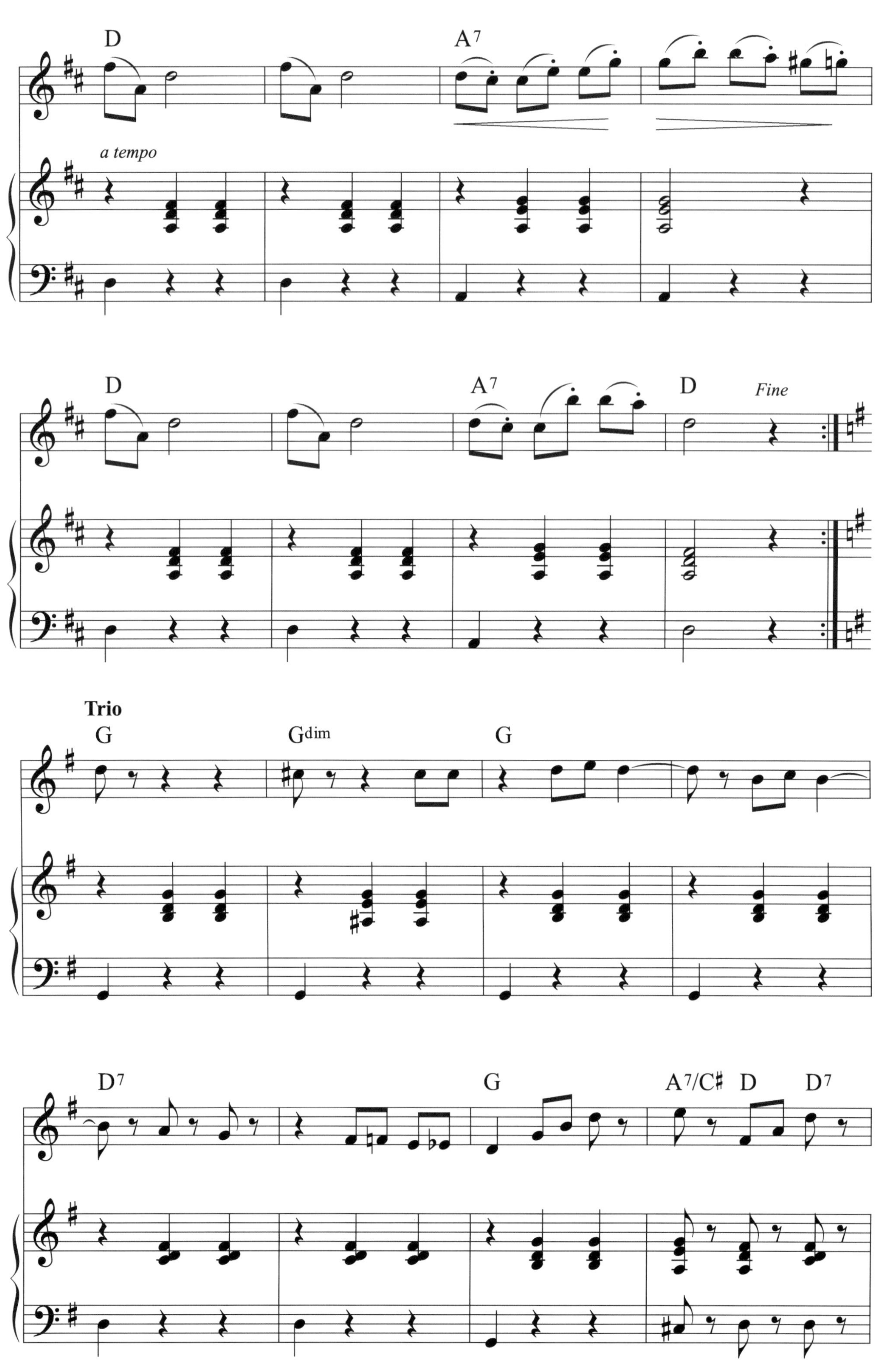
D
A7
a tempo
D
A7
D
Fine
Trio
G
Gdim
G
D7
G
A7/C♯
D
D7

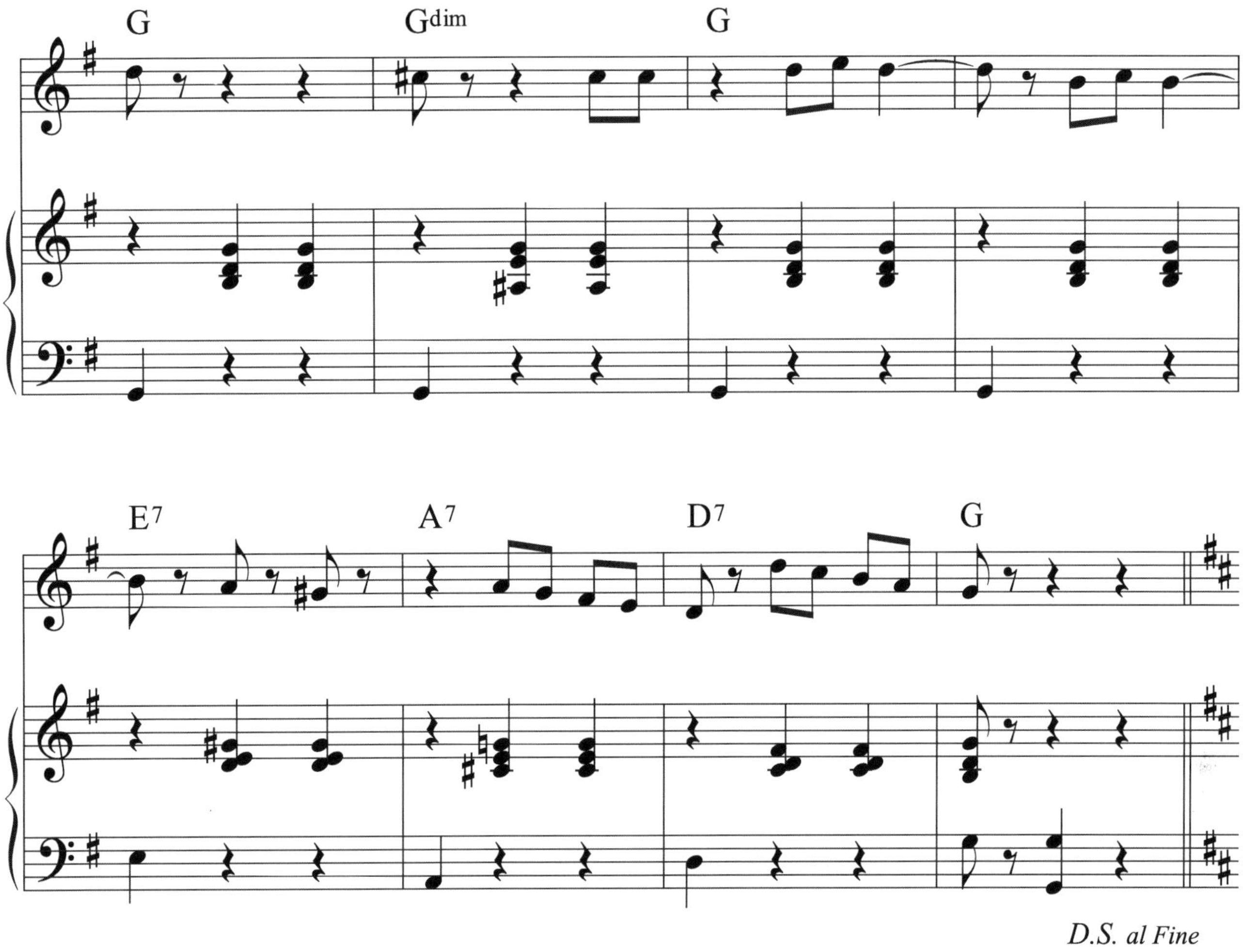

G Gdim G

E7 A7 D7 G

D.S. al Fine

Die Tirolese („tirolerisch") aus der Oper *La fille du regiment* (Die Regimentstochter) ist ein Tanz zu Beginn des zweiten Akts.
Beachte: Nach einer Sprunganweisung wie D.C. und D.S. werden keine Wiederholung mehr gespielt.

24. Wohin soll ich mich wenden

Franz Schubert (1797–1828)
Bearb.: Michael Schäfer

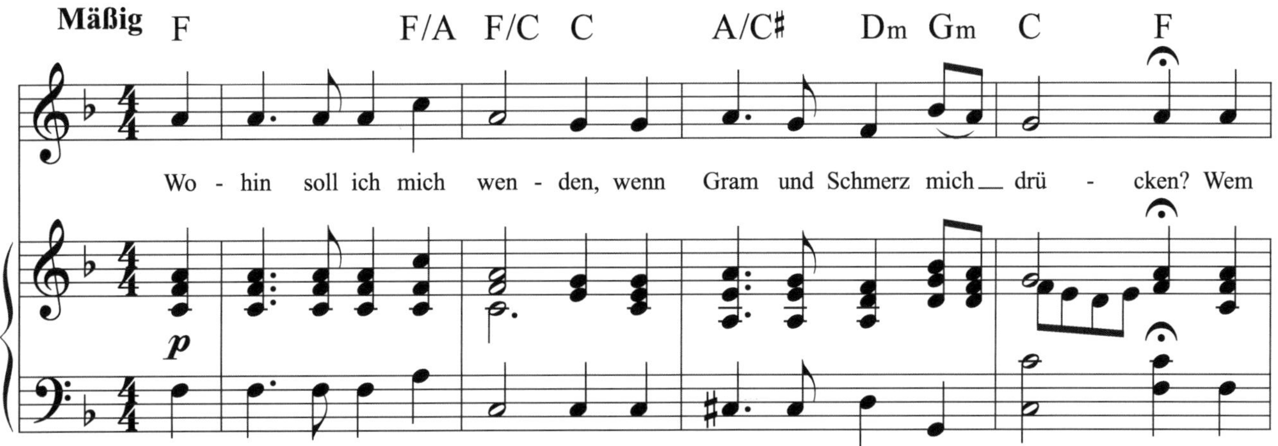

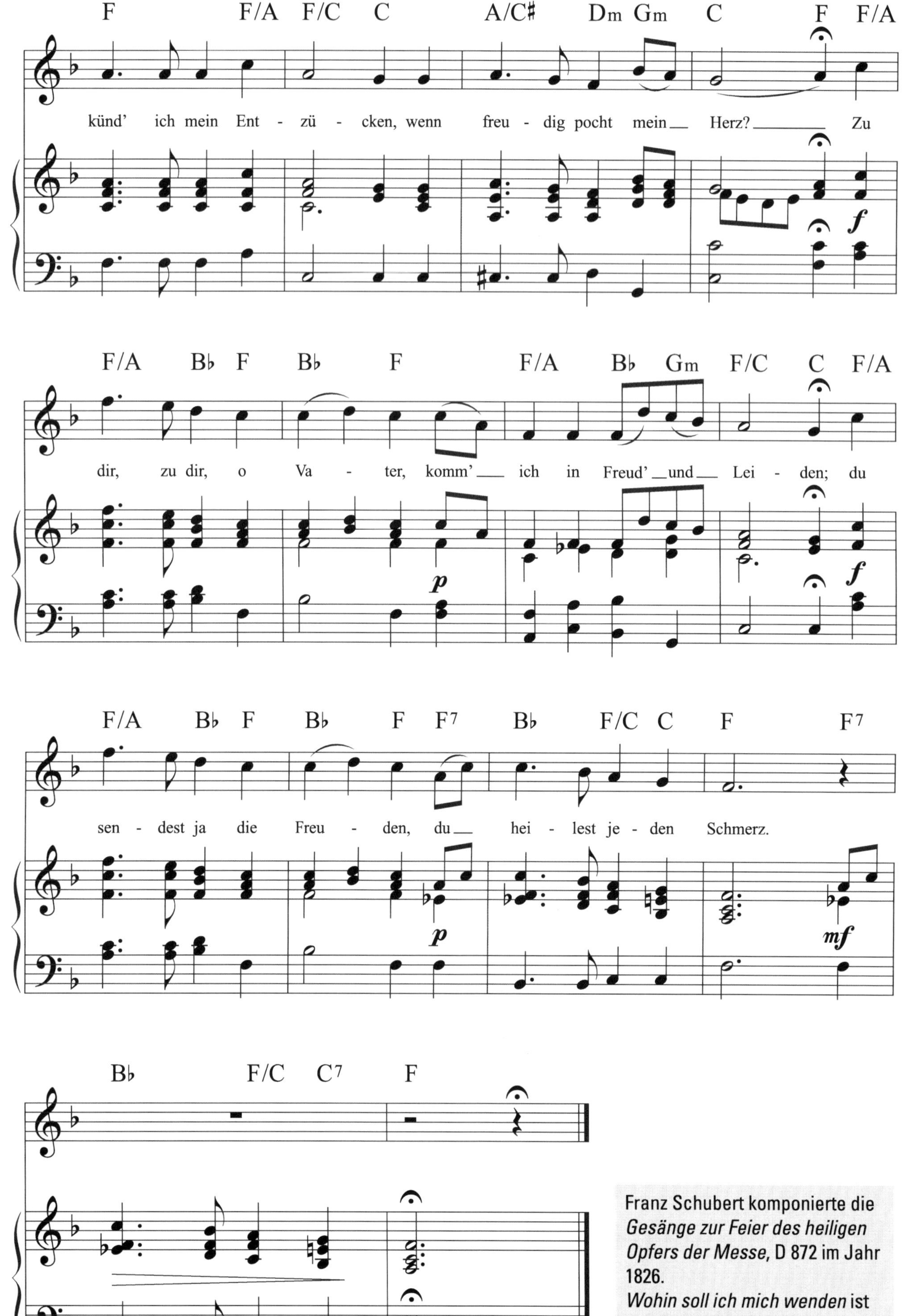

Franz Schubert komponierte die *Gesänge zur Feier des heiligen Opfers der Messe*, D 872 im Jahr 1826.
Wohin soll ich mich wenden ist das Eingangsstück.

25. Ellens Gesang

Franz Schubert (1797–1828)
Bearb.: Michael Schäfer

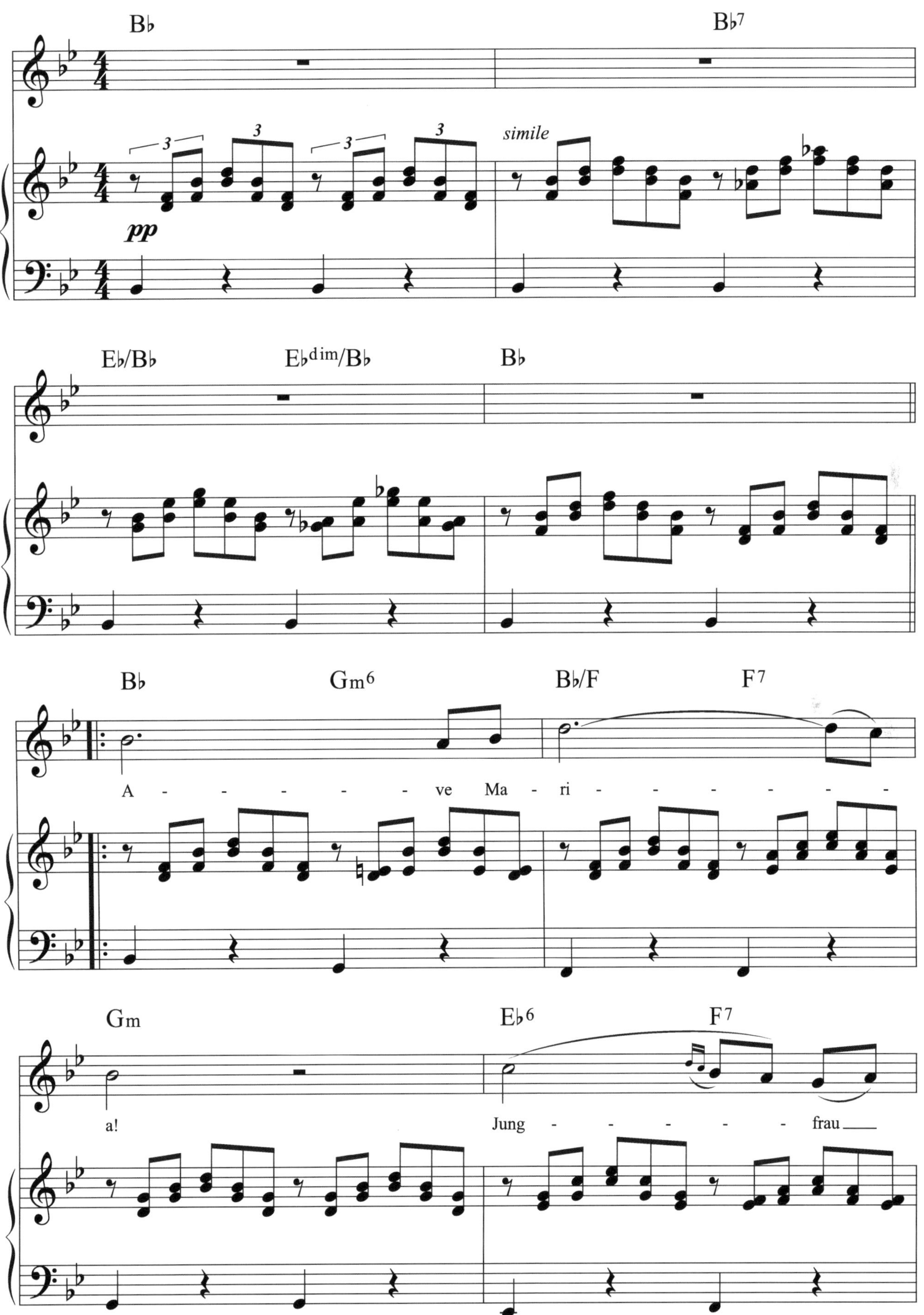

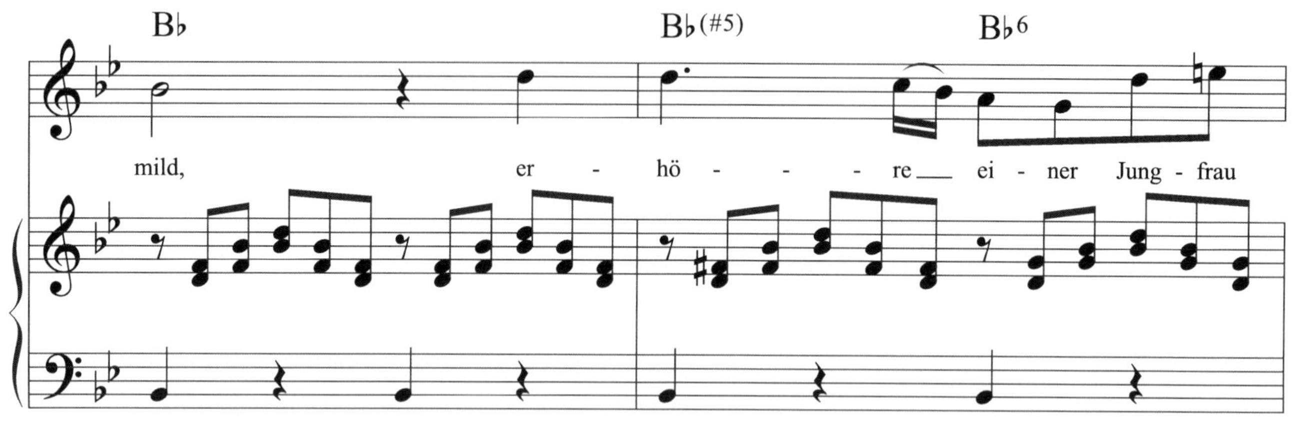
B♭
B♭(#5)
B♭6
mild, er - hö - - - - re ei - ner Jung - frau
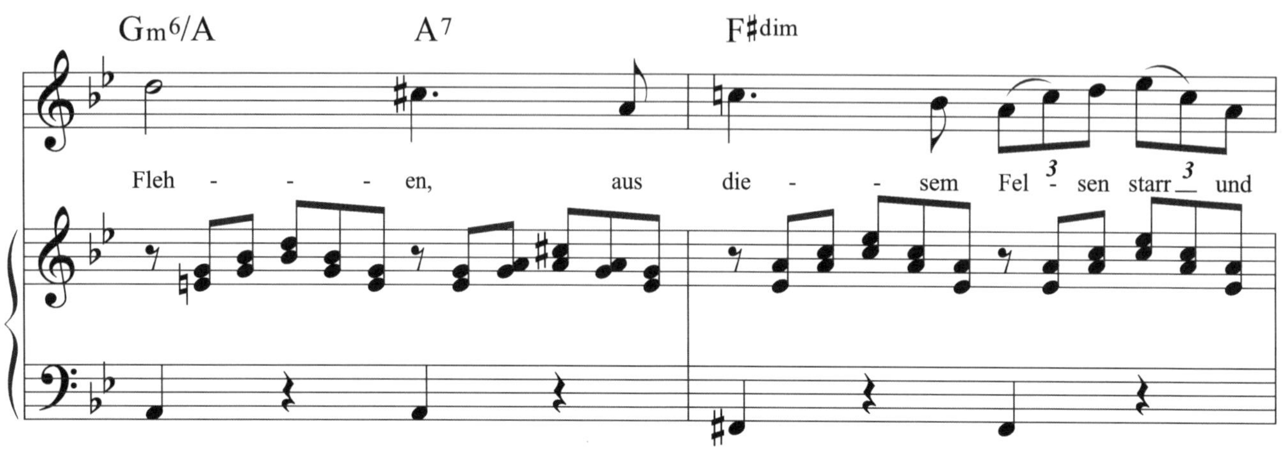
Gm6/A
A7
F♯dim
Fleh - - - en, aus die - - sem Fel - sen starr und
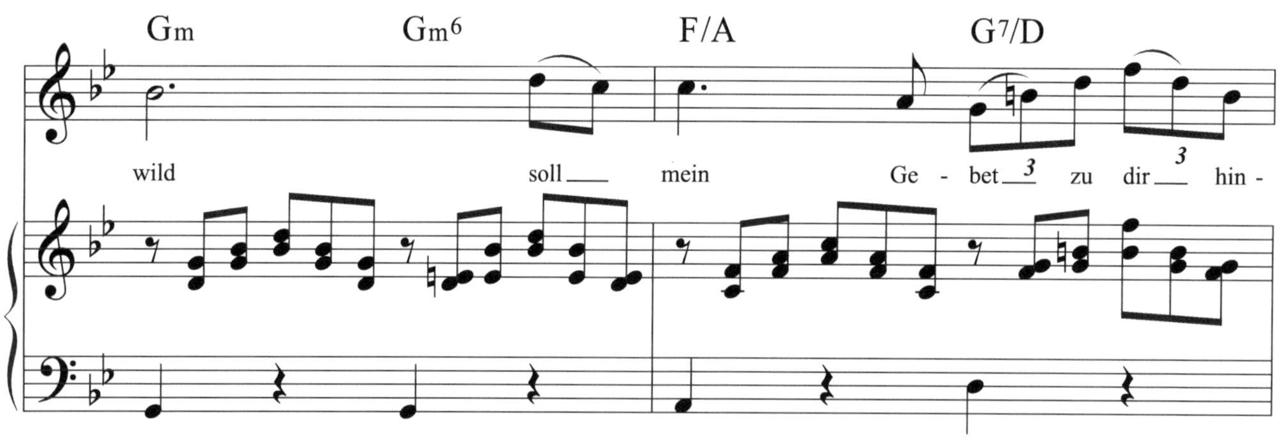
Gm
Gm6
F/A
G7/D
wild soll mein Ge - bet zu dir hin -
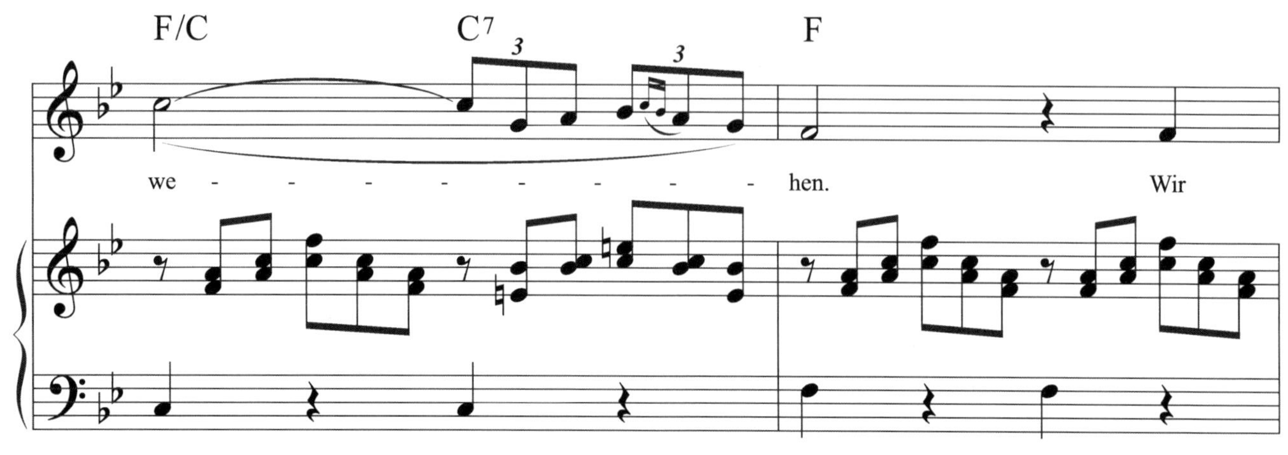
F/C
C7
F
we - - - - - - - - hen. Wir

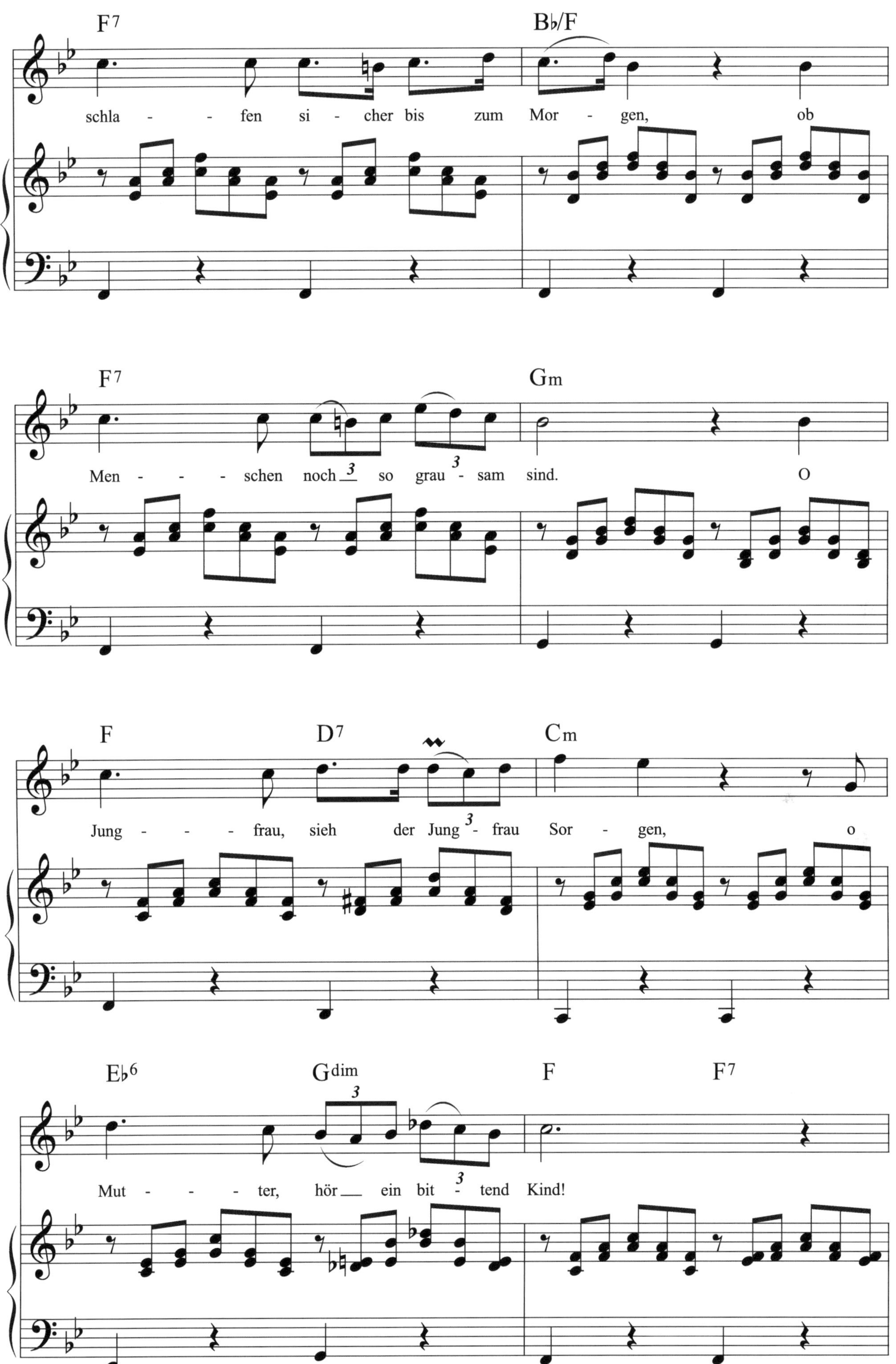
F7
B♭/F
schla - - fen si - cher bis zum Mor - gen, ob
F7
Gm
Men - - - schen noch 3 so grau - 3 sam sind. O
F
D7
Cm
Jung - - - frau, sieh der Jung 3 - frau Sor - gen, o
E♭6
Gdim
F
F7
Mut - - - ter, hör ein bit - 3 tend Kind!

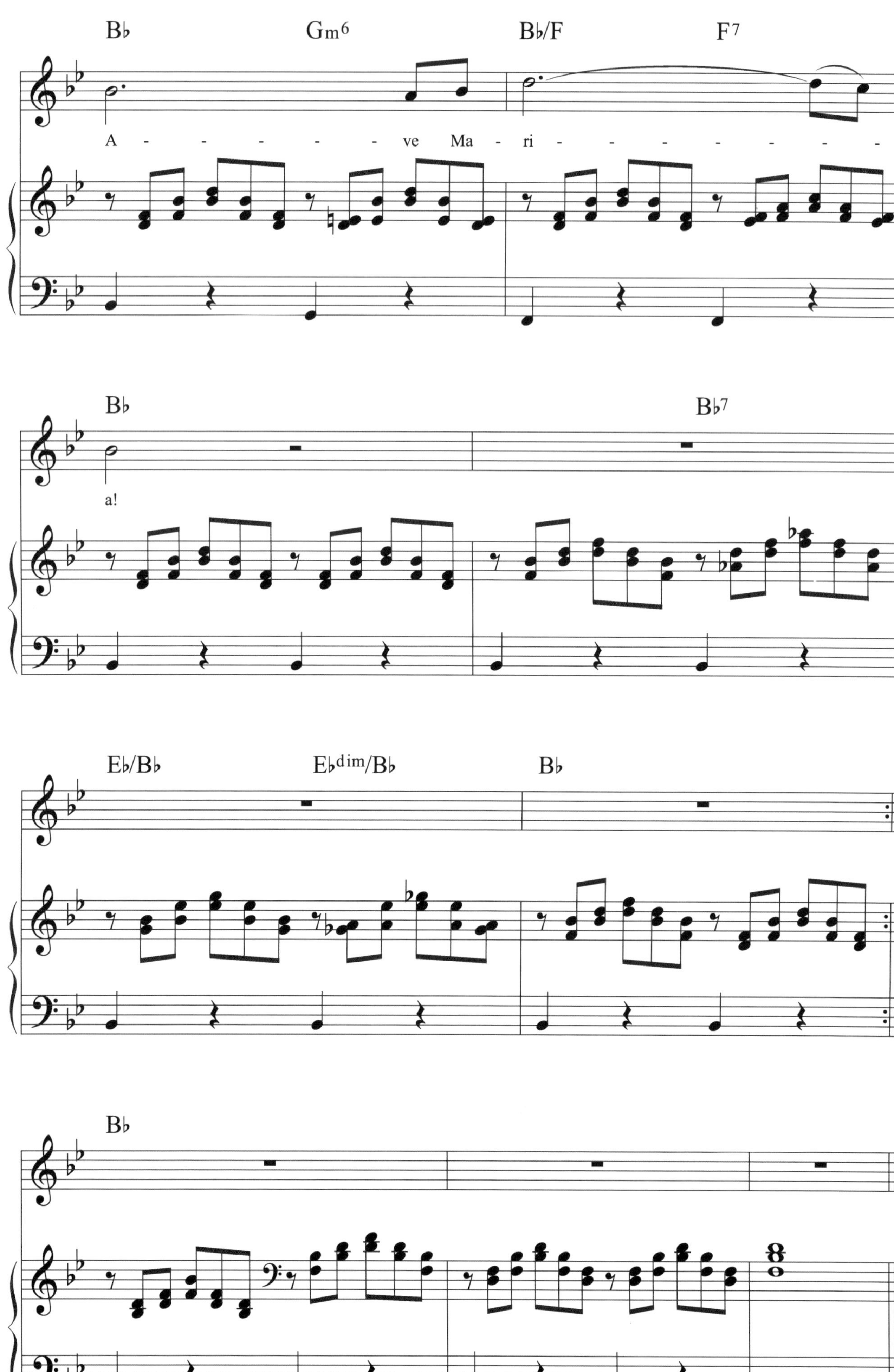

AMA VERLAG

Der Himmelpfortgrund, eine bis 1850 eigenständige Gemeinde und heute ein Stadtteil Wiens, wurde populär durch die „Wiener Wäschermädel". Sie holten die Wäsche wohlhabender Bürger mit großen Körben aus ihren Haushalten ab und brachten sie nach einer Woche gewaschen zurück. Sie waren trotz der harten Arbeit und schlechten Bezahlung ein Inbegriff von Fröhlichkeit und Lebenslust und galten als kulturelle Eigenart der Stadt. So wie in anderem Maß der hier geborene Franz Schubert. Wollte sich, so sagt man, jemand dem Freundeskreis des Komponisten anschließen, war seine erste Frage: „Kann er was?" Diese Eigentümlichkeit trug Schubert den Beinamen „Kannewas" ein.

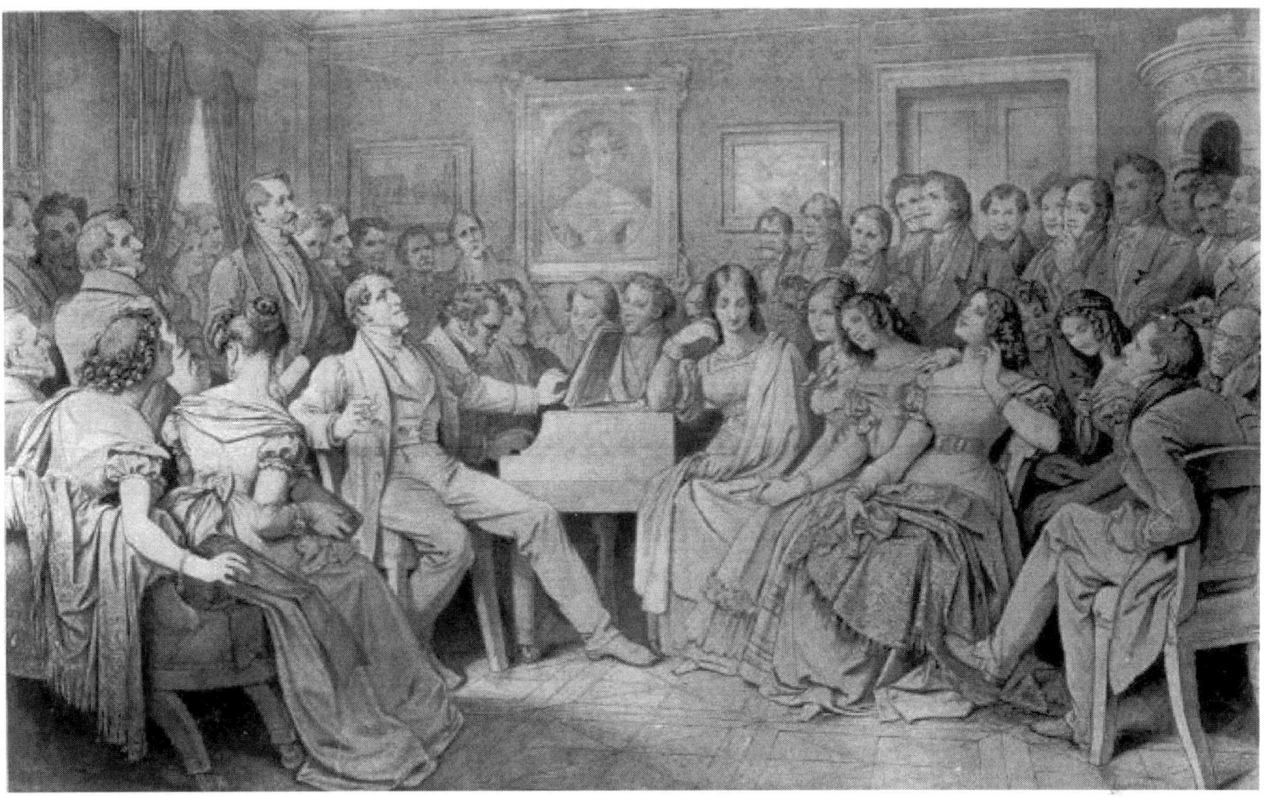

Die Zeichnung von Schuberts Freund Moritz von Schwind aus dem Jahre 1868 zeigt eine Schubertiade, auf der im privatem Rahmen die Werke des Komponisten aufgeführt wurden. Heute sind Schubertiaden auch Konzertreihen und Musikfestspiele.

26. Ständchen

Franz Schubert (1797–1828)
Text: : Ludwig Rellstab (1799–1860)
Bearb.: Michael Schäfer

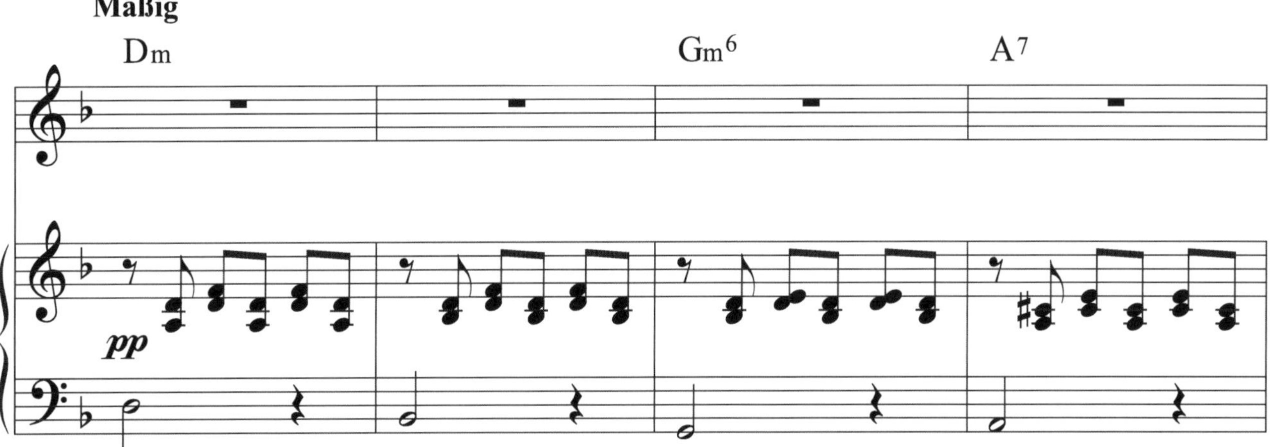

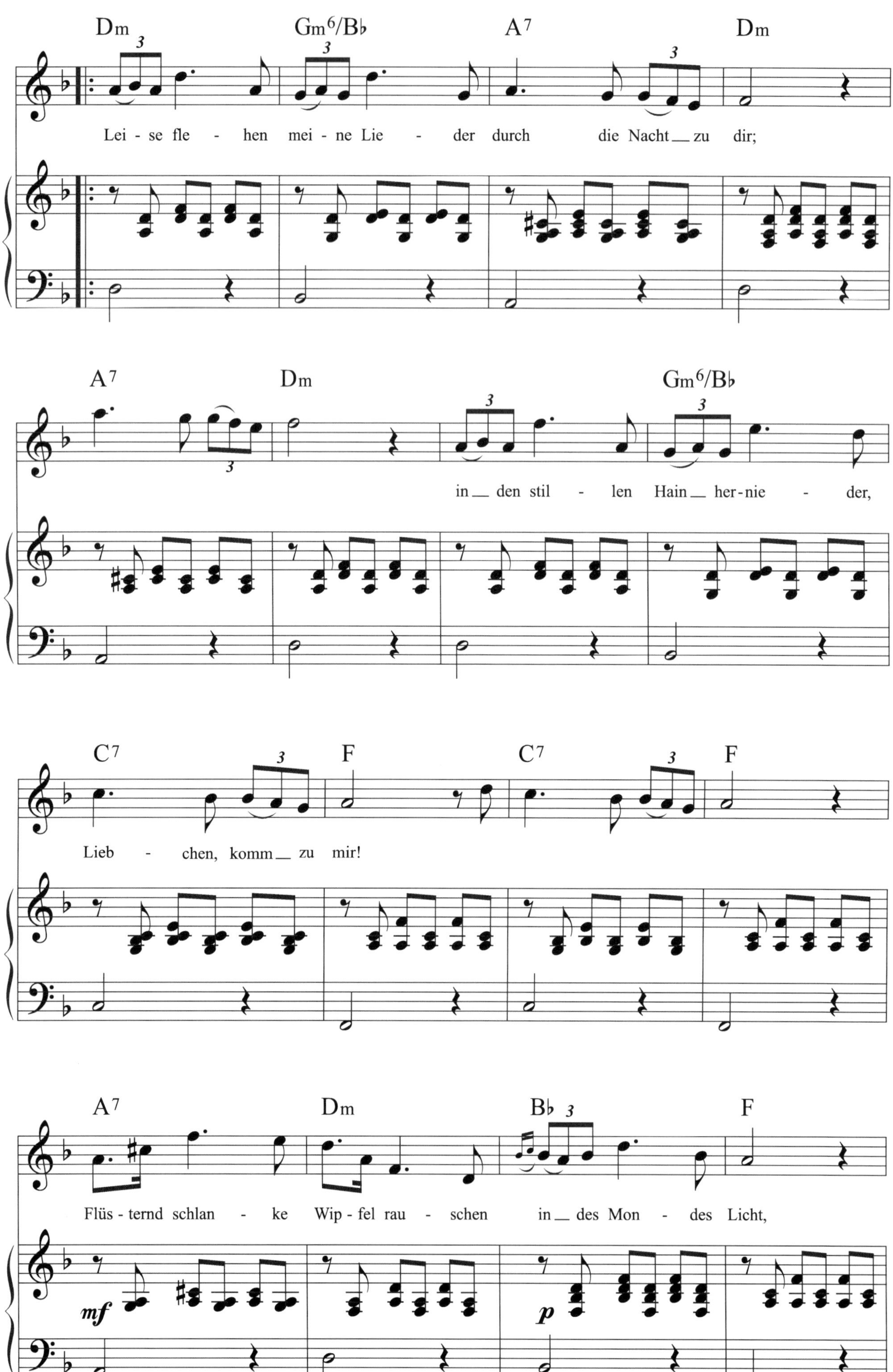
Dm
Gm6/B♭
A7
Dm
Lei - se fle - hen mei - ne Lie - der durch die Nacht zu dir;
A7
Dm
Gm6/B♭
in den stil - len Hain her - nie - der,
C7
F
C7
F
Lieb - chen, komm zu mir!
A7
Dm
B♭
F
Flüs - ternd schlan - ke Wip - fel rau - schen in des Mon - des Licht,
mf
p

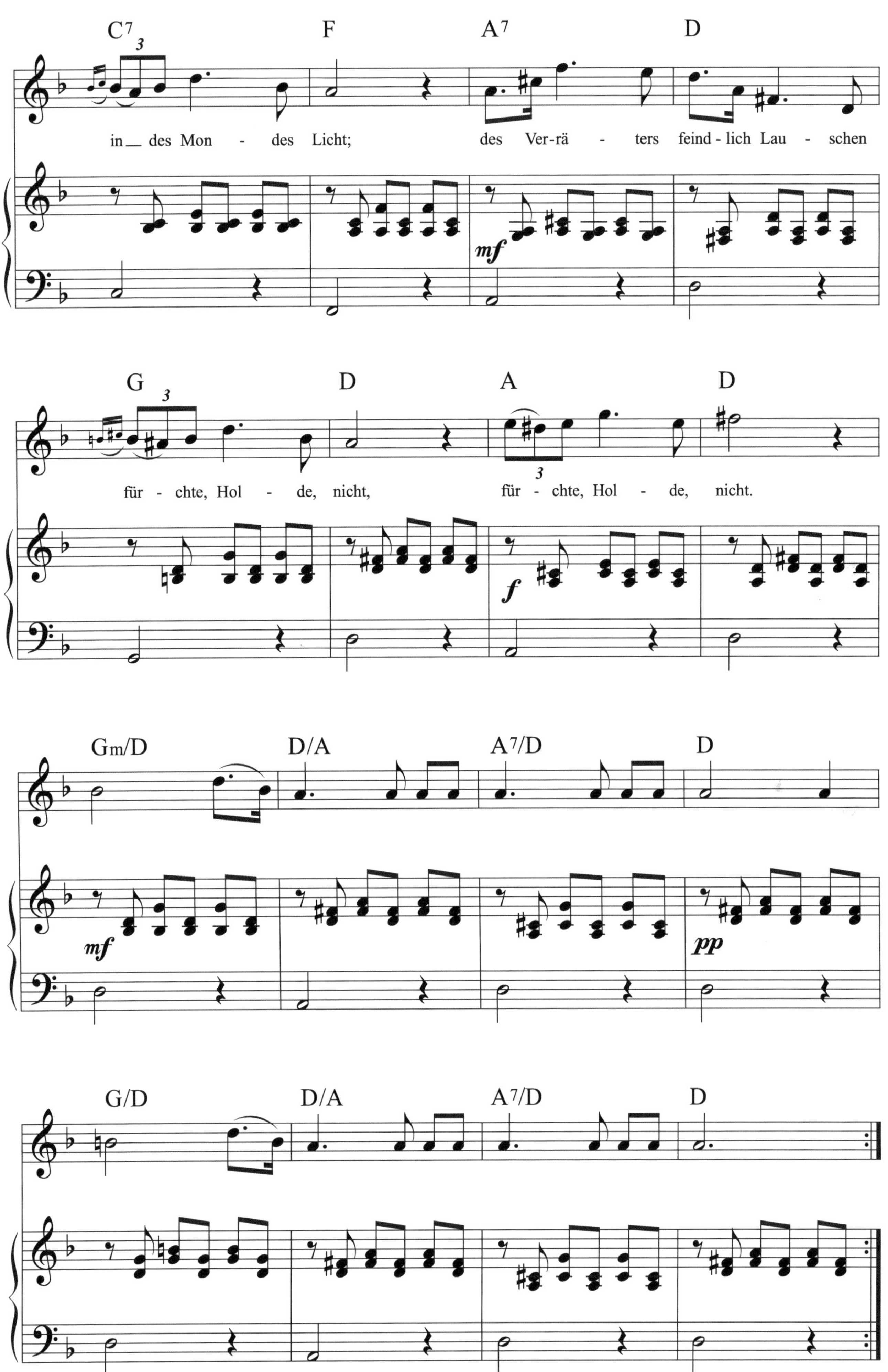
C7
F
A7
D
in des Mon - des Licht;
des Ver-rä - ters feind-lich Lau - schen
mf
G
D
A
D
für - chte, Hol - de, nicht,
für - chte, Hol - de, nicht.
f
Gm/D
D/A
A7/D
D
mf
pp
G/D
D/A
A7/D
D

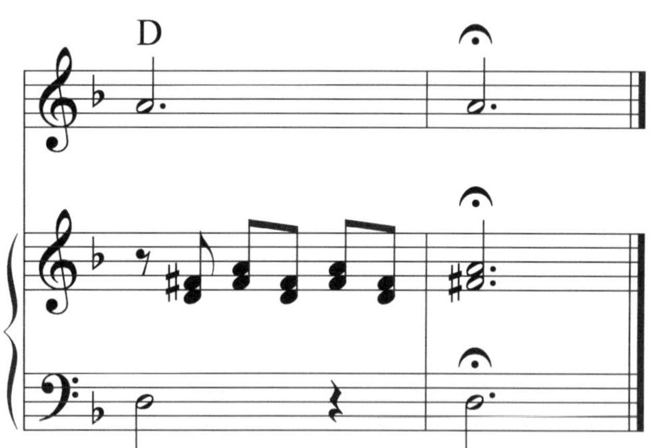

Musikbegeisterte gehen in Konzert- und Opernhäuser, in Clubs und auf Festivals. Wenn aber umgekehrt die Musikanten zum Zuhörer kommen, ob in kleinen Ensembles oder auch allein spontan aufspielen oder singen, dann bringen sie ein Ständchen (von „im Stehen vorgetragen"). Wer kennt nicht dieses Klischee: Ein Jüngling steht vorm Balkon der Angebeteten und trägt ein Liedchen mit Gitarrenbegleitung vor. Ständchen werden heute zu allen festlichen Anlässen vorgetragen, der Hit unter allen Ständchen: *Happy Birthday*. Ständchen finden wir auch in der Kunstmusik bei Mozart, Brahms und wie hier bei Franz Schubert.

27. Sei stille dem Herrn

Felix Mendelssohn-Bartholdy (1809–1847)
Bearb.: Michael Schäfer

Andantino

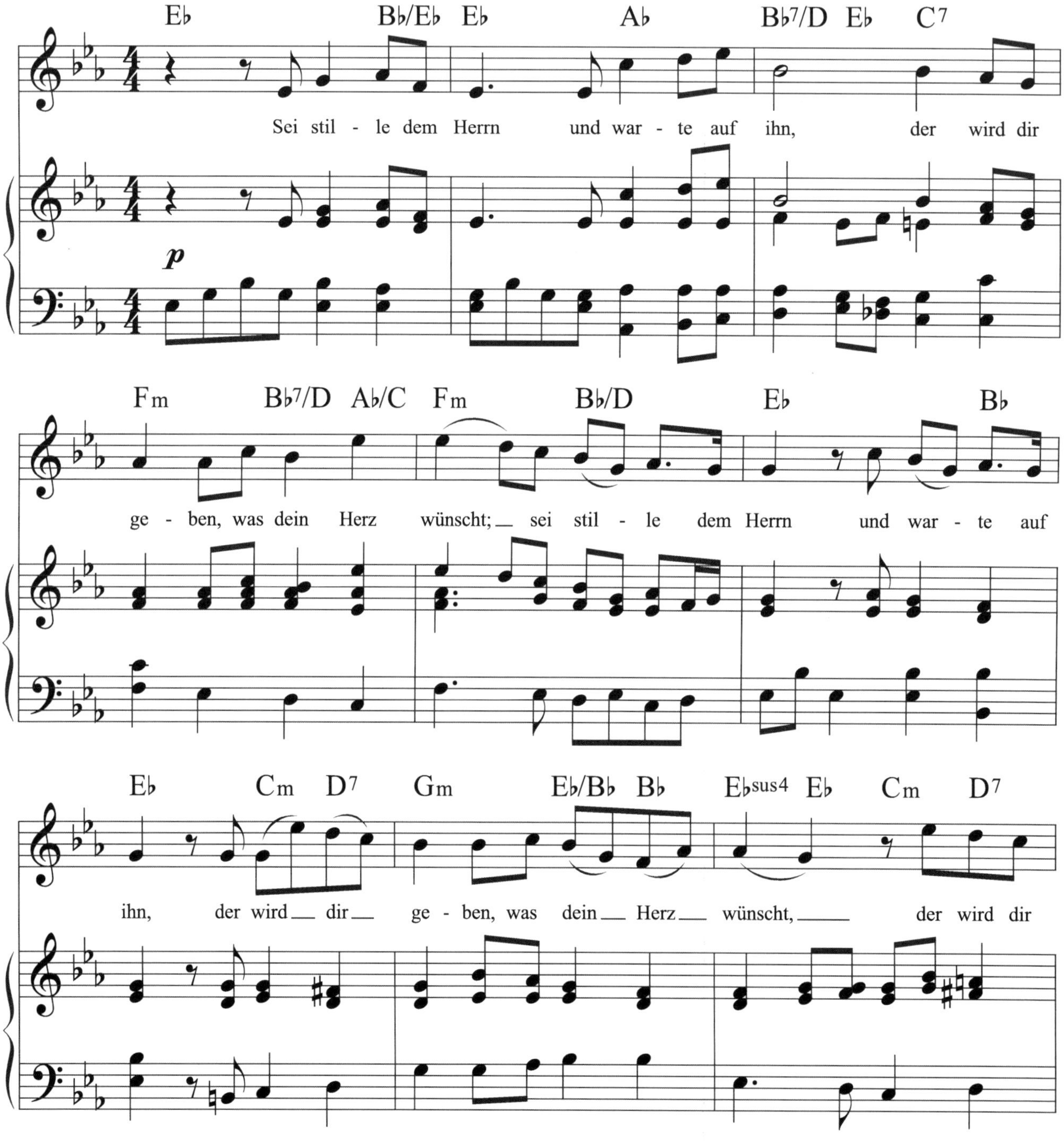

E♭ B♭/E♭ E♭ A♭ B♭7/D E♭ C7

Sei stil - le dem Herrn und war - te auf ihn, der wird dir

p

Fm B♭7/D A♭/C Fm B♭/D E♭ B♭

ge - ben, was dein Herz wünscht; sei stil - le dem Herrn und war - te auf

E♭ Cm D7 Gm E♭/B♭ B♭ E♭sus4 E♭ Cm D7

ihn, der wird dir ge - ben, was dein Herz wünscht, der wird dir

AMA VERLAG

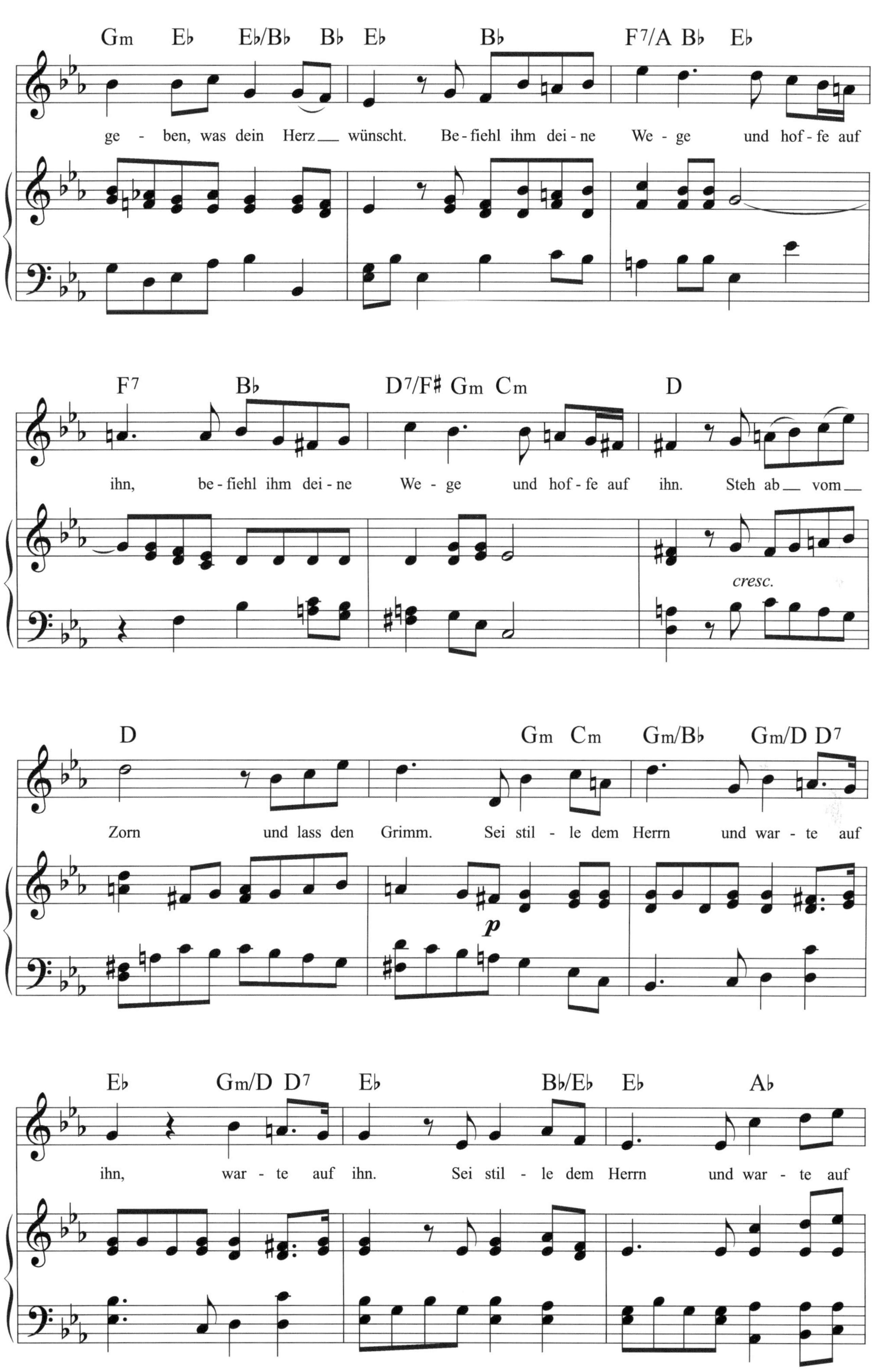

Gm E♭ E♭/B♭ B♭ E♭ B♭ F7/A B♭ E♭
ge - ben, was dein Herz wünscht. Be-fiehl ihm dei-ne We - ge und hof-fe auf
F7 B♭ D7/F♯ Gm Cm D
ihn, be-fiehl ihm dei-ne We - ge und hof-fe auf ihn. Steh ab vom
cresc.
D Gm Cm Gm/B♭ Gm/D D7
Zorn und lass den Grimm. Sei stil - le dem Herrn und war - te auf
p
E♭ Gm/D D7 E♭ B♭/E♭ E♭ A♭
ihn, war - te auf ihn. Sei stil - le dem Herrn und war - te auf

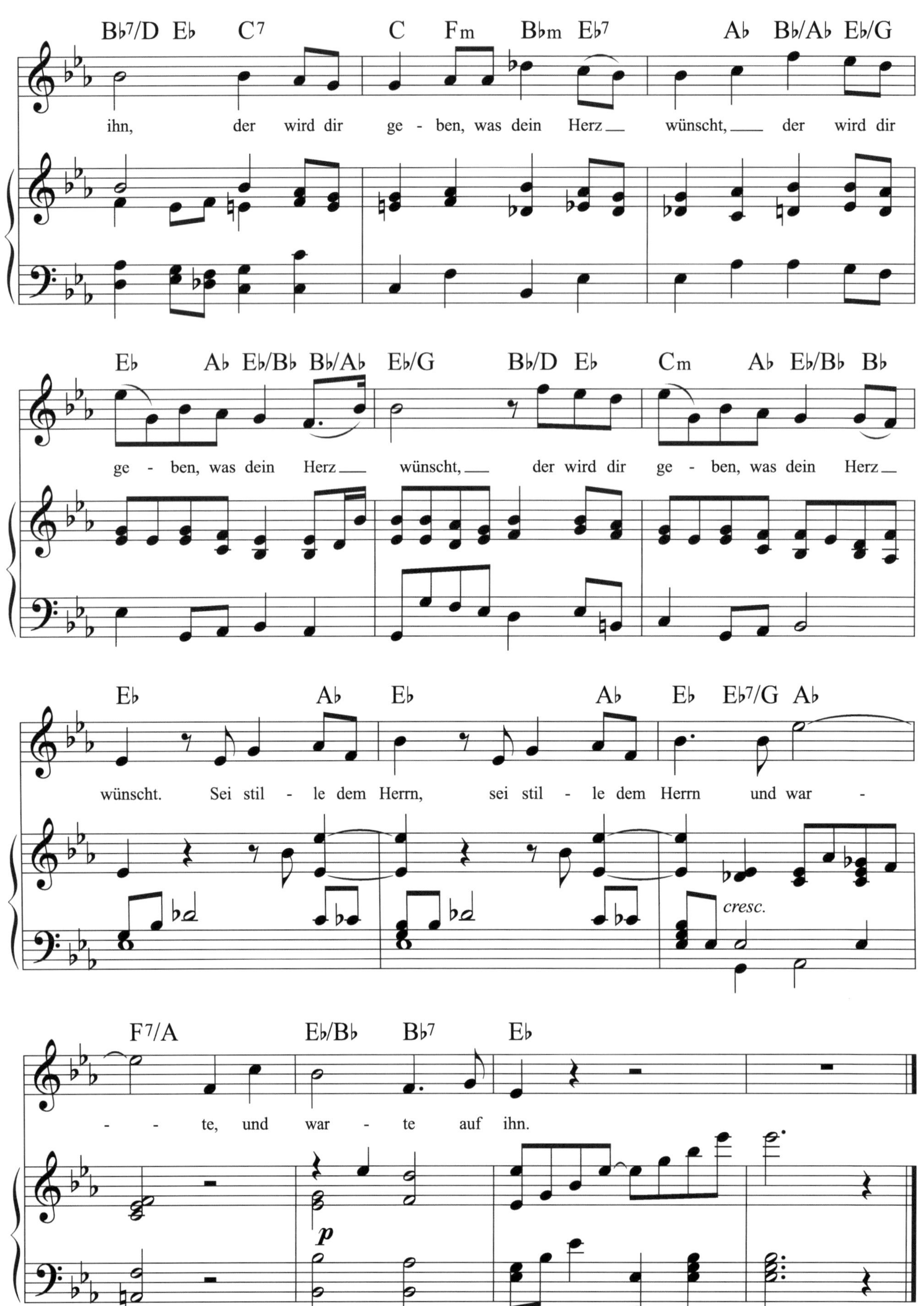

Sei stille dem Herrn ist eine vom Alt gesungene Arie aus dem zweiten Teil des Oratoriums *Elias*. Es wurde 1846 in Birmingham uraufgeführt.

28. Hochzeitsmarsch

Felix Mendelssohn-Bartholdy (1809–1847)
Bearb.: Michael Schäfer

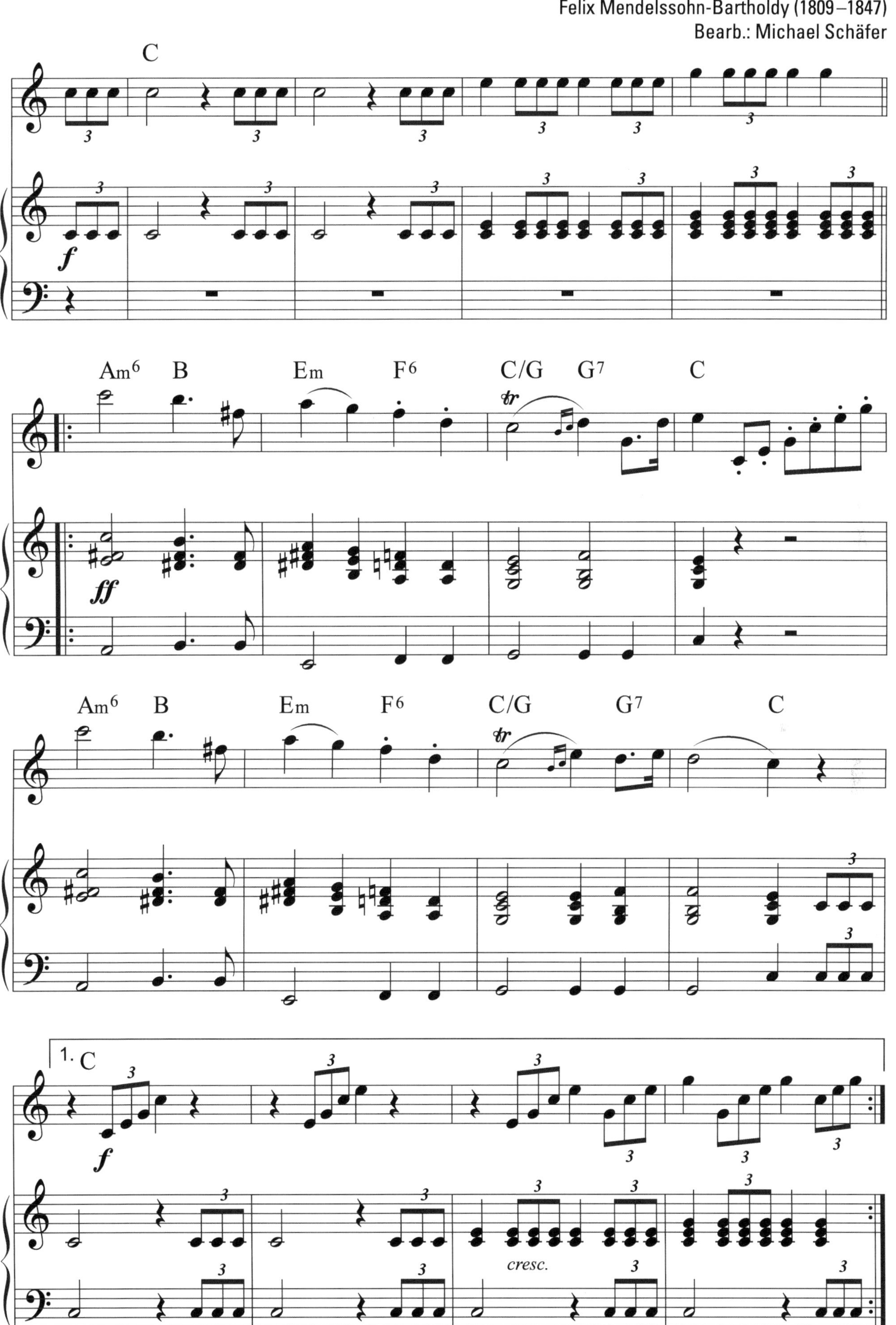

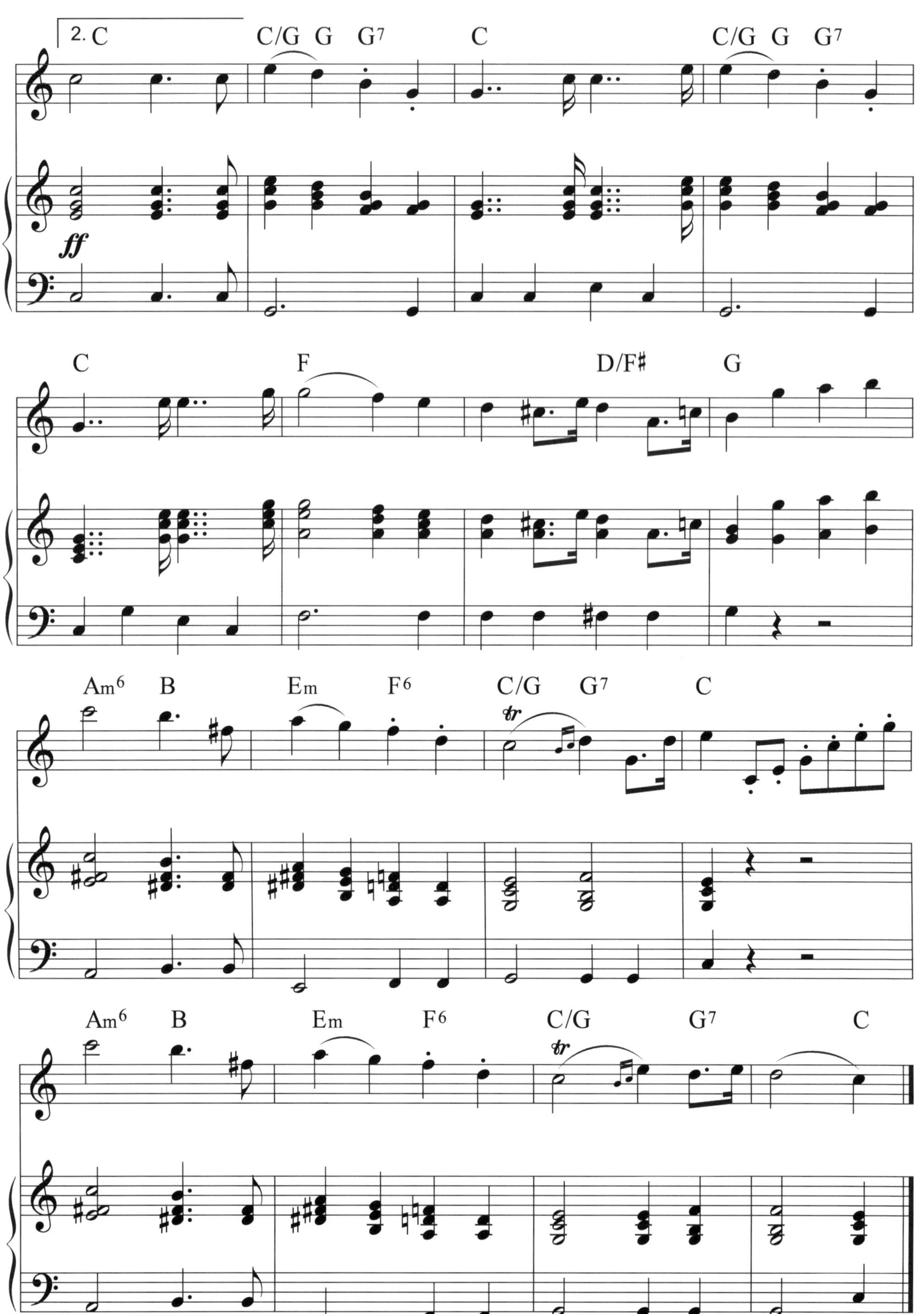

Der *Hochzeitsmarsch* stammt aus der Schauspielmusik zu Shakespeares *Sommernachtstraum* und verhalf dem Werk zu weltweiter Berühmtheit. Mendelssohn komponierte die Musik im Auftrag von König Friedrich Wilhelm IV. von Preußen, die Uraufführung fand im Oktober 1843 im Neuen Palais zu Potsdam vor dem König und dem preußischen Hof statt.

29. Walzer

Johannes Brahms (1833–1897)
Bearb.: Michael Schäfer

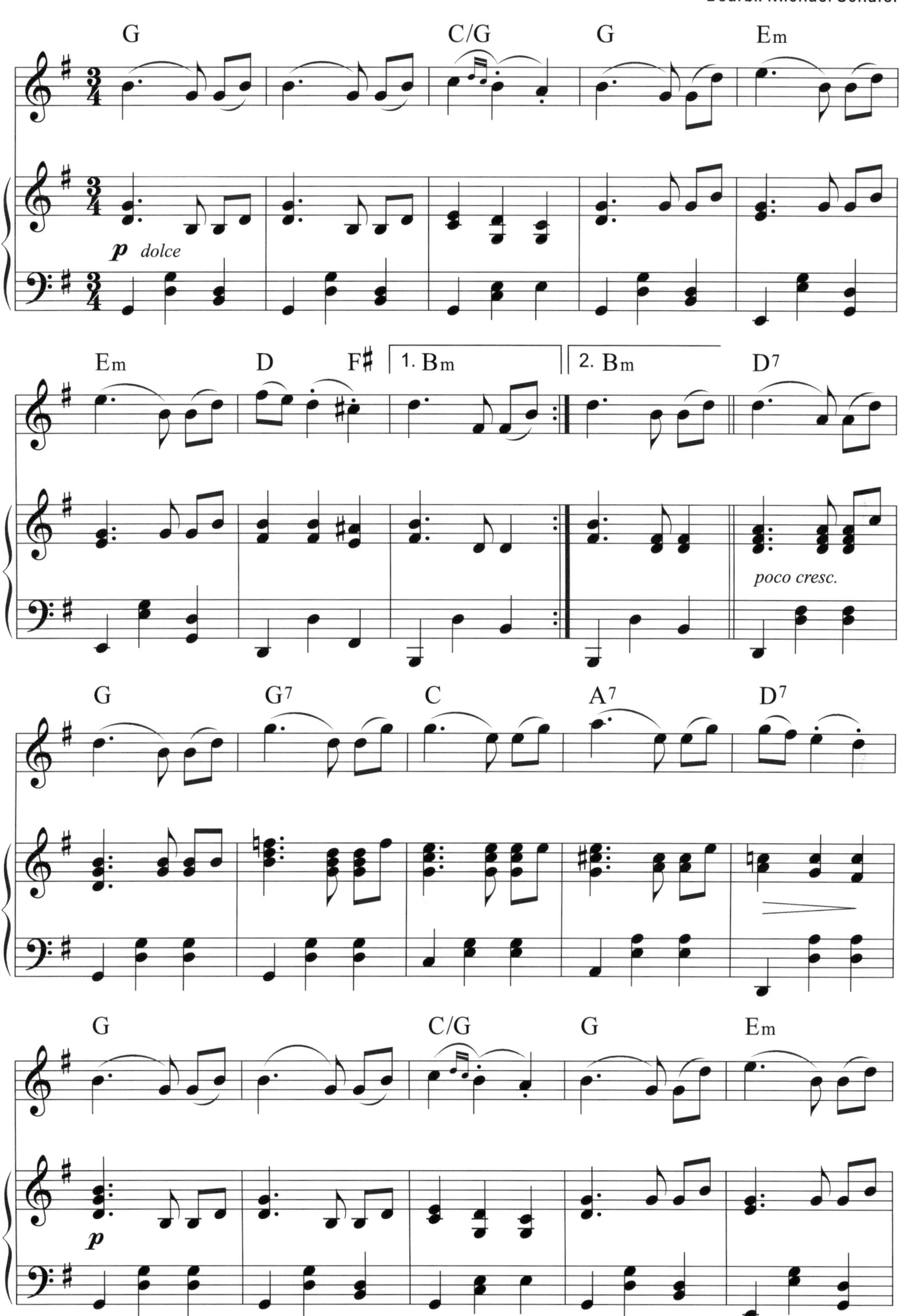

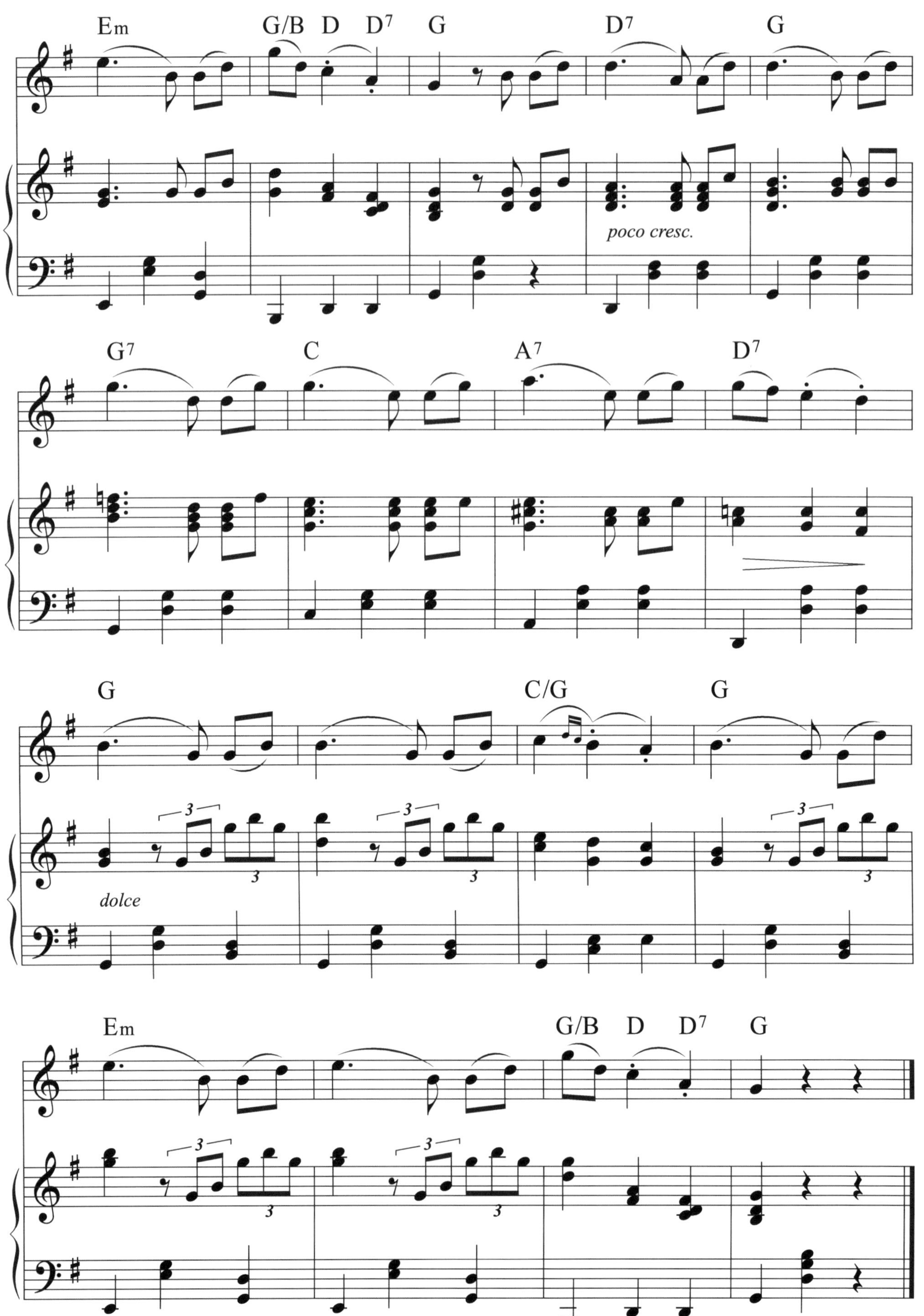

Der *Walzer op. 35 Nr. 15* ist eines der bekanntesten Werke von Johannes Brahms, er stammt aus einer Sammlung von *16 Walzern für Klavier zu vier Händen*. Brahms fertigte im Auftrag seines Verlegers auch erleichterte Fassungen an, die ihren festen Platz im Repertoire von Laien und in der Hausmusik haben.

Alternative Begleitung:

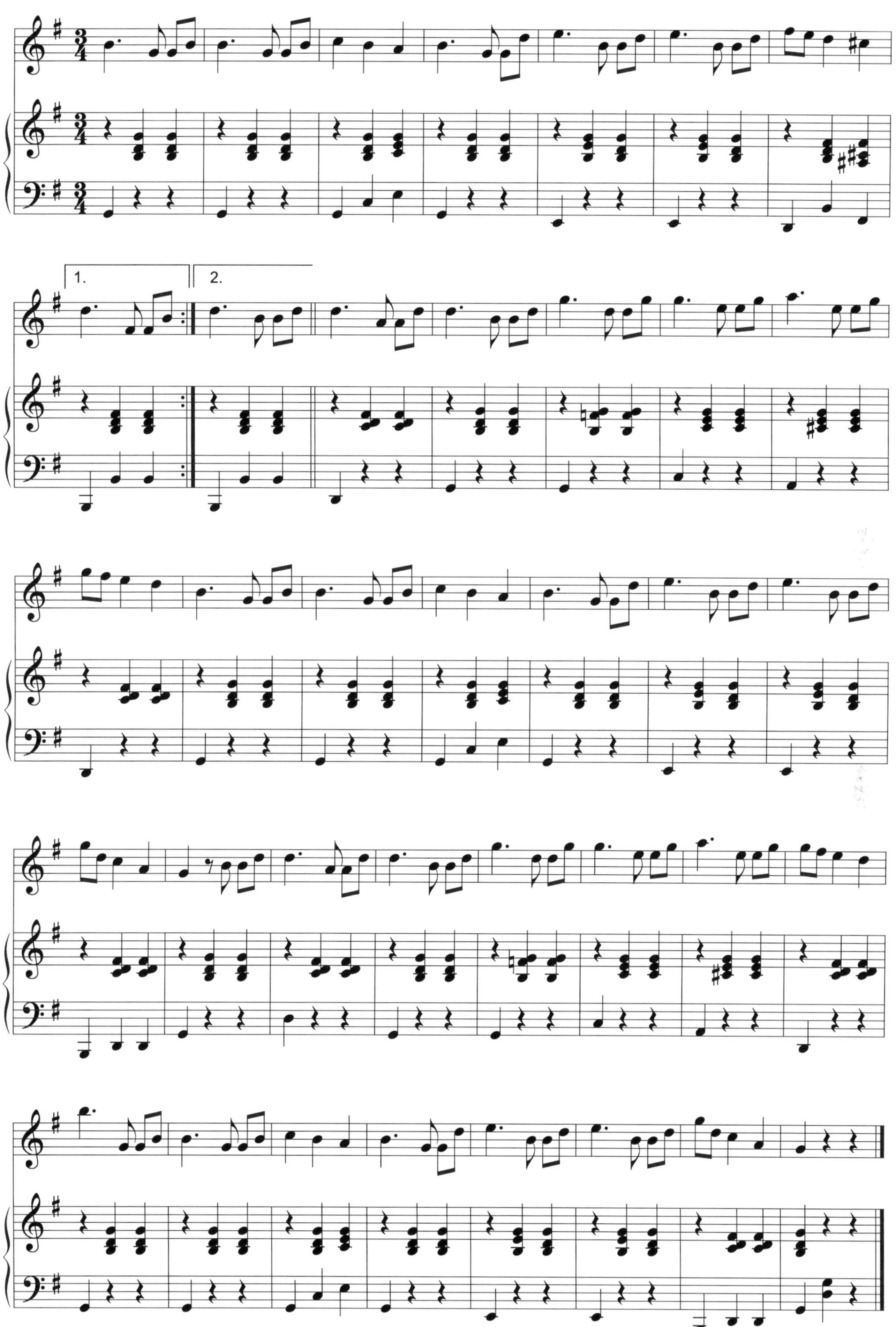

30. Träumerei

Robert Schumann (1810–1856)
Bearb.: Michael Schäfer

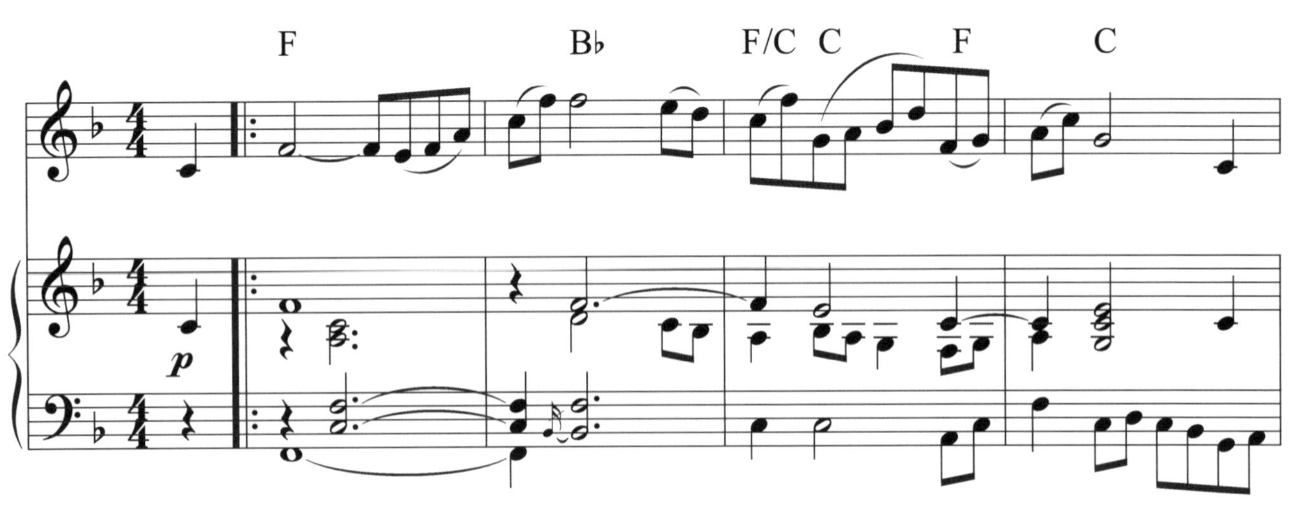

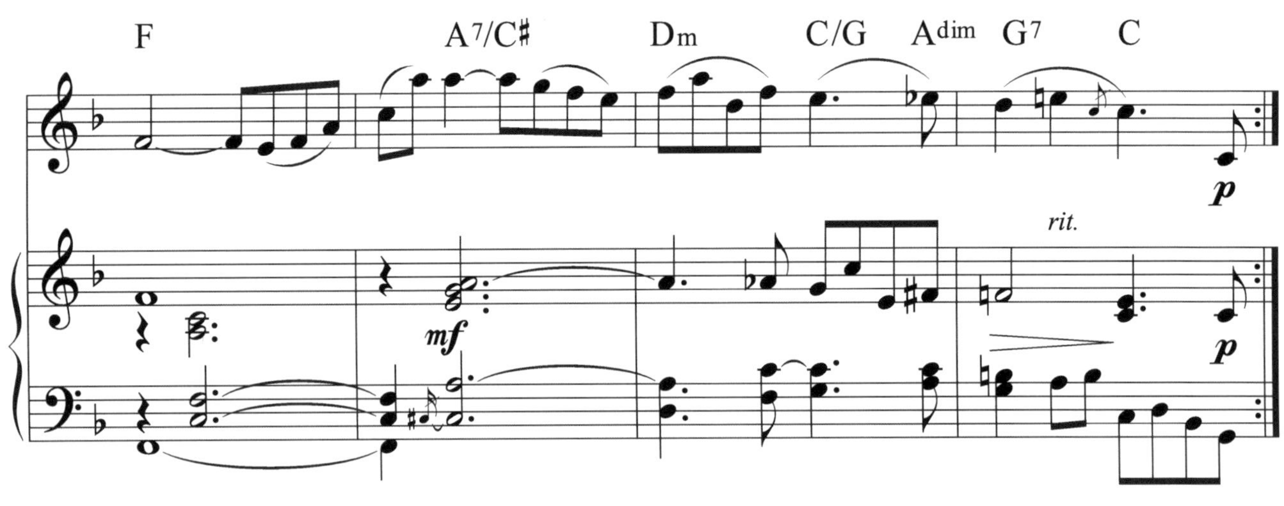

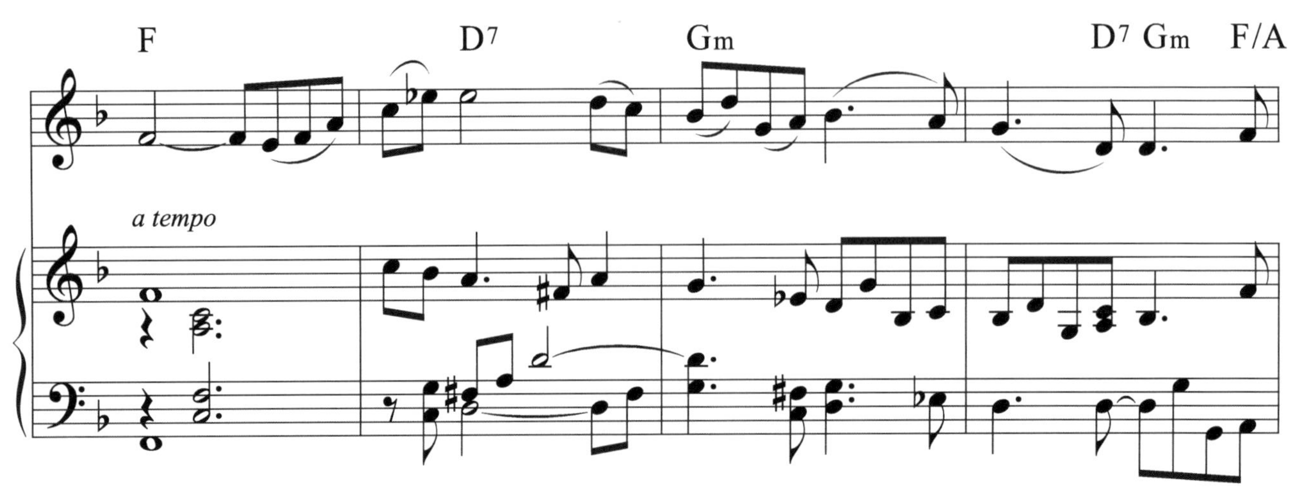

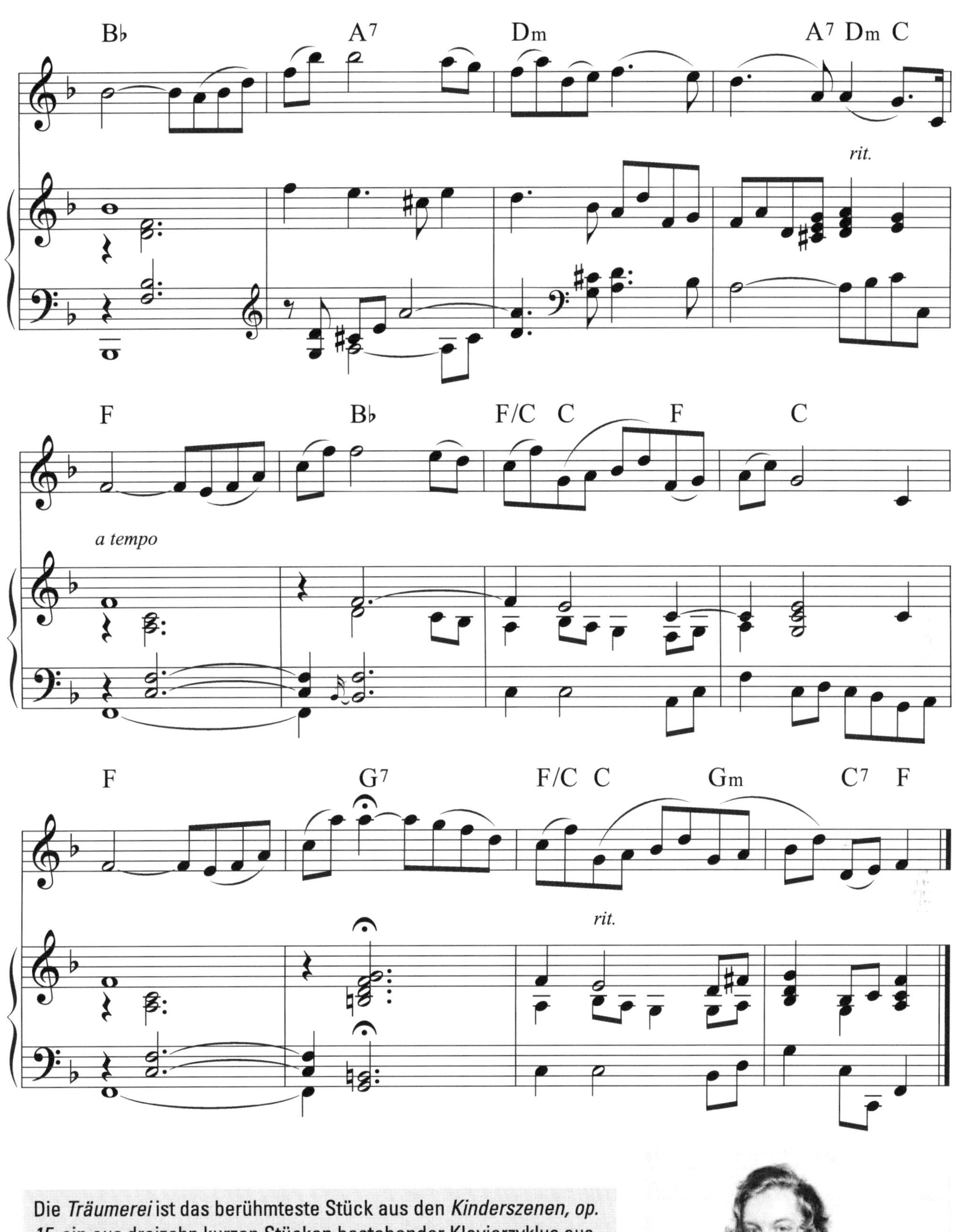

Die *Träumerei* ist das berühmteste Stück aus den *Kinderszenen, op. 15*, ein aus dreizehn kurzen Stücken bestehender Klavierzyklus aus dem Jahr 1838. Franz Liszt schrieb über den Zyklus: „In den Kinderszenen offenbart sich jene Anmut, jene immer das Richtige treffende Naivität, jener geistige Zug, der uns bei Kindern oft so eigentümlich berührt und, während ihre Leichtgläubigkeit uns ein Lächeln entlockt, uns zugleich durch die Scharfsinnigkeit ihrer Fragen in Verlegenheit setzt."

Robert Schumann im Alter von 20 Jahren, Lithographie von Joseph Kriehuber, Wien 1839

31. Treulich geführt

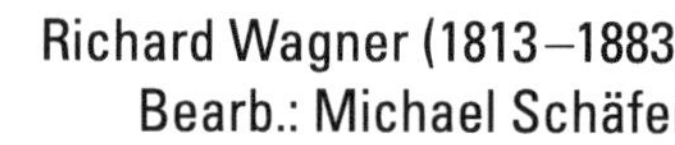

Mäßig bewegt

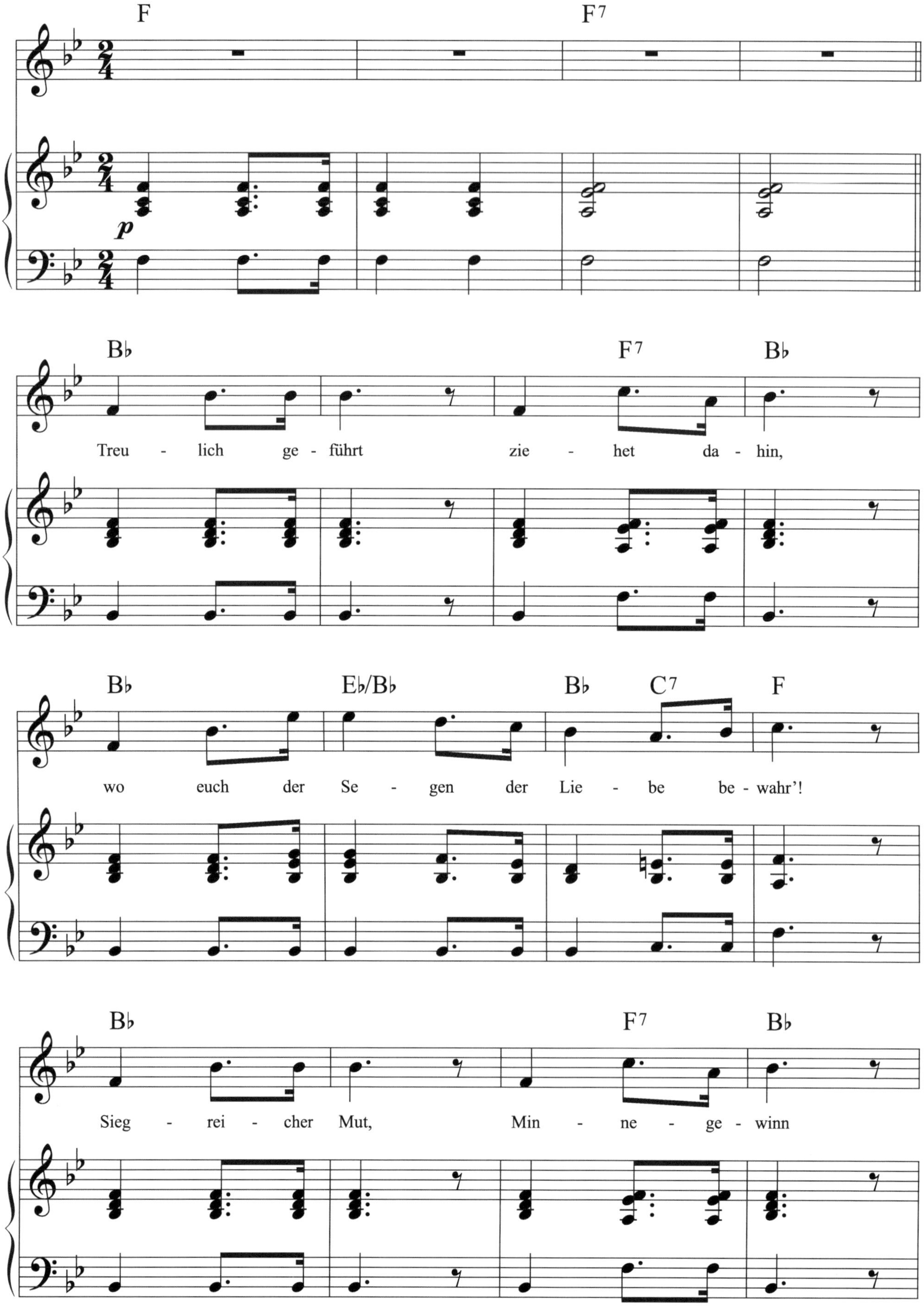

F F7

p

B♭ F7 B♭

Treu - lich ge - führt zie - het da - hin,

B♭ E♭/B♭ B♭ C7 F

wo euch der Se - gen der Lie - be be - wahr'!

B♭ F7 B♭

Sieg - rei - cher Mut, Min - ne - ge - winn

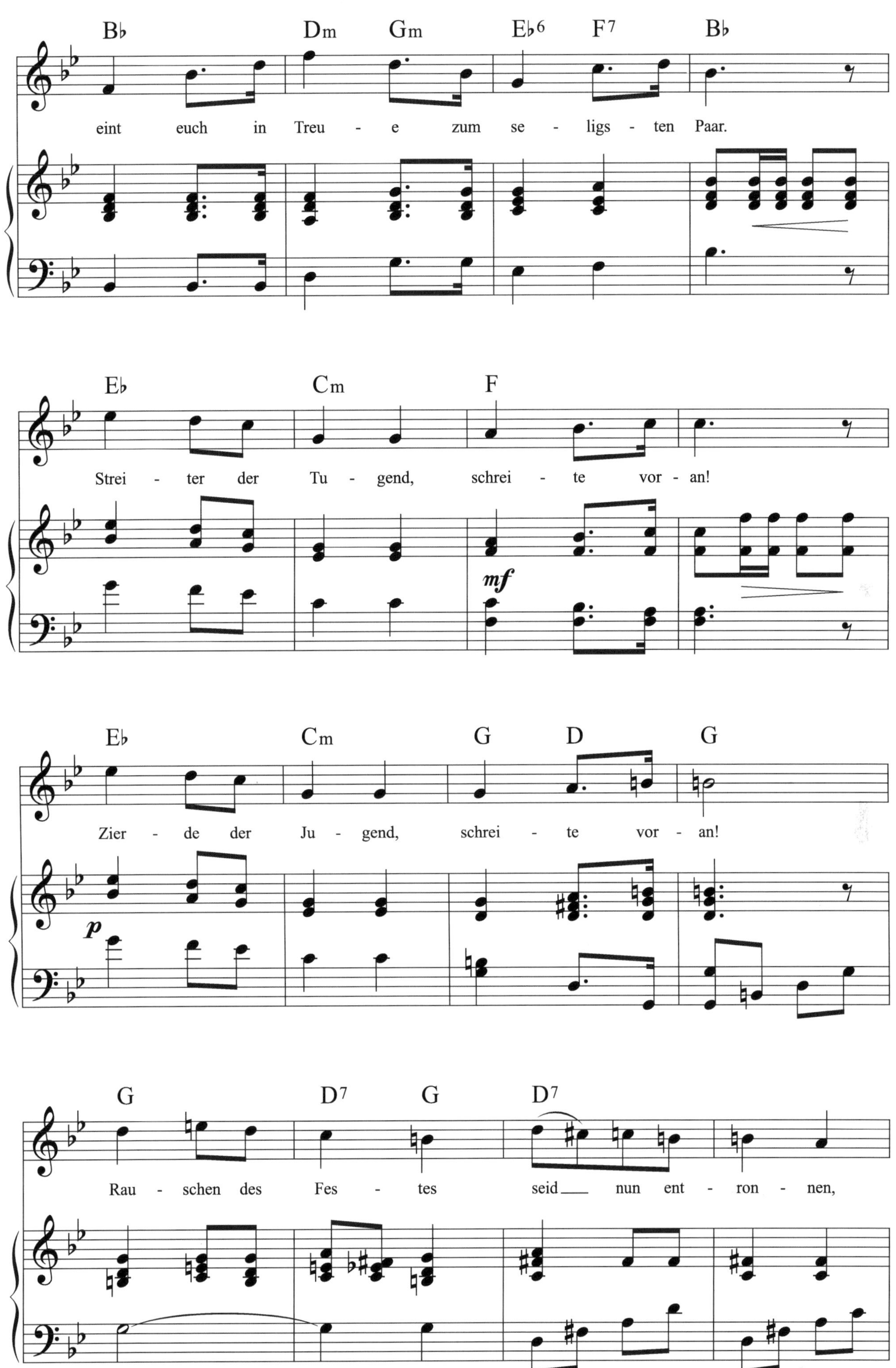
B♭
Dm
Gm
E♭6
F7
B♭
eint euch in Treu - e zum se - ligs - ten Paar.
E♭
Cm
F
Strei - ter der Tu - gend, schrei - te vor - an!
mf
E♭
Cm
G
D
G
Zier - de der Ju - gend, schrei - te vor - an!
p
G
D7
G
D7
Rau - schen des Fes - tes seid nun ent - ron - nen,

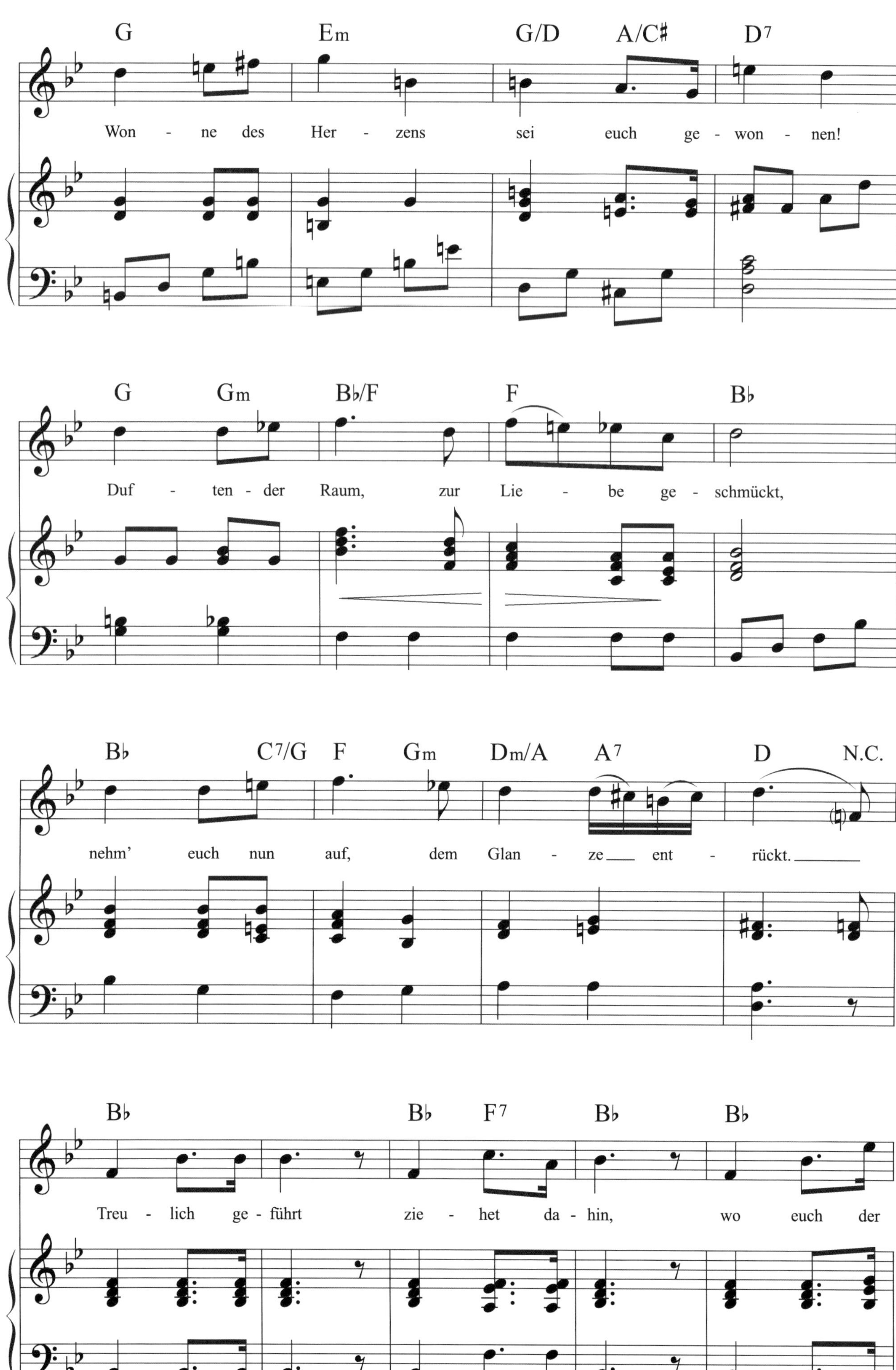
G Em G/D A/C♯ D7
Won - ne des Her - zens sei euch ge - won - nen!
G Gm B♭/F F B♭
Duf - ten - der Raum, zur Lie - be ge - schmückt,
B♭ C7/G F Gm Dm/A A7 D N.C.
nehm' euch nun auf, dem Glan - ze entrückt.
B♭ B♭ F7 B♭ B♭
Treu - lich ge - führt zie - het da - hin, wo euch der

AMA VERLAG

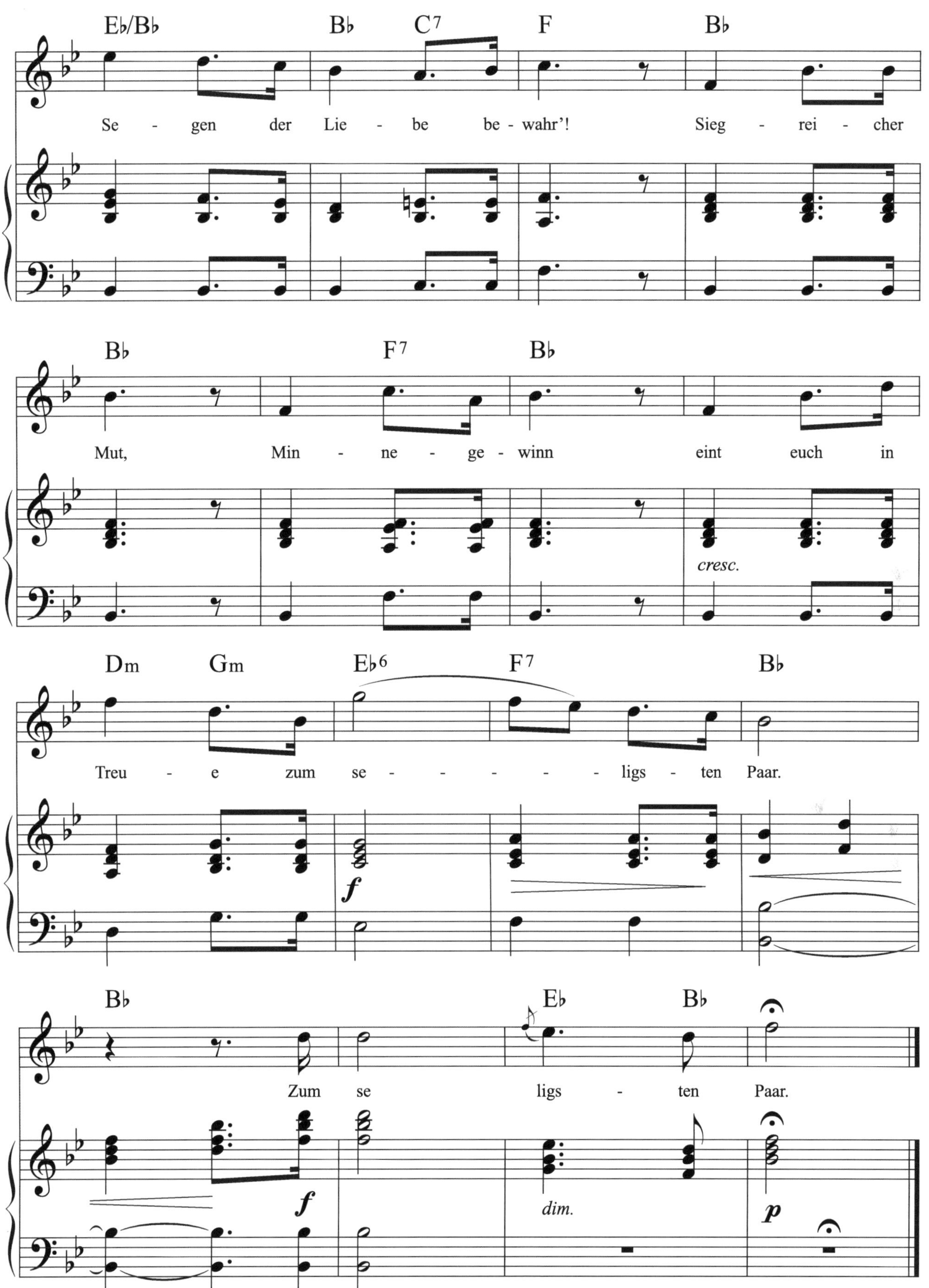

„Treulich geführt ziehet dahin, wo euch der Segen der Liebe bewahr'!" Mit diesem Gesang begleitet der Chor das frisch vermählte Paar Elsa und Lohengrin in das Brautgemach. Der Brautmarsch erklingt zu Beginn des dritten Aktes in Richard Wagners Oper *Lohengrin*, die 1850 in Weimar uraufgeführt wurde. Der berühmte Hochzeitsmarsch wird heute gern zum Einzug des Brautpaares gespielt.

32. Di Provenza il mar, il suol

Giuseppe Verdi (1813–1901)
Bearb.: Michael Schäfer

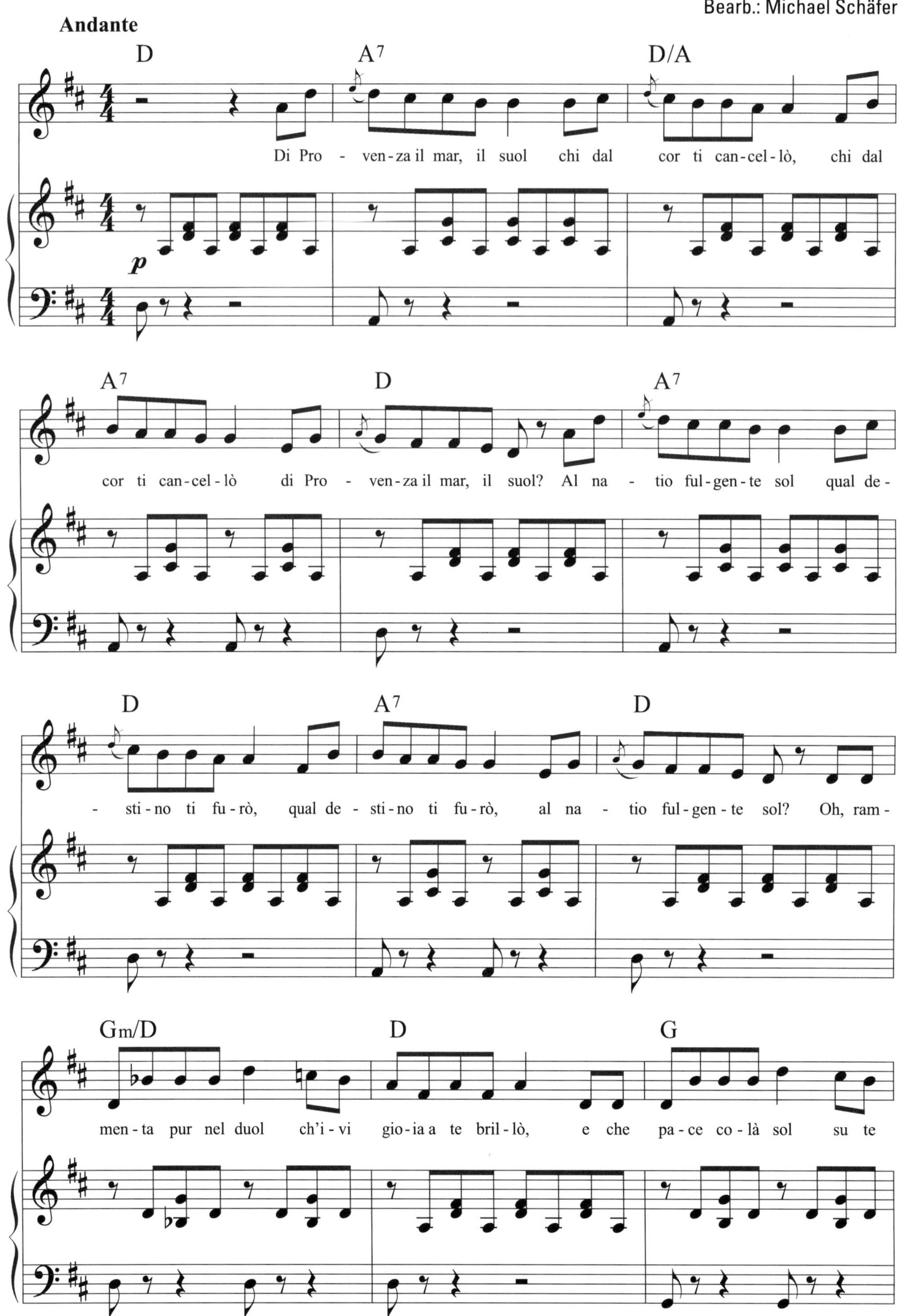

AMA VERLAG

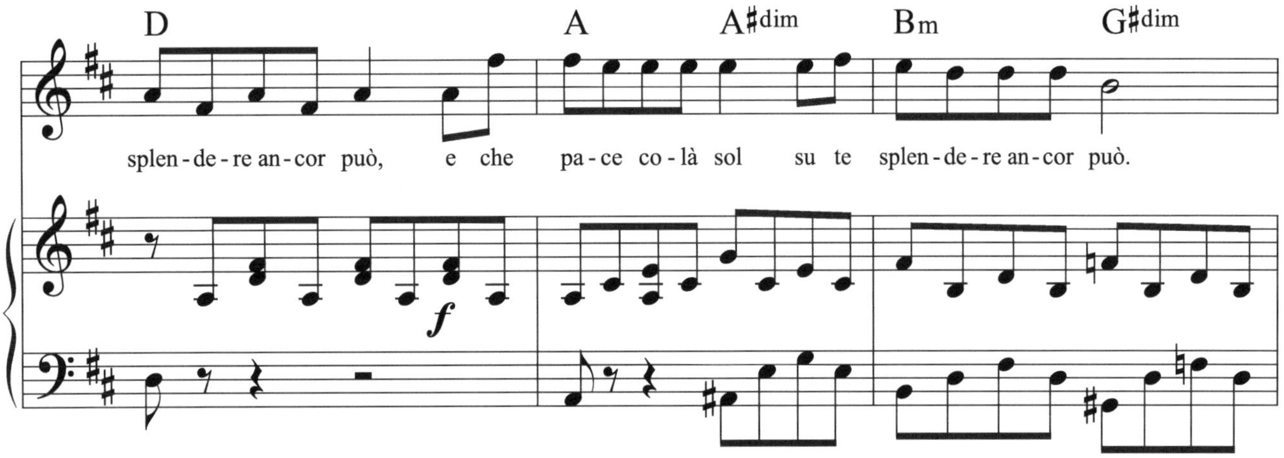

D A A♯dim Bm G♯dim

splen - de - re an - cor può, e che pa - ce co - là sol su te splen - de - re an - cor può.

f

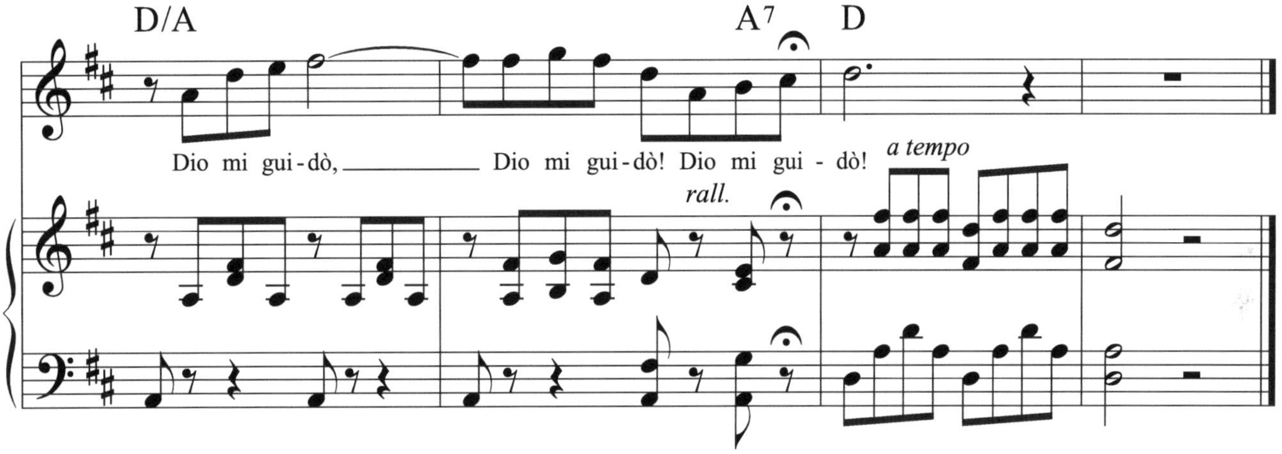

D/A A7 D

Dio mi gui - dò, ________ Dio mi gui - dò! Dio mi gui - dò! *a tempo*

rall.

Di Provenza il mar, il suol ist eine Arie für Bariton aus Verdis Oper *La Traviata*. Sie war nach ihrer Uraufführung am 6. März 1853 im Teatro La Fenice in Venedig zunächst ein Misserfolg, wurde dann von Verdi überarbeitet und erlebte 14 Monate später einen wahren Triumph. Heute zählt sie zu den erfolgreichsten Opern der Musikgeschichte.
Alfredo, Sohn aus gutem Hause, verliebt sich in die Kurtisane Violetta, die seine Liebe erwidert und ihr altes Leben für ihn aufgibt. Doch Alfredos Familie akzeptiert diese Verbindung nicht. Sein Vater Germont fleht mit der Arie *Di Provenza il mar il suol* seinen Sohn an, seine Geliebte zu verlassen und nach Hause zu kommen.

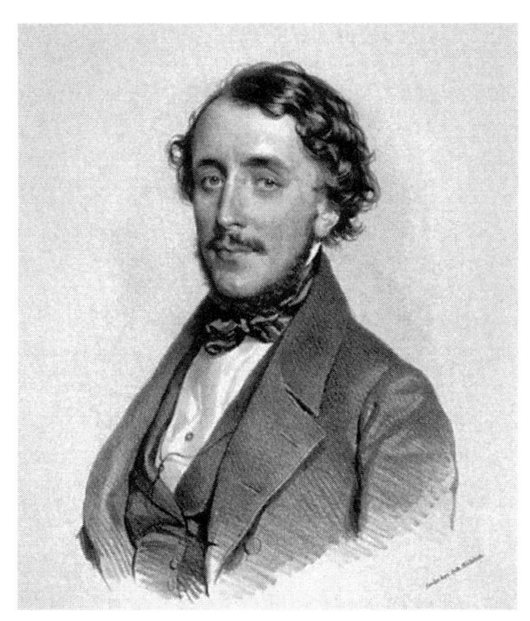

Der von Verdi sehr geschätzte Bariton Felice Varesi sang den Germont in der Uraufführung.

33. La donna è mobile

Giuseppe Verdi (1813–1901)
Bearb.: Michael Schäfer

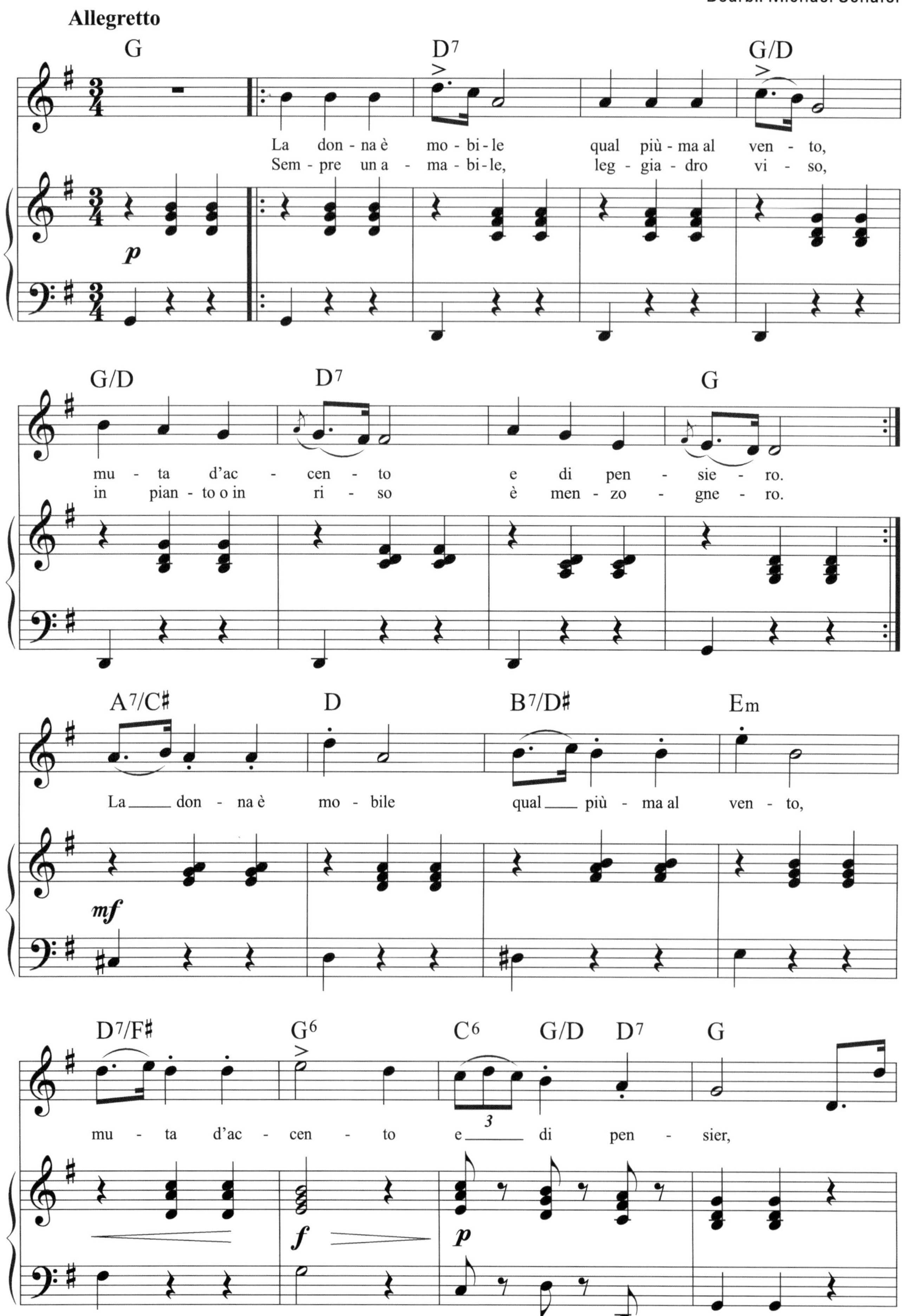

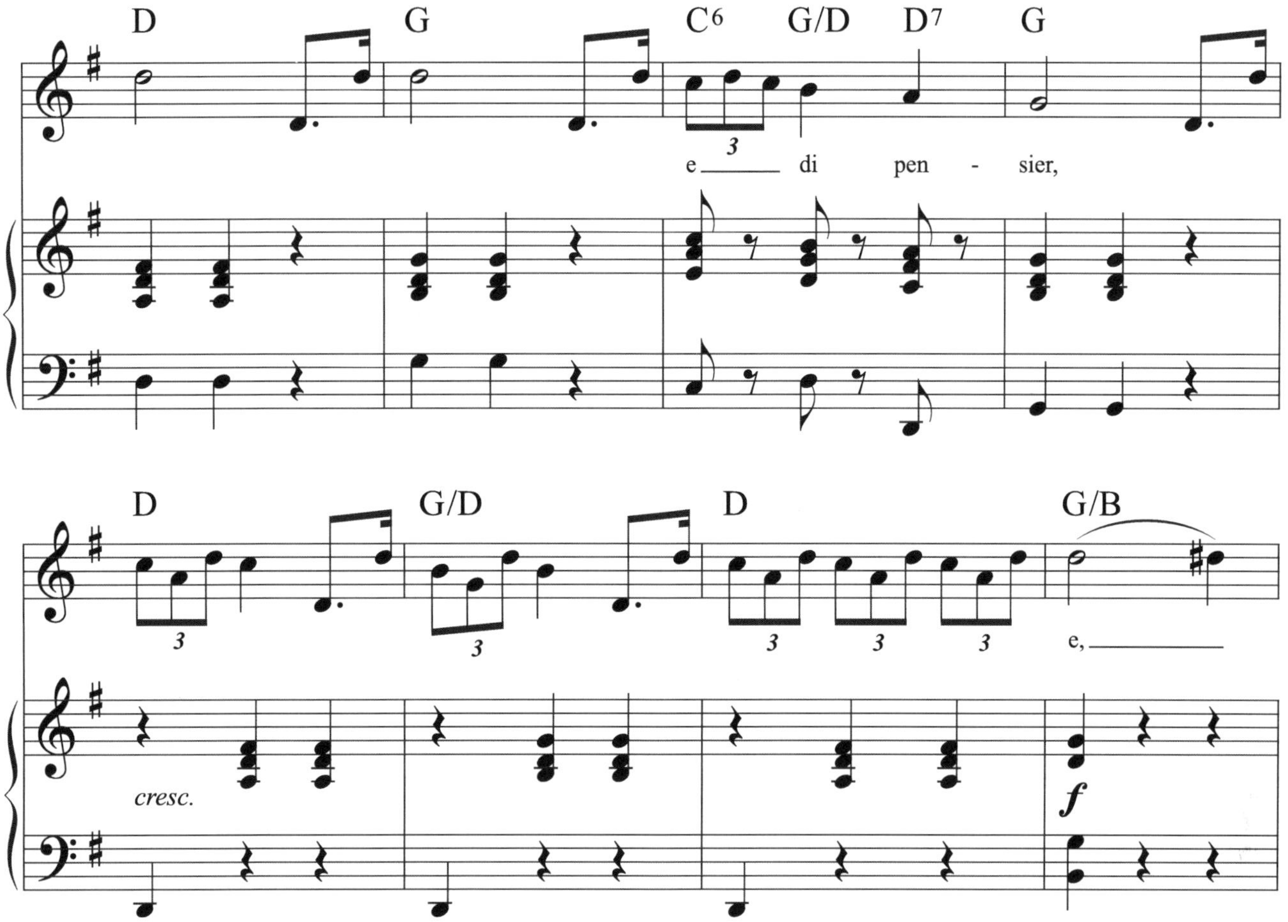

D G C6 G/D D7 G

e di pen - sier,

D G/D D G/B

e,

cresc.

f

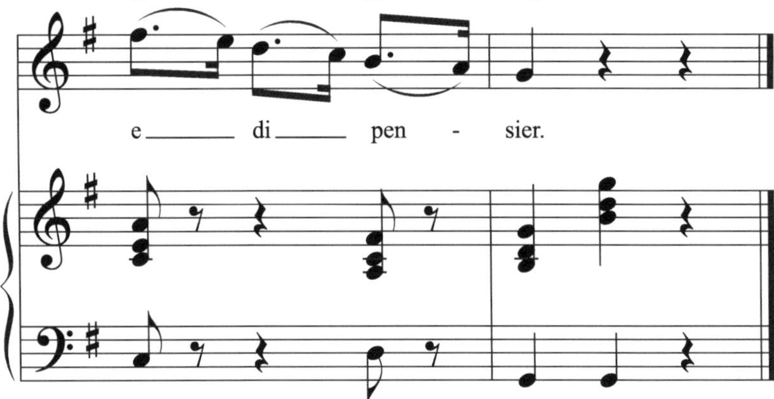

La donna è mobile (etwa „Die Frau ist launisch“) ist die bekannteste Arie aus Verdis Oper *Rigoletto*. Sie erklingt im dritten Akt: Der Herzog von Mantua besingt enttäuscht die Flatterhaftigkeit und Launenhaftigkeit der Frauen.
Verdi muss wohl geahnt haben, dass er mit dieser Melodie einen Hit landen würde, er soll sie bis kurz vor der Uraufführung (1851 in Venedig) geheim gehalten haben. Mit *La donna è mobile* feierten berühmte Tenöre wie Andrea Bocelli, Luciano Pavarotti, Placido Domingo und Enrico Caruso große Erfolge.

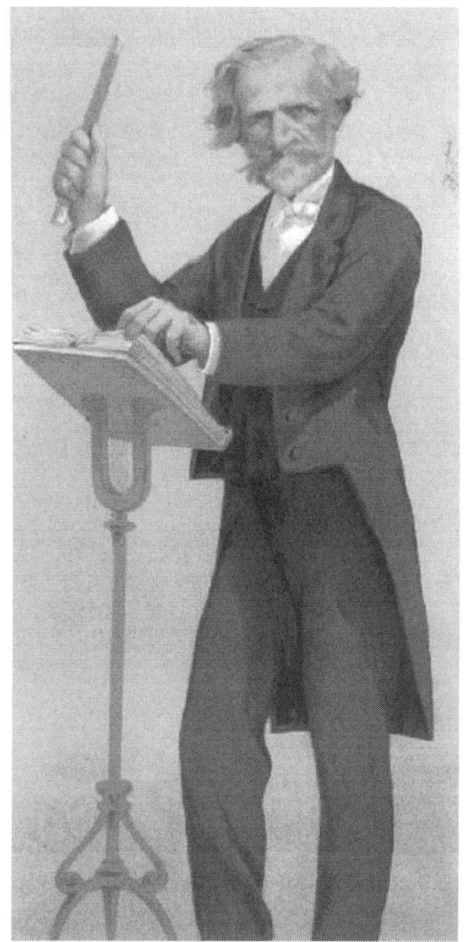

Giuseppe Verdi 1879 in der Zeitschrift „Vanity Fair“, Illustration von Théobald Chartran

34. Va, pensiero

Giuseppe Verdi (1813–1901)
Bearb.: Michael Schäfer

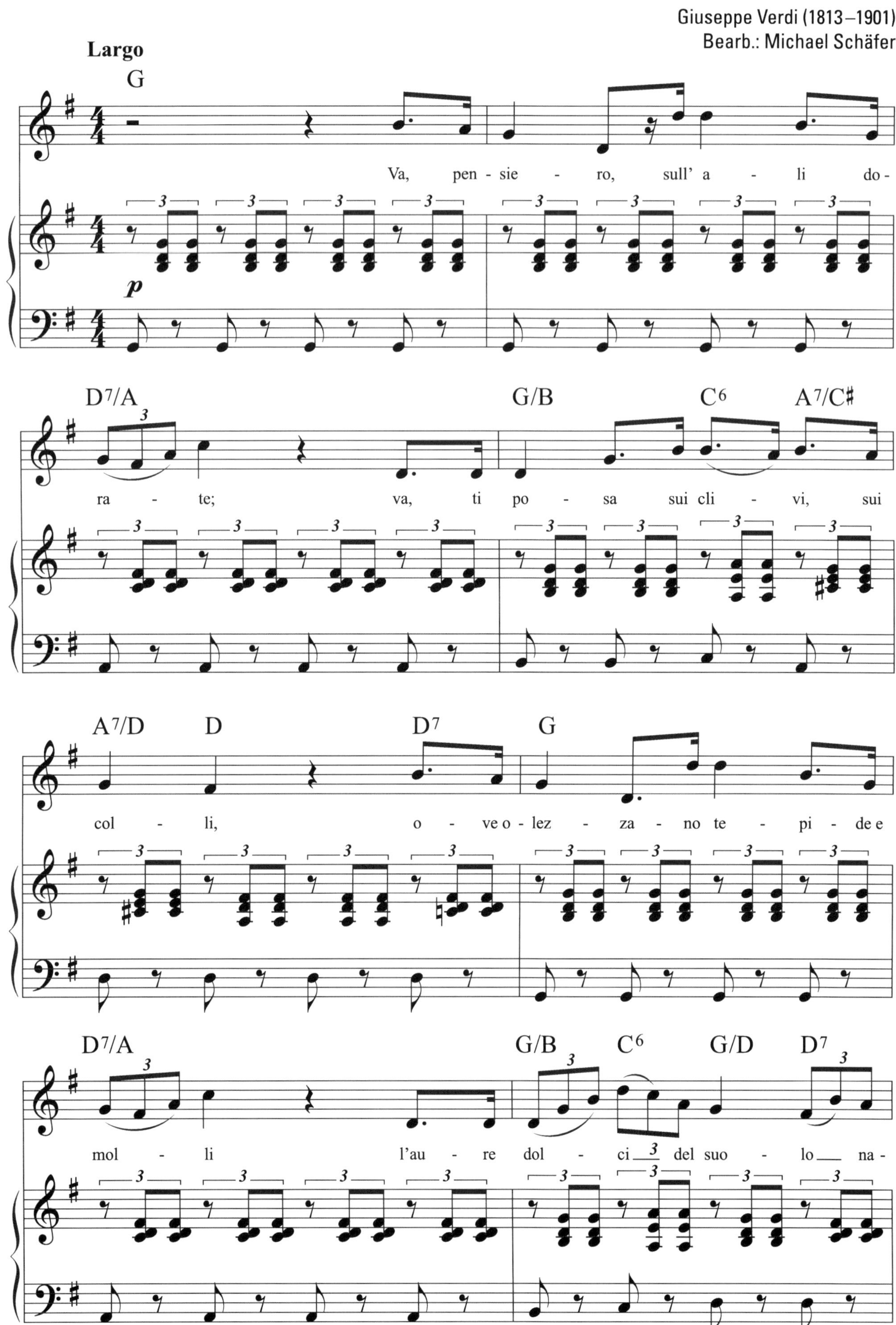

AMA VERLAG

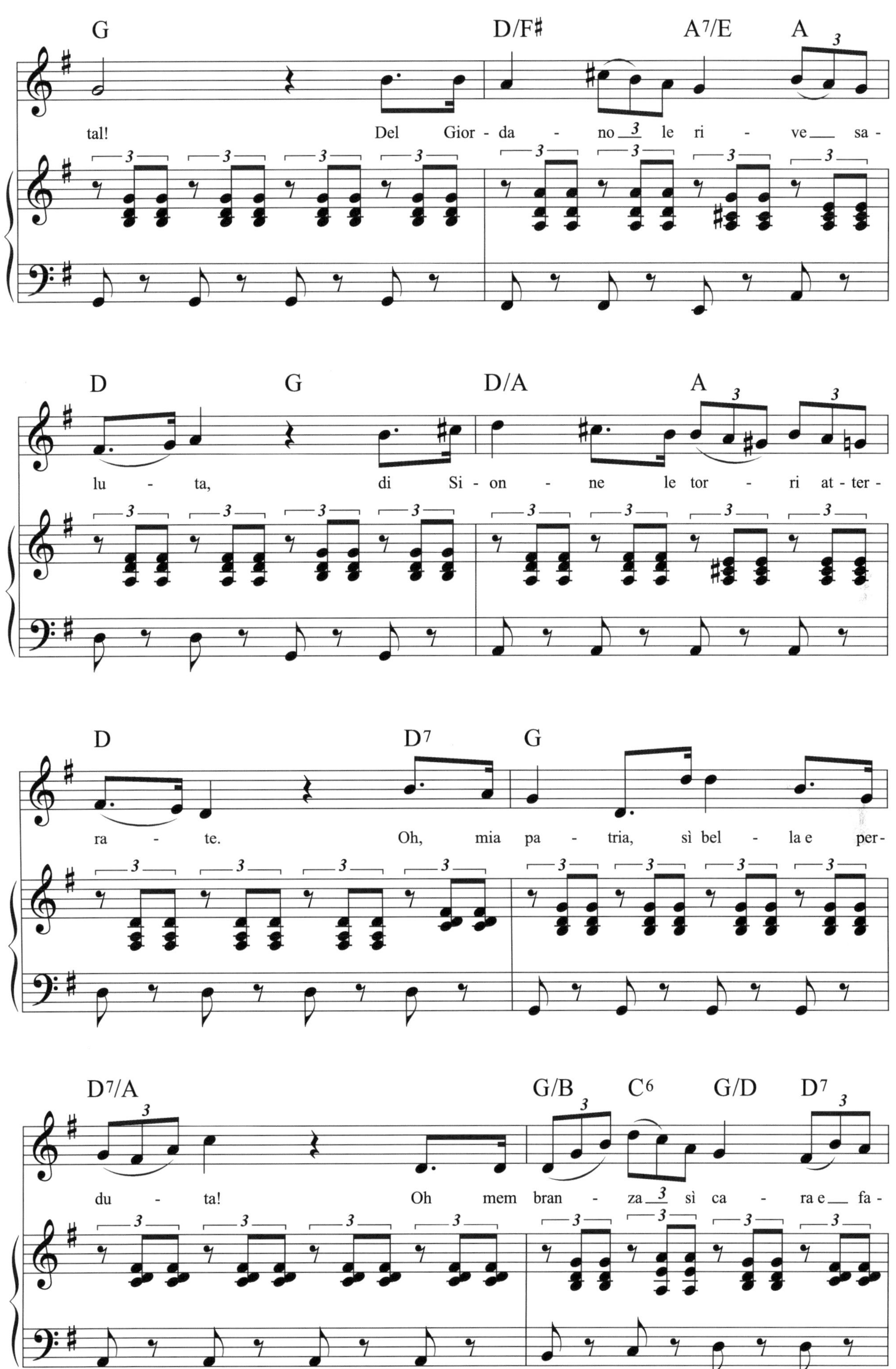
G D/F♯ A7/E A
tal! Del Gior - da - no le ri - ve sa -
D G D/A A
lu - ta, di Si - on - ne le tor - ri atter -
D D7 G
ra - te. Oh, mia pa - tria, sì bel - la e per -
D7/A G/B C6 G/D D7
du - ta! Oh mem bran - za sì ca - ra e fa -

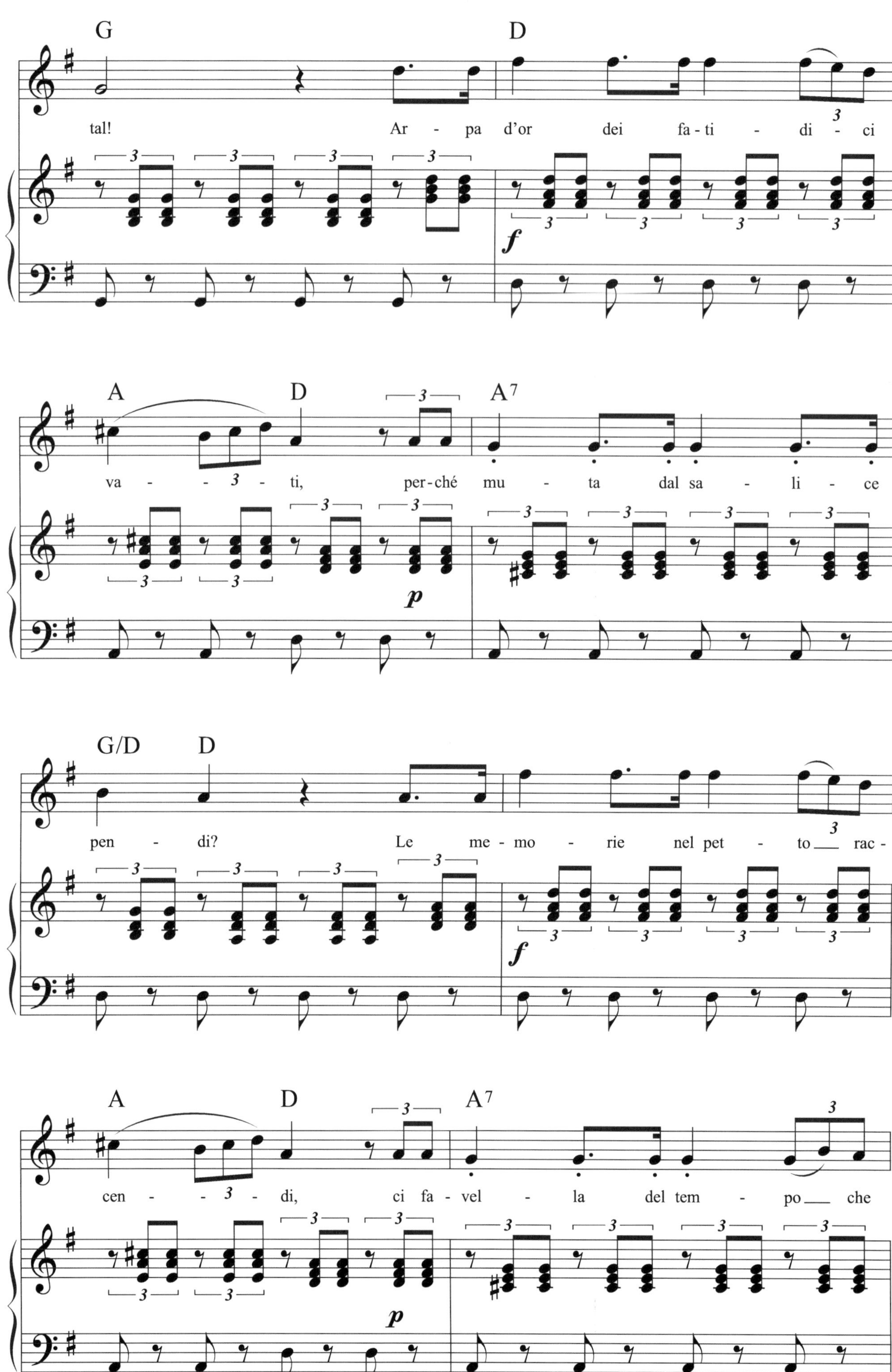
G
D
tal! Ar - pa d'or dei fa - ti - di - ci
A
D
A7
va - - - ti, per - ché mu - ta dal sa - li - ce
G/D
D
pen - di? Le me - mo - rie nel pet - to rac -
A
D
A7
cen - - di, ci fa - vel - la del tem - po che

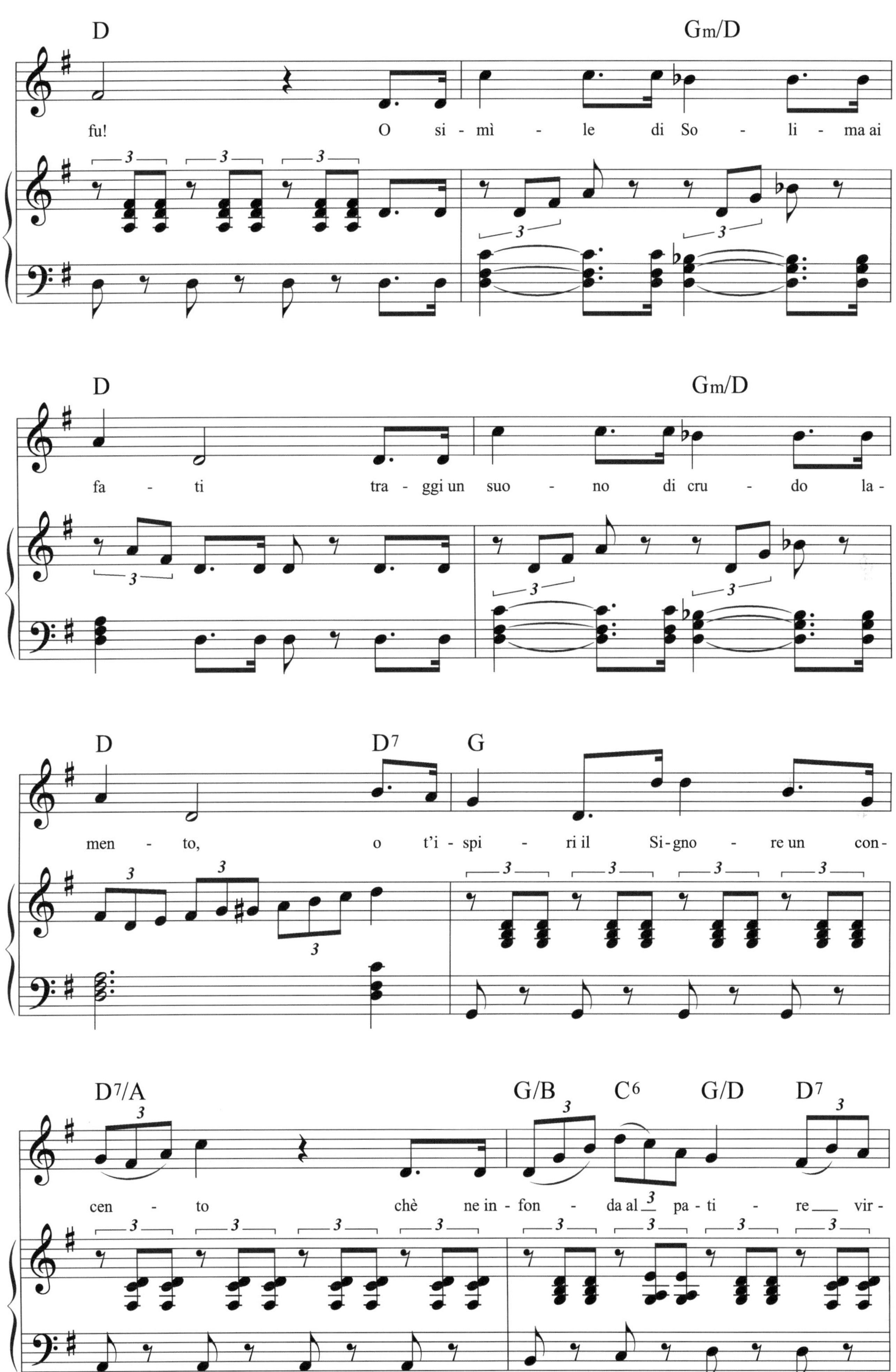
D
Gm/D
fu! O si - mì - le di So - li - ma ai
D
Gm/D
fa - ti tra - ggi un suo - no di cru - do la -
D
D7
G
men - to, o t'i - spi - ri il Si - gno - re un con -
D7/A
G/B
C6
G/D
D7
cen - to chè ne in - fon - da al pa - ti - re vir -

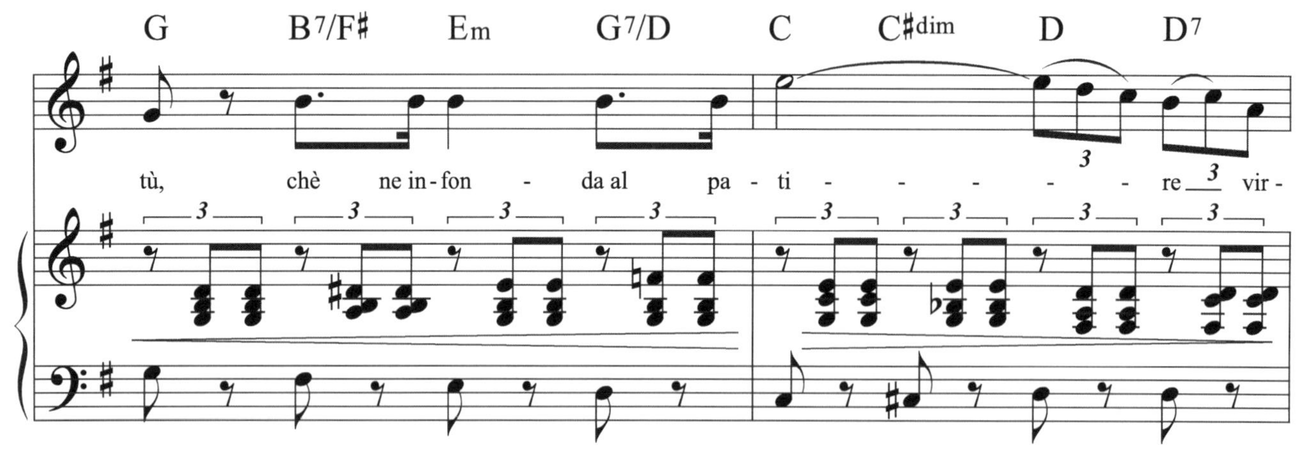

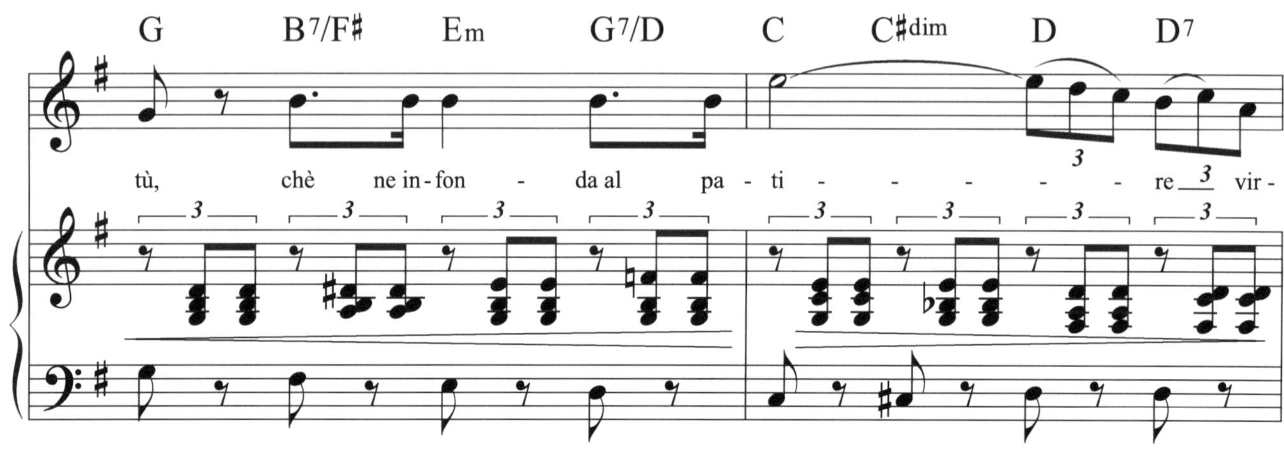

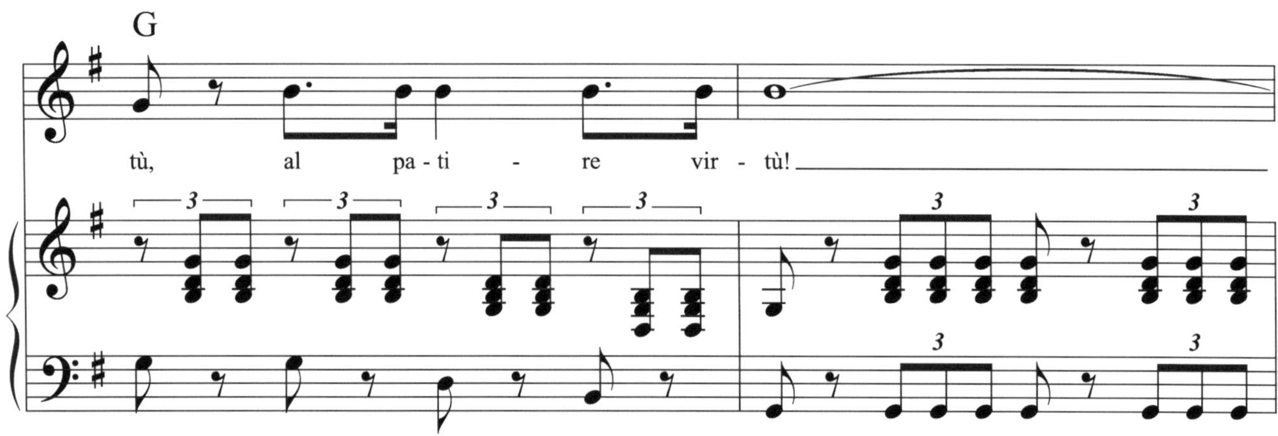

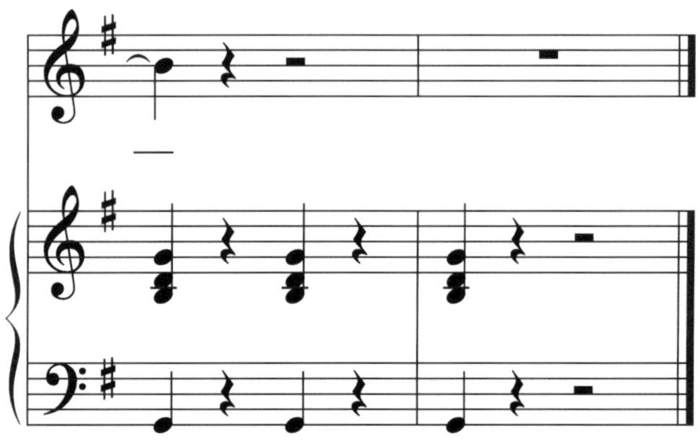

Va, pensiero, sull'ali dorate (etwa „Flieg, Gedanke, auf goldenen Flügeln) ist eine Melodie aus dem dritten Akt der Oper *Nabucco*, die auch als Gefangenenchor oder Freiheitschor bezeichnet wird und als berühmtester aller Verdi-Chöre gilt. Die Oper wurde am 9. März 1842 in der Mailänder Scala uraufgeführt und war ein großer Erfolg.

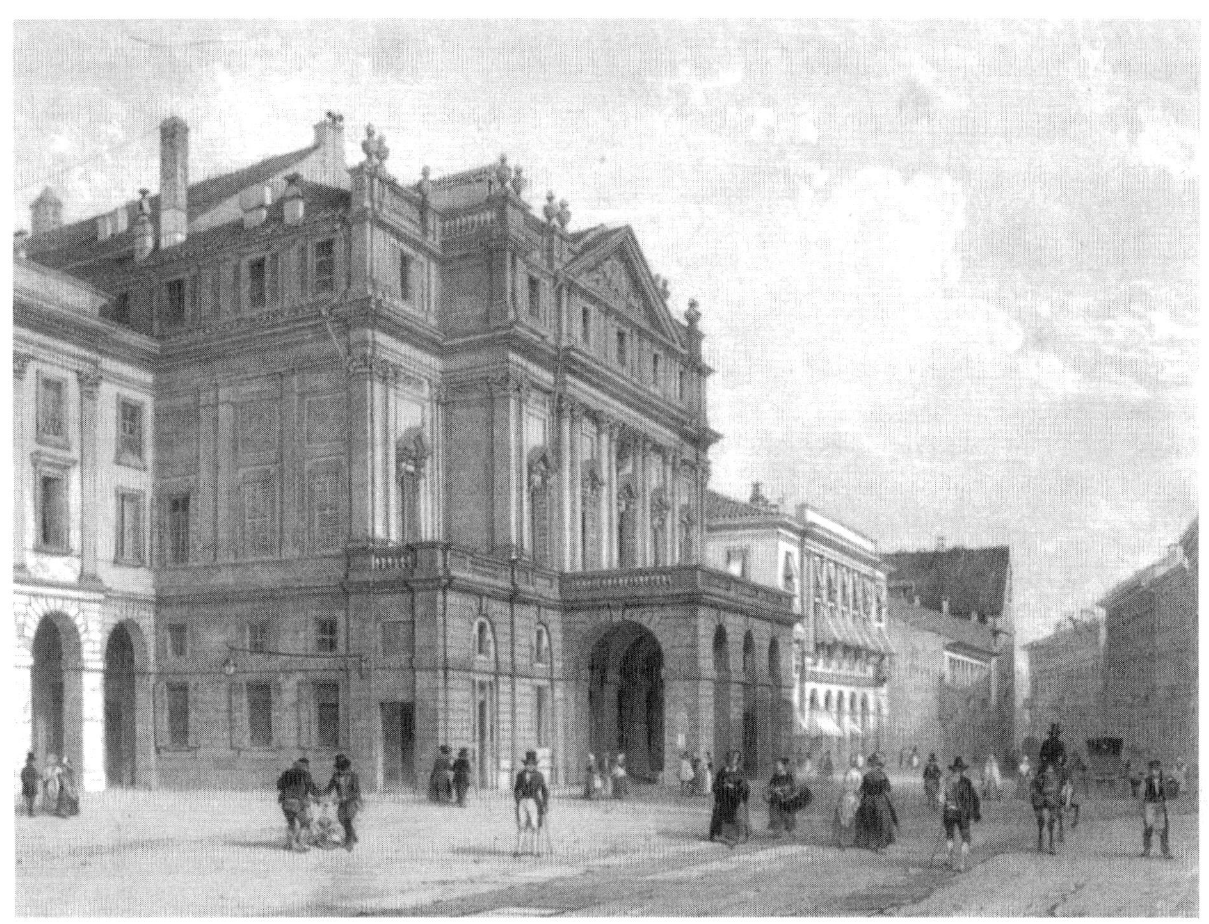

Das Teatro alla Scala, die Mailänder Scala im 19. Jahrhundert

Alternative Begleitung:

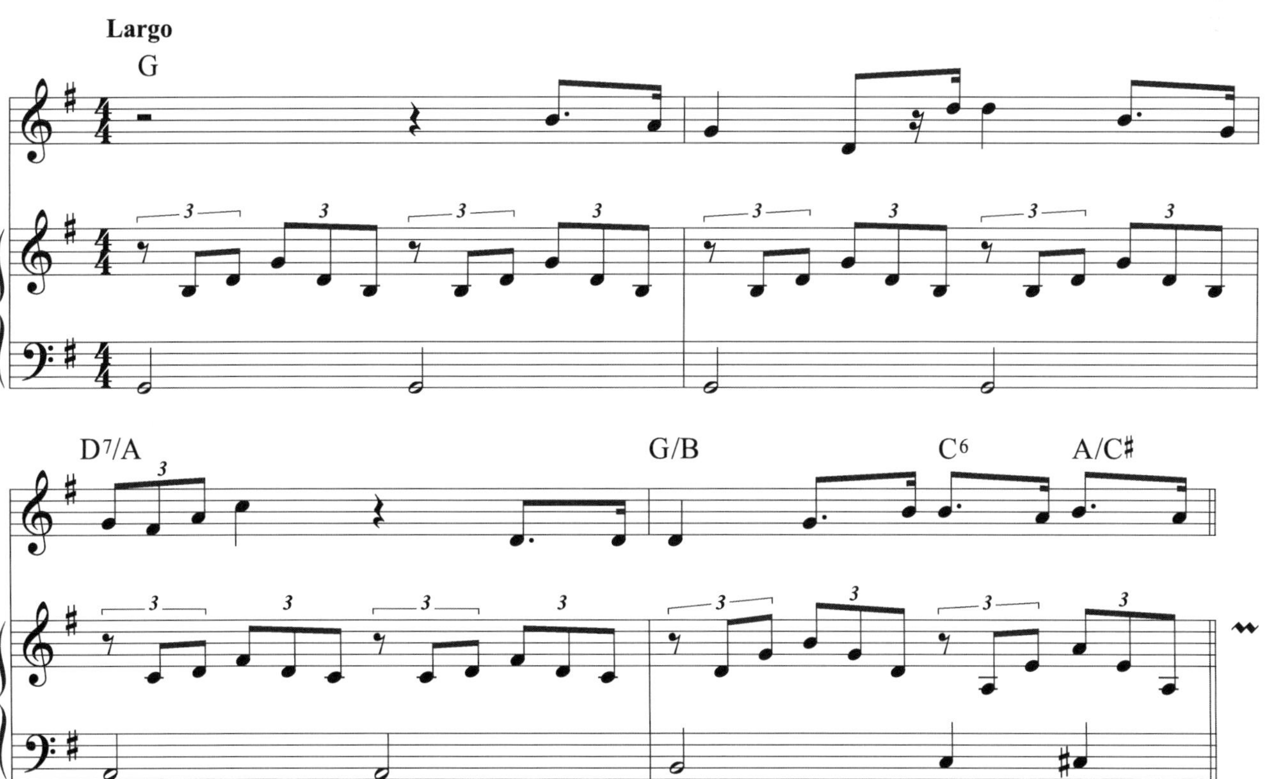

35. Die Moldau

Bedřich Smetana (1824–1884)
Bearb.: Michael Schäfer

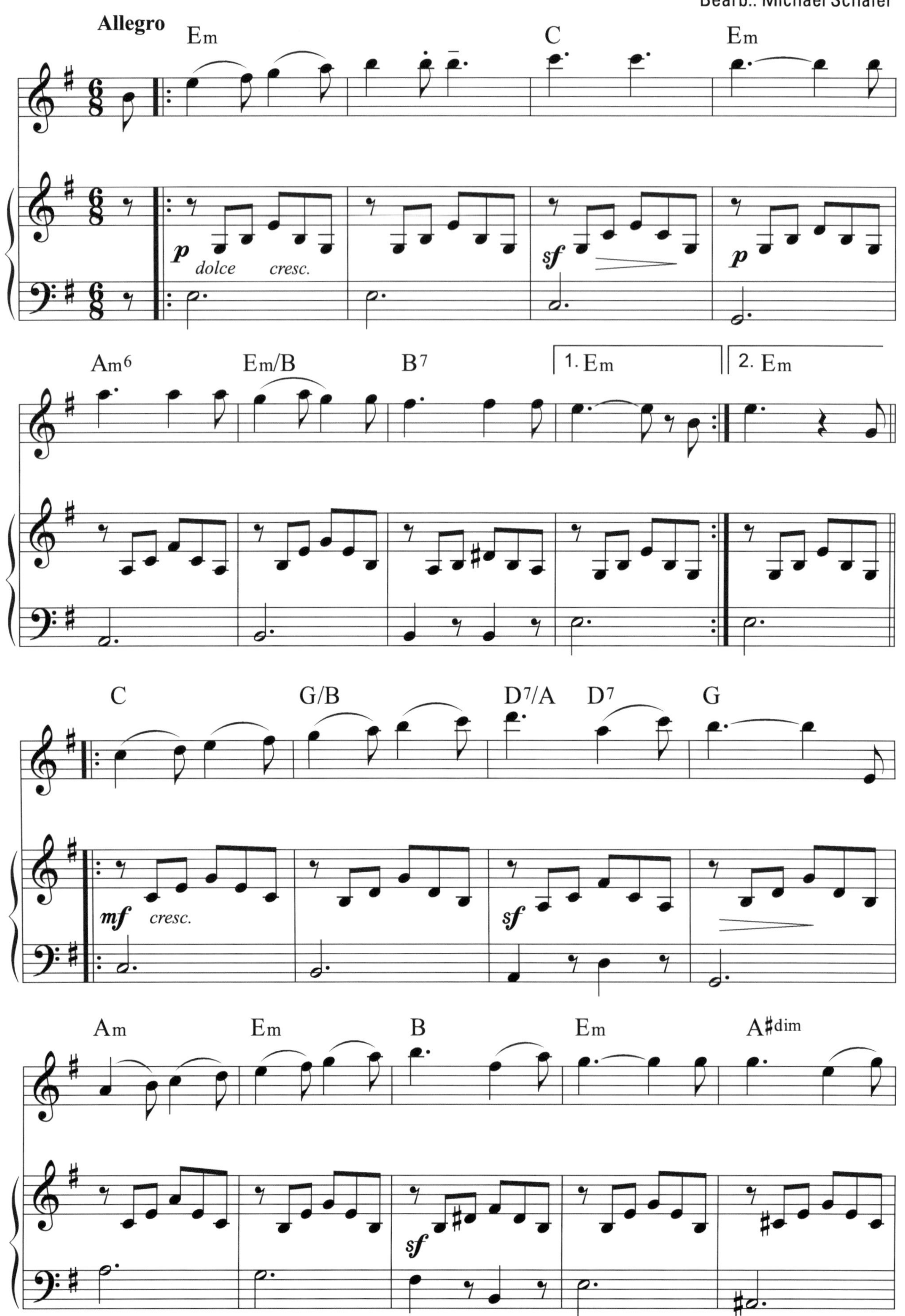

 AMA VERLAG

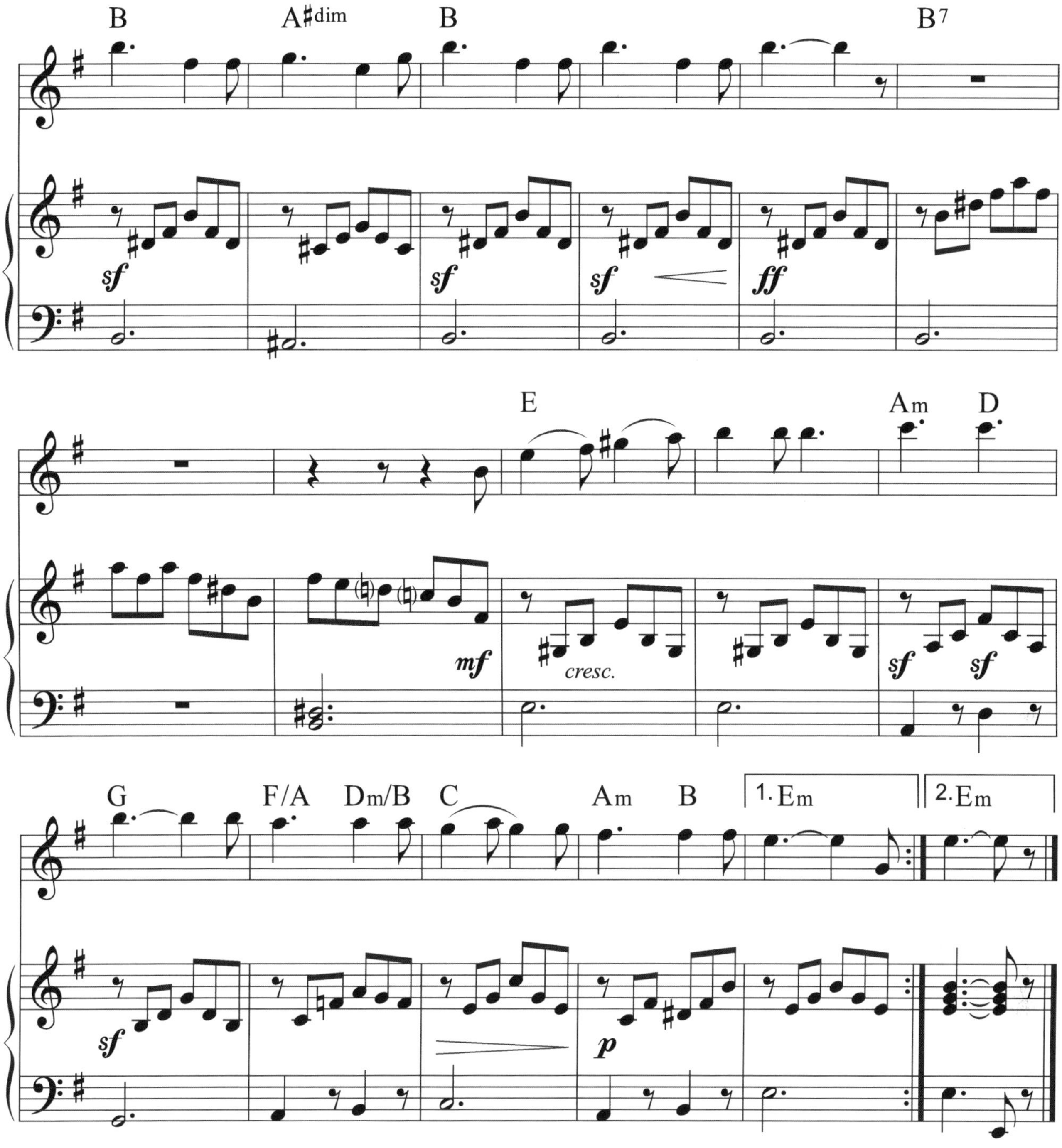

Die Moldau ist die zweite der sechs Symphonischen Dichtungen aus dem Zyklus *Ma Vlast* (Mein Vaterland). Smetana beschreibt den Lauf des Flusses, der von seinen beiden Quellen auf seinem Weg durch die böhmische Landschaft zu einem breiten Strom anwächst. Die Moldau fließt an Dörfern und kleinen Städten majestätisch nach Prag und mündet schließlich in die Elbe. Die Uraufführung am 4. April 1875 war ein triumphaler Erfolg. Smetana war zu diesem Zeitpunkt bereits vollständig taub.

Als Vorspiel könnt ihr die ersten beiden Takte der Klavierbegleitung oder die beiden folgenden Takte spielen.

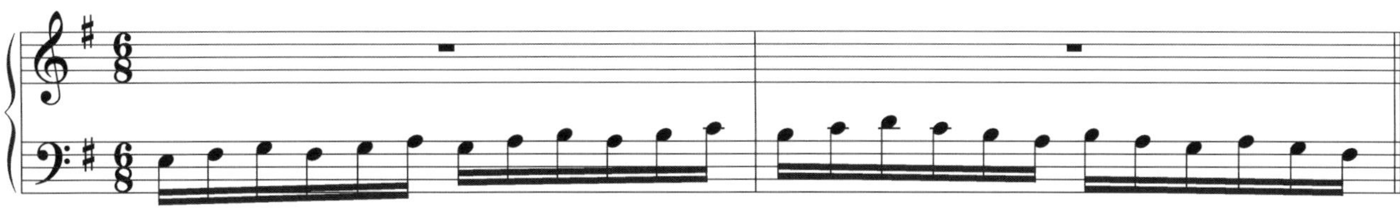

36. Barcarolle

Jakob „Jacques" Offenbach (1819–1880)
Bearb.: Michael Schäfer

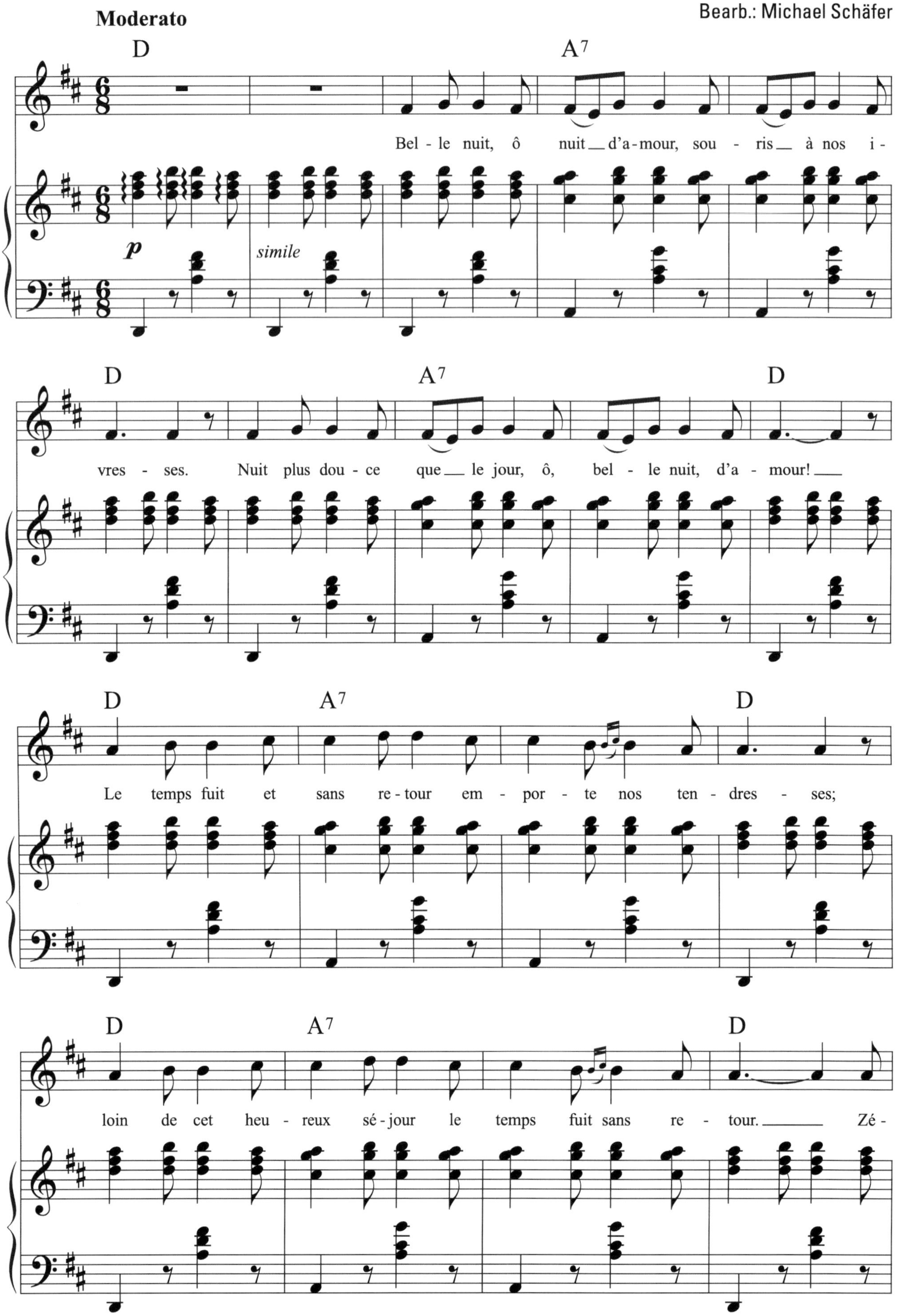

Moderato

D A7

Bel - le nuit, ô nuit d'a-mour, sou - ris à nos i -

p *simile*

D A7 D

vres - ses. Nuit plus dou - ce que le jour, ô, bel - le nuit, d'a - mour!

D A7 D

Le temps fuit et sans re - tour em - por - te nos ten - dres - ses;

D A7 D

loin de cet heu - reux sé - jour le temps fuit sans re - tour. Zé -

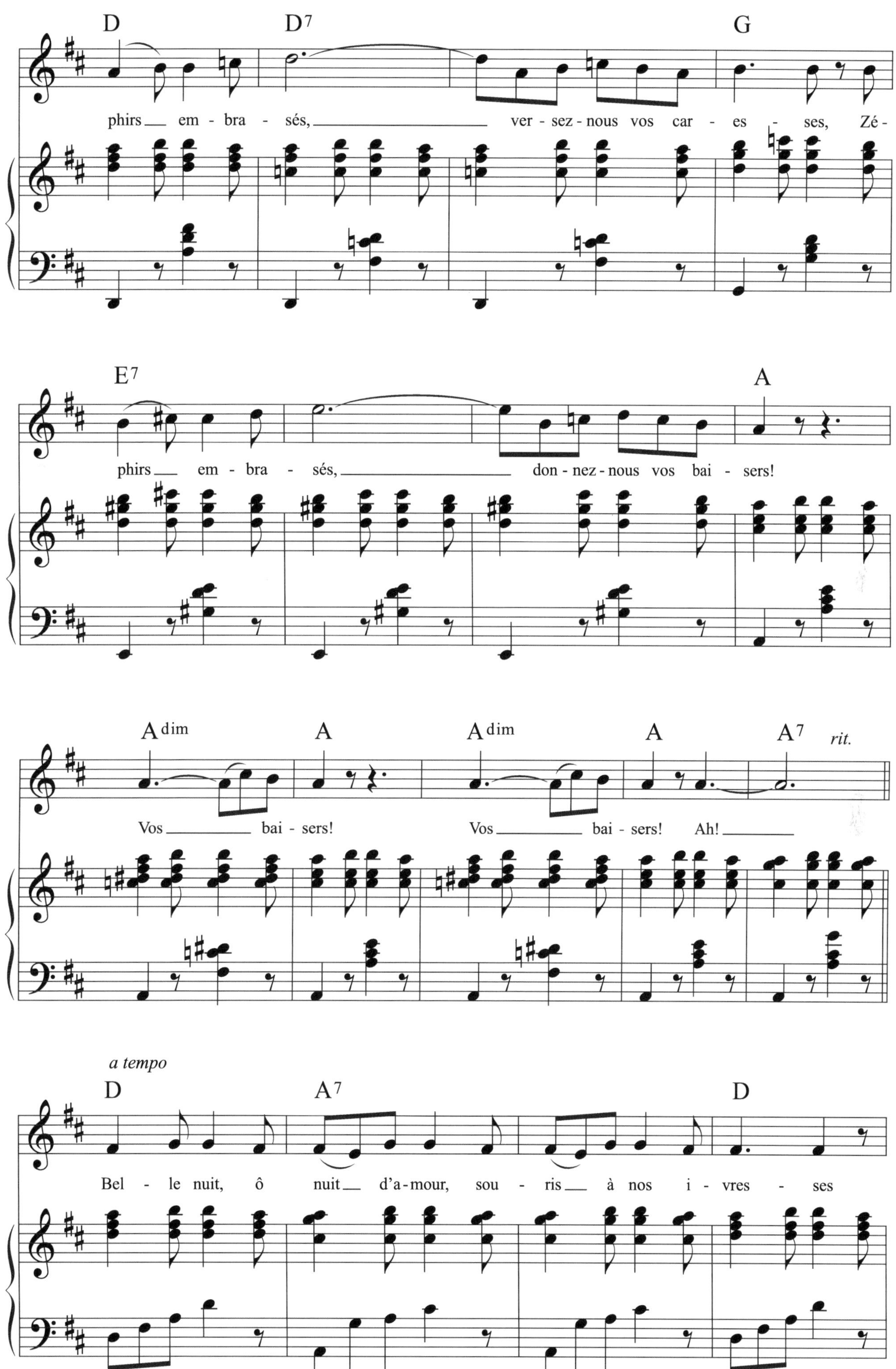
D
D7
G
phirs embra - sés, ver - sez - nous vos car - es - ses, Zé -
E7
A
phirs em - bra - sés, don - nez - nous vos bai - sers!
Adim
A
Adim
A
A7
rit.
Vos bai - sers! Vos bai - sers! Ah!
a tempo
D
A7
D
Bel - le nuit, ô nuit d'a - mour, sou - ris à nos i - vres - ses

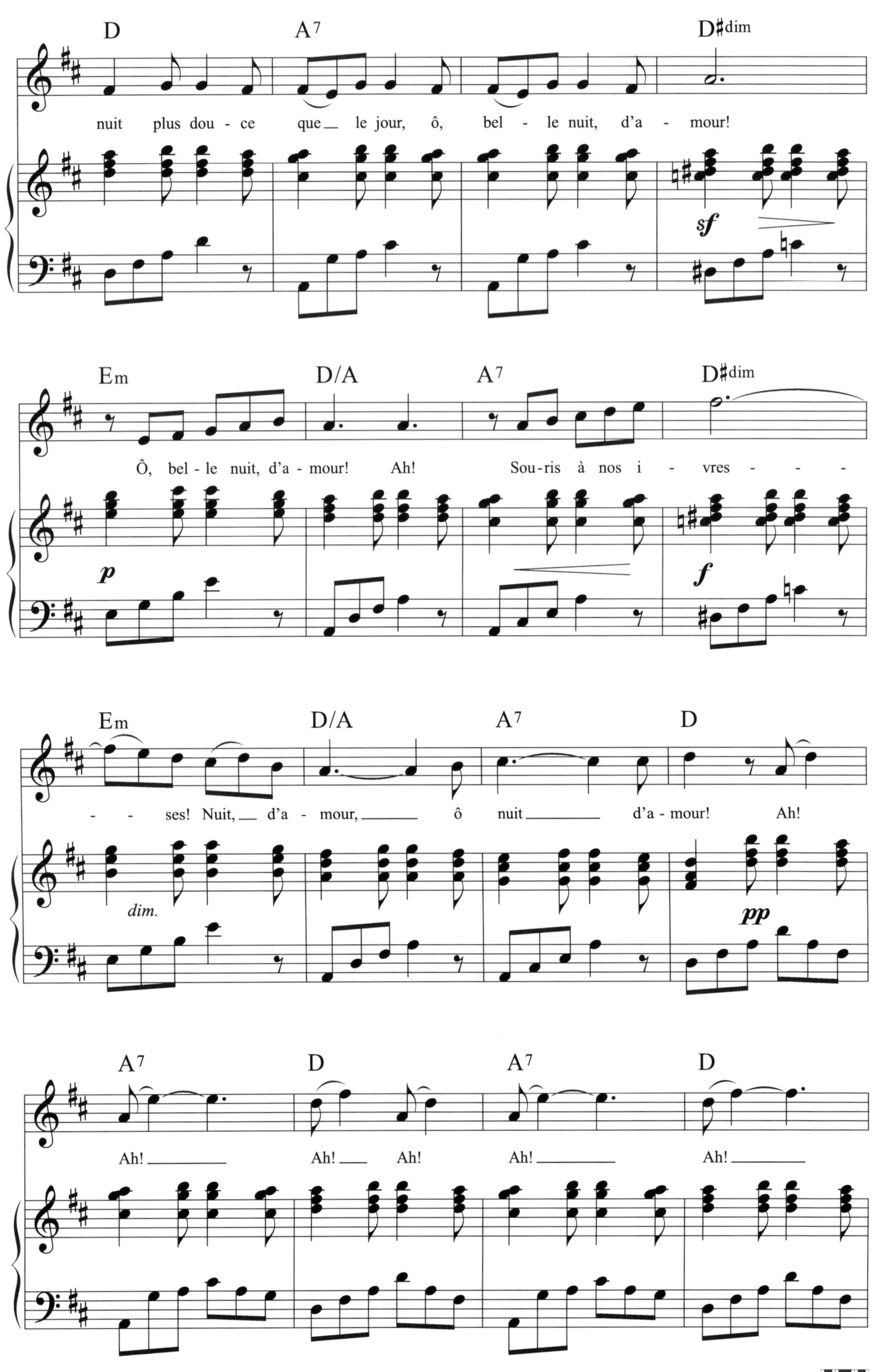
D
A7
D♯dim
nuit plus dou - ce que le jour, ô, bel - le nuit, d'a - mour!
sf
Em
D/A
A7
D♯dim
Ô, bel - le nuit, d'a - mour! Ah! Sou - ris à nos i - vres - - -
p
f
Em
D/A
A7
D
- - ses! Nuit, d'a - mour, ô nuit d'a - mour! Ah!
dim.
pp
A7
D
A7
D
Ah! Ah! Ah! Ah! Ah!

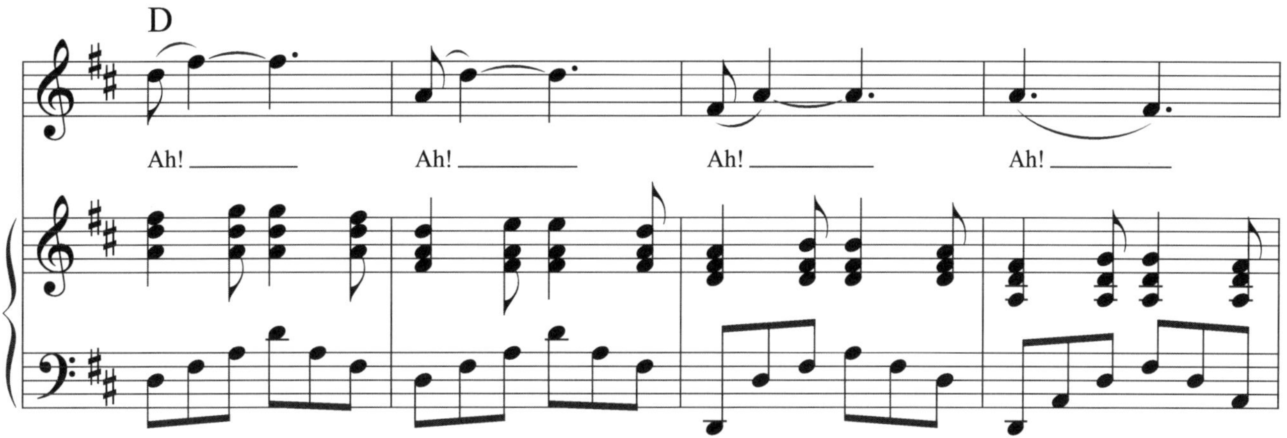

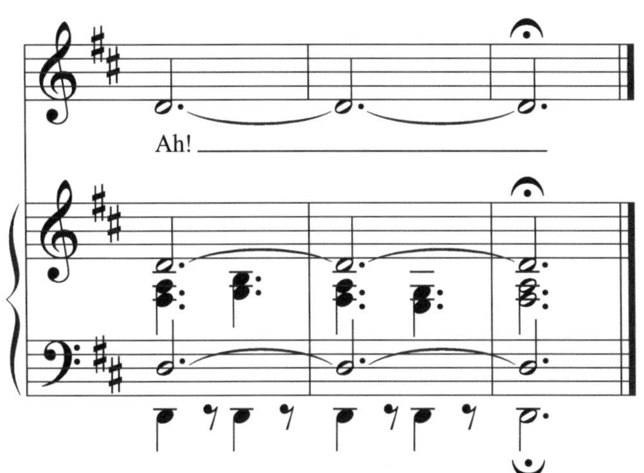

Die *Barcarolle* stammt aus der Phantastischen Oper *Les Contest d'Hoffmann* (Hoffmanns Erzählungen), die 1881 in Paris uraufgeführt wurde. In drei Geschichten wird die unglückliche Liebe des Dichters Hoffmann erzählt. Zu Beginn des vierten Aktes, der in Venedig spielt, erklingt die *Barcarolle*, ein venezianisches Gondellied mit seinem charakteristischen wiegenden Rhythmus.

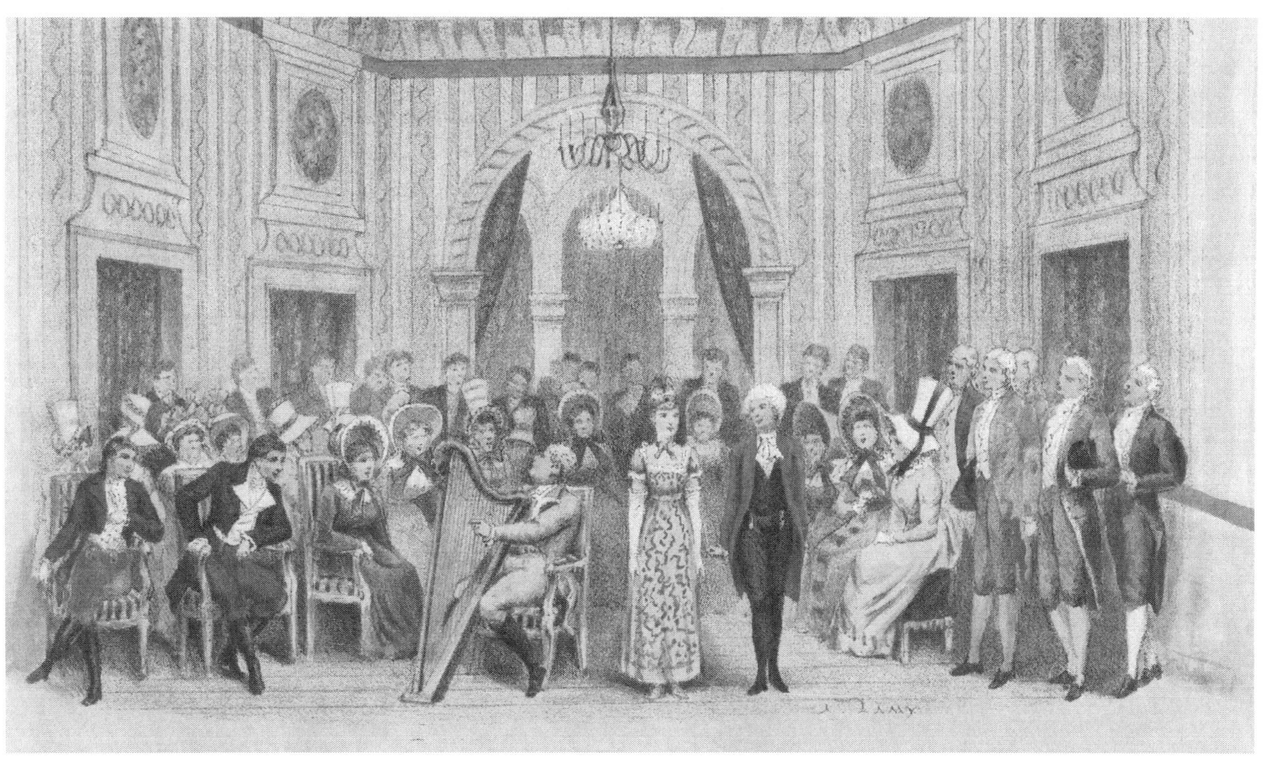

Illustration aus der Uraufführung von *Contes d'Hoffmann* von 1881, wird dem französchen Künstler Pierre-Auguste Lamy (1827–1883) zugeschrieben.

37. An der schönen blauen Donau

Johann Strauss (1825–1899)
Bearb.: Michael Schäfer

Tempo di valse

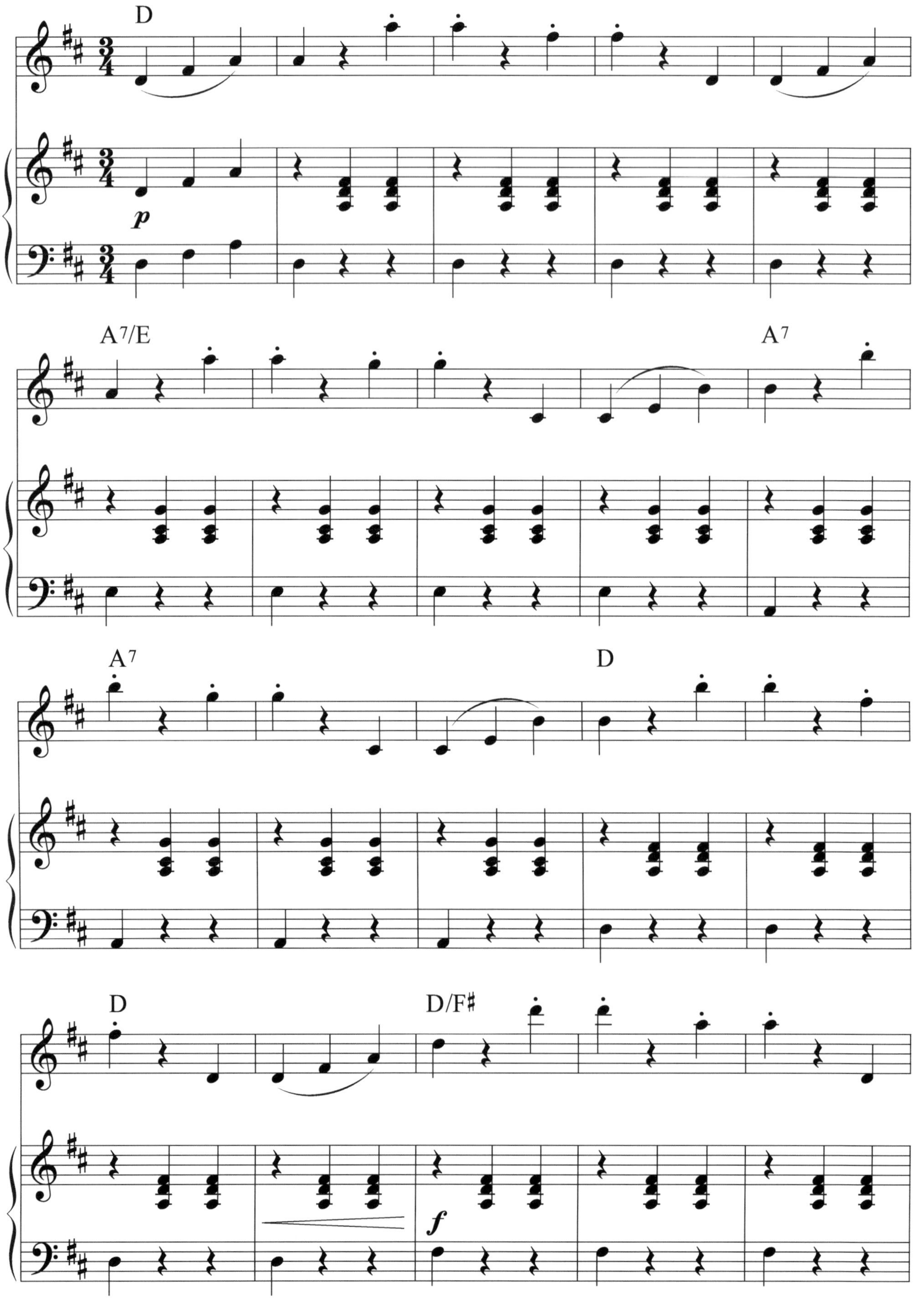

D A7/E A7 A7 D D D/F♯

p f

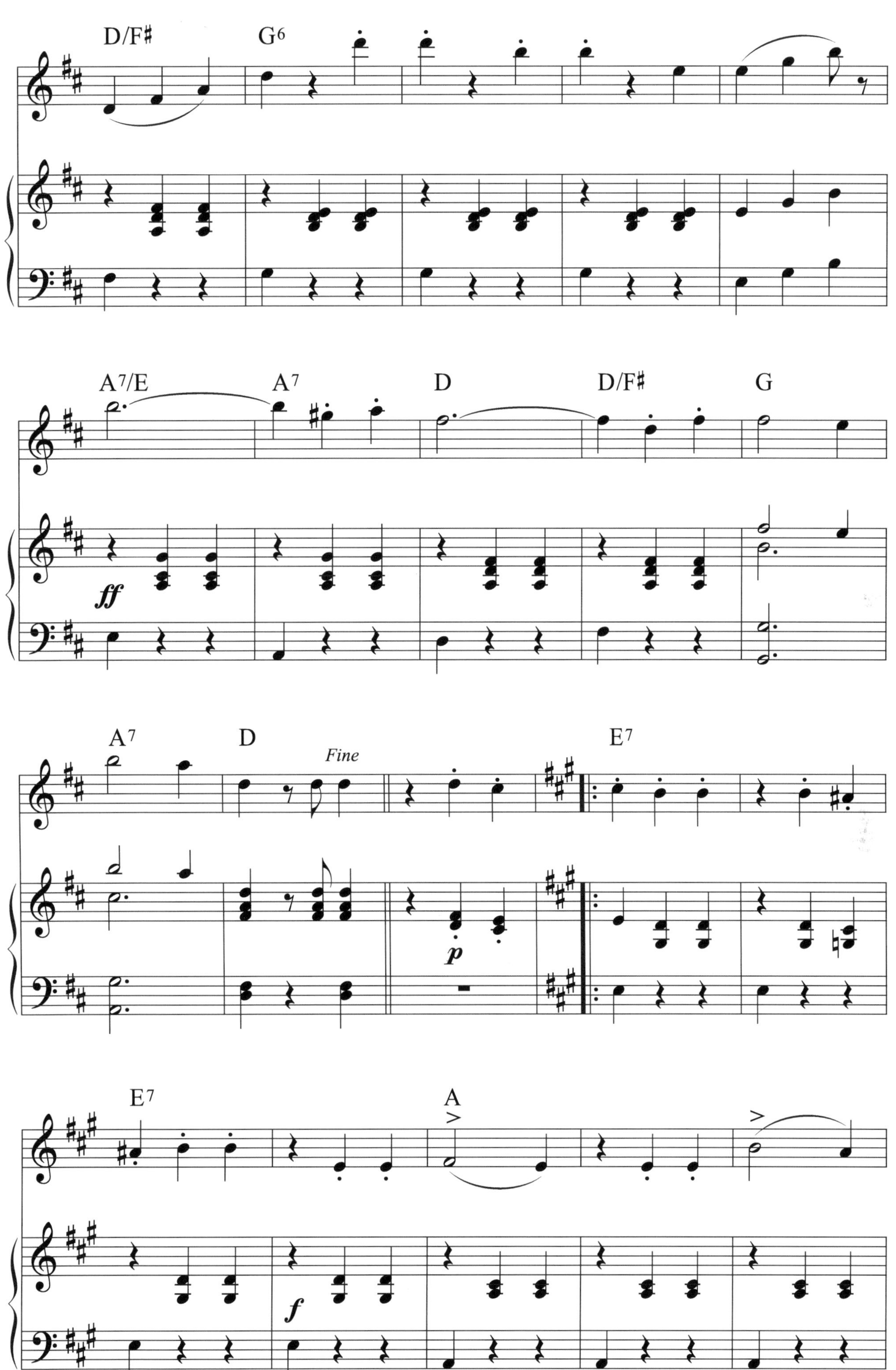
D/F♯
G6
A7/E
A7
D
D/F♯
G
ff
A7
D
Fine
E7
p
E7
A
f

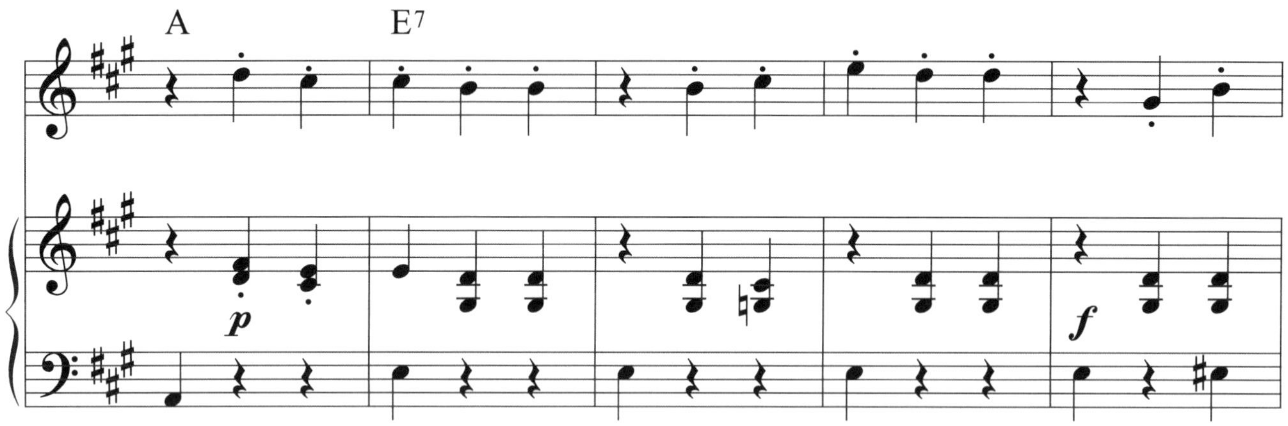

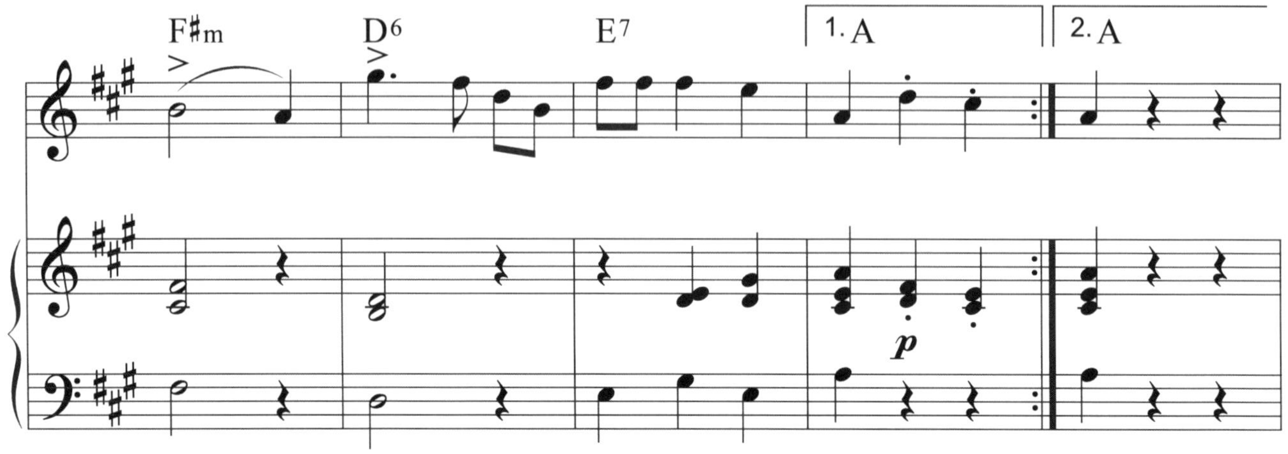

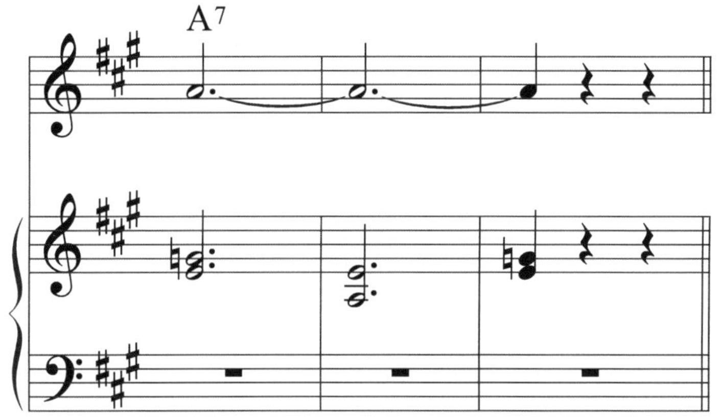

Mit dem Walzer *An der schönen blauen Donau* setzte der Walzerkönig Johann Strauss seiner Heimatstadt Wien ein musikalisches Denkmal. Ursprünglich als Chorwalzer für den Wiener Männergesangverein komponiert, wurde der Donauwalzer in seiner Orchesterfassung bald weltberühmt. Der „Walzer aller Walzer" gilt als inoffizielle Hymne Österreichs und wird regelmäßig zum Jahreswechsel gespielt.

D.C. al Fine

38. Romantisches Stück

Antonín Dvořák (1841 – 1904)
Bearb.: Michael Schäfer

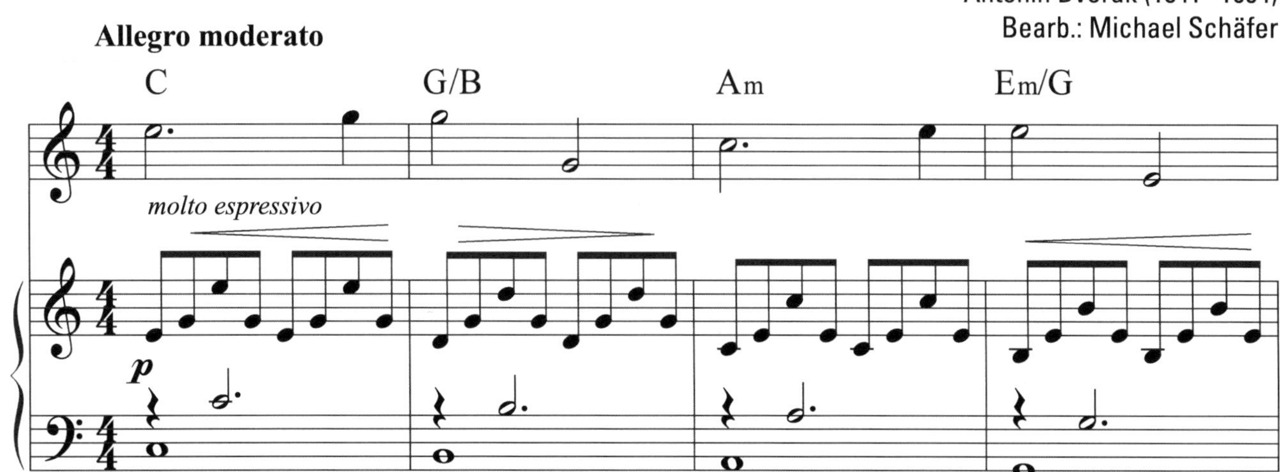

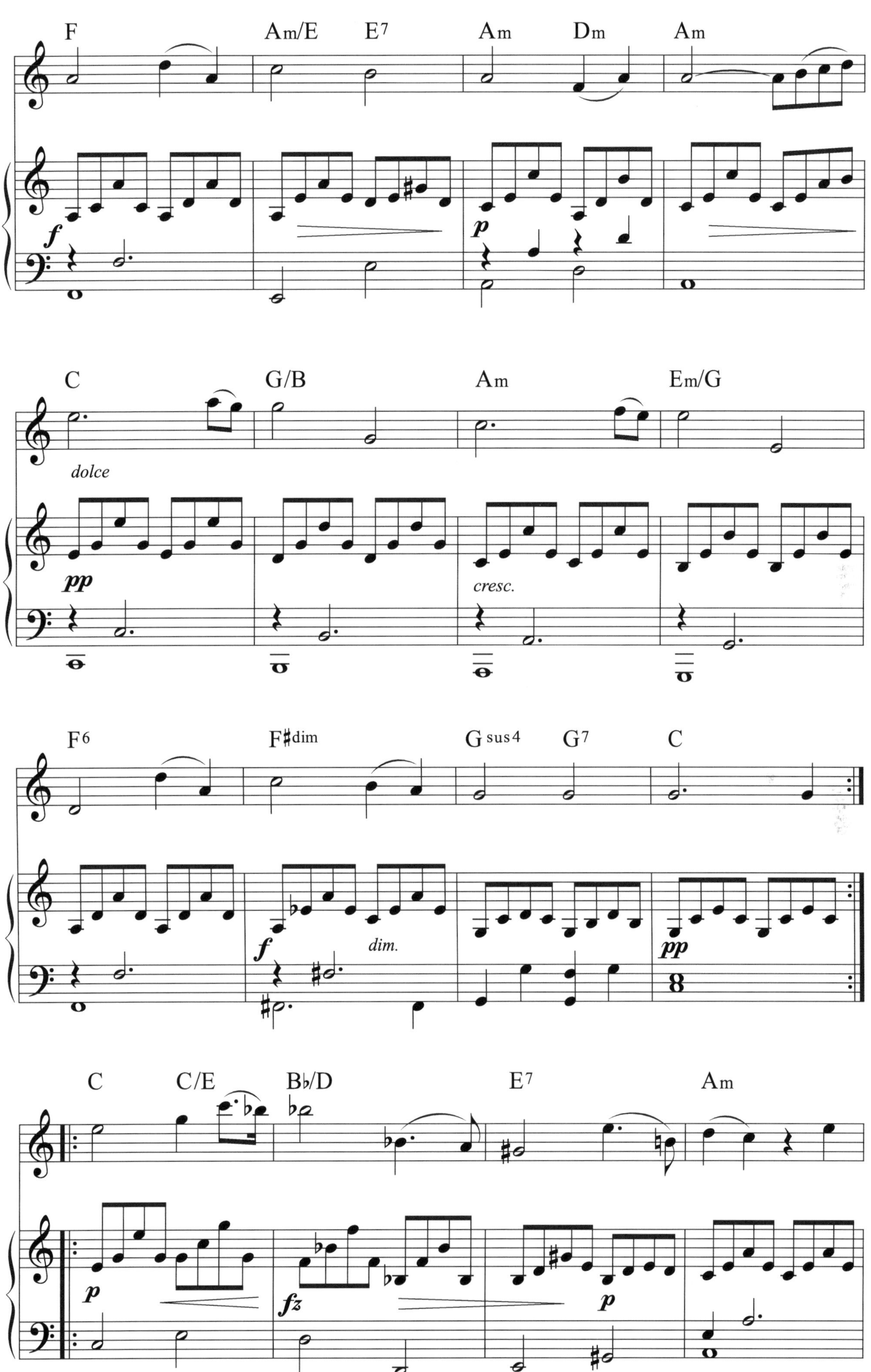
F
Am/E
E7
Am
Dm
Am
f
p
C
G/B
Am
Em/G
dolce
pp
cresc.
F6
F♯dim
G sus4
G7
C
f
dim.
pp
C
C/E
B♭/D
E7
Am
p
fz
p

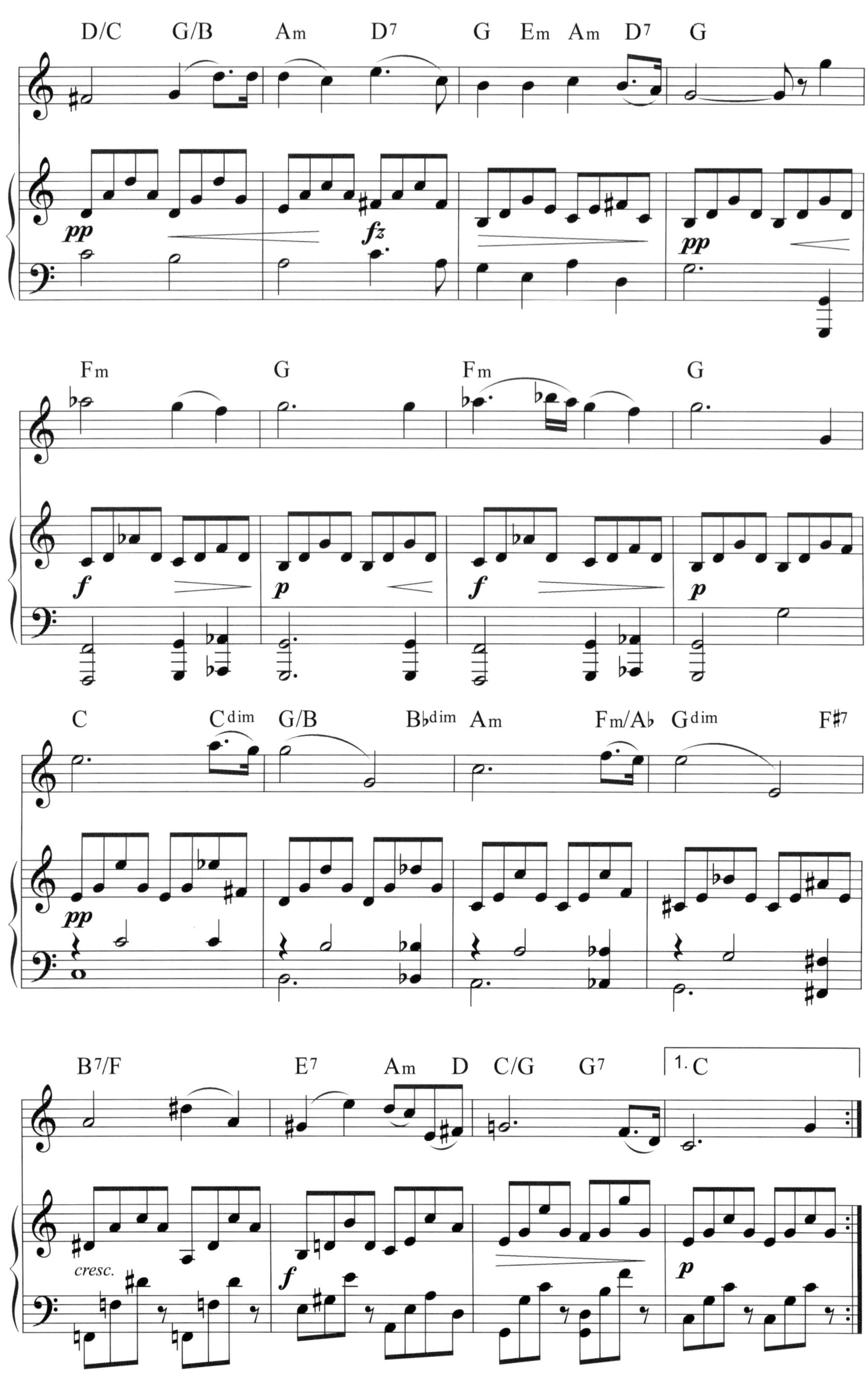
D/C G/B Am D7 G Em Am D7 G
pp fz pp
Fm G Fm G
f p f p
C Cdim G/B B♭dim Am Fm/A♭ Gdim F♯7
pp
B7/F E7 Am D C/G G7 1. C
cresc. f p

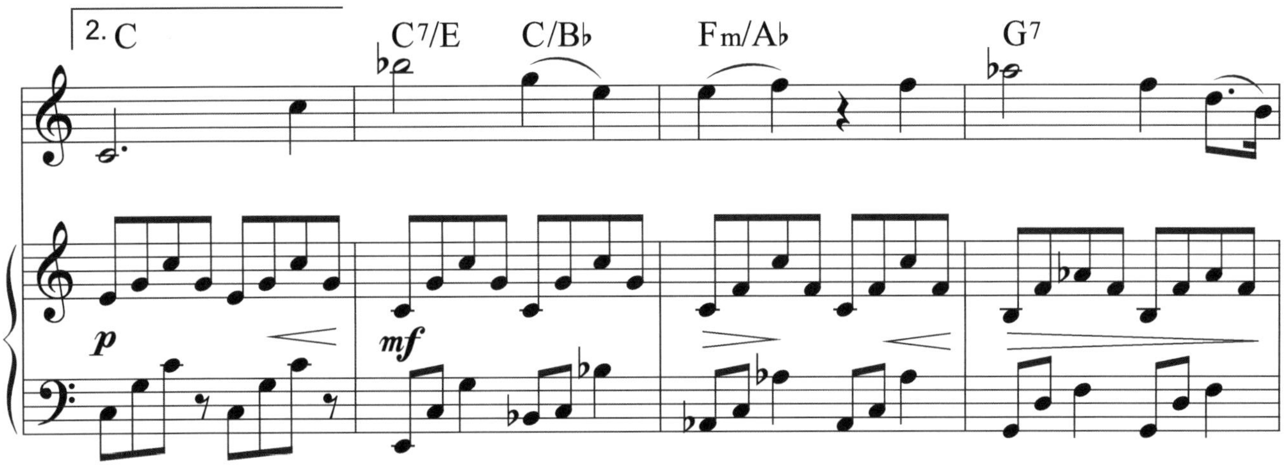

2. C C7/E C/B♭ Fm/A♭ G7

p *mf*

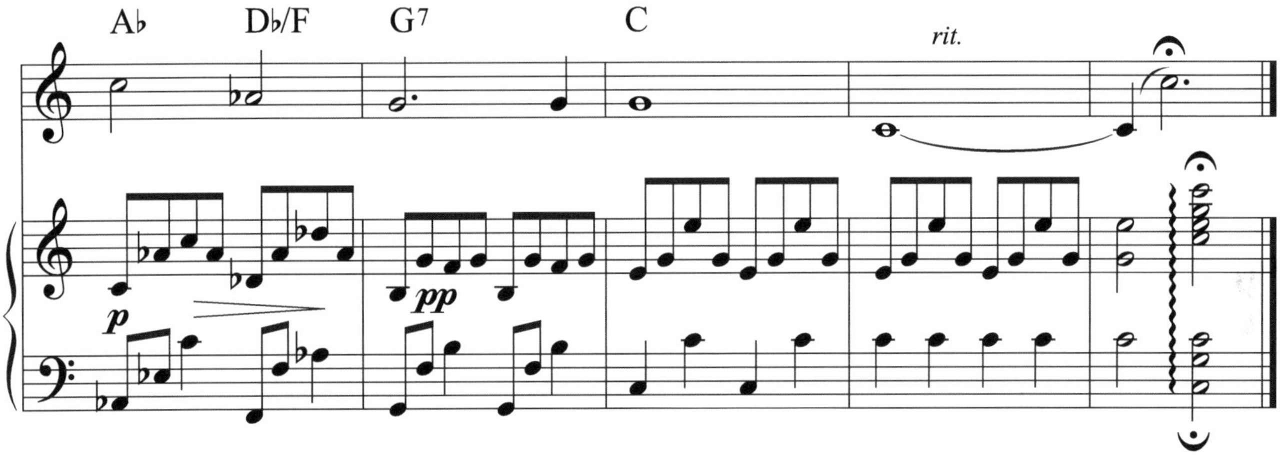

A♭ D♭/F G7 C

rit.

p *pp*

Das *Romantische Stück* ist das erste der *Vier Romantischen Stücke op. 75*, die Dvořák 1887 ursprünglich für zwei Violinen und Viola komponierte und kurz nach Fertigstellung für Violine und Klavier umarbeitete.

39. Der Schwan

Camille Saint-Saëns (1835–1921)
Bearb.: Michael Schäfer

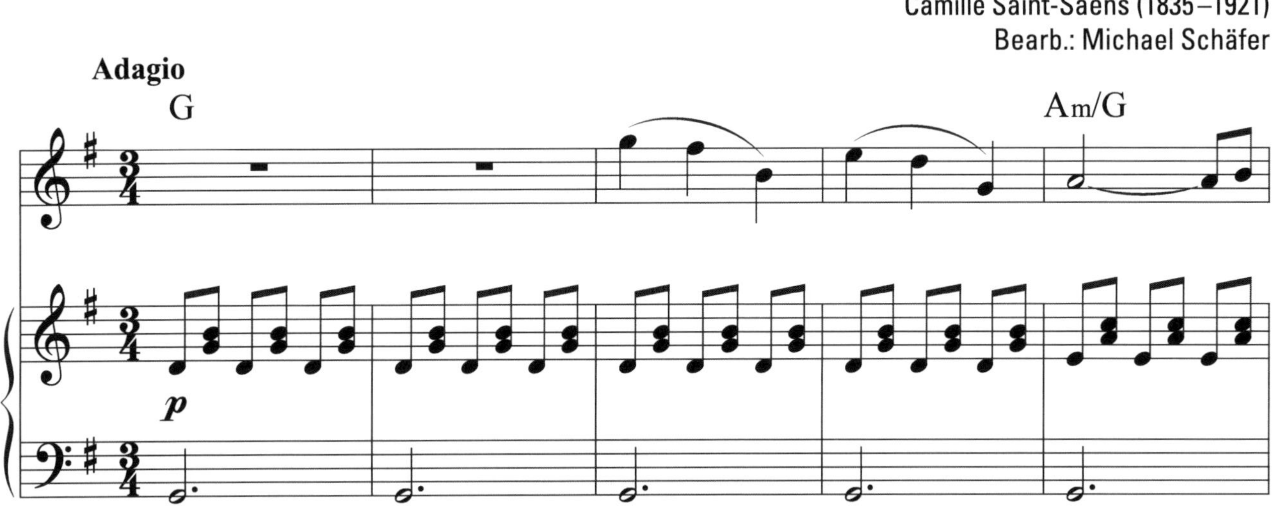

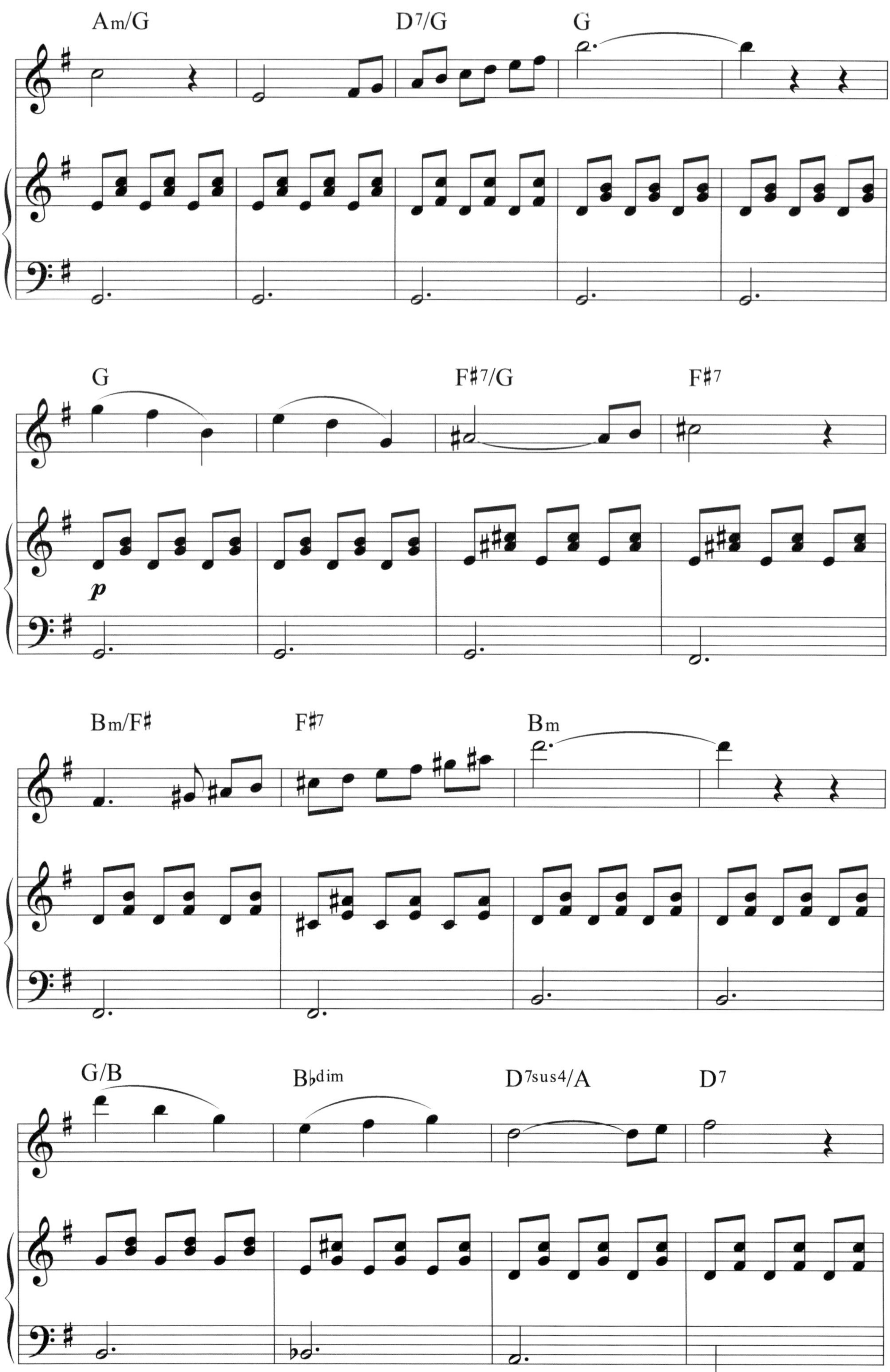
Am/G
D7/G
G
G
F♯7/G
F♯7
Bm/F♯
F♯7
Bm
G/B
B♭dim
D7sus4/A
D7

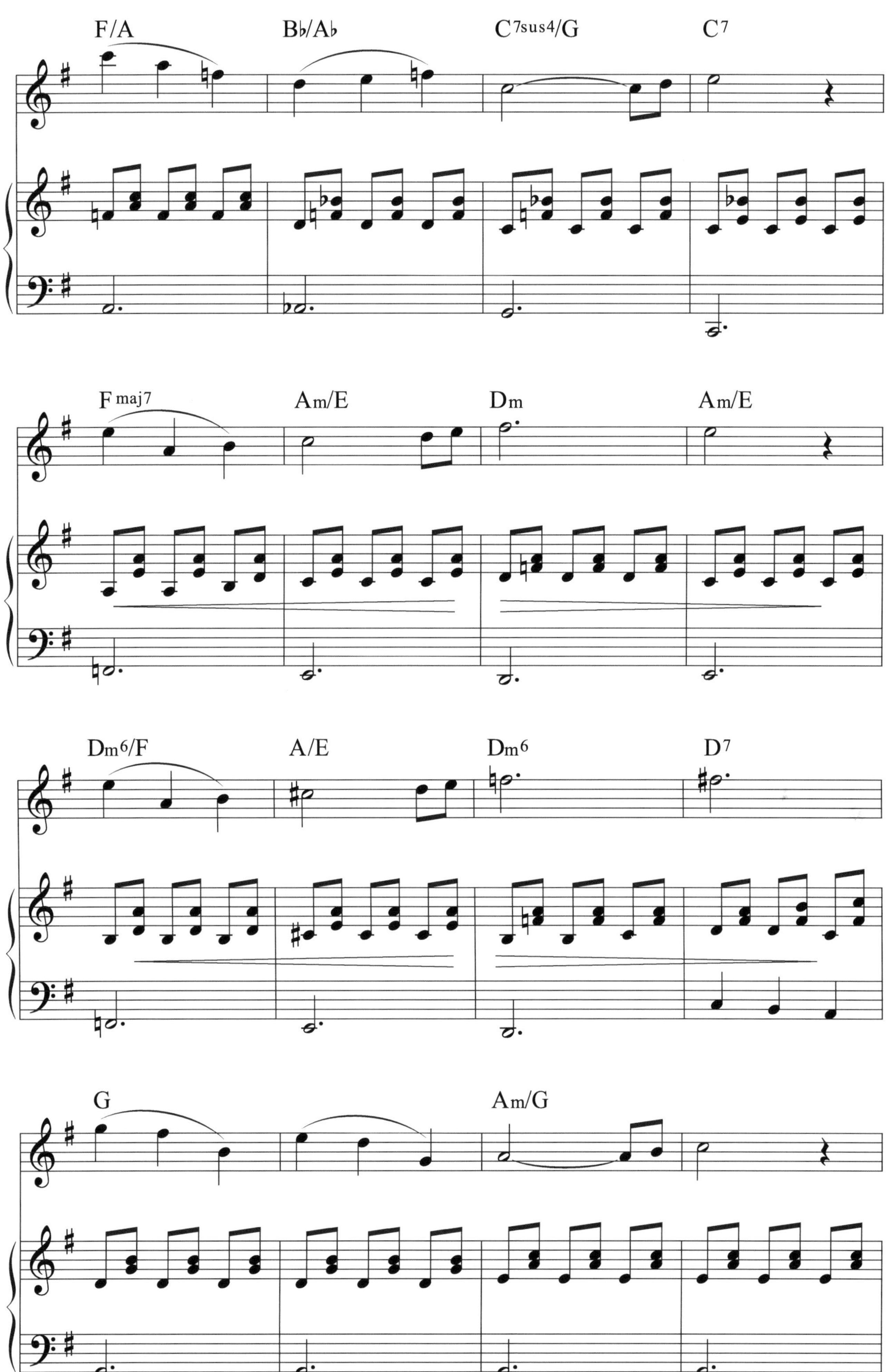
F/A
B♭/A♭
C7sus4/G
C7
Fmaj7
Am/E
Dm
Am/E
Dm6/F
A/E
Dm6
D7
G
Am/G

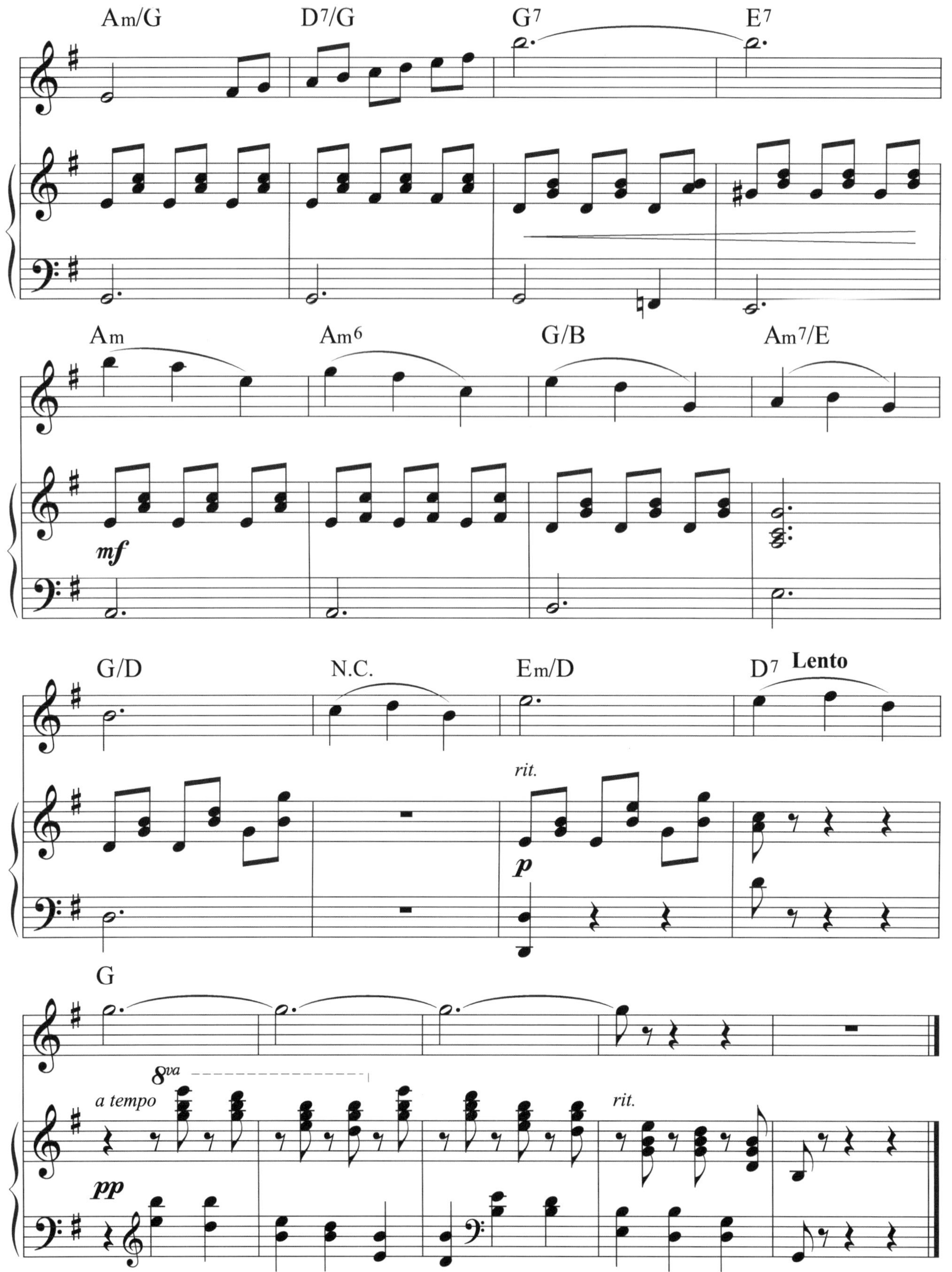

Der Schwan ist Teil der Suite für Kammerorchester *Karneval der Tiere*, die der französische Komponist Camille Saint-Saëns 1886 komponierte, er selbst spielte bei der Uraufführung Klavier. Einer Veröffentlichung der Noten stimmte er zu Lebzeiten jedoch nicht zu, er fürchtete um seinen Ruf, da er nicht nur viele Tierlaute mit Instrumenten imitierte, sondern auch einige Melodien von Komponistenkollegen zitierte. 1921 veröffentlicht, zählt *Le Carnaval des animaux* zu seinen bekanntesten Werken.

40. Blumenduett

Léo Delibes (1836–1898)
Bearb.: Michael Schäfer

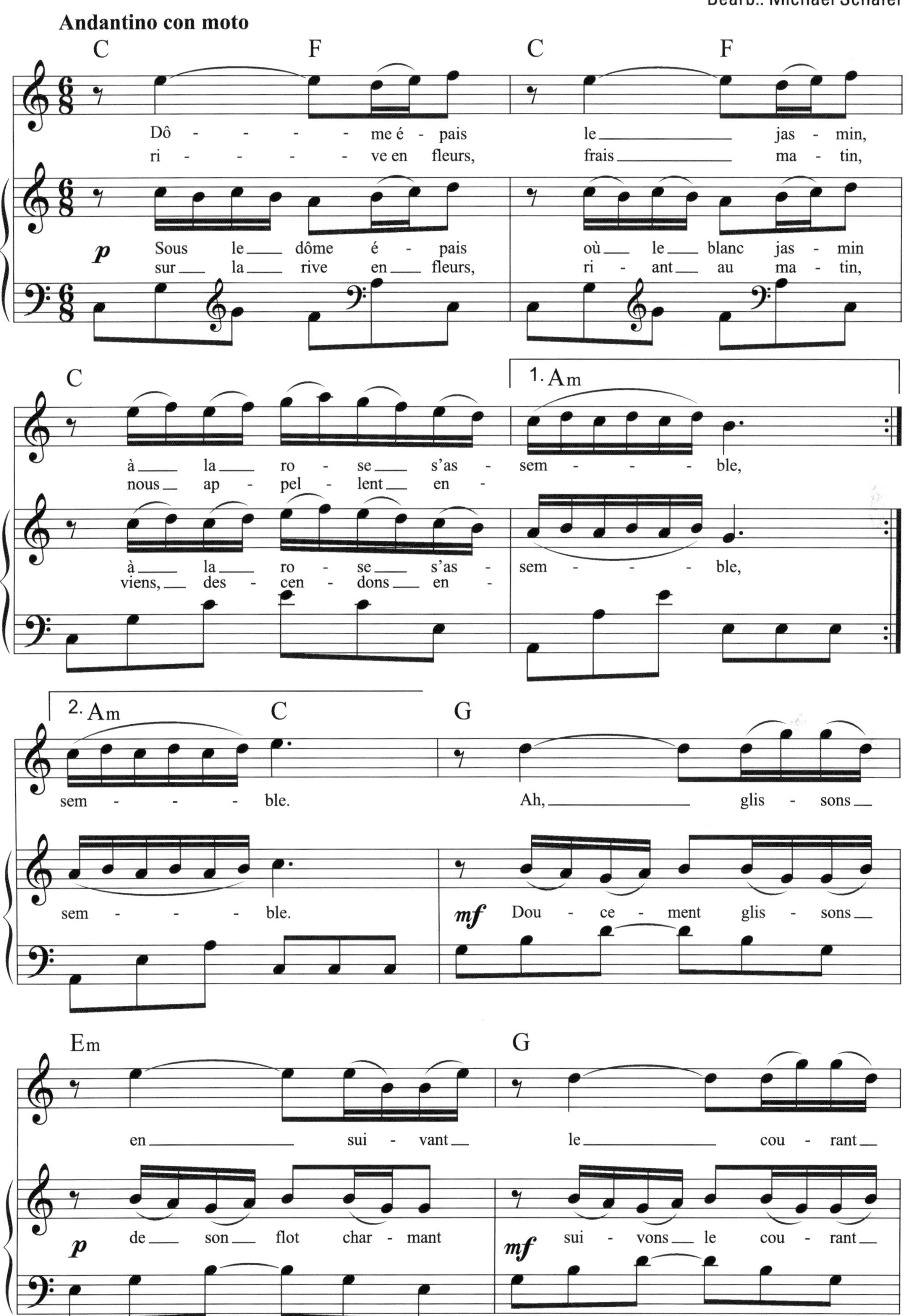

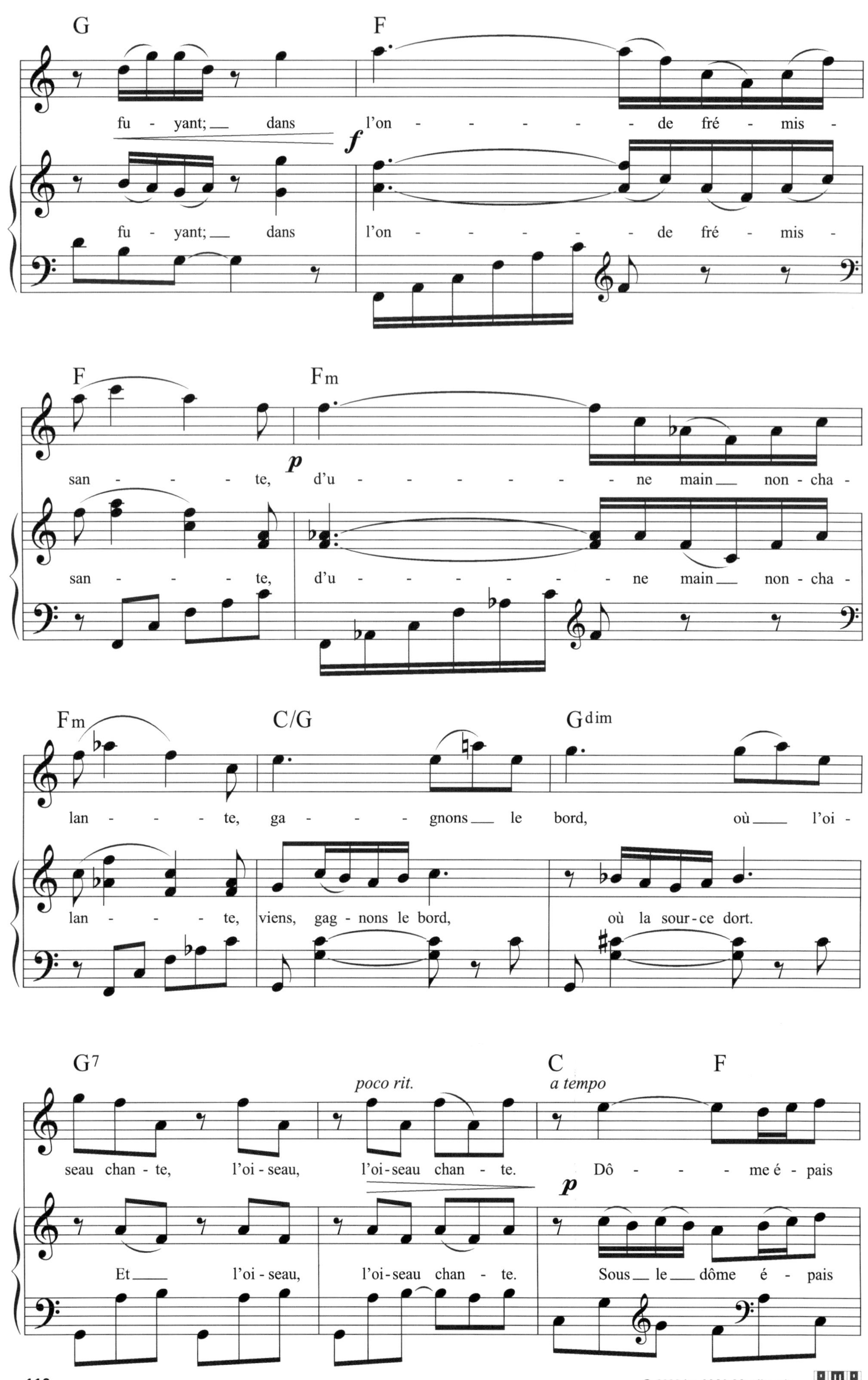
G
F
fu - yant; dans l'on - - - - - de fré - mis -
f
fu - yant; dans l'on - - - - - de fré - mis -
F
Fm
san - - - te, d'u - - - - - - - ne main non - cha -
p
san - - - te, d'u - - - - - - - ne main non - cha -
Fm
C/G
Gdim
lan - - - te, ga - - - gnons le bord, où l'oi -
lan - - - te, viens, gag - nons le bord, où la sour - ce dort.
G7
poco rit.
C
a tempo
F
seau chan - te, l'oi - seau, l'oi - seau chan - te. Dô - - - me é - pais
p
Et l'oi - seau, l'oi - seau chan - te. Sous le dôme é - pais

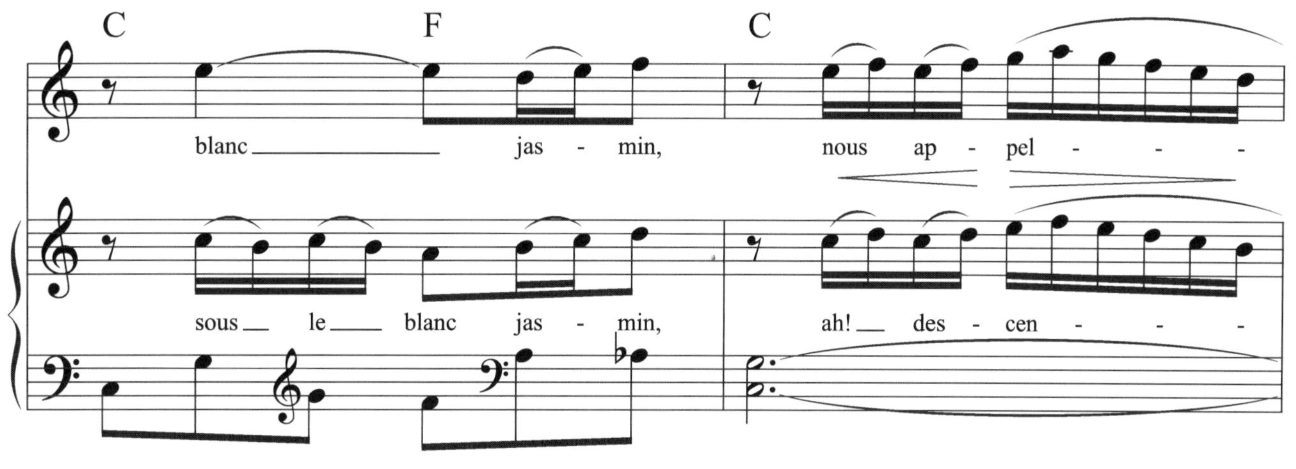

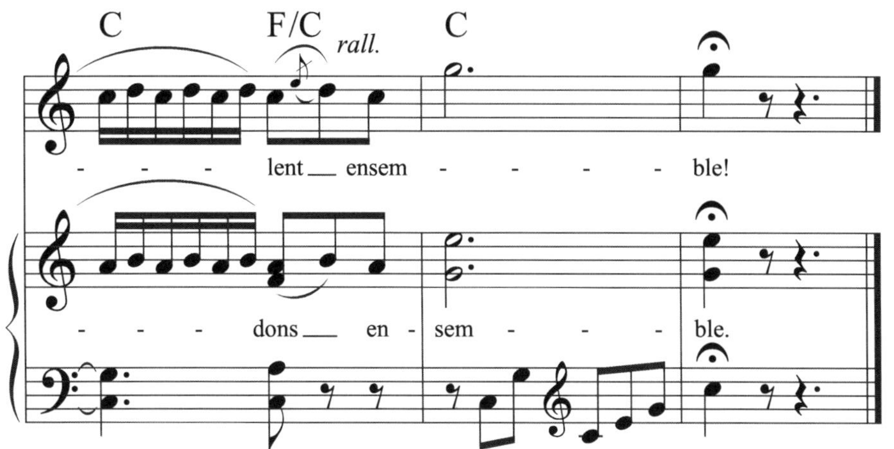

Die dreiaktige Oper *Lakmé* ist hierzulande wenig bekannt, wohl aber das *Blumenduett* aus dem ersten Akt zwischen Lakmé (Sopran) und ihrer Dienerin Mallika (Alt). Es zählt zu den bekanntesten Duetten in der Opernwelt und erklingt auch als Konzertstück bei Operngalas, in Filmen und Werbung.

41. Habanera

Georges Bizet (1838–1875)
Bearb.: Michael Schäfer

Allegretto, quasi Andantino

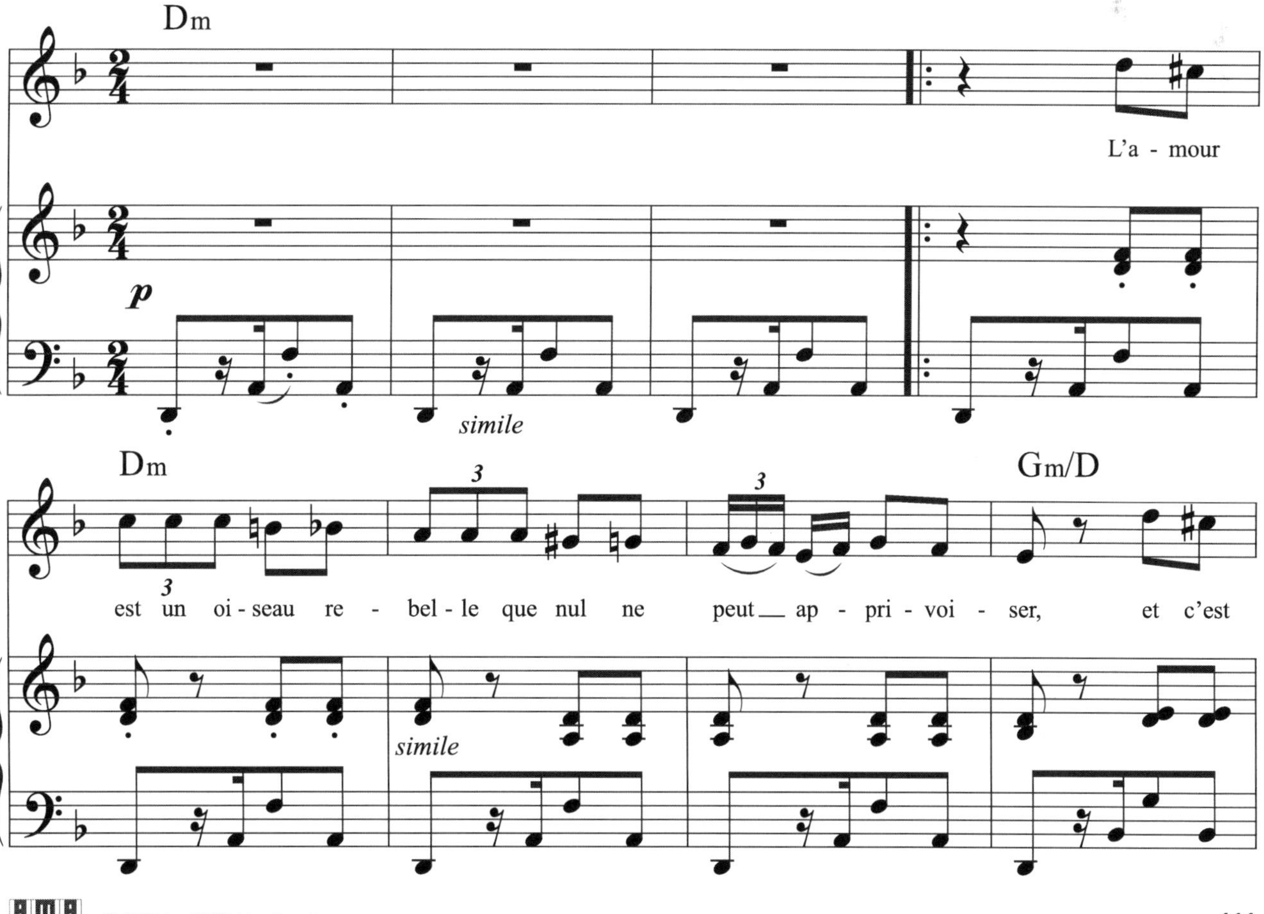

Dm

L'a - mour

p

simile

Dm Gm/D

est un oi - seau re - bel - le que nul ne peut ap - pri - voi - ser, et c'est

simile

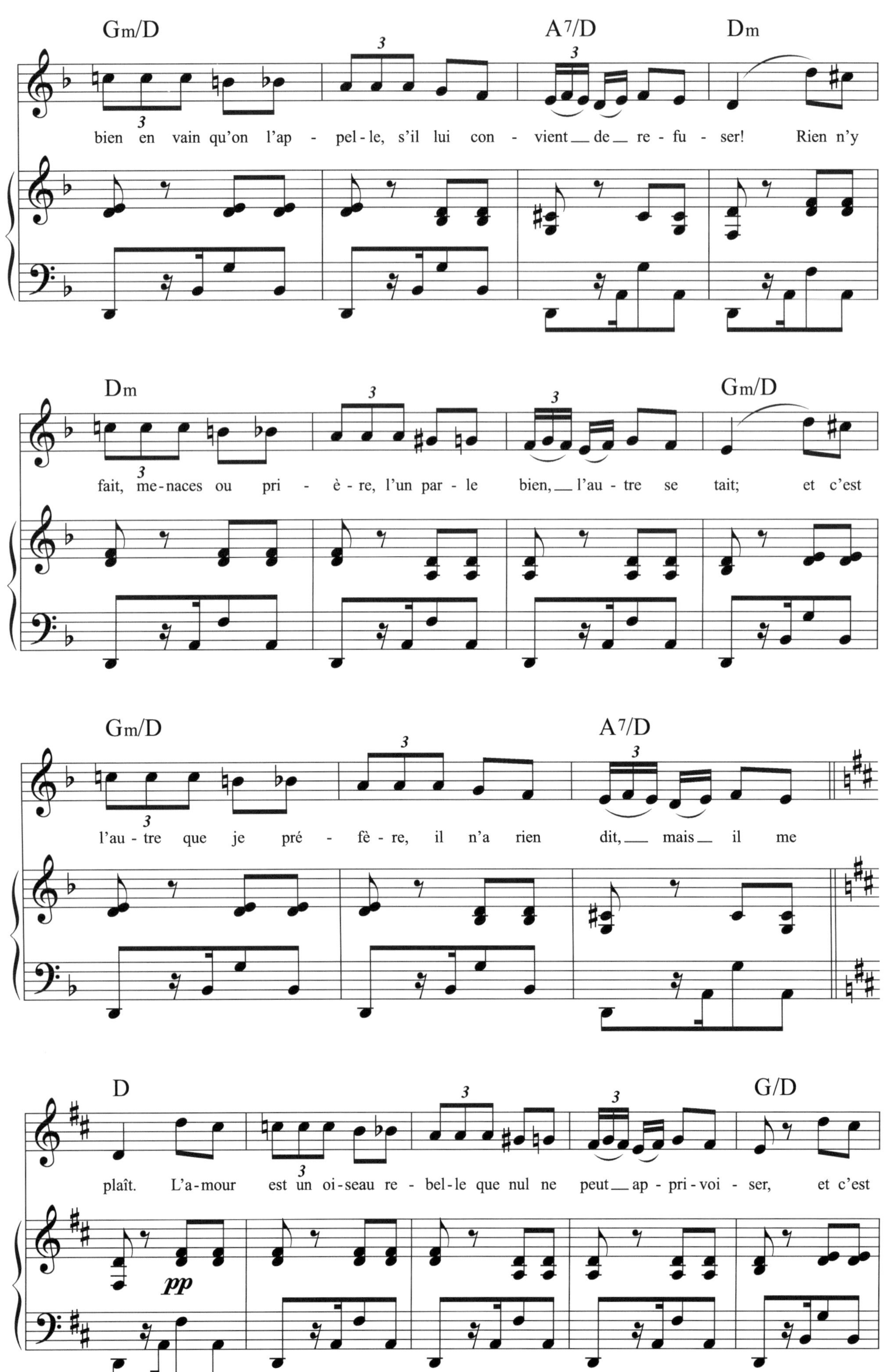
Gm/D
A7/D
Dm
bien en vain qu'on l'ap - pel-le, s'il lui con - vient de re - fu - ser! Rien n'y
Dm
Gm/D
fait, me-naces ou pri - è - re, l'un par - le bien, l'au - tre se tait; et c'est
Gm/D
A7/D
l'au - tre que je pré - fè - re, il n'a rien dit, mais il me
D
G/D
plaît. L'a-mour est un oi-seau re - bel-le que nul ne peut ap - pri-voi - ser, et c'est
pp

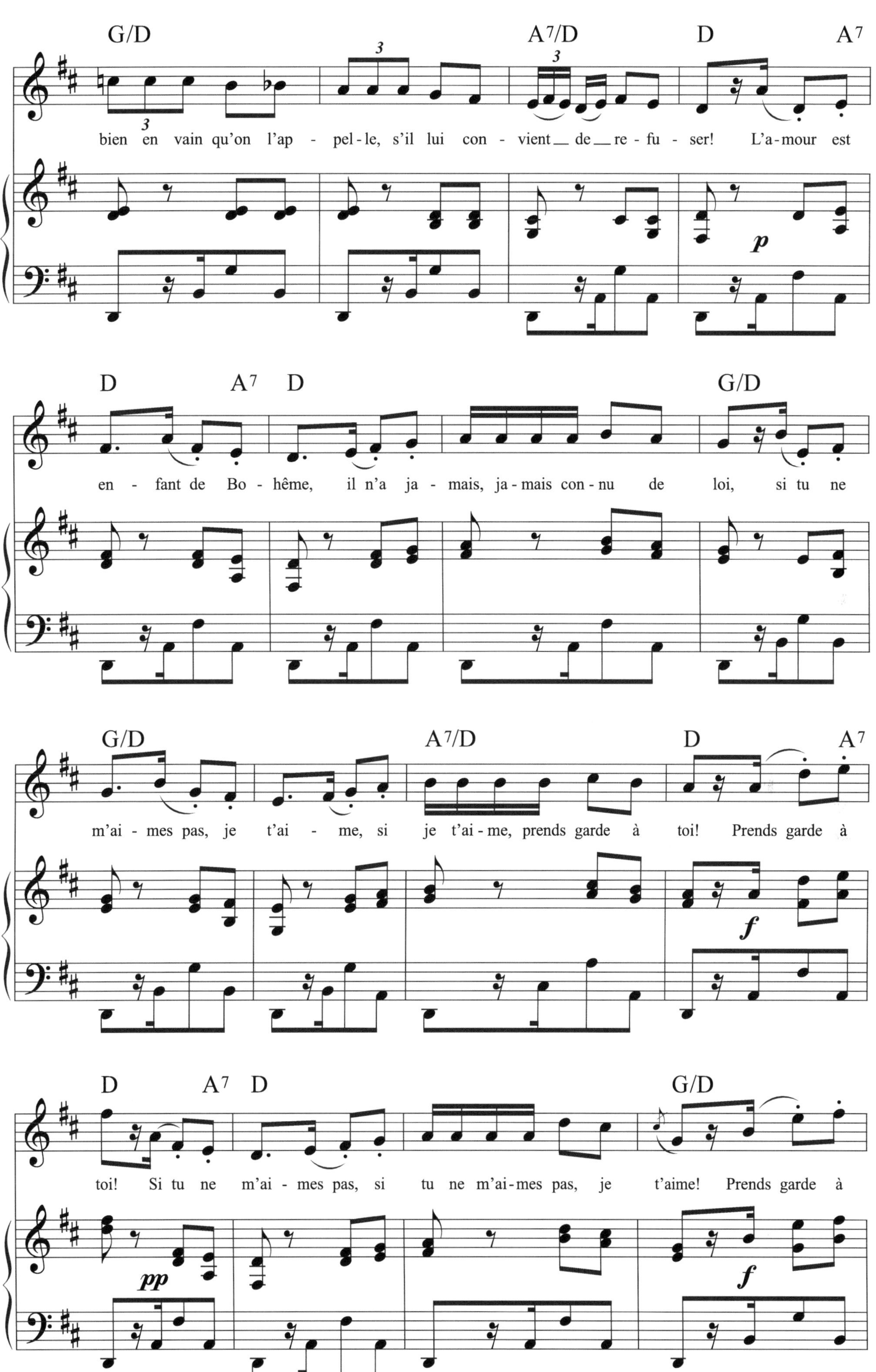
G/D
A7/D
D
A7
bien en vain qu'on l'ap - pel - le, s'il lui con - vient de re - fu - ser! L'a - mour est
p
D
A7
D
G/D
en - fant de Bo - hême, il n'a ja - mais, ja - mais con - nu de loi, si tu ne
G/D
A7/D
D
A7
m'ai - mes pas, je t'ai - me, si je t'ai - me, prends garde à toi! Prends garde à
f
D
A7
D
G/D
toi! Si tu ne m'ai - mes pas, si tu ne m'ai - mes pas, je t'aime! Prends garde à
pp
f

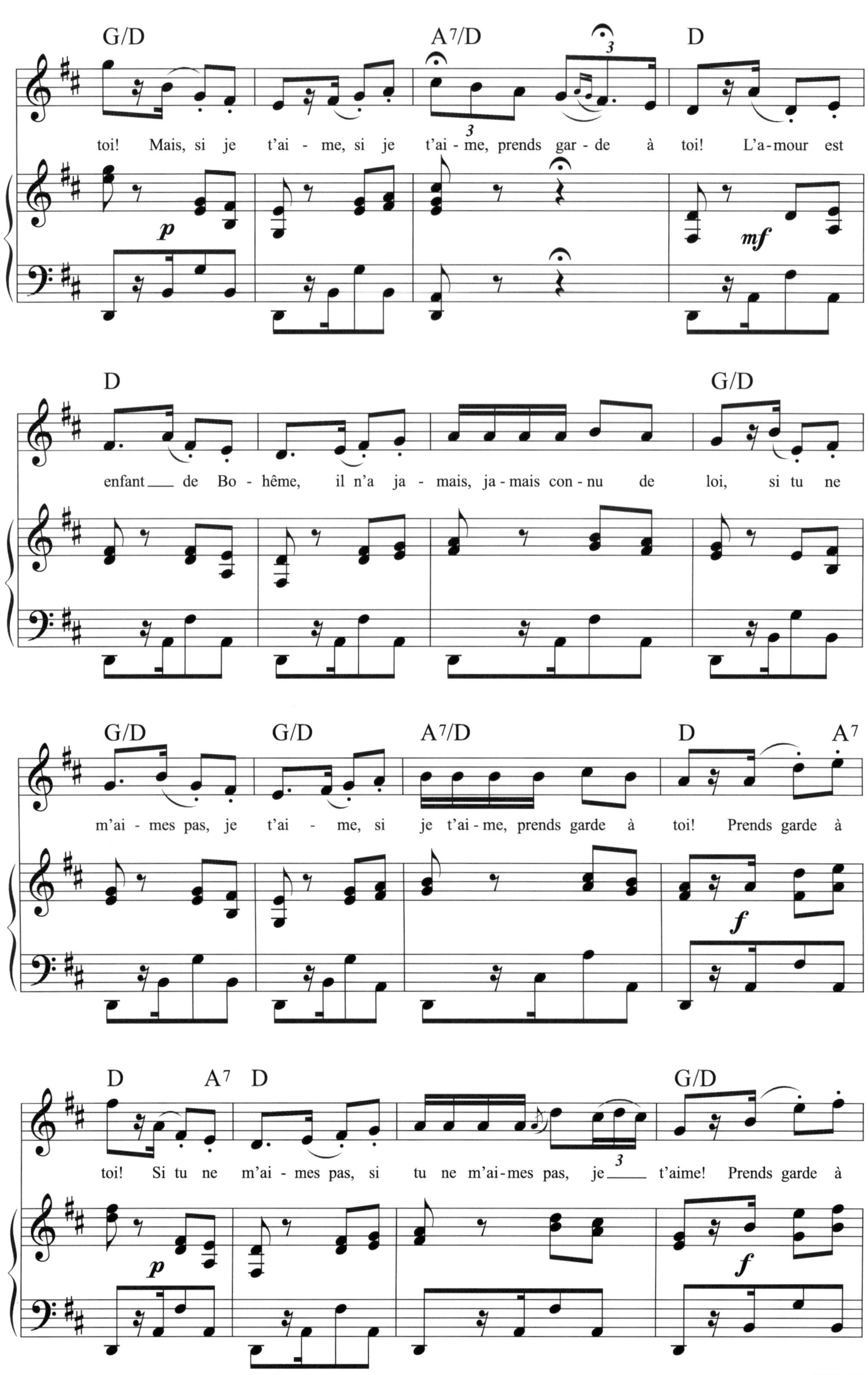
G/D A7/D D
toi! Mais, si je t'ai - me, si je t'ai - me, prends gar - de à toi! L'a-mour est
D G/D
enfant de Bo - hême, il n'a ja - mais, ja - mais con - nu de loi, si tu ne
G/D G/D A7/D D A7
m'ai - mes pas, je t'ai - me, si je t'ai - me, prends garde à toi! Prends garde à
D A7 D G/D
toi! Si tu ne m'ai - mes pas, si tu ne m'ai-mes pas, je t'aime! Prends garde à

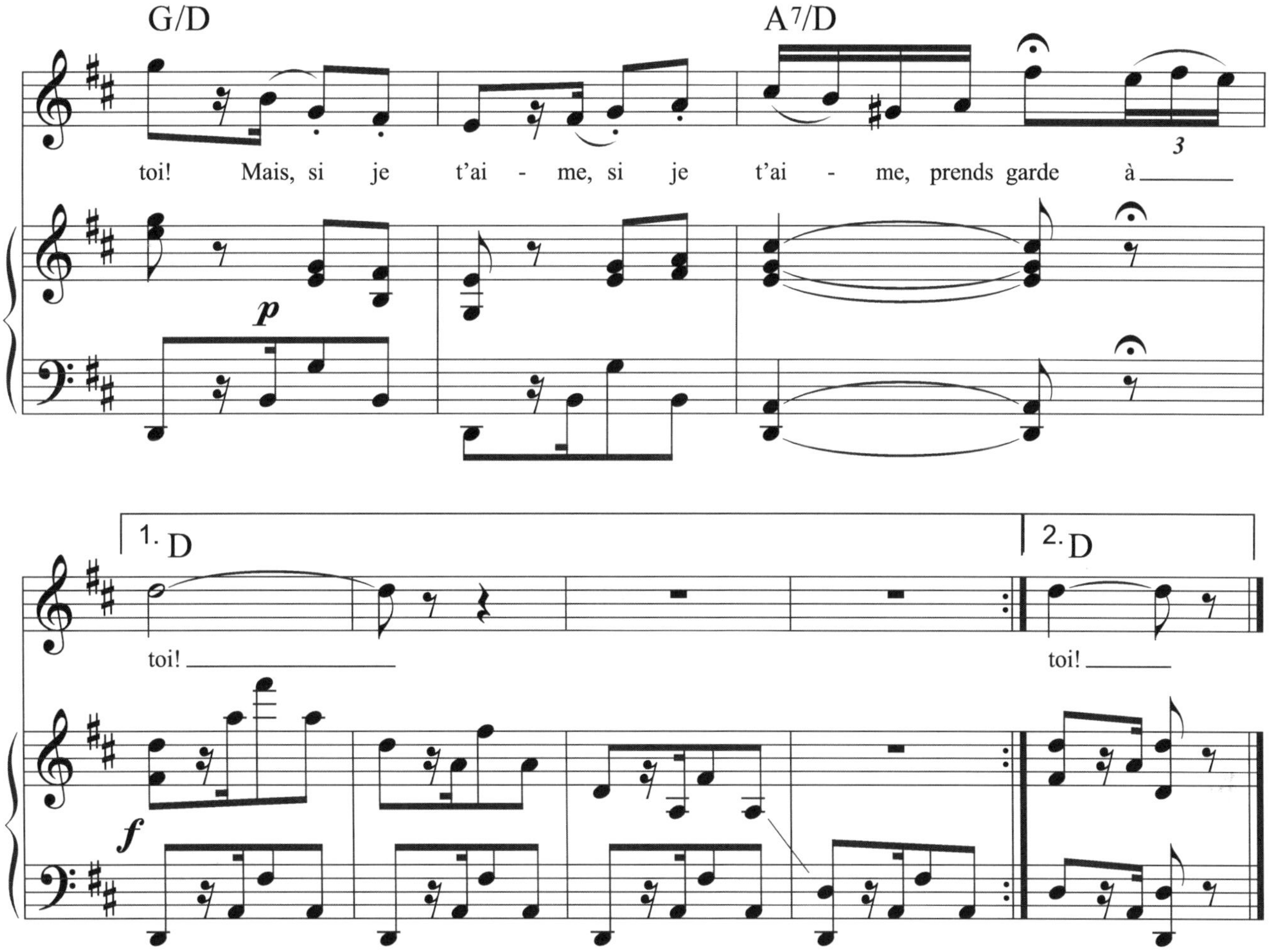

G/D A7/D

toi! Mais, si je t'ai - me, si je t'ai - me, prends garde à ___

1. D 2. D

toi! ___ toi! ___

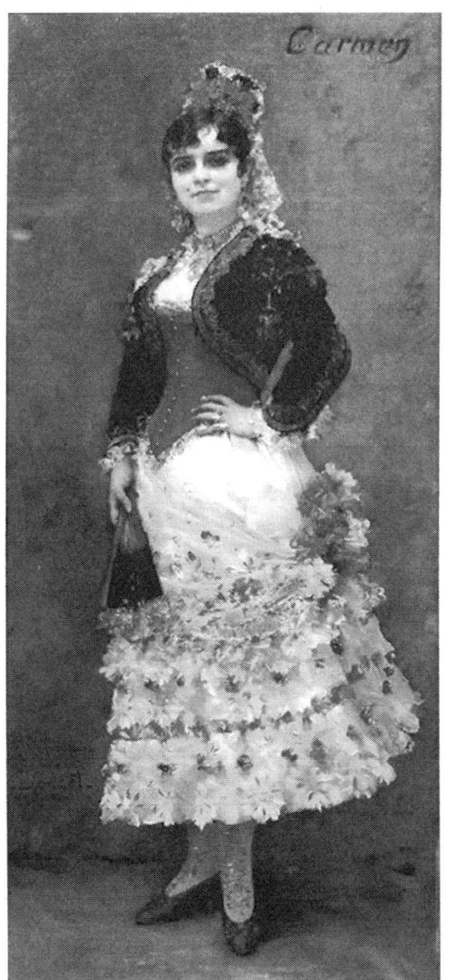

„L'amour est un oiseau rebelle que nul ne peut apprivoiser" (zu Deutsch etwa: Die Liebe ist ein wilder Vogel, den niemand zähmen kann) singt Carmen (Mezzosopran) im 1. Akt der gleichnamigen Oper. Mit diesem Gleichnis beschreibt sie ihre ungezähmte Liebe. Sie ist attraktiv, temperamentvoll, selbstbewusst und wird von allen umschwärmt. Sie verdreht den Männern den Kopf, so auch dem jungen Soldaten Don José. Liebe und Eifersucht führen zu einem tragischen Ende.
Carmen wurde bei ihrer Uraufführung am 3. März 1875 in Paris frostig aufgenommen, heute zählt die Oper jedoch zu den meistgespielten auf der Welt.
Eine große Interpretin der Arie *L'amour est un oiseau rebelle* war Maria Callas, die die Arie allerdings nur konzertant gesungen hat.

Die französische Sopranistin Celestine Galli-Marié (1840–1905) war 1895 die erste Carmen.
Gemälde von Henri Lucien Doucet (1856 – 1895)

42. Morgenstimmung

Edward Grieg (1843–1907)
Bearb.: Michael Schäfer

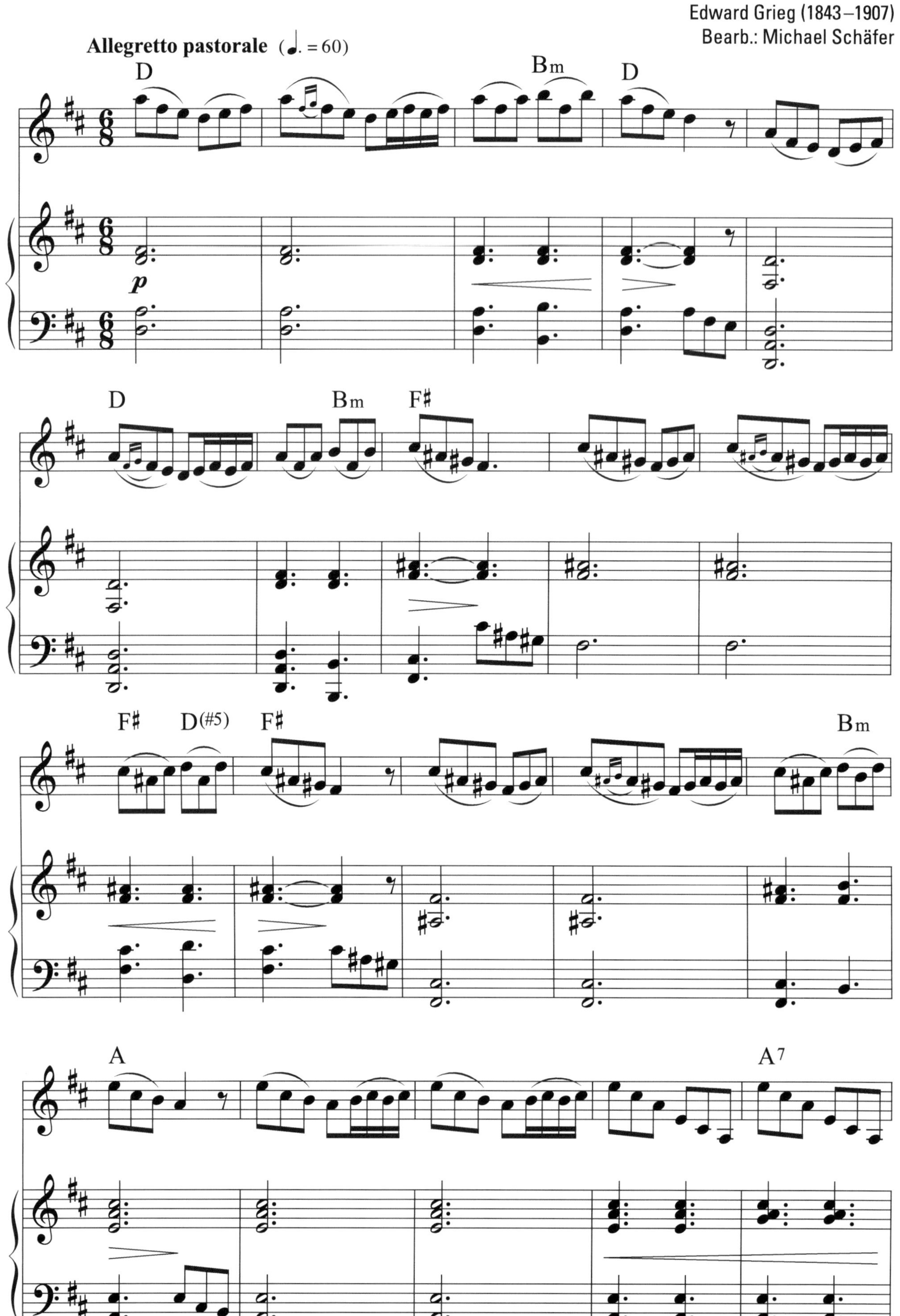

AMA VERLAG

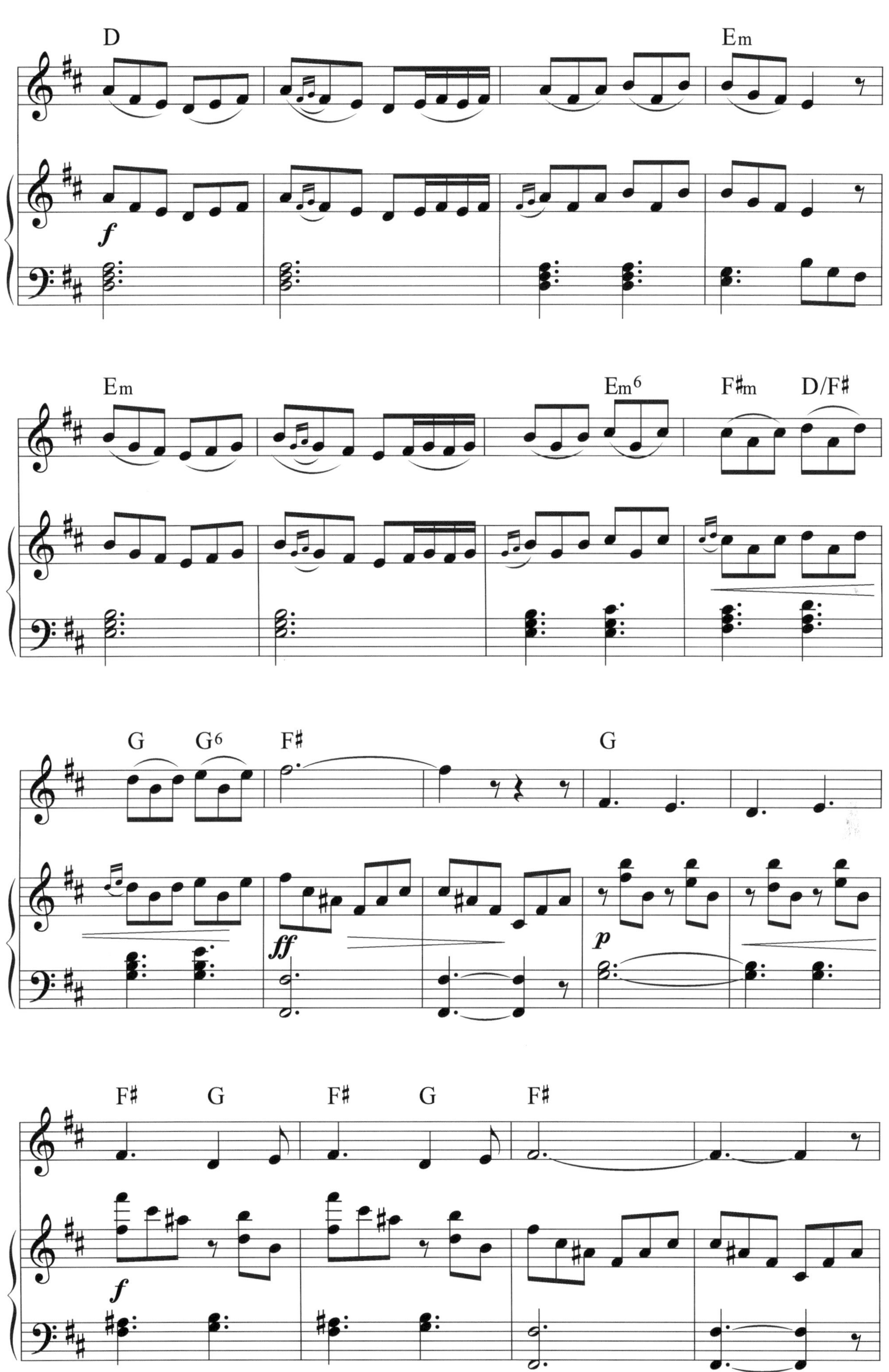
D
Em
f
Em
Em6
F♯m
D/F♯
G
G6
F♯
G
ff
p
F♯
G
F♯
G
F♯
f

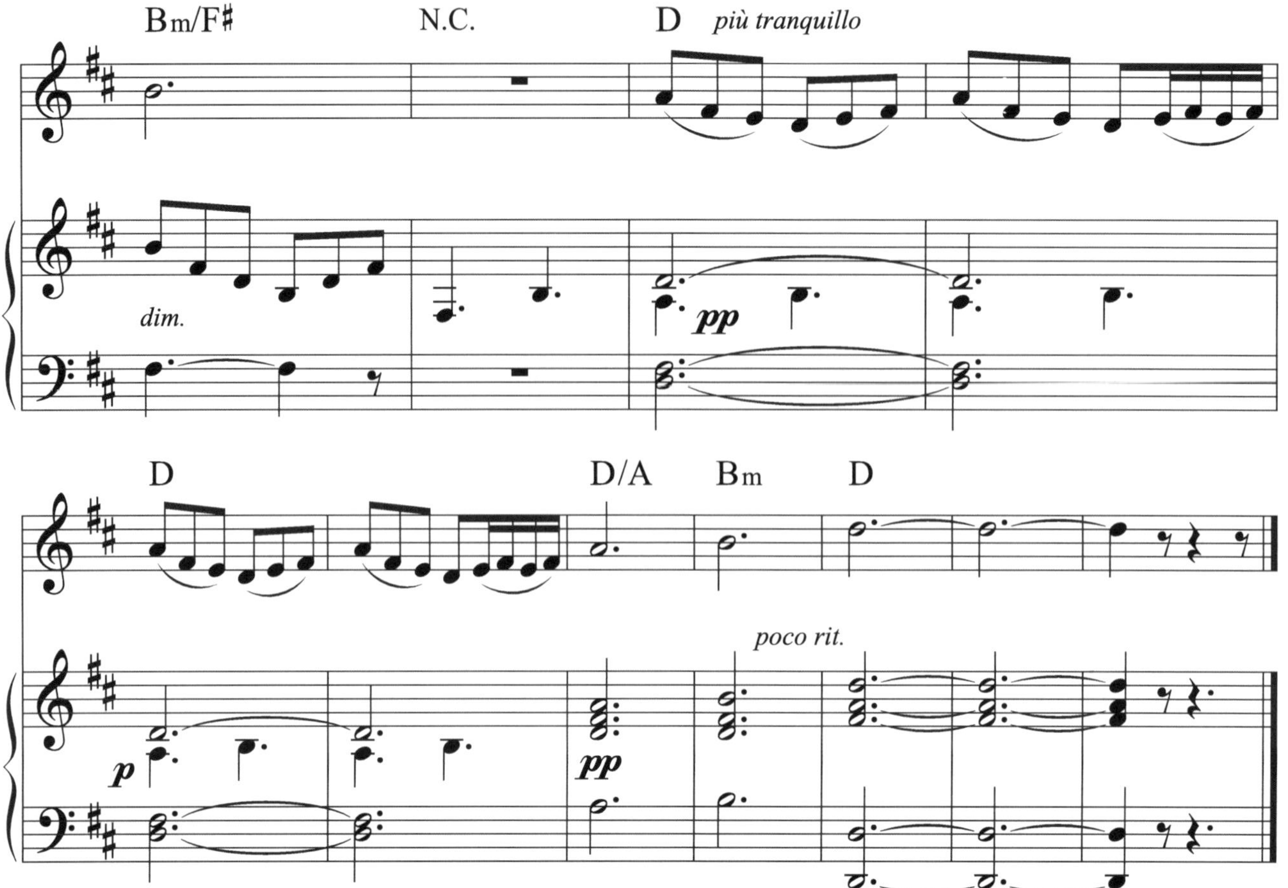

Die *Morgenstimmung* stammt aus der ersten *Peer-Gynt-Suite* und ist deren erster Satz. Der norwegische Dramatiker und Lyriker Henrik Ibsen fertigte eine Bühnenfassung an zu seinem dramatischen Gedicht um den jungen Bauernsohn Peer Gynt, der mit Fantasiegeschichten der Realität entflieht. Ibsen bat Grieg, die Schauspielmusik zu komponieren. Die *Morgenstimmung* ist eines der bekanntesten Stücke daraus und wurde weltweit besonders durch die häufige Verwendung in Filmen und als Werbemusik populär.

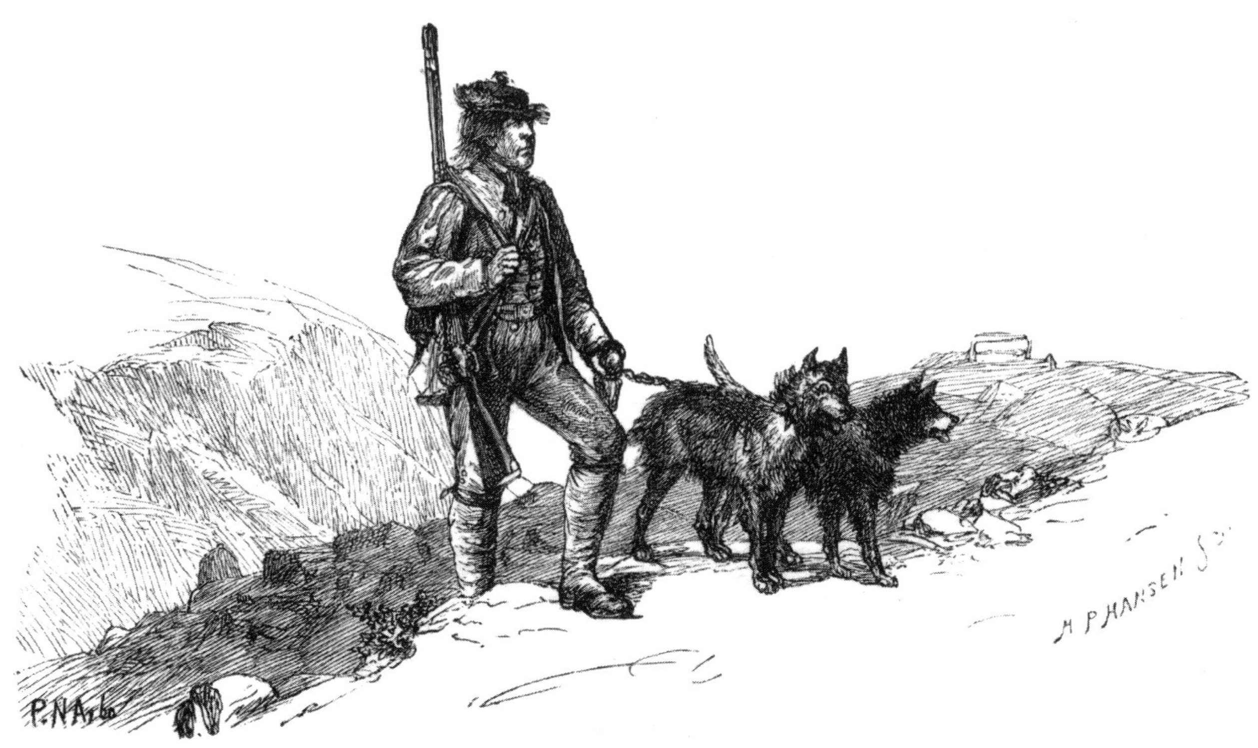

Peer Gynt in einer Illustration von 1896.

43. POMP AND CIRCUMSTANCE

Edward Elgar (1857–1934)
Bearb.: Michael Schäfer

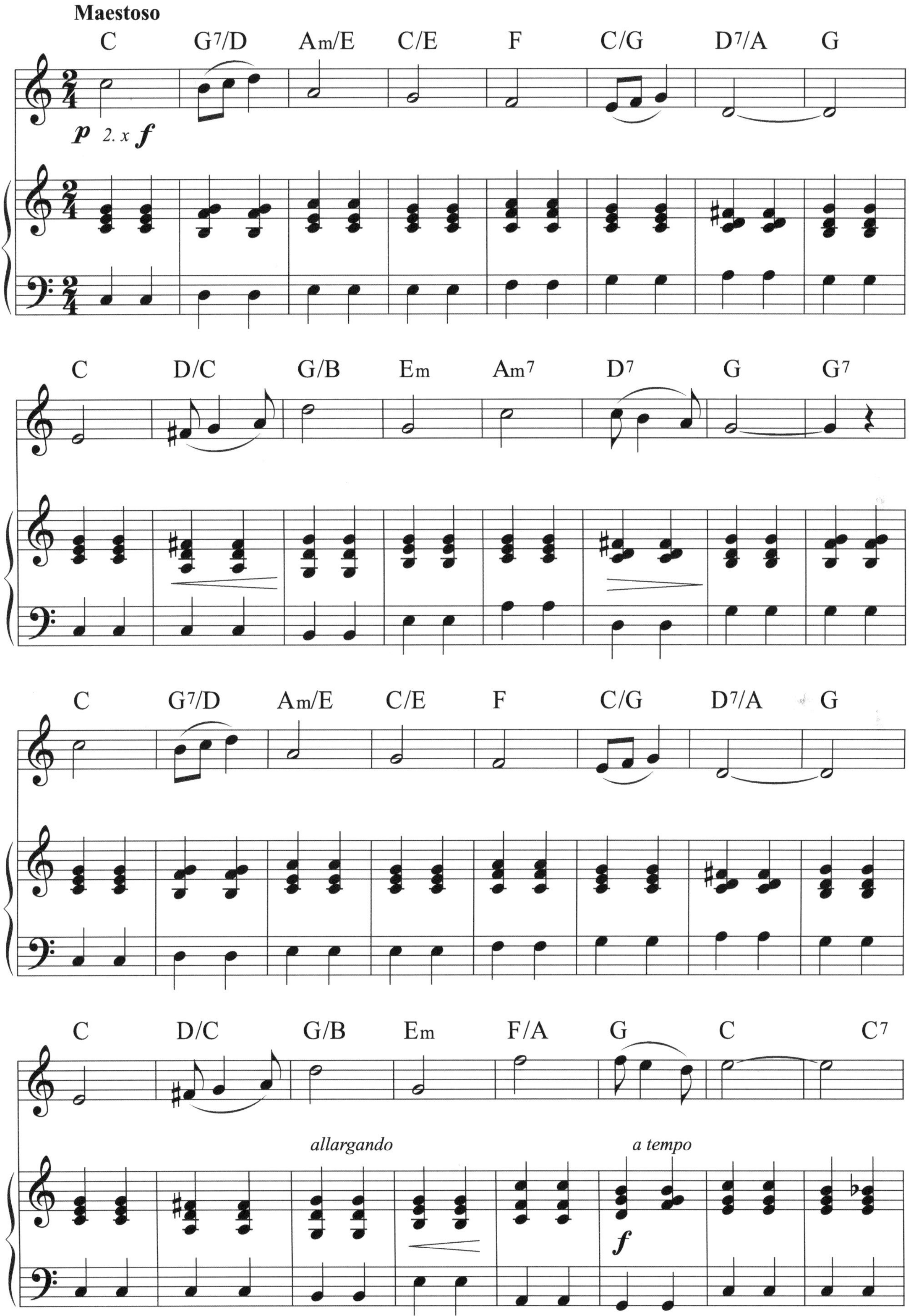

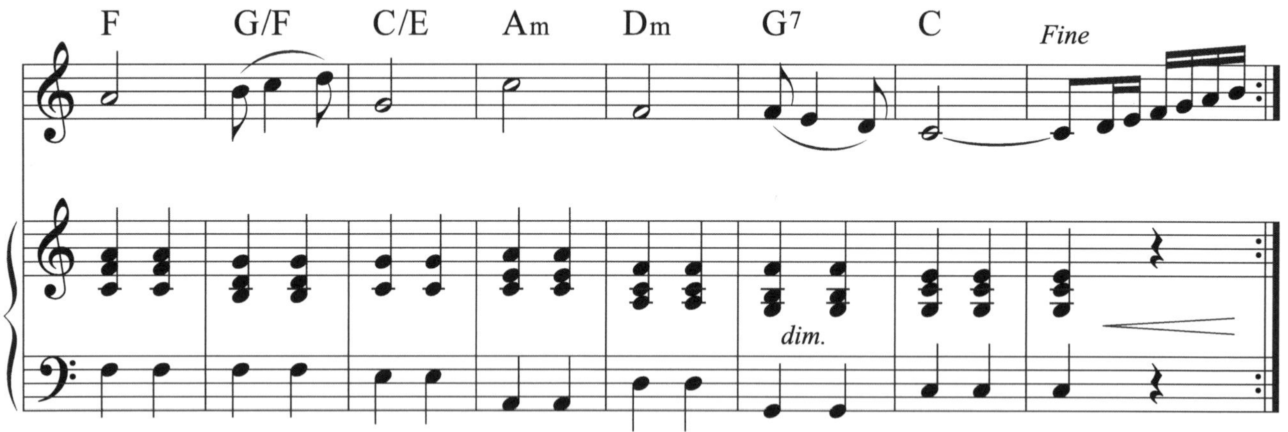

Pomp and Circumstance Marches, op. 39, sind fünf Märsche des englischen Komponisten Edward Elgar, das Trio des ersten Marsches wurde zu einem wahren Ohrwurm. Unterlegt mit den Worten „Land of Hope and Glory", kommt das Werk alljährlich bei der „Last Night of the Proms" zur Aufführung, dem Abschlusskonzert der traditionellen Sommerkonzertreihe in London. *Pomp and Circumstance* ist Englands heimliche Nationalhymne.

44. Nessun Dorma

Giacomo Puccini (1858–1924)
Bearb.: Michael Schäfer

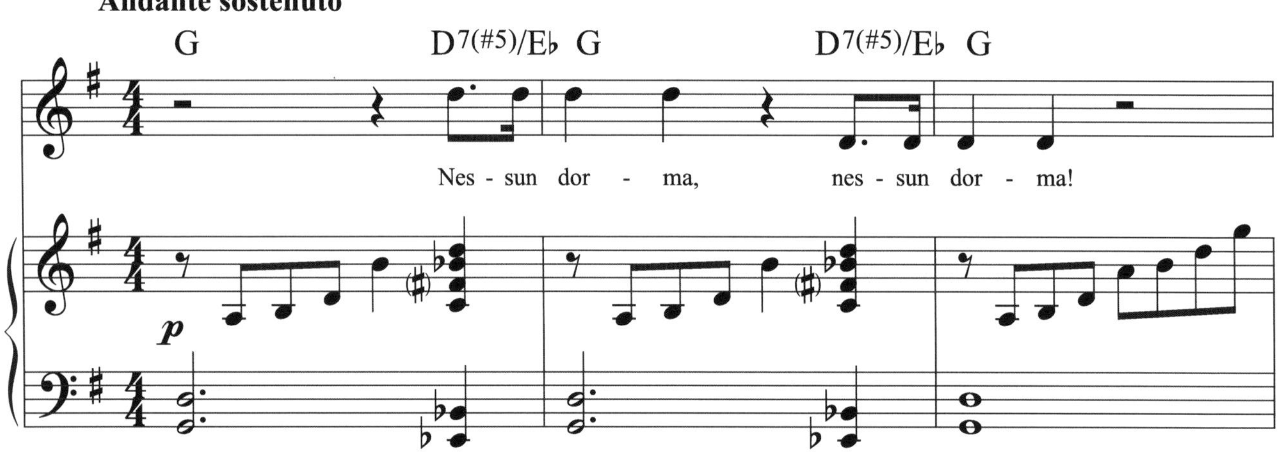

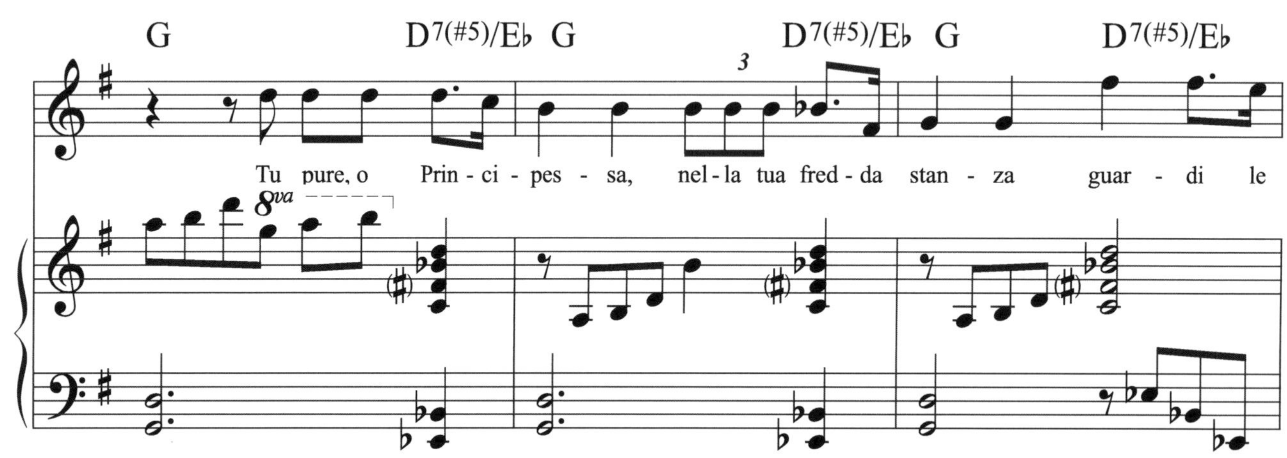

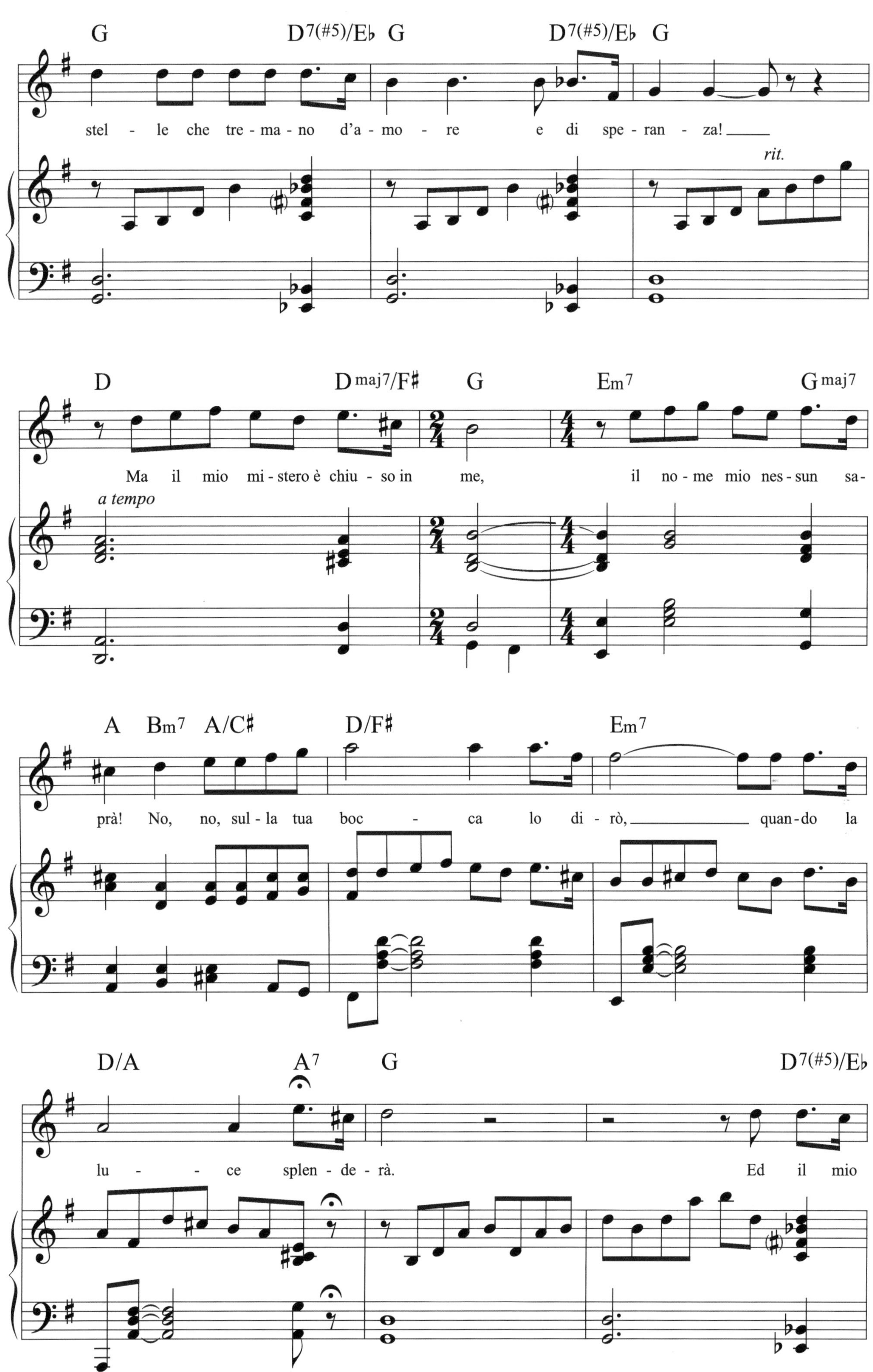
G
D7(#5)/E♭
G
D7(#5)/E♭
G
stel - le che tre - ma - no d'a - mo - re e di spe - ran - za!
rit.
D
Dmaj7/F♯
G
Em7
Gmaj7
Ma il mio mi - stero è chiu - so in me, il no - me mio nes - sun sa -
a tempo
A
Bm7
A/C♯
D/F♯
Em7
prà! No, no, sul - la tua boc - ca lo di - rò, quan - do la
D/A
A7
G
D7(#5)/E♭
lu - ce splen - de - rà. Ed il mio

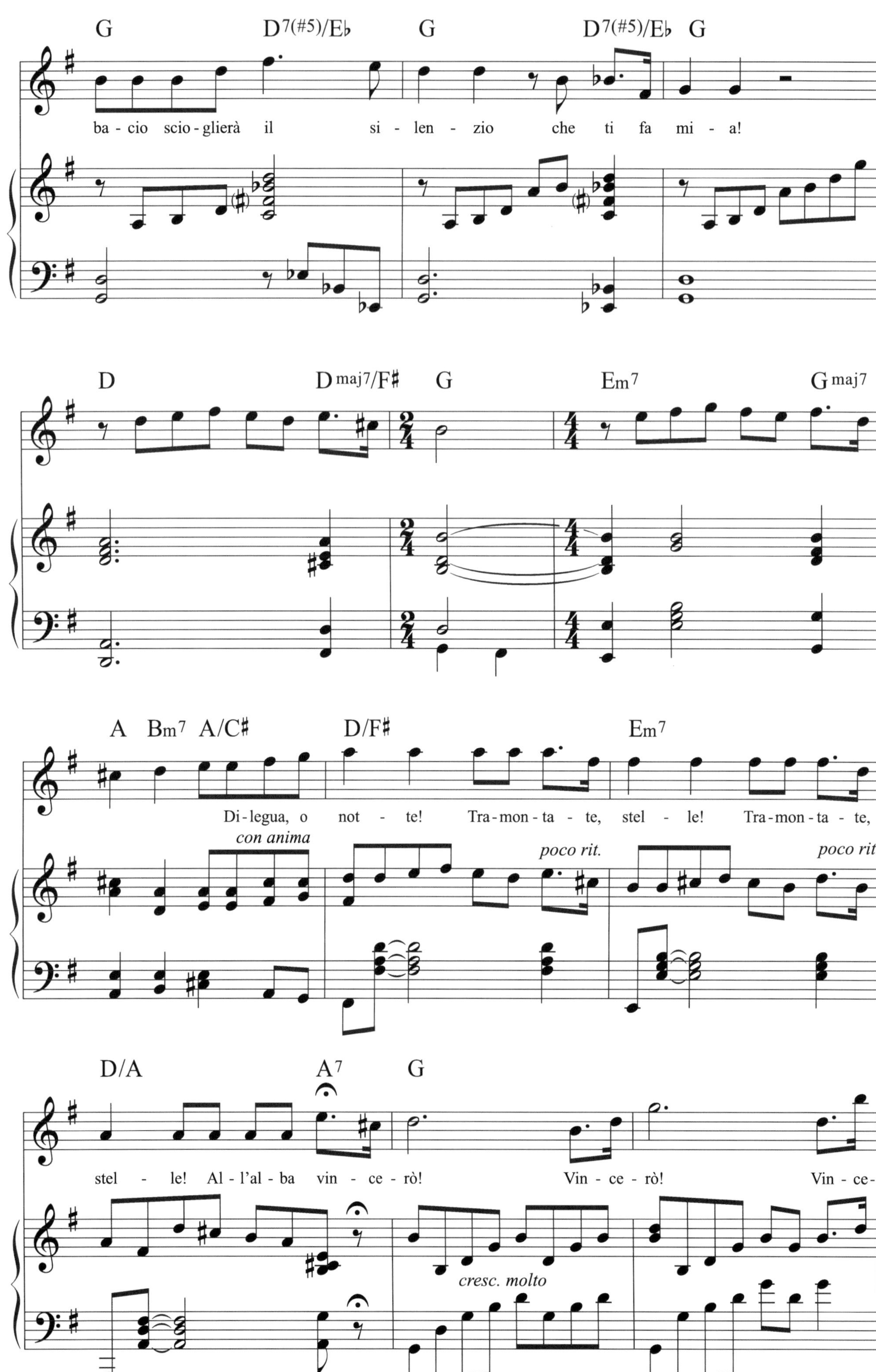
G
D7(#5)/E♭
G
D7(#5)/E♭ G
ba - cio scio - glierà il si - len - zio che ti fa mi - a!
D
Dmaj7/F#
G
Em7
Gmaj7
A Bm7 A/C#
D/F#
Em7
Di - legua, o not - te! Tra - mon - ta - te, stel - le! Tra - mon - ta - te,
con anima
poco rit.
poco rit.
D/A
A7
G
stel - le! Al - l'al - ba vin - ce - rò! Vin - ce - rò! Vin - ce-
cresc. molto

AMA VERLAG

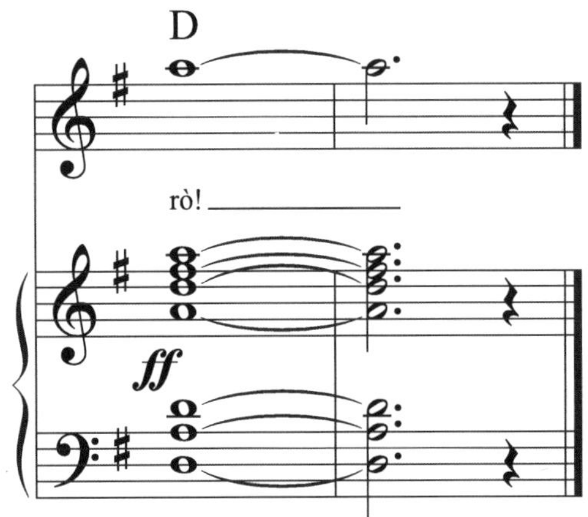

Nessun Dorma (Niemand schlafe) singt Prinz Kalaf zu Beginn des dritten Aktes der Oper *Turandot*, deren Handlung vor 3000 Jahren im chinesischen Reich spielt. Erzählt wird die Geschichte der Prinzessin Turandot, die denjenigen heiraten werde, der ihre drei Rätsel lösen kann. Wer scheitert, muss sterben. Der junge Prinz Kalaf löst die drei Rätsel, will die Heirat jedoch nicht erzwingen und lässt der verzweifelten Turandot einen Ausweg: Wenn sie bis Sonnenaufgang seinen Namen nennen kann, darf sie über sein Schicksal entscheiden. Turandot ordnet an, dass niemand schlafen darf, bevor der Name des Prinzen herausgefunden wurde. „Nessun dorma" singen der Chor und auch Kalaf, er fühlt sich sicher, die Prinzessin zu erobern.

Die Arie ging in der Interpretation von Luciano Pavarotti anlässlich der Fußballweltmeisterschaft 1990 um die Welt.
Puccini starb vor der Fertigstellung der Oper, die letzte Szene wurde vom italienischen Komponisten Franco Alfano komponiert. Arturo Toscanini dirigierte die Uraufführung am 25. April 1926 in der Mailänder Scala. Er war mit dem hinzugefügten Schluss von Franco Alfano jedoch nicht zufrieden und führte nur die von Puccini komponierte Musik auf. Toscanini brach die Vorstellung ab und verkündete: An dieser Stelle endet das Werk des Maestros, danach starb er.

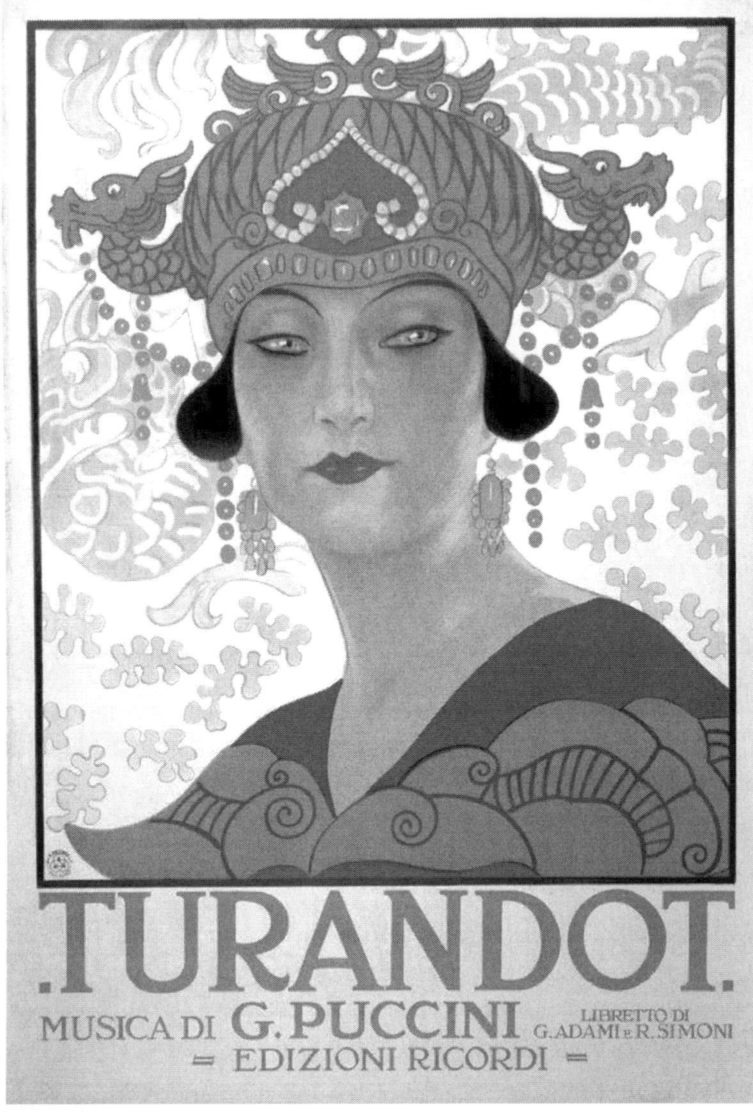

Prinzessin Turandot auf dem Plakat zur Uraufführung aus dem Jahr 1926

45. E lucevan le stelle

Giacomo Puccini (1858–1924)
Bearb.: Michael Schäfer

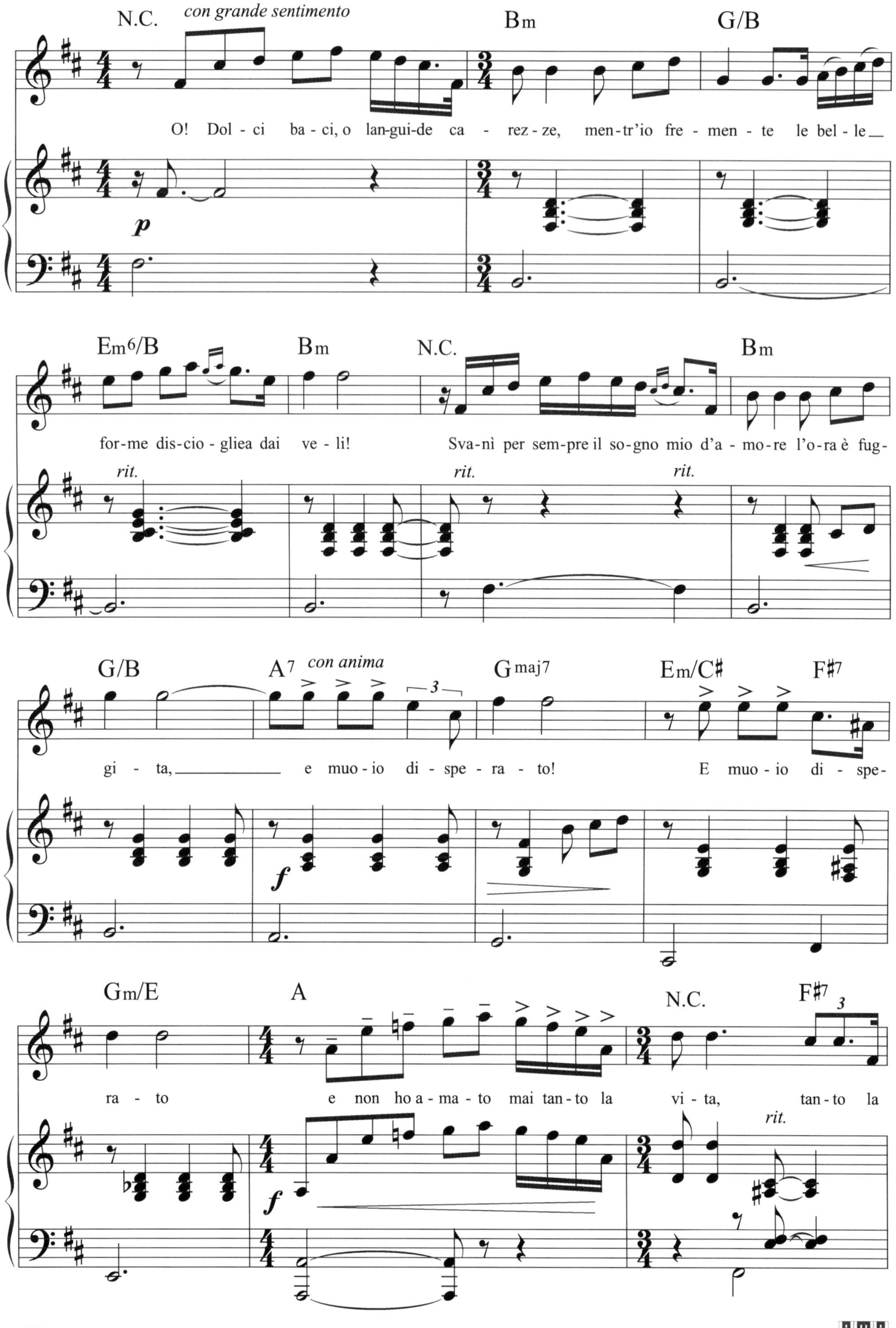

N.C. *con grande sentimento* Bm G/B

O! Dol - ci ba - ci, o lan-gui-de ca - rez - ze, men-tr'io fre - men - te le bel - le__

p

Em6/B Bm N.C. Bm

for-me dis-cio - gliea dai ve - li! Sva-nì per sem-pre il so-gno mio d'a - mo-re l'o-ra è fug-

rit. *rit.* *rit.*

G/B A7 *con anima* Gmaj7 Em/C♯ F♯7

gi - ta,__ e muo - io di - spe - ra - to! E muo - io di - spe-

f

Gm/E A N.C. F♯7

ra - to e non ho a - ma - to mai tan - to la vi - ta, tan - to la

f *rit.*

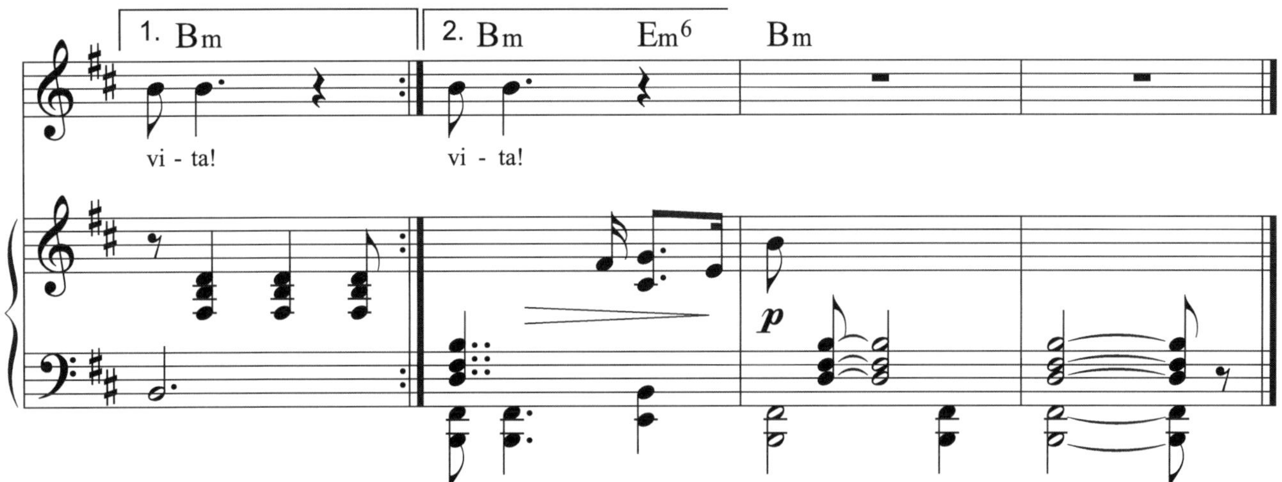

E lucevan le stelle (etwa „Und die Sterne strahlten“) singt der politisch inhaftierte Maler Cavaradossi im dritten Akt der Oper *Tosca*, als er sich an seine Geliebte Tosca erinnert. Die berühmte Tenor-Arie wird von der Soloklarinette eingeleitet, die Melodie ist voller Sehnsucht und Verzweiflung. Die Oper ist ein Drama um Liebe, Eifersucht, Intrigen, Verrat und Tod, sie wurde am 14. Januar 1900 in Rom uraufgeführt.

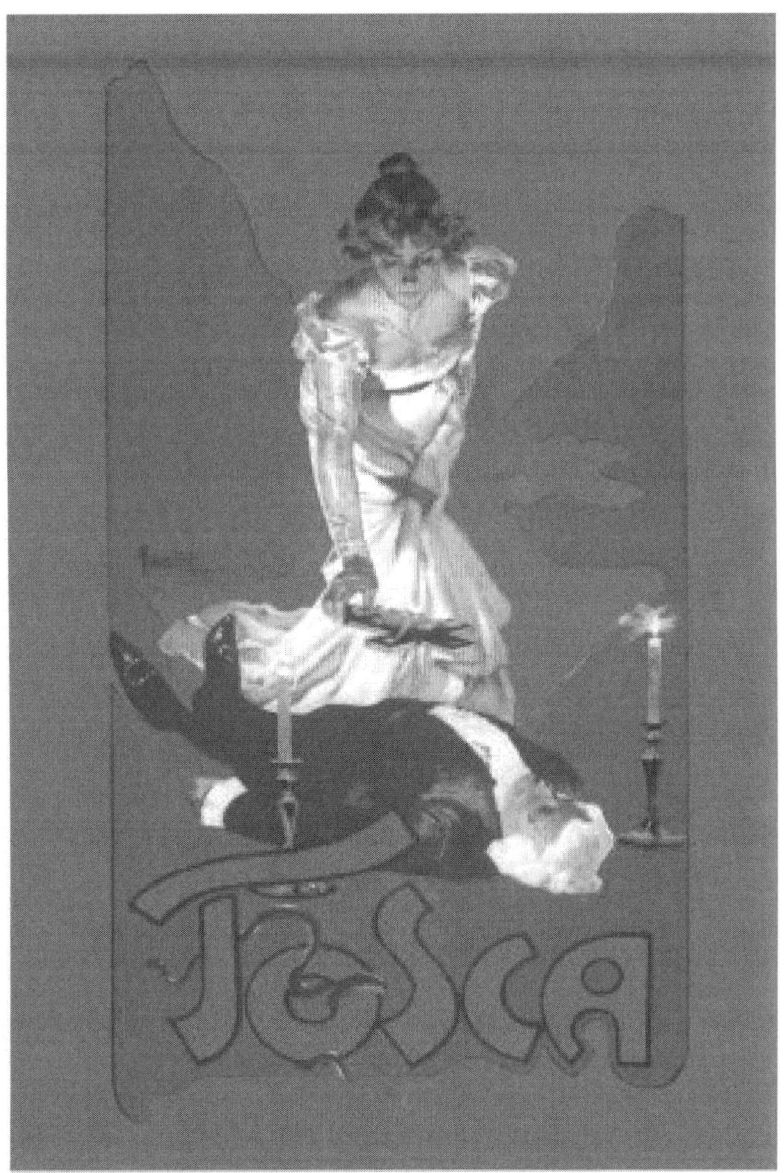

Originalplakat von Adolfo Hohenstein zur Uraufführung von Tosca

46. O Mio Babbino Caro

Giacomo Puccini (1858–1924)
Bearb.: Michael Schäfer

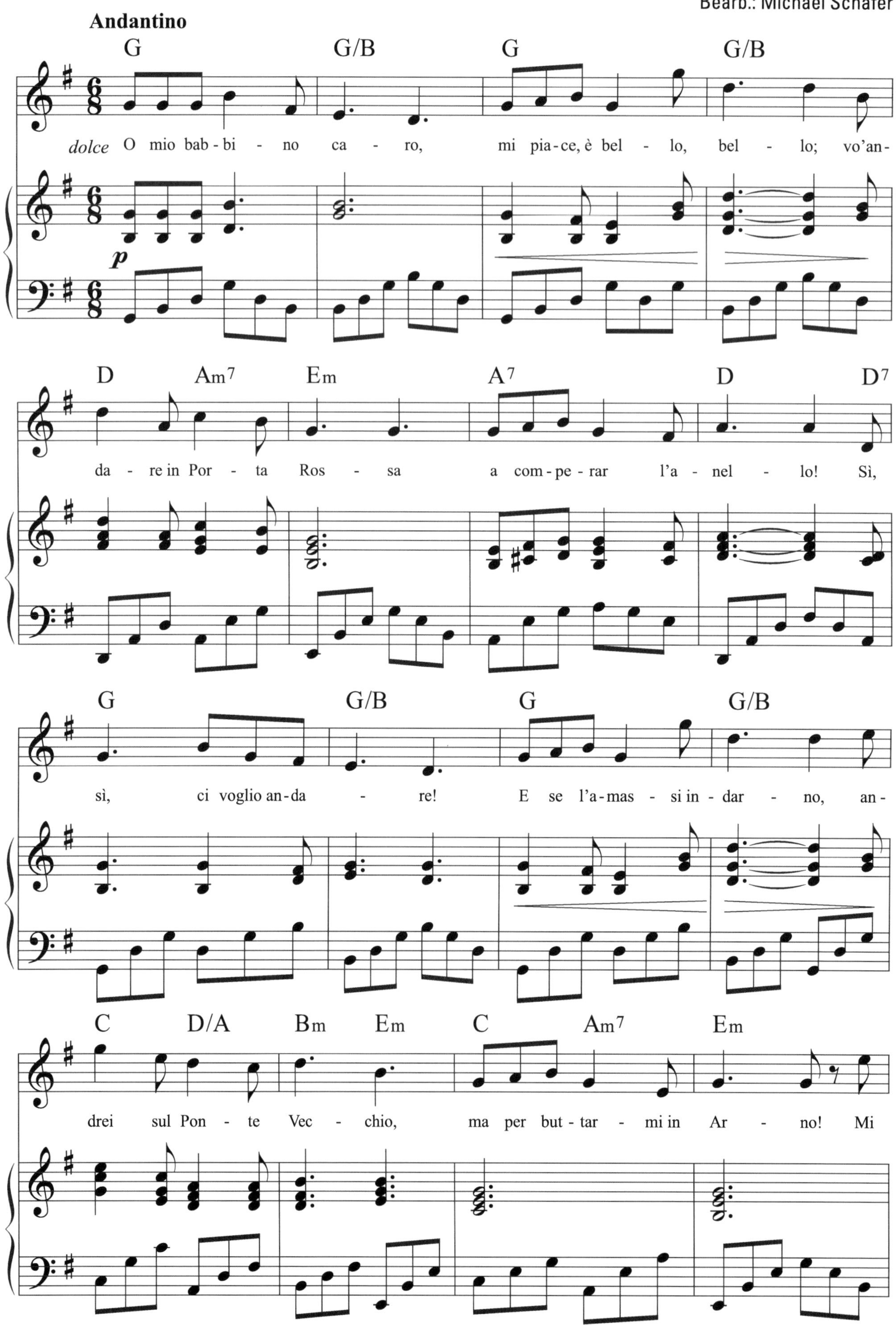

AMA VERLAG

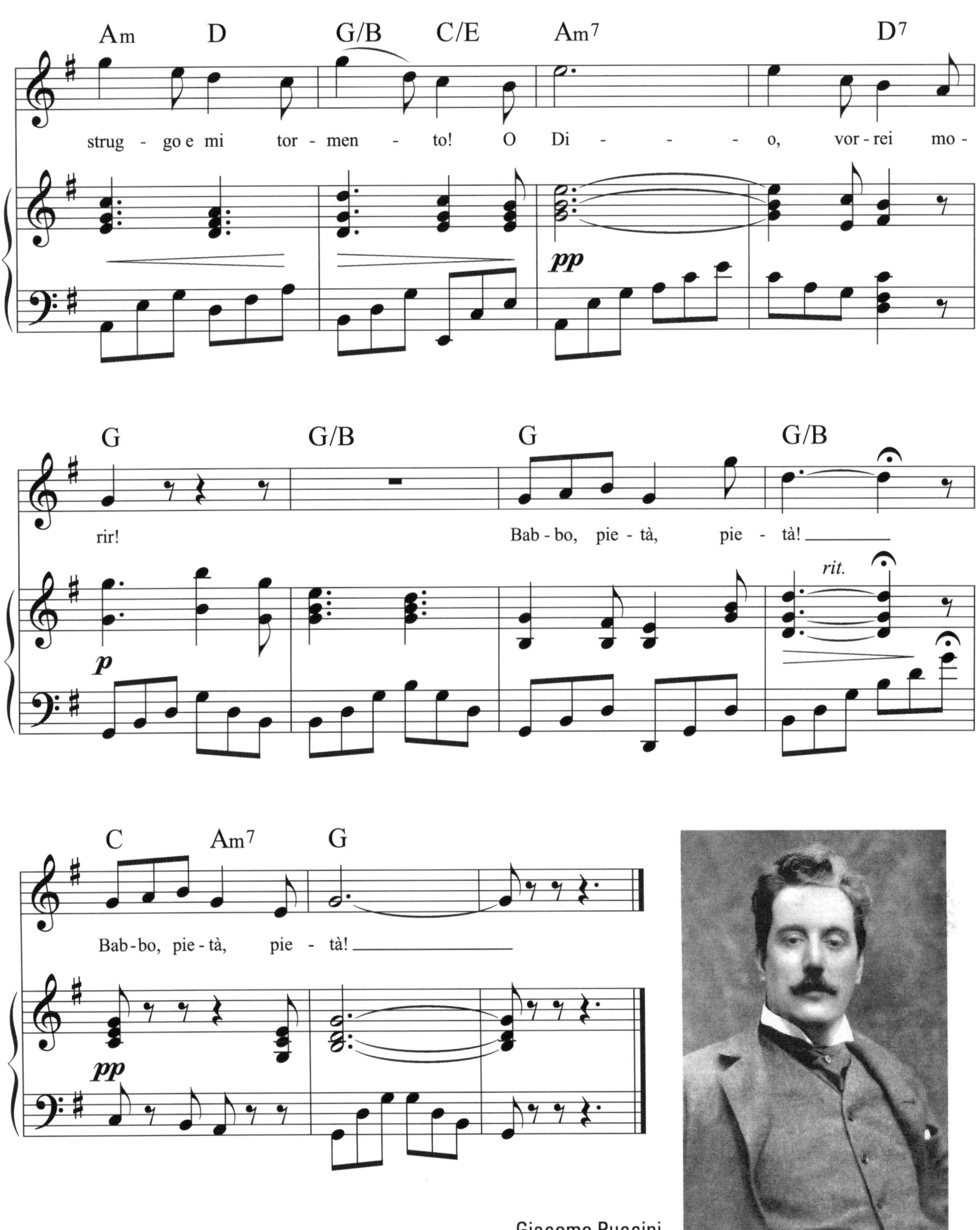

Giacomo Puccini

O mio babbino caro (O mein lieber Papa) ist die wohl bekannteste Arie aus Giacomo Puccinis einaktiger Oper *Gianni Schicchi*, einer musikalischen Komödie um eine gierige Erbschleichersippe. Lauretta, die Tochter Gianni Schicchis, besingt an ihren Vater gerichtet ihre große Liebe zu Rinuccio. Seine Tante würde einer Heirat nur mit Hilfe der Erbschaft von Rinuccios verstorbem Onkel Donati zustimmen. Der Verblichene hat sein Vermögen jedoch einem Kloster vermacht. Die schockierte Familie ruft den listigen Gianni Schicchi, er möge es richten. Gianni Schicchi ist Puccinis einzige komische Oper und der dritte und letzte Teil der Opern-Trilogie *Il trittico*, die am 14. Dezember 1918 in der Reihenfolge *Il tabarro*, *Suor Angelica* und *Gianni Schicchi* an der Metropolitan Opera in New York uraufgeführt wurde.

47. Gymnopédie No. 1

Erik Satie (1866–1925)
Bearb.: Michael Schäfer

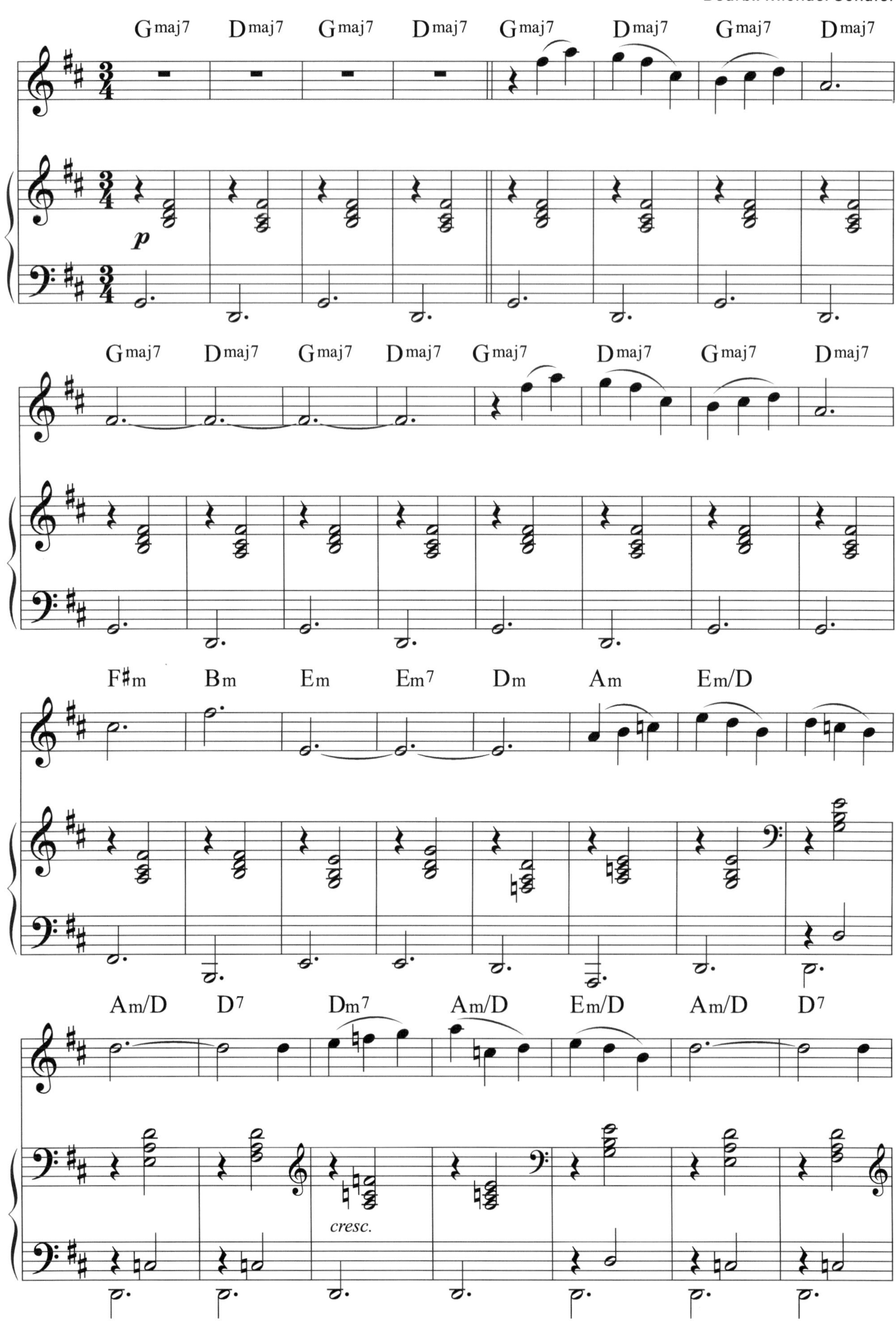

AMA VERLAG

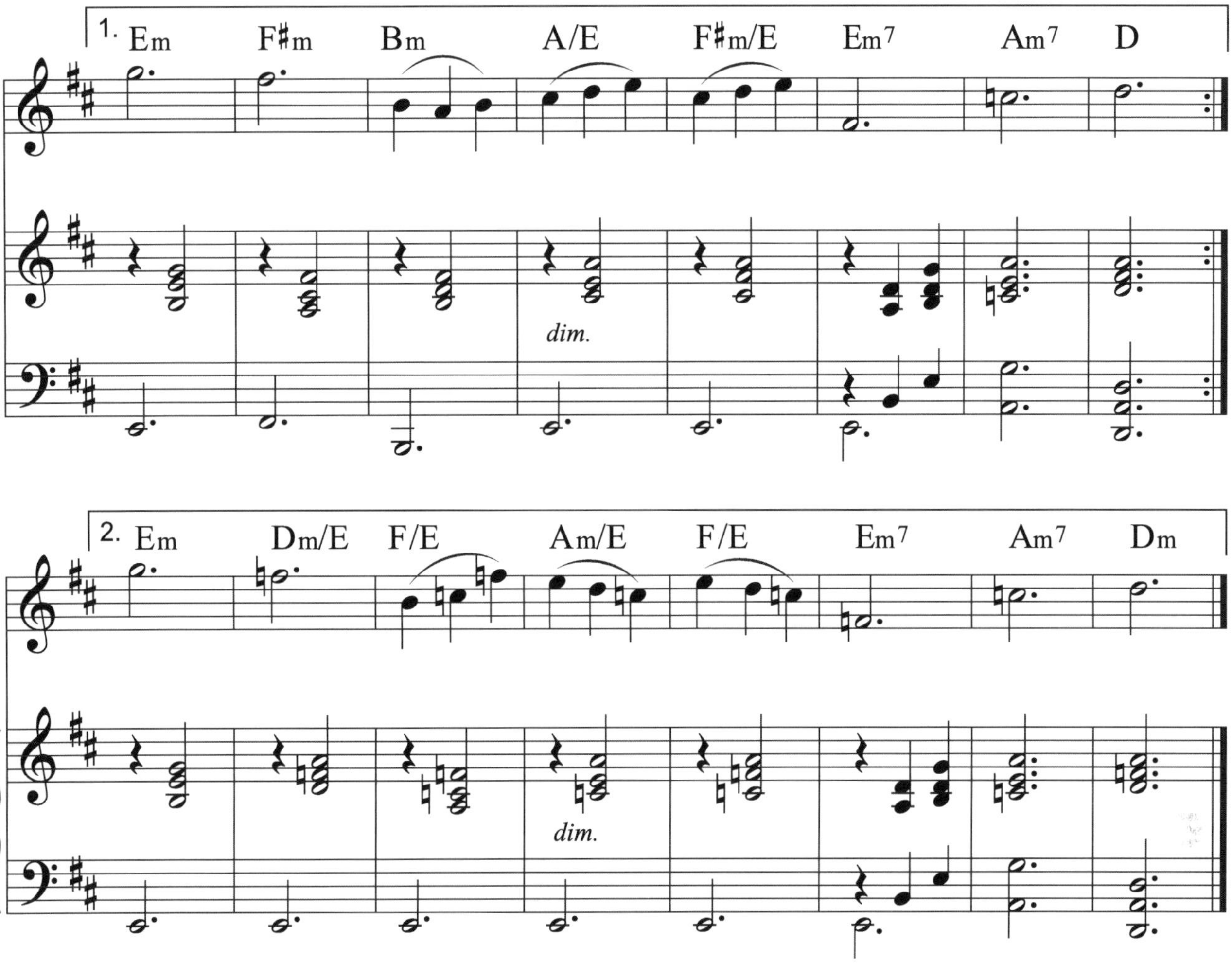

1. Em F♯m Bm A/E F♯m/E Em7 Am7 D

dim.

2. Em Dm/E F/E Am/E F/E Em7 Am7 Dm

dim.

Erik Satie, einflussreicher Außenseiter der französischen Moderne, wollte seine Musik als „Gebrauchsmusik" verstanden wissen, so wie man z. B. auch einen Tisch und einen Stuhl gebraucht. Sie sollte schlicht und unaufdringlich sein und vom Hörer möglichst keine Beachtung finden. Voller Ironie ist seine Idee einer „Musique d'ameublement" (Möblierungsmusik), fünf sehr kurze Musikstücke für Salonorchester in unterschiedlicher Besetzung, die beständig wiederholt werden sollen.
Der kauzige Satie, der sich selbst als „bezahlten Krachmacher" bezeichnete, beeinflusste mit seinem Schaffen die Musik des 20. Jahrhunderts und auch die Jazz- und Popmusik.
Von den drei 1888 für Klavier komponierten Gymnopédies ist die *1ère Gymnopédie* die bekannteste.

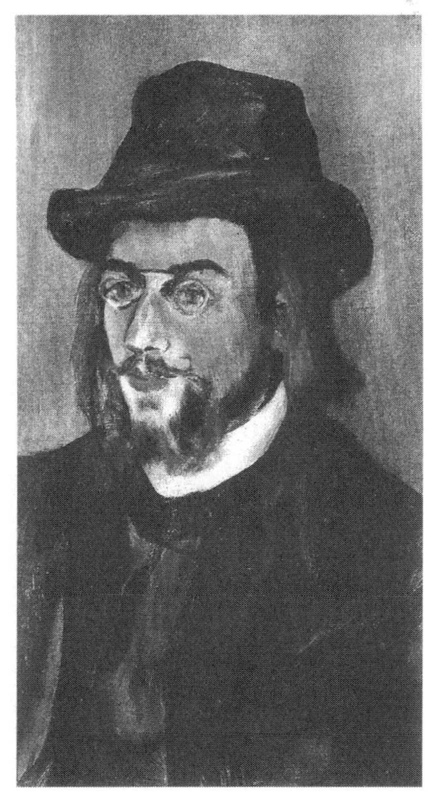

Erik Satie, Gemälde von Suzanne Valadon (1865–1938)

48. Romance de España

aus Spanien, 19. Jh.
Bearb.: Michael Schäfer

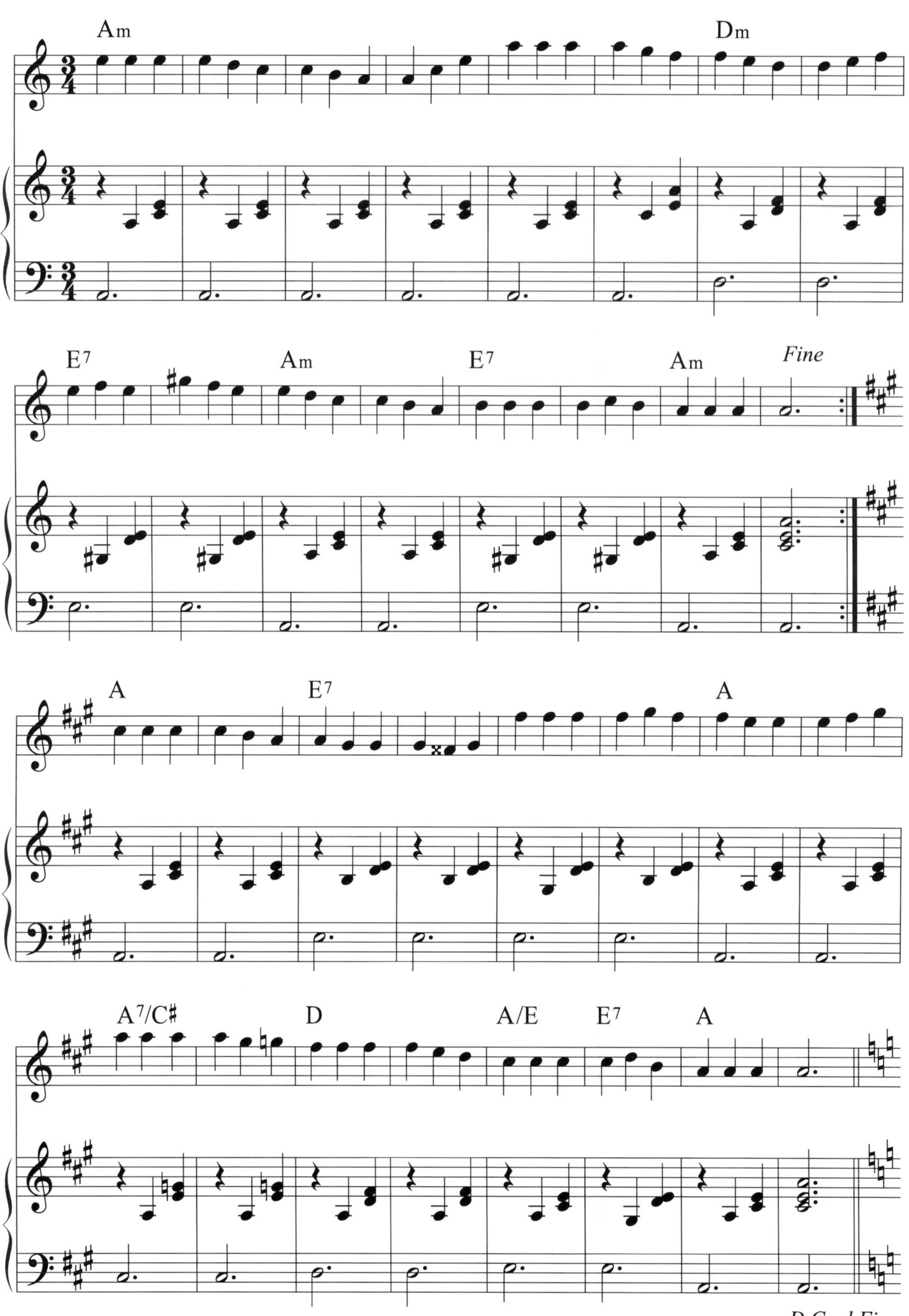

AMA VERLAG

Die spanische Romanze ist ein beliebtes Stück für Gitarristen und unter vielen Namen bekannt, z. B.: „Romance Anónimo", „Spanish Romance", „Romance de Amor", „Romance of the Guitar", „Romanza", „Romance d'Amour". Weltruhm erlangte das Stück in der Interpretation von Narciso Yepes (1927–1997) in dem Film *Jeux interdits* aus dem Jahre 1952.

Alternative Begleitung:

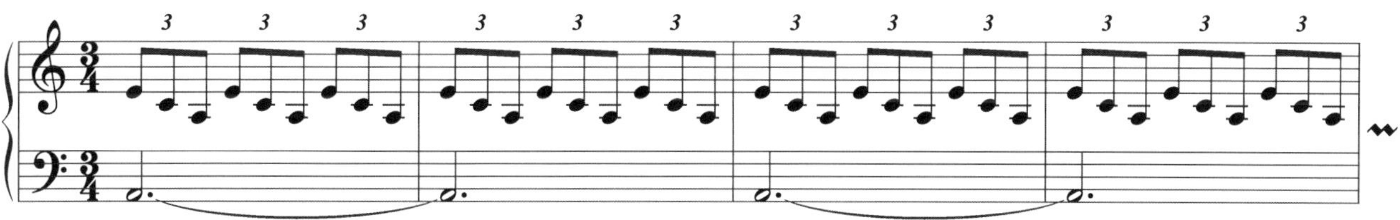

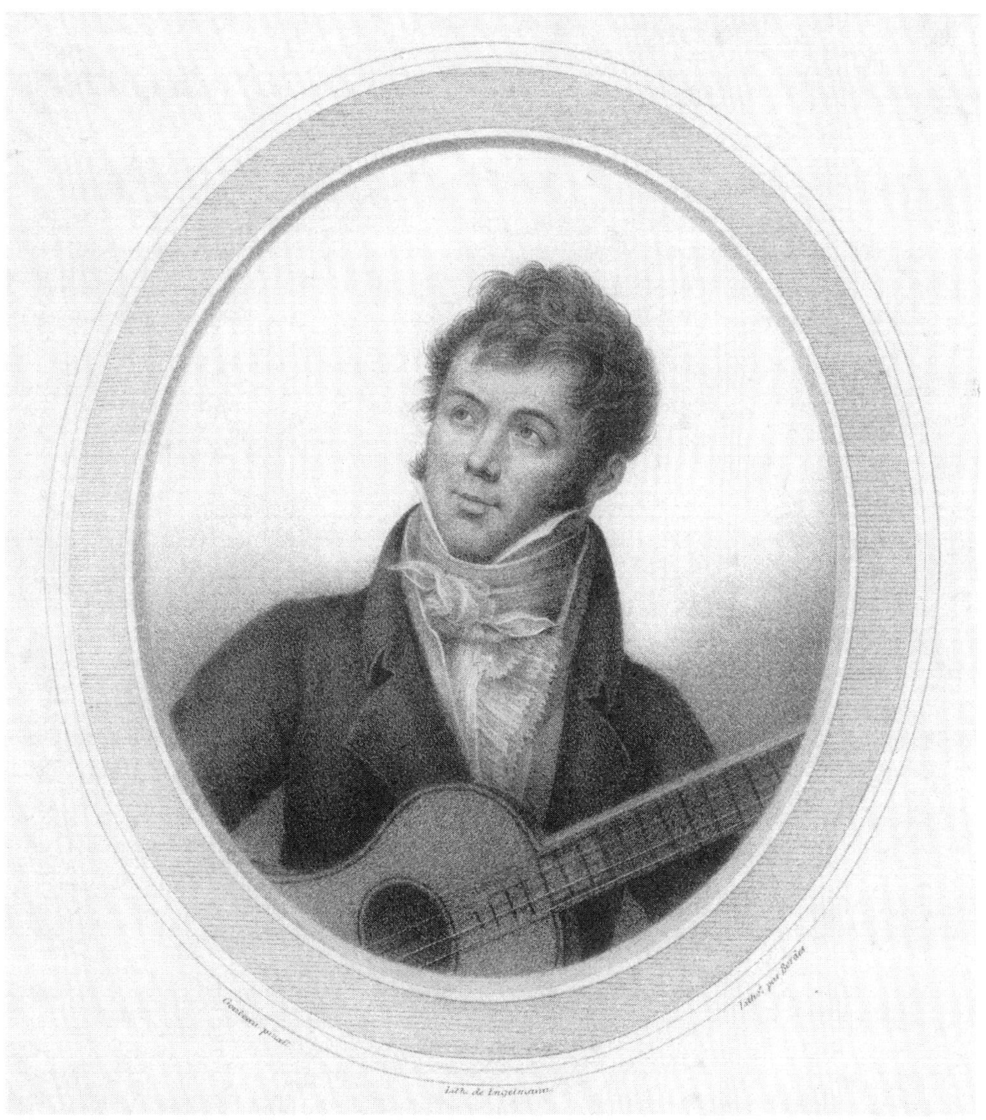

Die Urheberschaft der *Romance de España* ist ungeklärt, das Stück wird vornehmlich dem spanischen Gitarristen Fernando Sor (1778–1839) zugeschrieben, von dem auch eine frühe Niederschrift stammt.

49. El Choclo

Ángel G. Villoldo (1861–1919)
Bearb.: Michael Schäfer

Tango

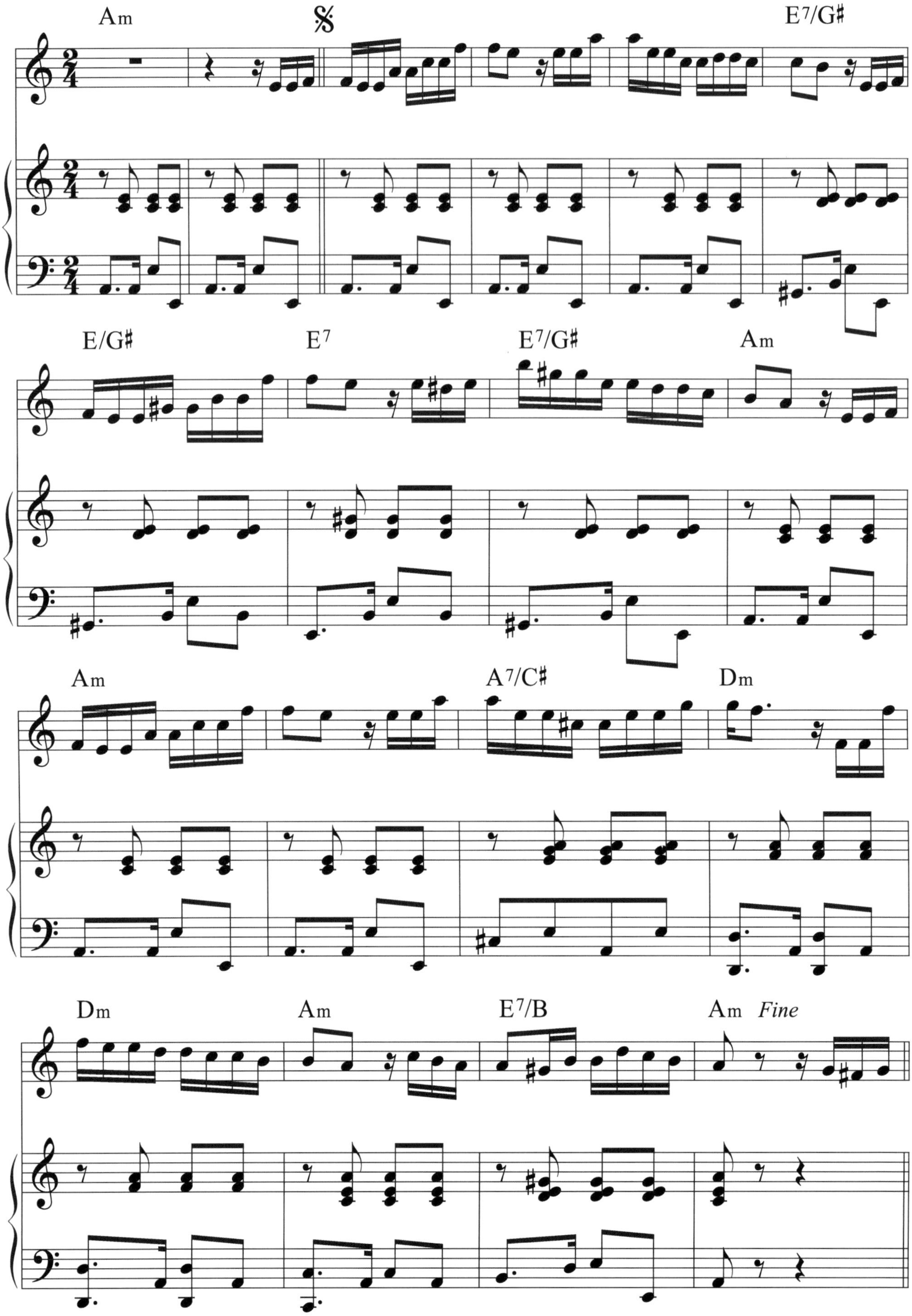

Am | E7/G♯ | E/G♯ | E7 | E7/G♯ | Am | Am | A7/C♯ | Dm | Dm | Am | E7/B | Am *Fine*

AMA VERLAG

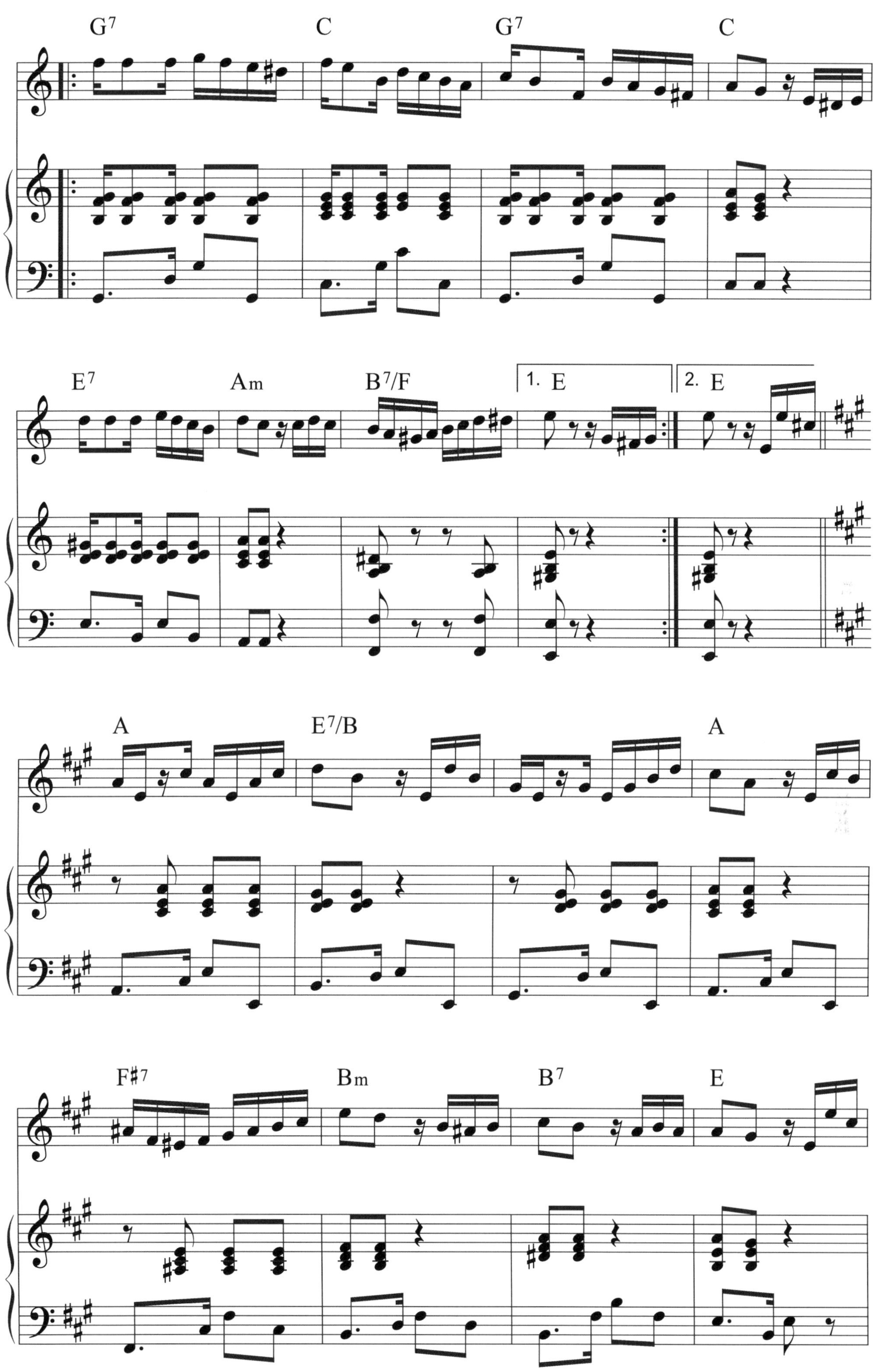
G7
C
G7
C
E7
Am
B7/F
1. E
2. E
A
E7/B
A
F♯7
Bm
B7
E

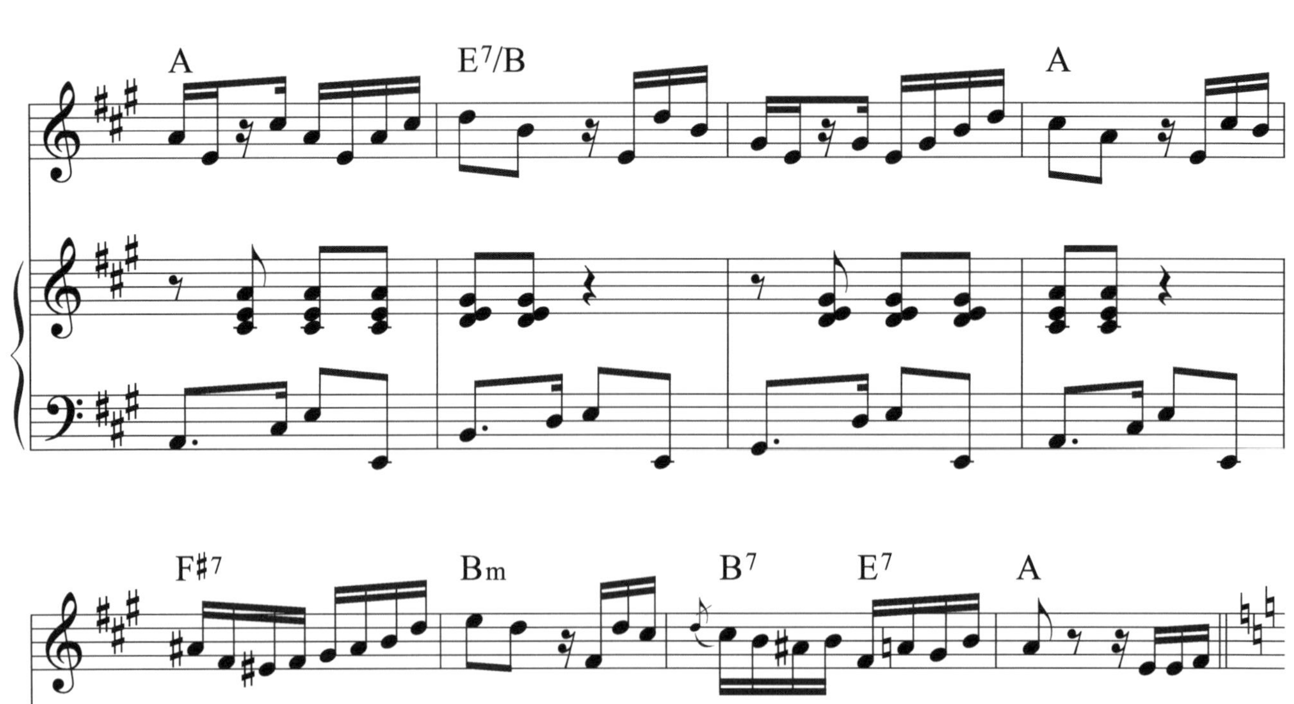

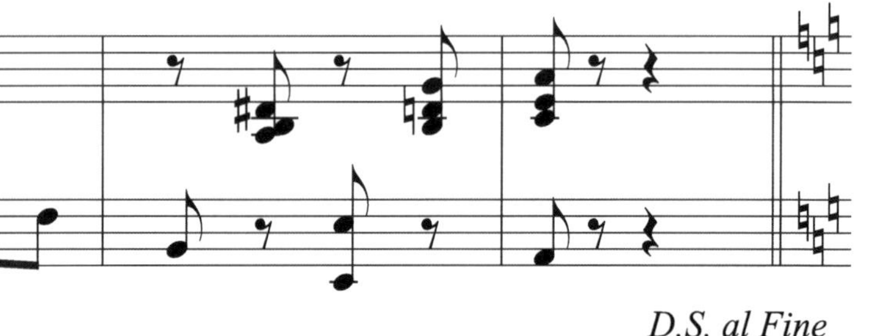

D.S. al Fine

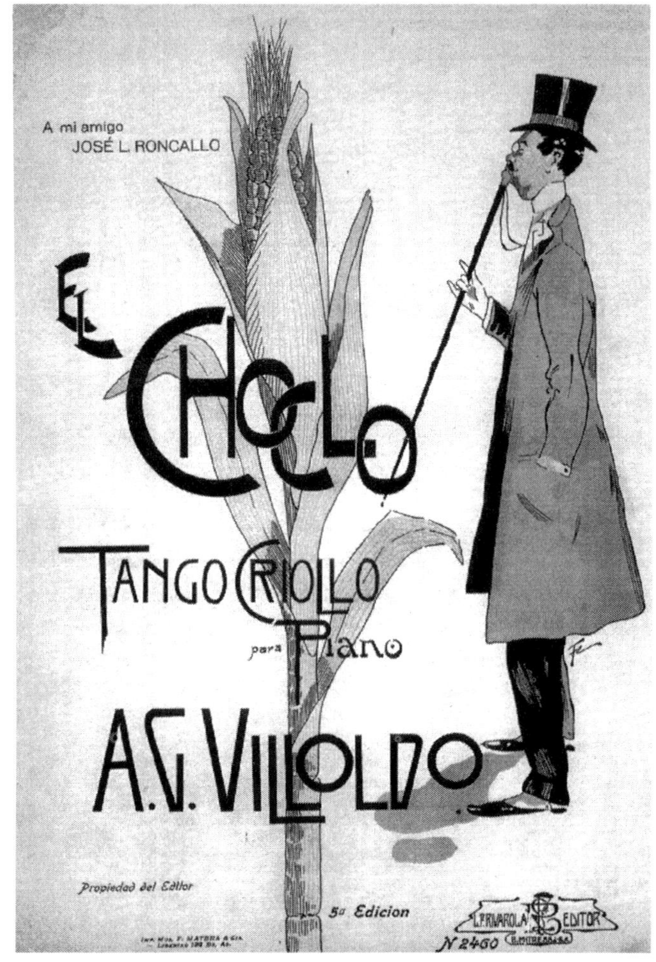

Titelseite der von José Luis Roncallo verfassten Klavierpartitur

50. The Entertainer

Ragtime

Scott Joplin (1868–1917)
Bearb.: Michael Schäfer

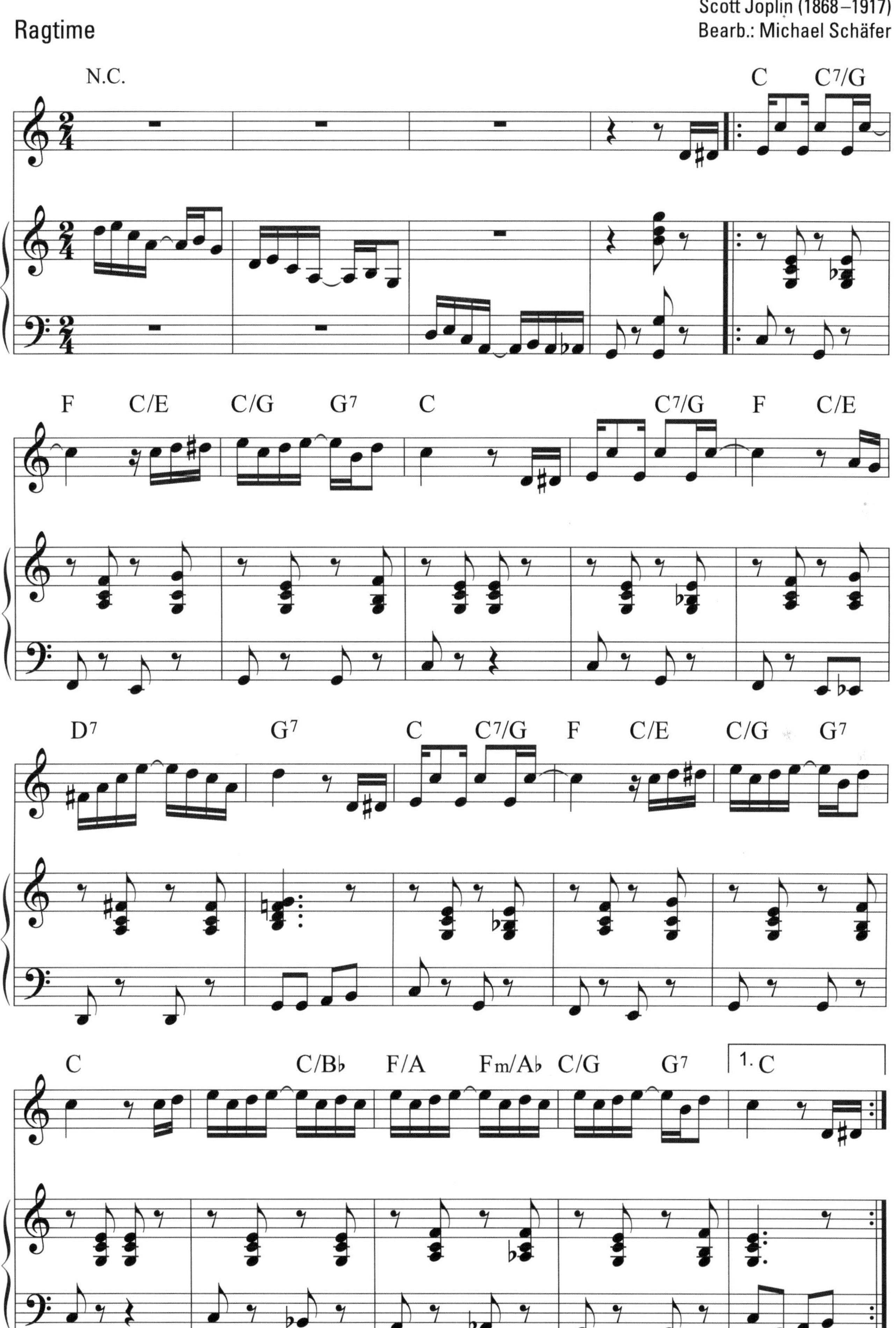

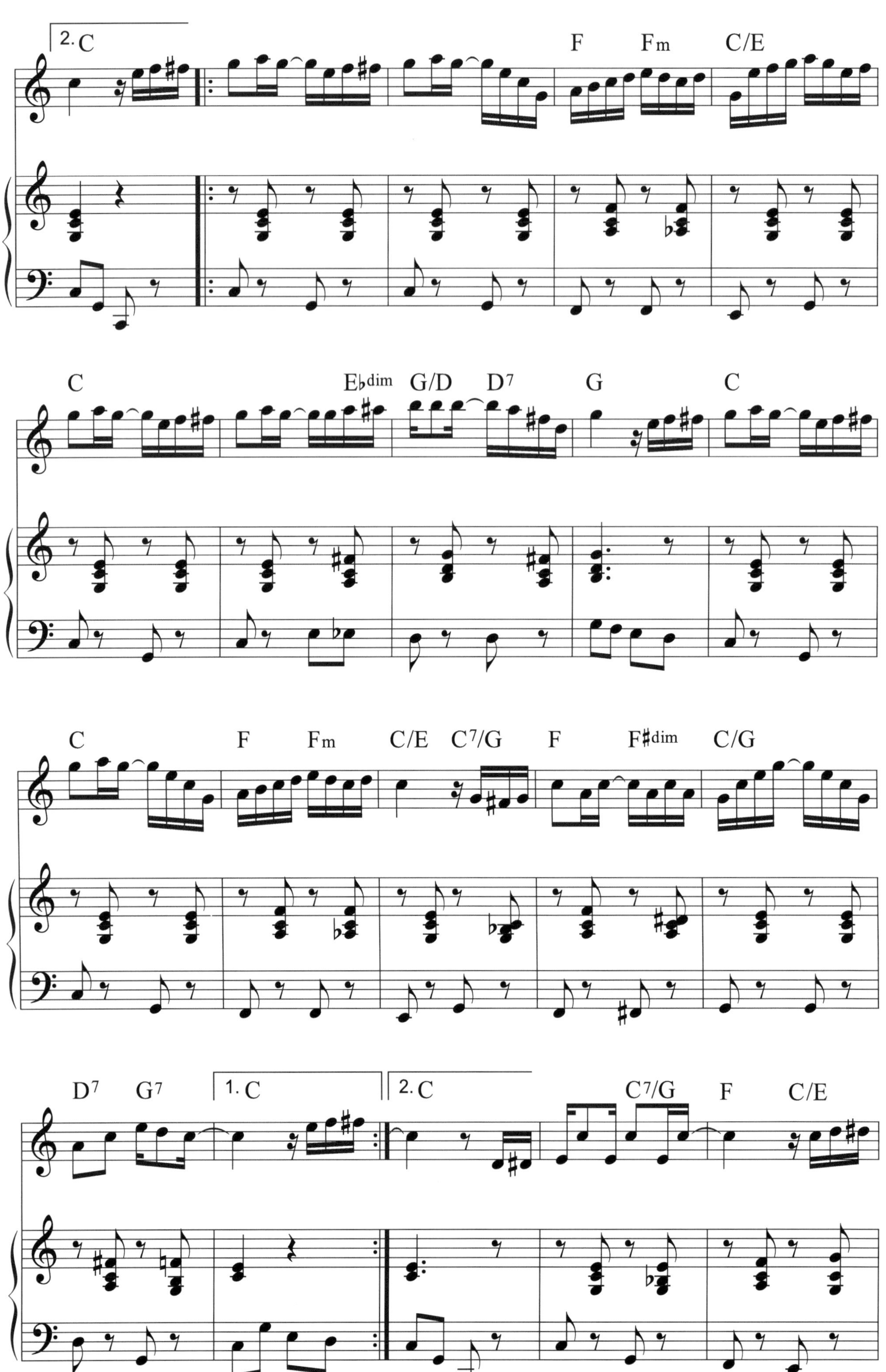
2. C
F
Fm
C/E
C
E♭dim
G/D
D7
G
C
C
F
Fm
C/E
C7/G
F
F♯dim
C/G
D7
G7
1. C
2. C
C7/G
F
C/E

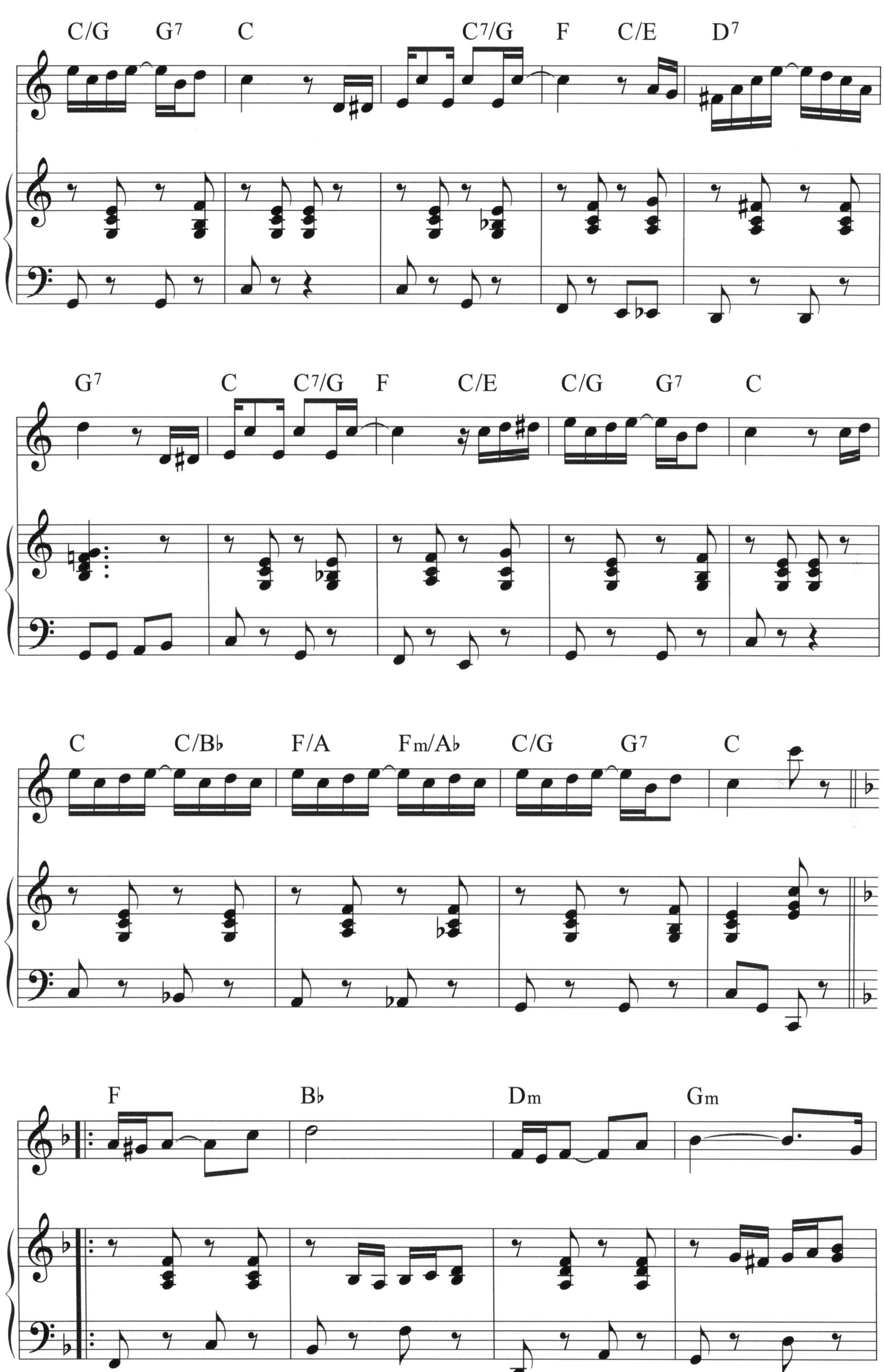
C/G G7 C C7/G F C/E D7
G7 C C7/G F C/E C/G G7 C
C C/B♭ F/A Fm/A♭ C/G G7 C
F B♭ Dm Gm

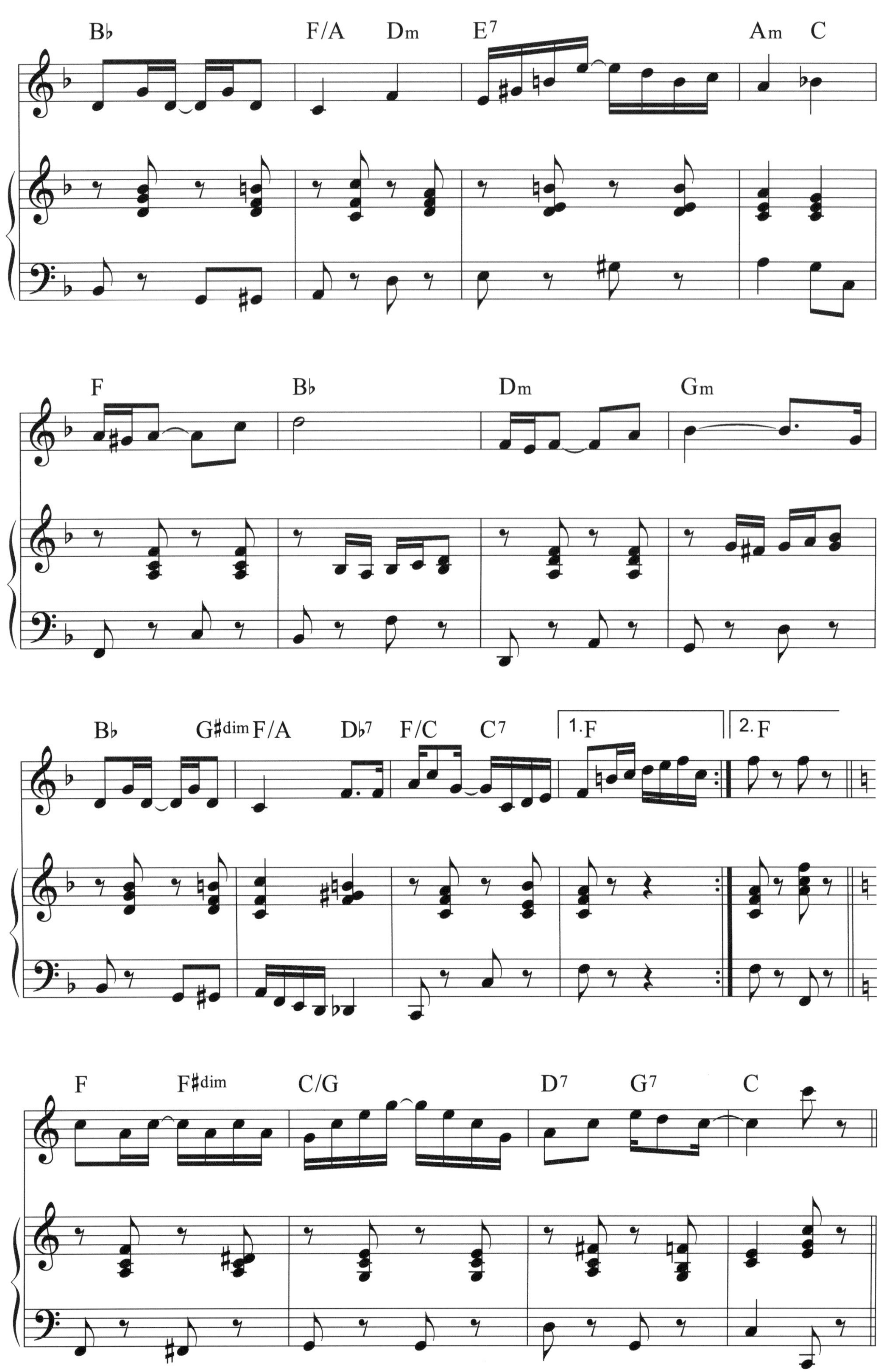

AMA VERLAG

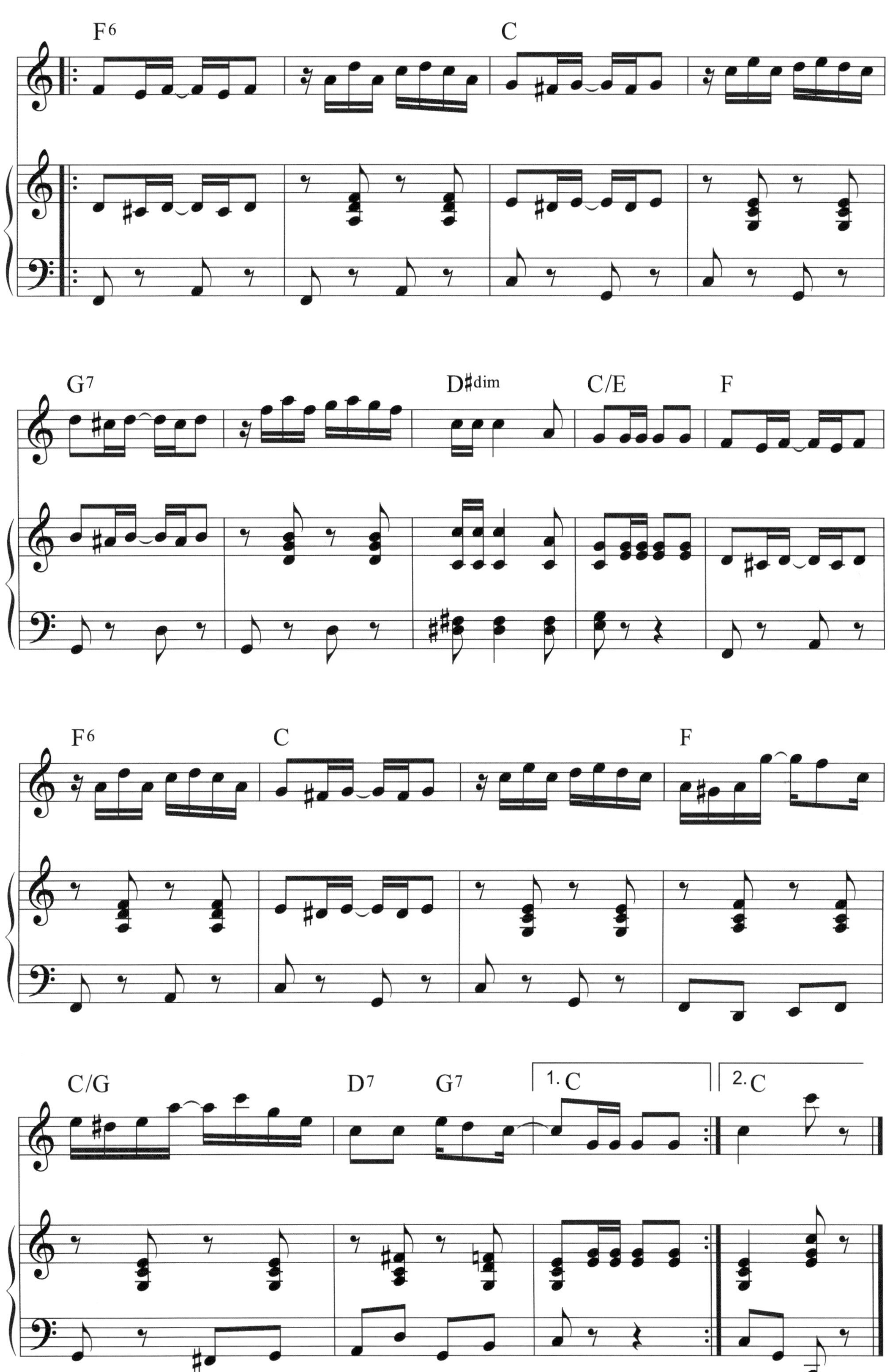
F6
C
G7
D♯dim
C/E
F
F6
C
F
C/G
D7
G7
1. C
2. C

51. Dein ist mein ganzes Herz

Franz Lehár (1870–1948)
Bearb.: Michael Schäfer

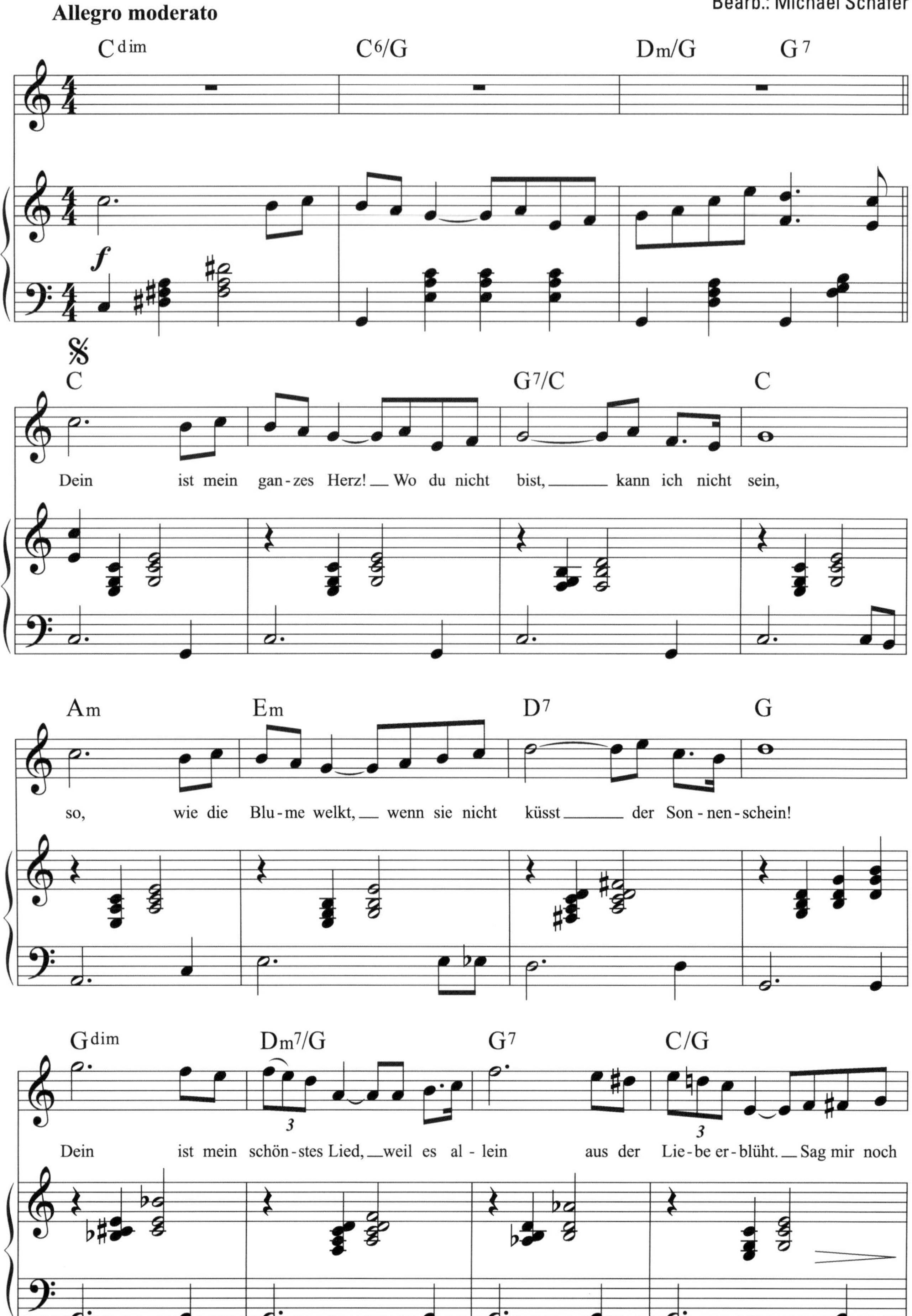

AMA VERLAG

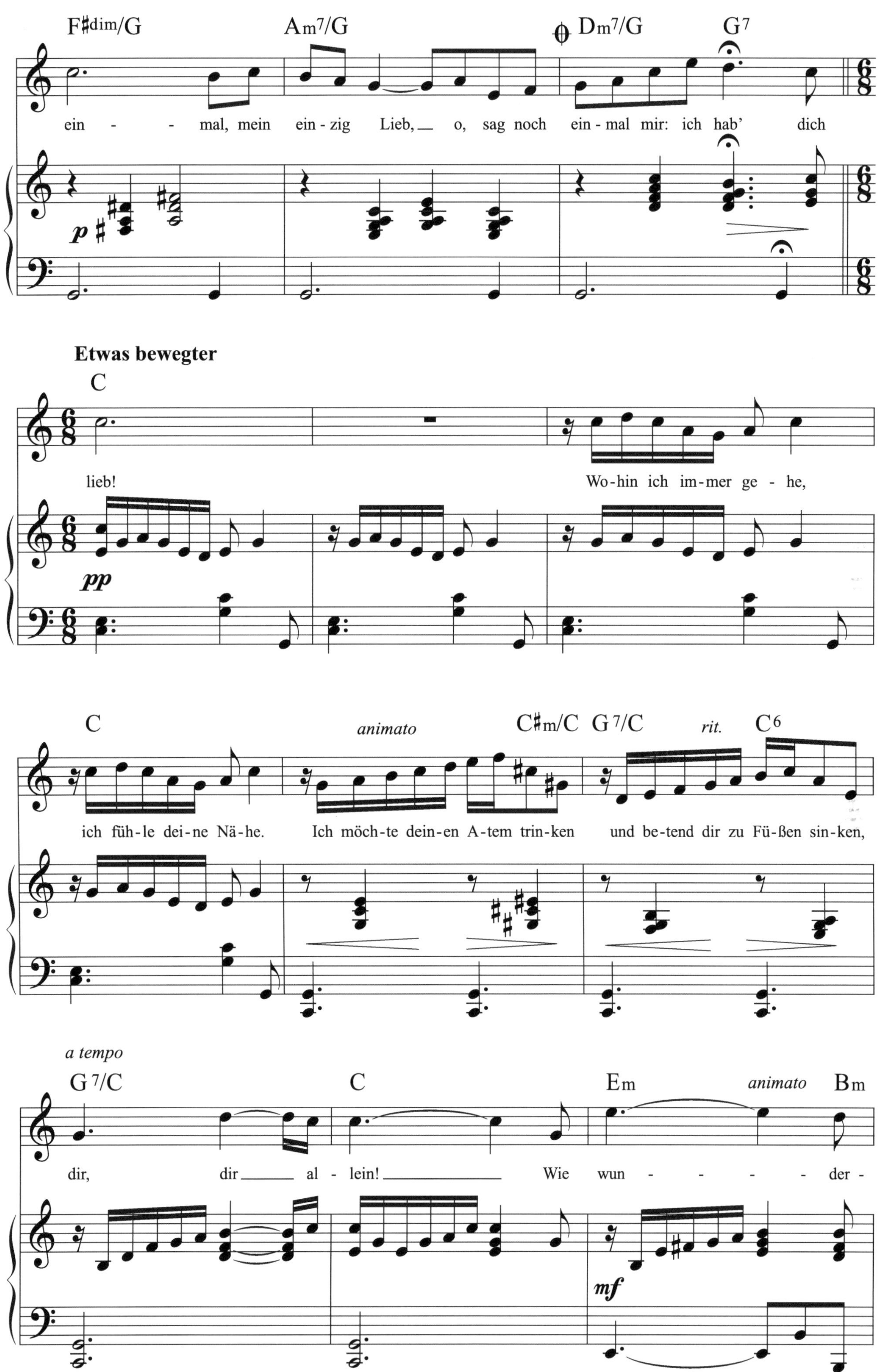
F♯dim/G
Am7/G
Dm7/G
G7
ein - - mal, mein ein-zig Lieb, o, sag noch ein-mal mir: ich hab' dich
p
Etwas bewegter
C
lieb!
Wo-hin ich im-mer ge - he,
pp
C
animato
C♯m/C
G7/C
rit.
C6
ich füh-le dei-ne Nä-he. Ich möch-te dein-en A-tem trin-ken und be-tend dir zu Fü-ßen sin-ken,
a tempo
G7/C
C
Em
animato
Bm
dir, dir al - lein! Wie wun - - - - der -
mf

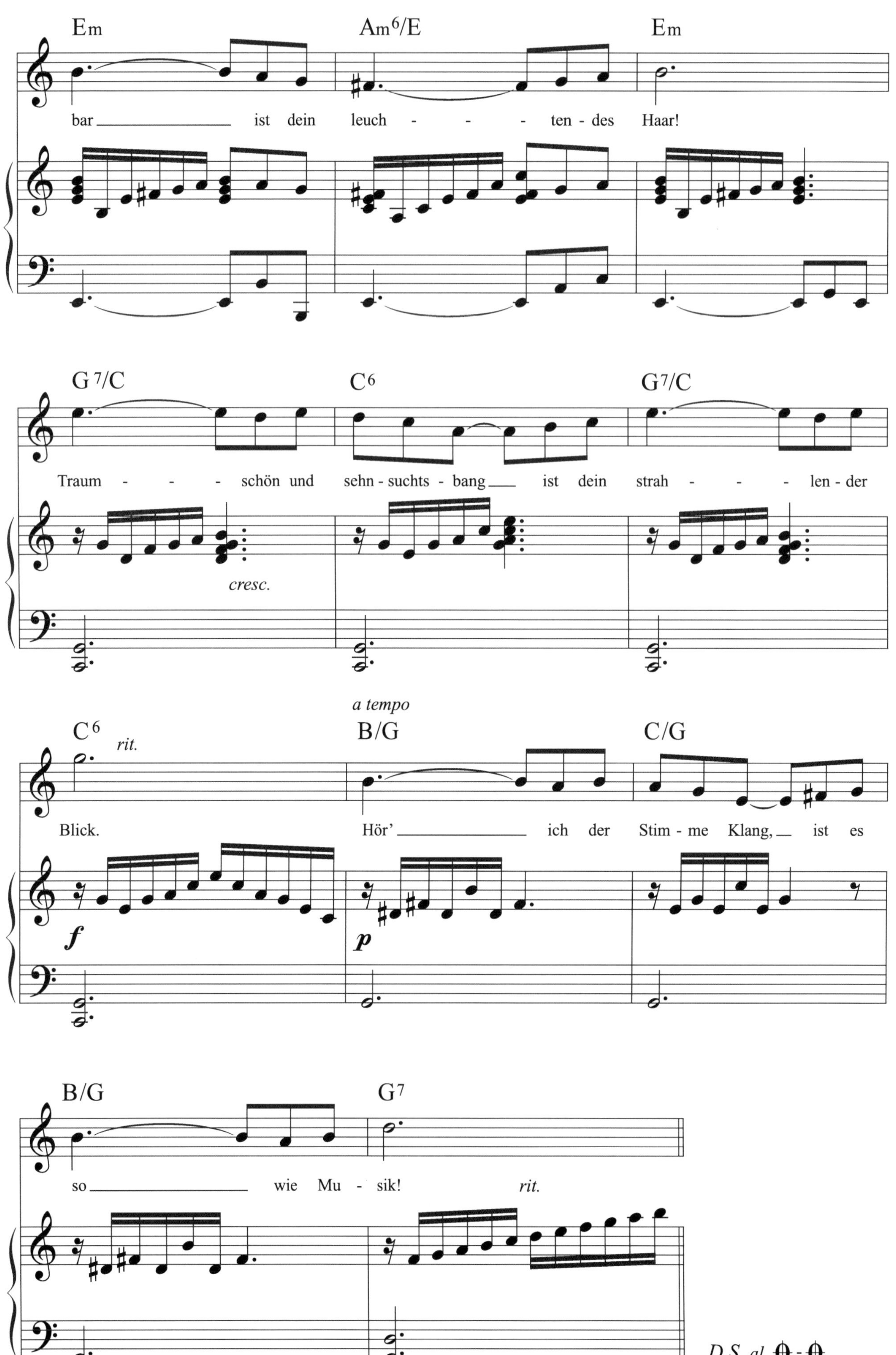
Em
Am6/E
Em
bar ist dein leuch - - - ten - des Haar!
G7/C
C6
G7/C
Traum - - - schön und sehn - suchts - bang ist dein strah - - - len - der
cresc.
a tempo
C6
rit.
B/G
C/G
Blick. Hör' ich der Stim - me Klang, ist es
f
p
B/G
G7
so wie Mu - sik!
rit.
D.S. al

AMA VERLAG

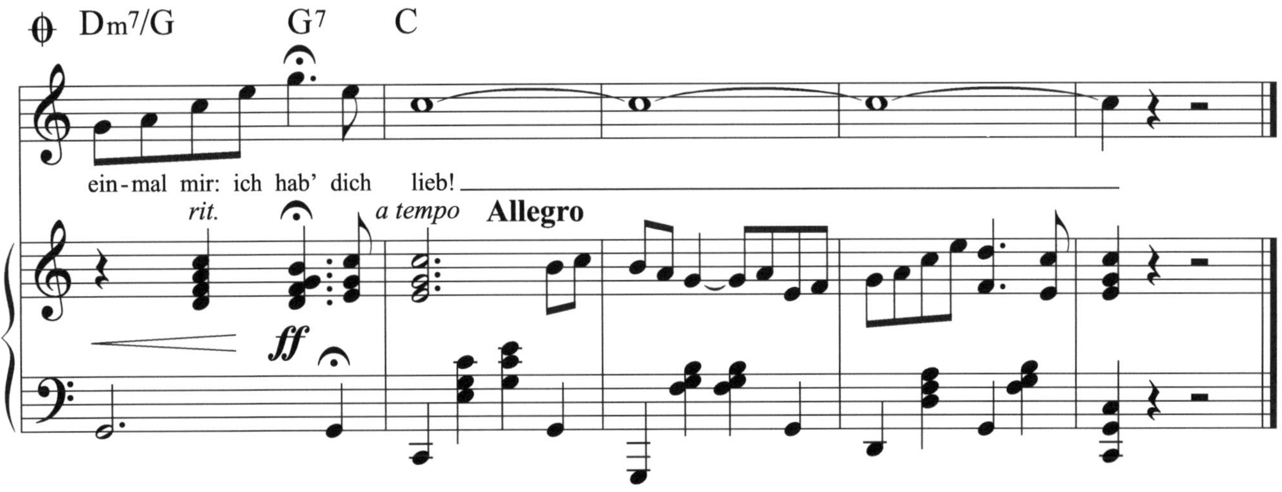

Mit *Dein ist mein ganzes Herz* aus dem zweiten Akt der Operette *Das Land des Lächelns* wurde der Opernsänger Richard Tauber, der vor allem als Mozart-Interpret bekannt war, zum Weltstar. Die Kritiker waren zum Teil verwundert, dass sich ein derart großartiger Opernsänger für die scheinbar weniger anspruchsvolle Operette hergab. Für Tauber war das kein Problem, er soll gesagt haben: „Ich singe nicht Operette – ich singe Lehár!"

Mein lieber Richard!
Hier hast du dein Tauber-Lied!!
Bad Ischl, 17/8. 1929. Dein Franz

Dein ist mein ganzes Herz

Lied aus der Operette: „Das Land des Lächelns" *)

nach Viktor Léon von Ludwig Herzer und Fritz Löhner

Inschrift des Komponisten an Richard Tauber auf einem Notenblatt, 1929

52. Dorogoi dlinnoju

Boris Ivanovich Fomin (1900–1948)
Bearb.: Michael Schäfer

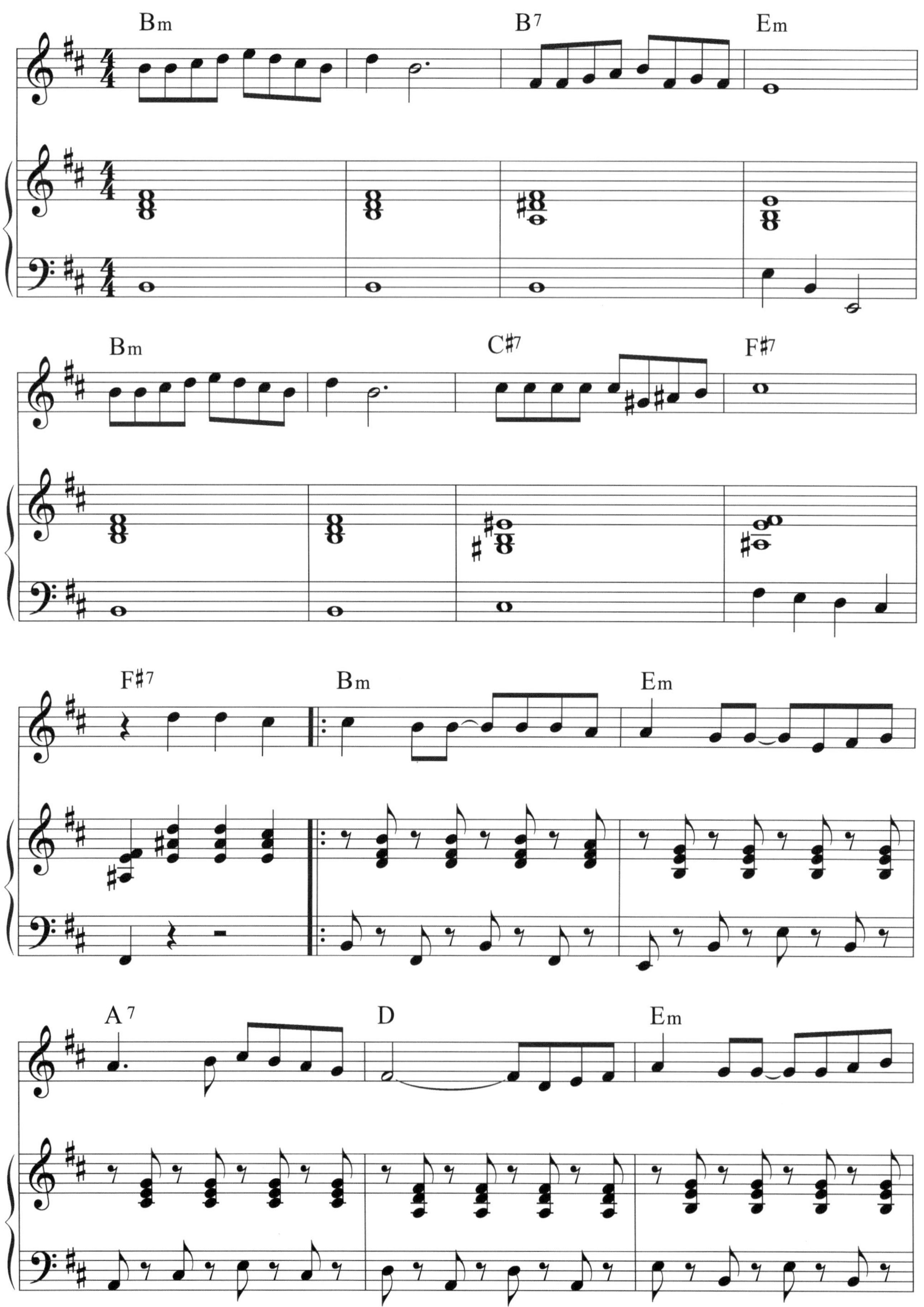

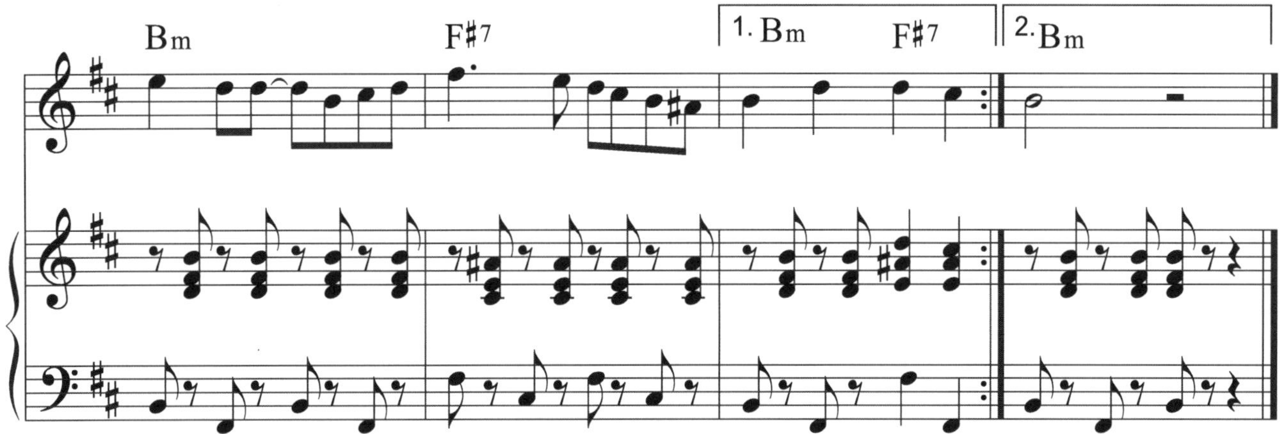

Die Melodie des russischen Komponisten wurde als *Those Were the Days* durch Mary Hopkin aus dem Jahr 1968 weltbekannt. Der Song wurde in den Abbey Road Studios aufgenommen, von Paul McCartney produziert und erschien auf dem von den Beatles neu gegründeten Label Apple Records. *Those Were the Days* stürmte die Hitparaden, es gibt zahlreiche weitere Coverversionen in verschiedenen Sprachen.

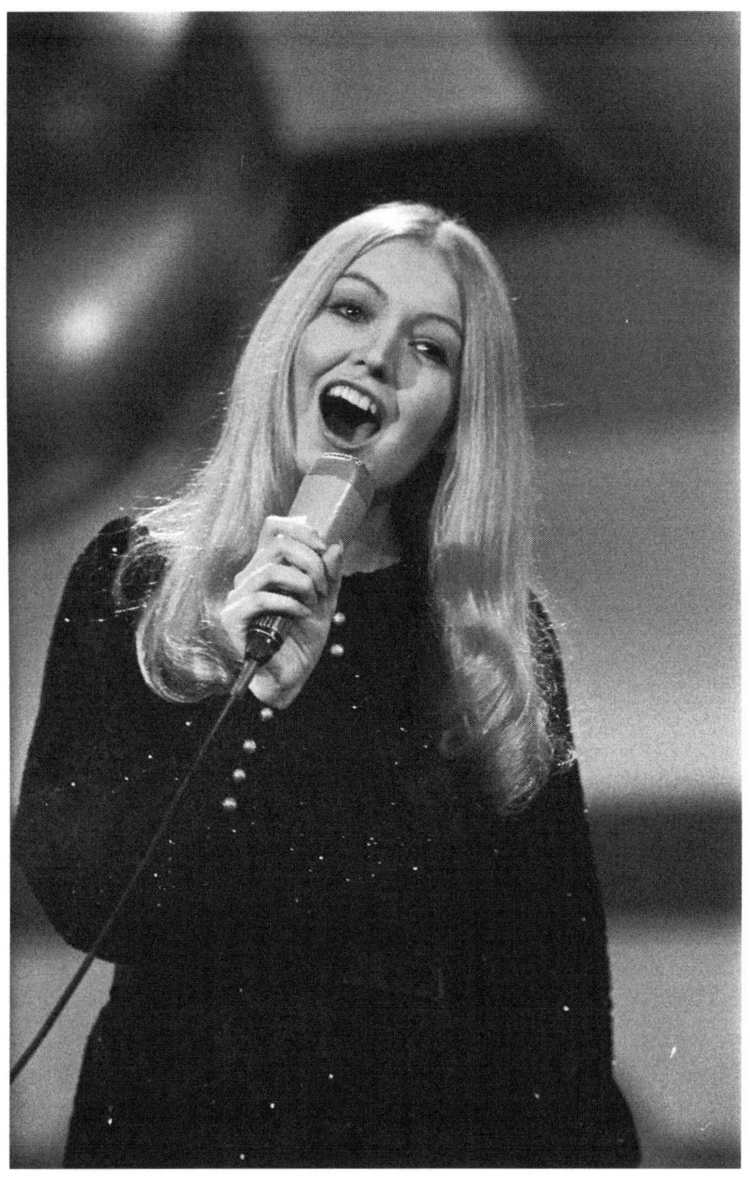

Mit *Those Were the Days My Friend* hatte die walisische Folksängerin Mary Hopkin ihren größten Erfolg.

53. Tico-Tico no Fubá

Zequinha de Abreu (1880–1935)
Bearb.: Michael Schäfer

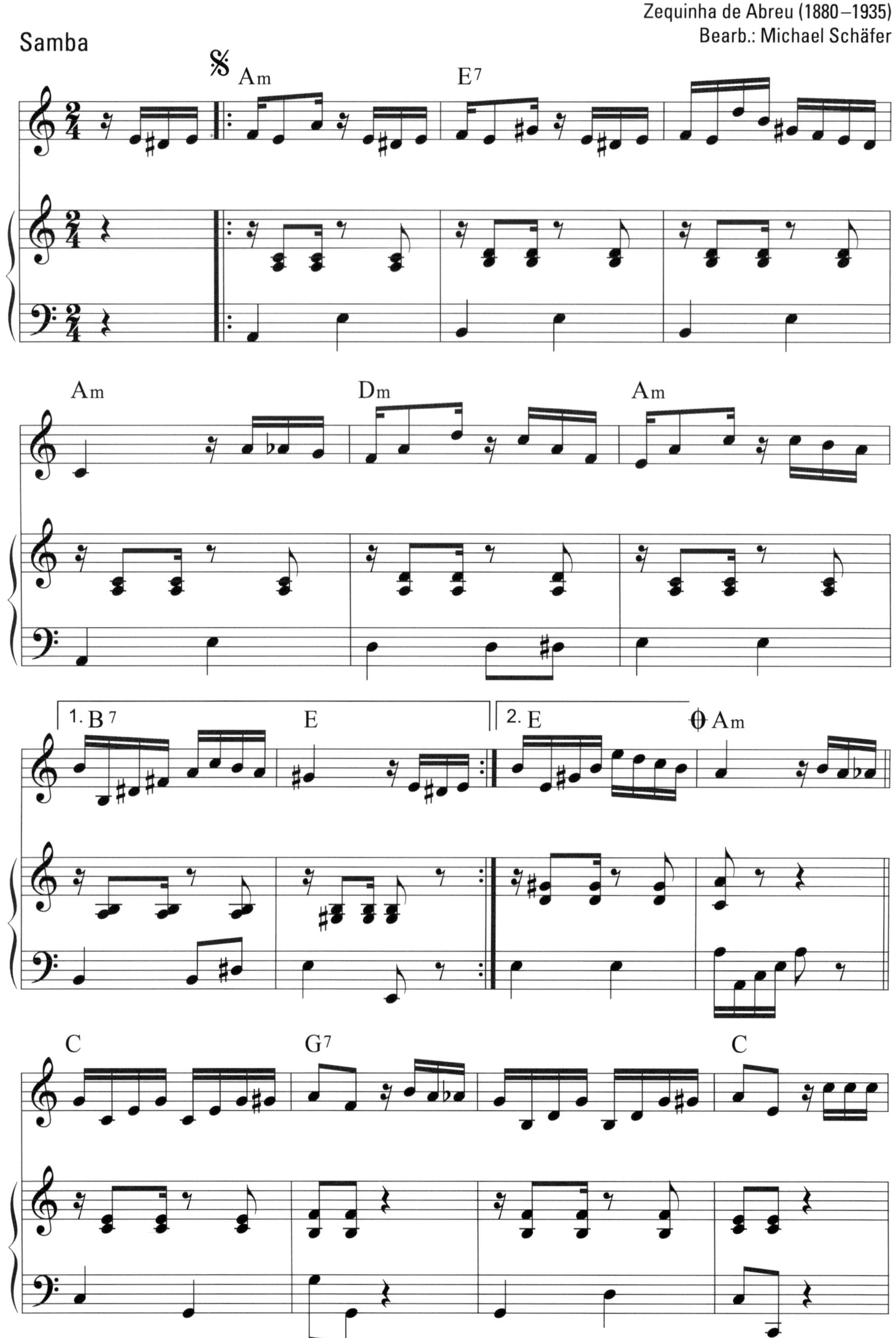

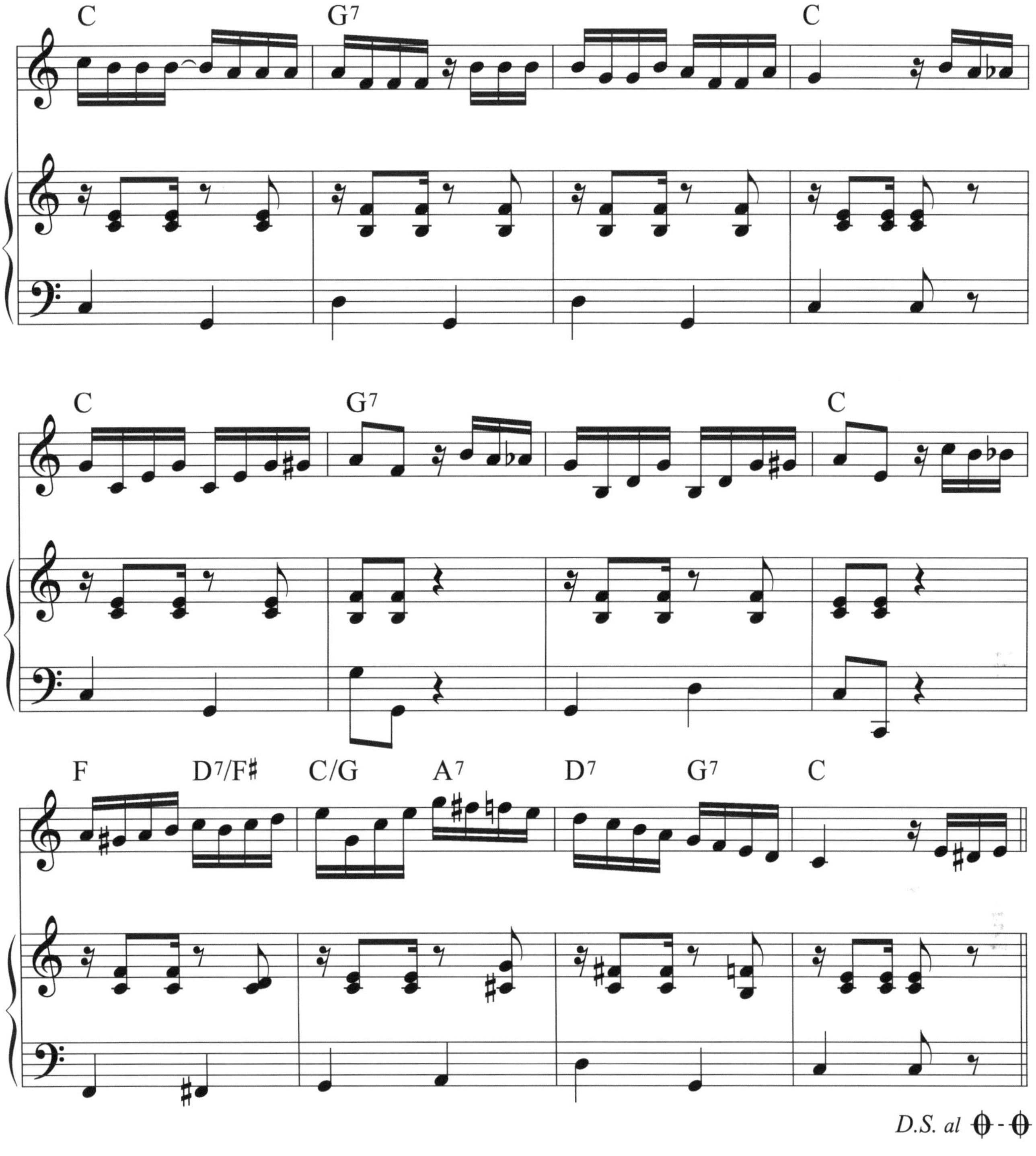

C G7 C

C G7 C

F D7/F♯ C/G A7 D7 G7 C

D.S. al ⊕ - ⊕

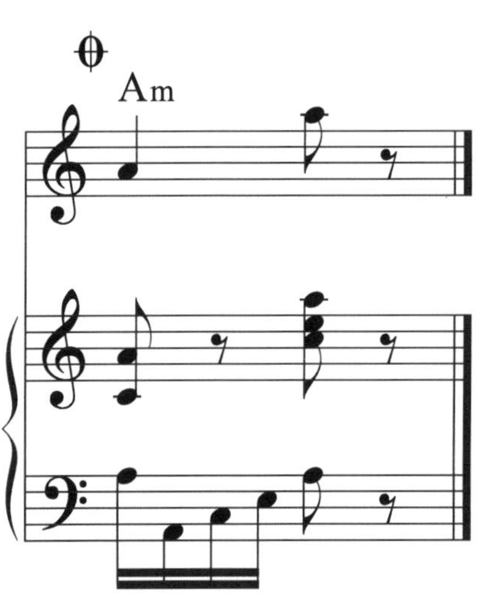

Tico - Tico no Fubá ist ein beliebter lateinamerikanischer Song im Sambarhythmus und wurde u. a. von Charlie Parker, Tommy Dorsey, Paco de Lucia, Oscar Peterson und den Berliner Philharmonikern aufgenommen.

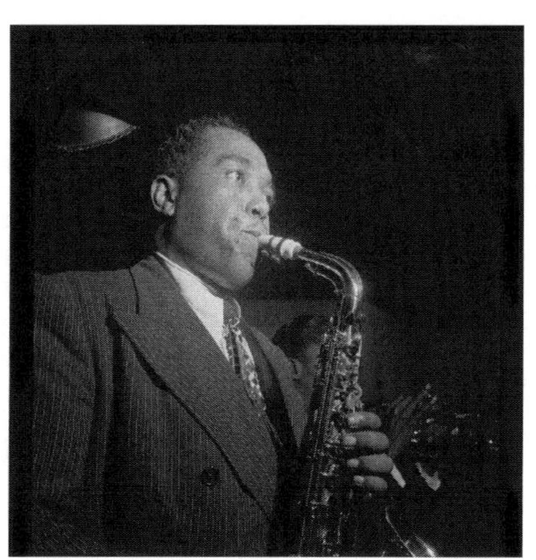

Charlie Parker 1947,
Foto von William P. Gottlieb

54. Old House, New Home

Bossa Nova

Michael Schäfer

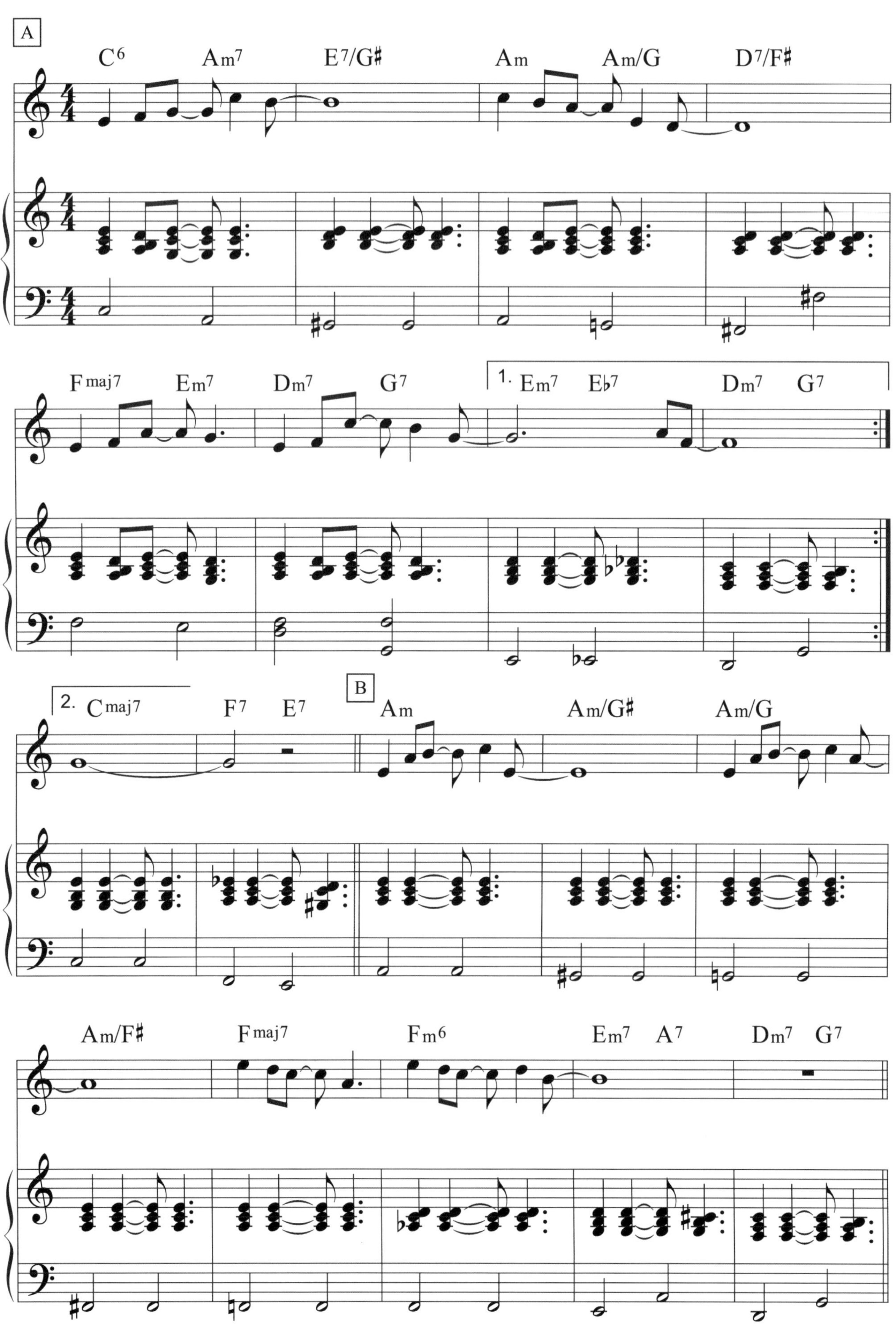

AMA VERLAG

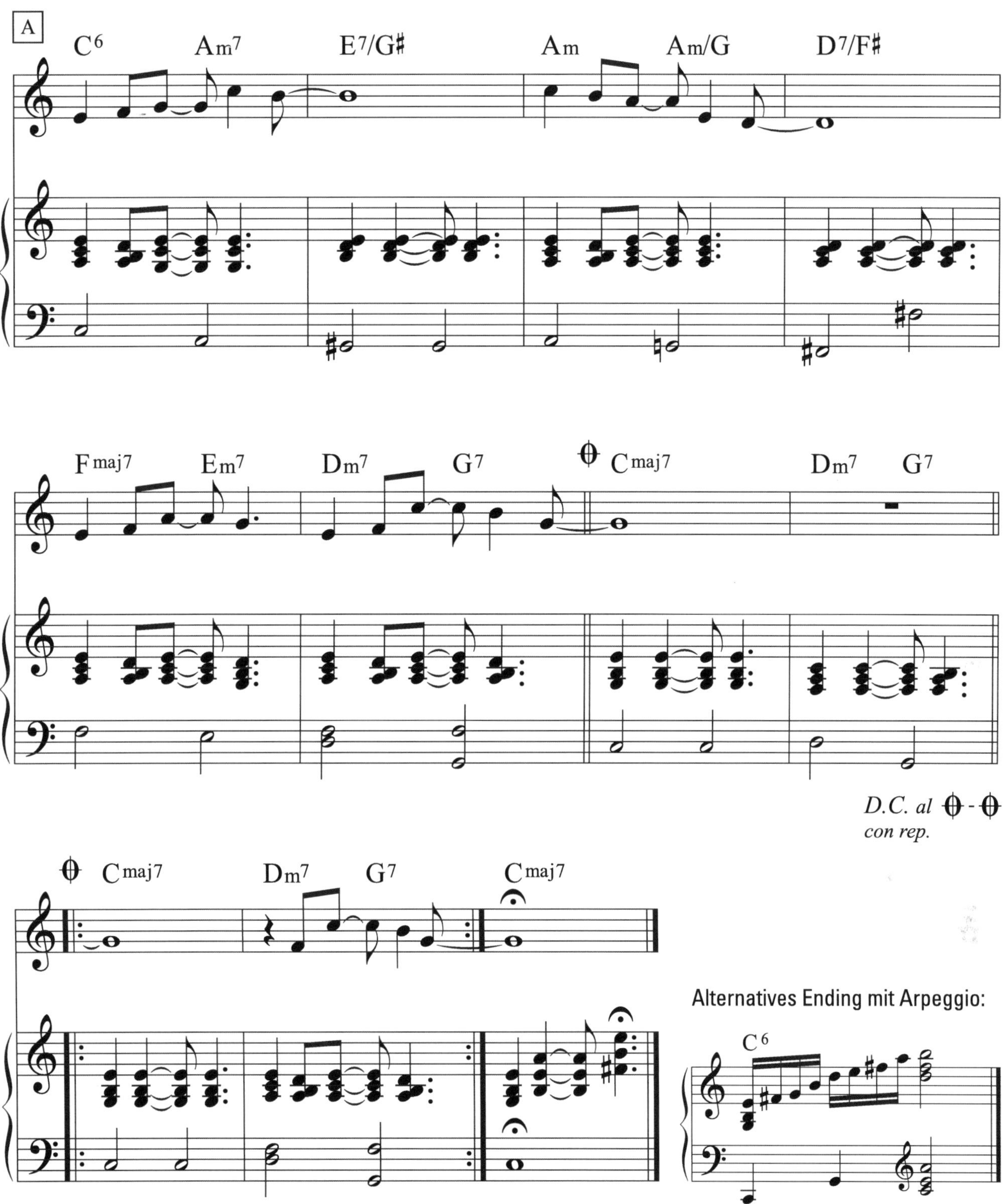

Bossa Nova entstand in den 1950er Jahren in Brasilien als Verschmelzung von Samba-Rhythmus und Jazzharmonik. Die brasilianischen Musiker Antônio Carlos Jobim und João Gilberto gelten als Urväter des Bossa Novas. Nordamerikanische Jazzmusiker brachten die Musik in die USA, sie wurde schnell in der ganzen Welt populär. Der Saxophonist Stan Getz nahm 1964 mit Antonio Carlos Jobim und Astrud und João Gilberto das vielfach ausgezeichnete Album „Getz/Gilberto“ auf. Es wurde zu einem der meistverkauften Alben aller Zeiten.

55. All the Things You Are

Jerome Kern (1885–1945)
Bearb.: Michael Schäfer

Swing or Ballad

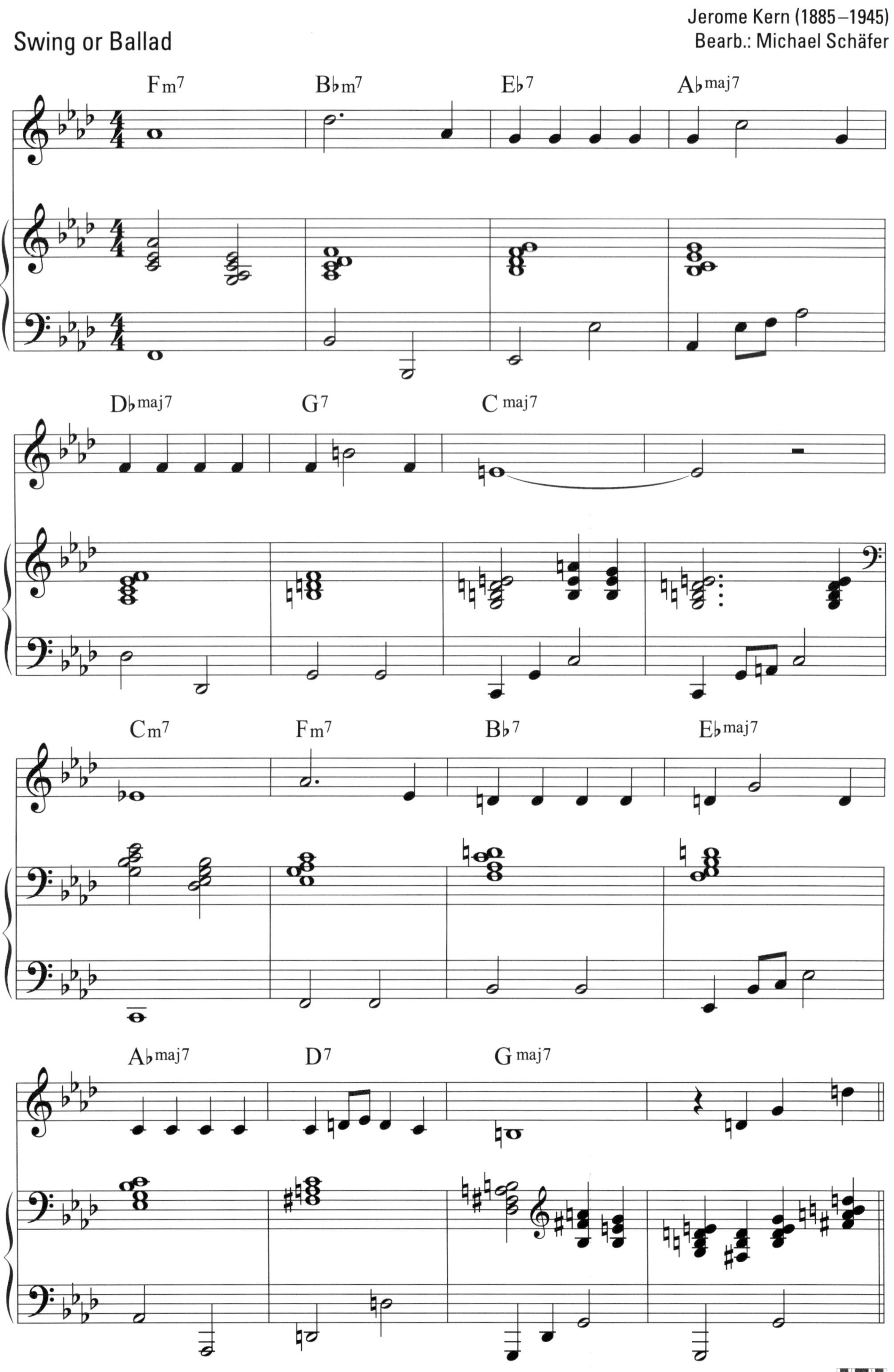

AMA VERLAG

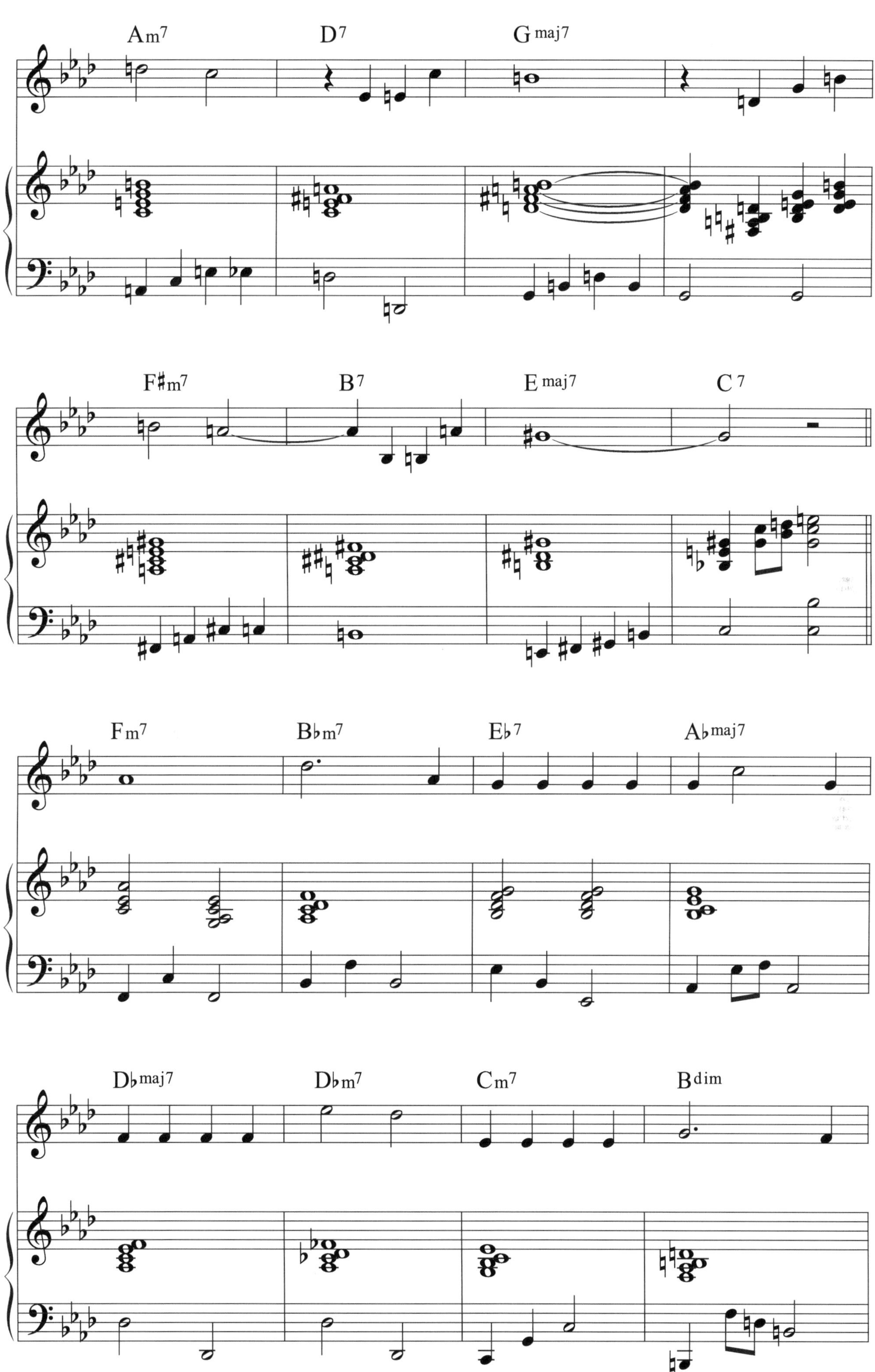
Am7
D7
G maj7
F♯m7
B7
E maj7
C 7
Fm7
B♭m7
E♭7
A♭maj7
D♭maj7
D♭m7
Cm7
B dim

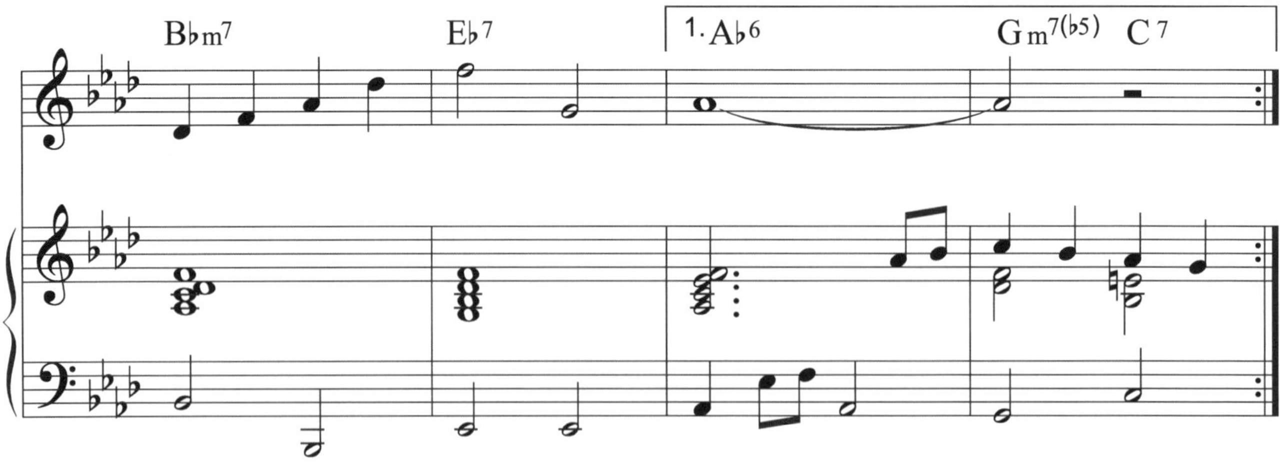

B♭m7 E♭7 1. A♭6 Gm7(♭5) C7

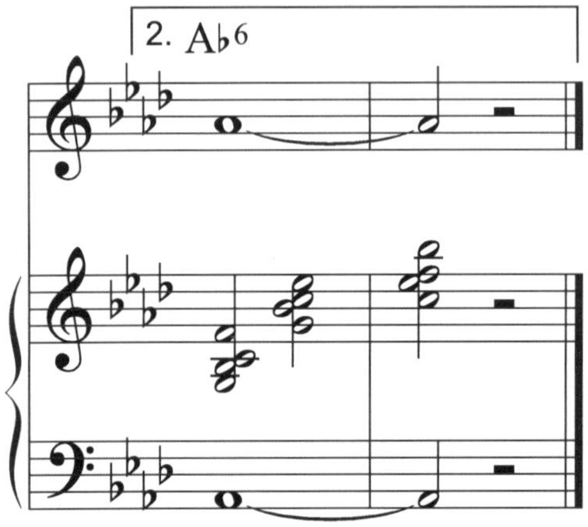

2. A♭6

Alternatives Ending mit Arpeggio:

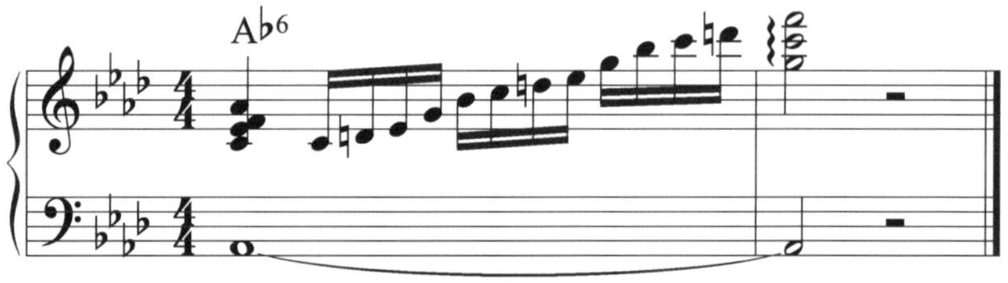

A♭6

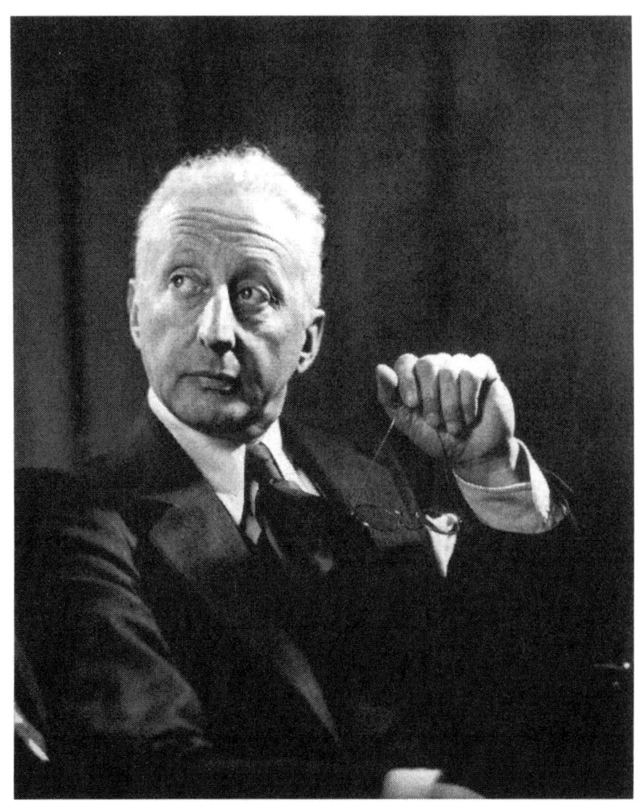

Jerome Kern 1934, Fotografie von Alfredo Valente

56. Yesterdays

Jerome Kern (1885–1945)
Bearb.: Michael Schäfer

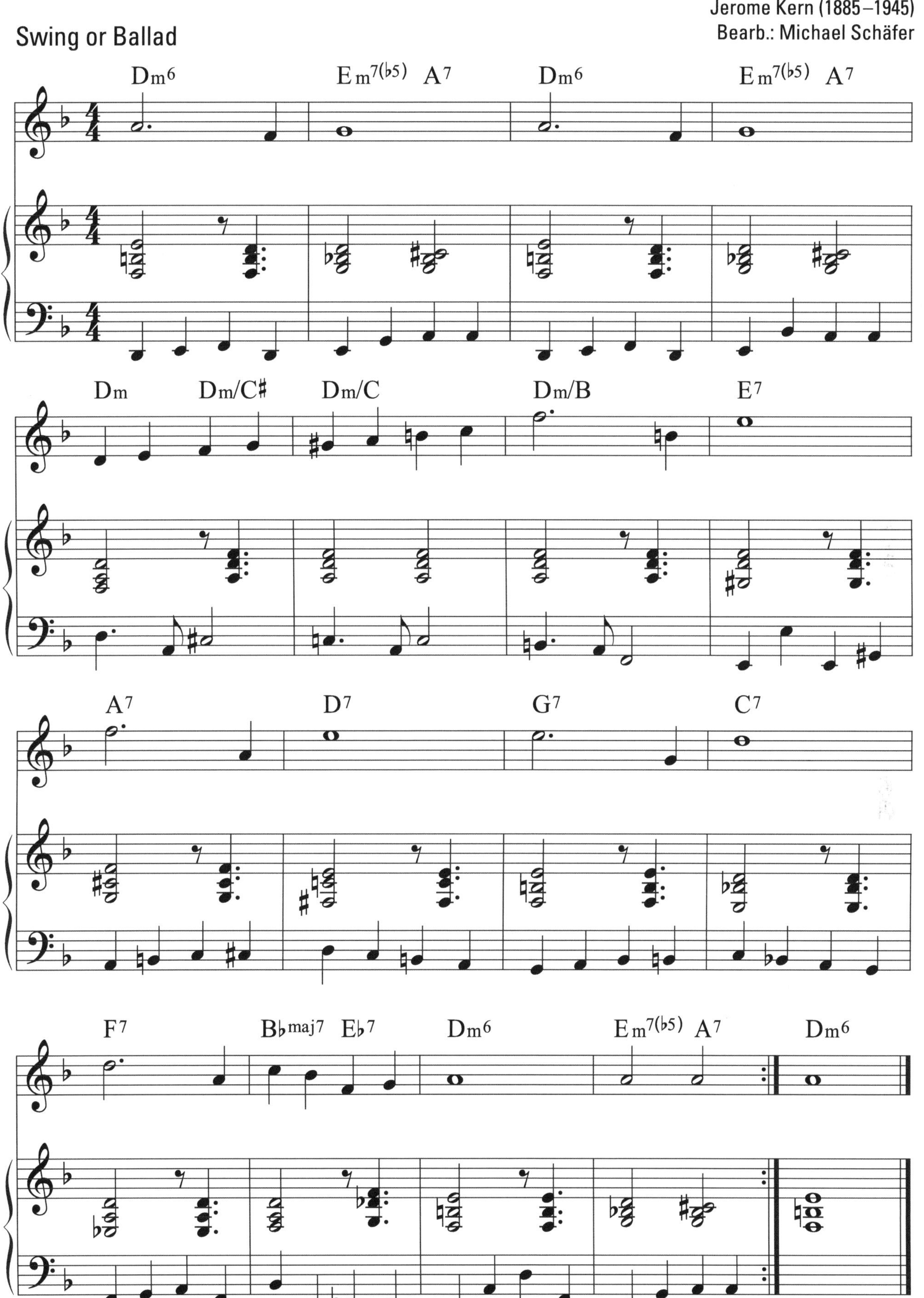

Yesterdays ist ein Song aus dem Musical *Roberta*, das am 18. November 1933 im New Amsterdam Theatre am Broadway in New York Premiere hatte und dort bis zum 21. Juli 1934 295-mal aufgeführt wurde.

57. The Way You Look Tonight

Jerome Kern (1885–1945)
Bearb.: Michael Schäfer

Swing

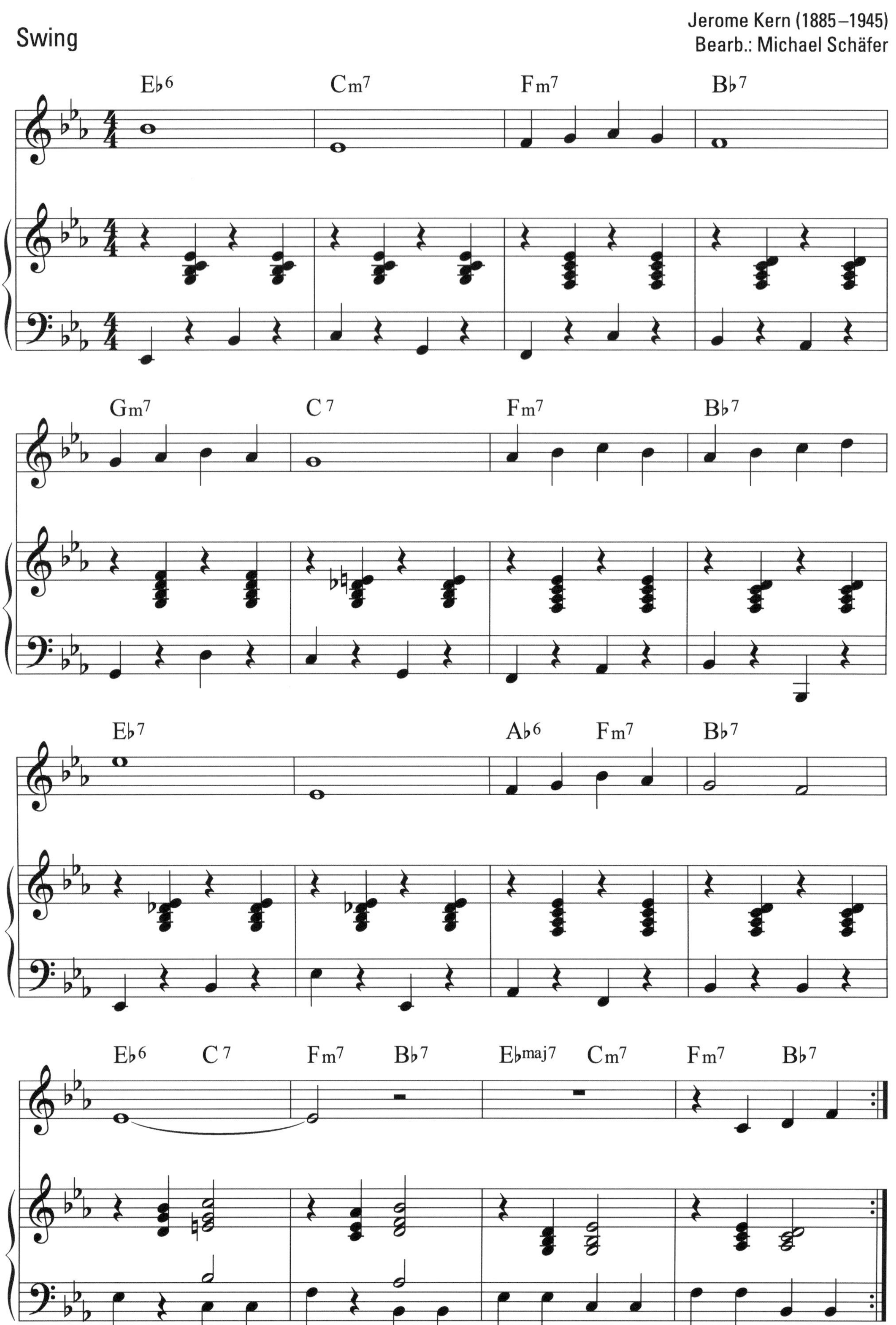

AMA VERLAG

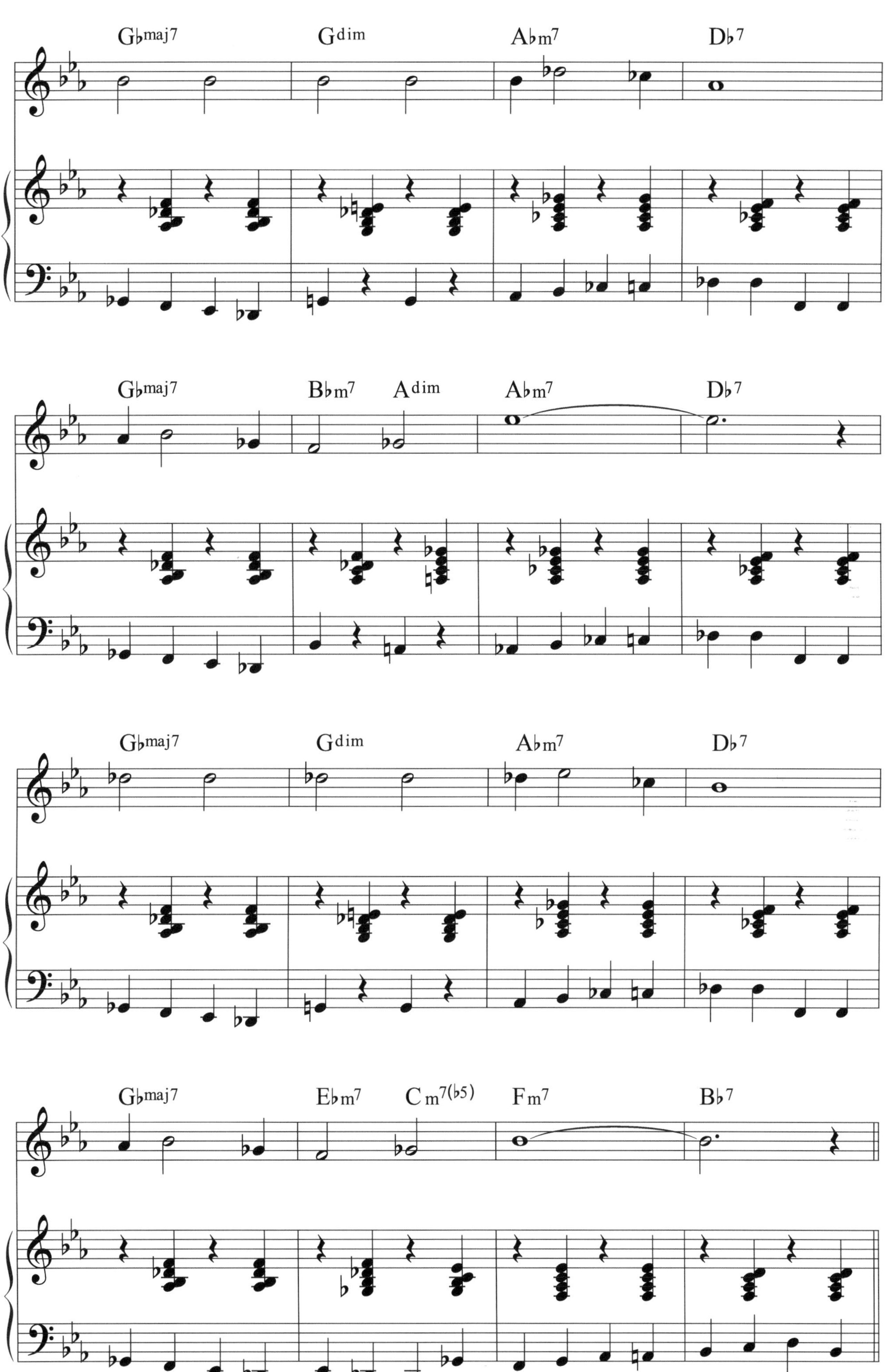
G♭maj7
Gdim
A♭m7
D♭7
G♭maj7
B♭m7
Adim
A♭m7
D♭7
G♭maj7
Gdim
A♭m7
D♭7
G♭maj7
E♭m7
Cm7(♭5)
Fm7
B♭7

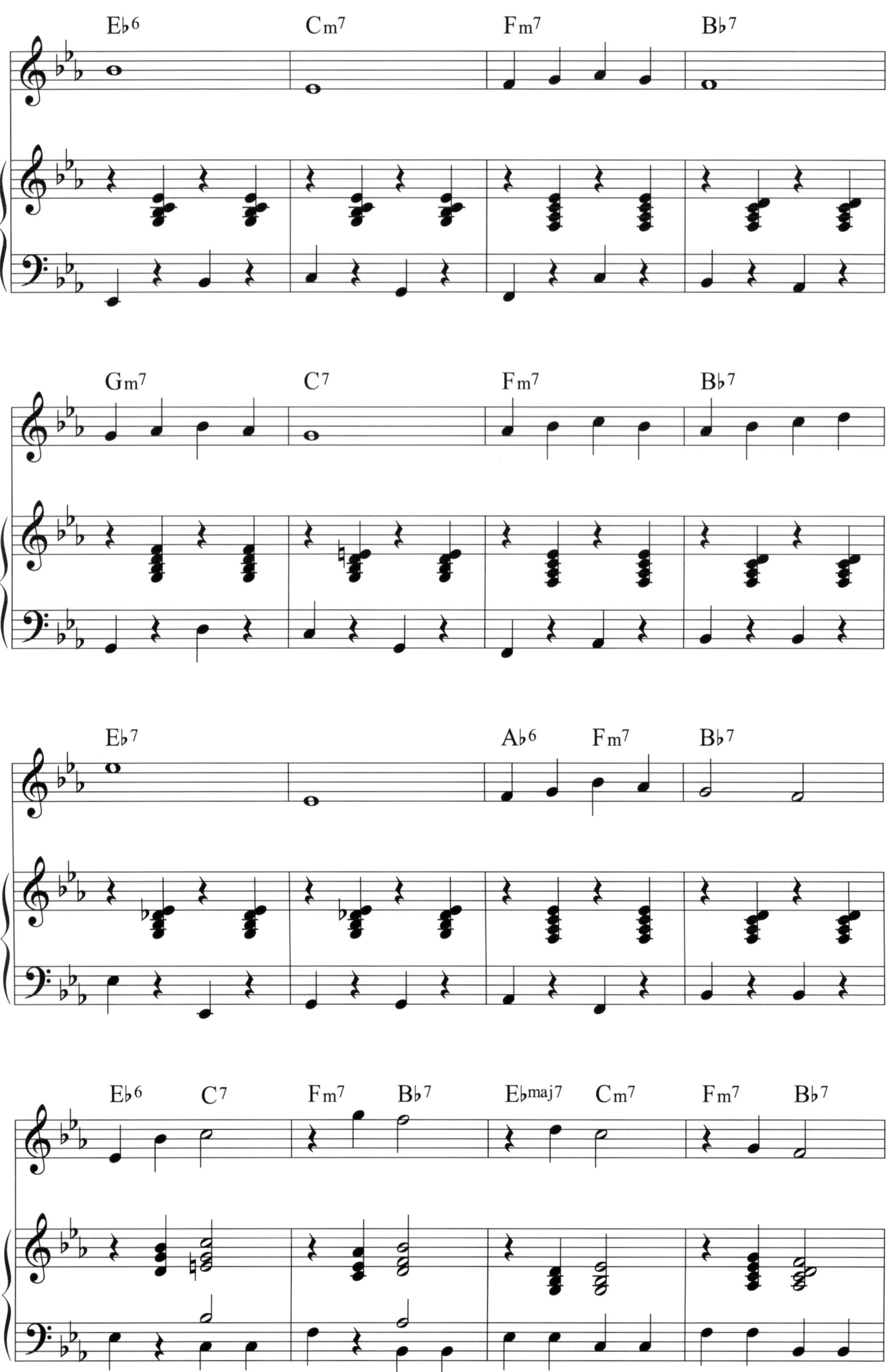
Eb6
Cm7
Fm7
Bb7
Gm7
C7
Fm7
Bb7
Eb7
Ab6
Fm7
Bb7
Eb6
C7
Fm7
Bb7
Ebmaj7
Cm7
Fm7
Bb7

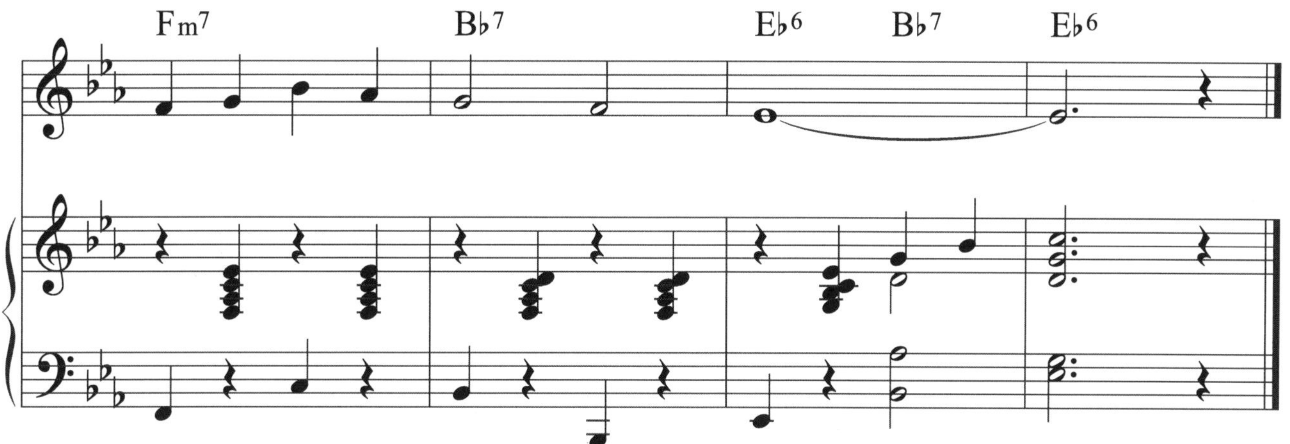

The Way You Look Tonight ist ein Song aus dem Film *Swing Time* aus dem Jahr 1938 mit Fred Astaire und Ginger Rogers in den Hauptrollen. Der Song blieb sechs Wochen auf Platz 1 der amerikanischen Hitparade und wurde mit dem Oscar für den besten Song ausgezeichnet.

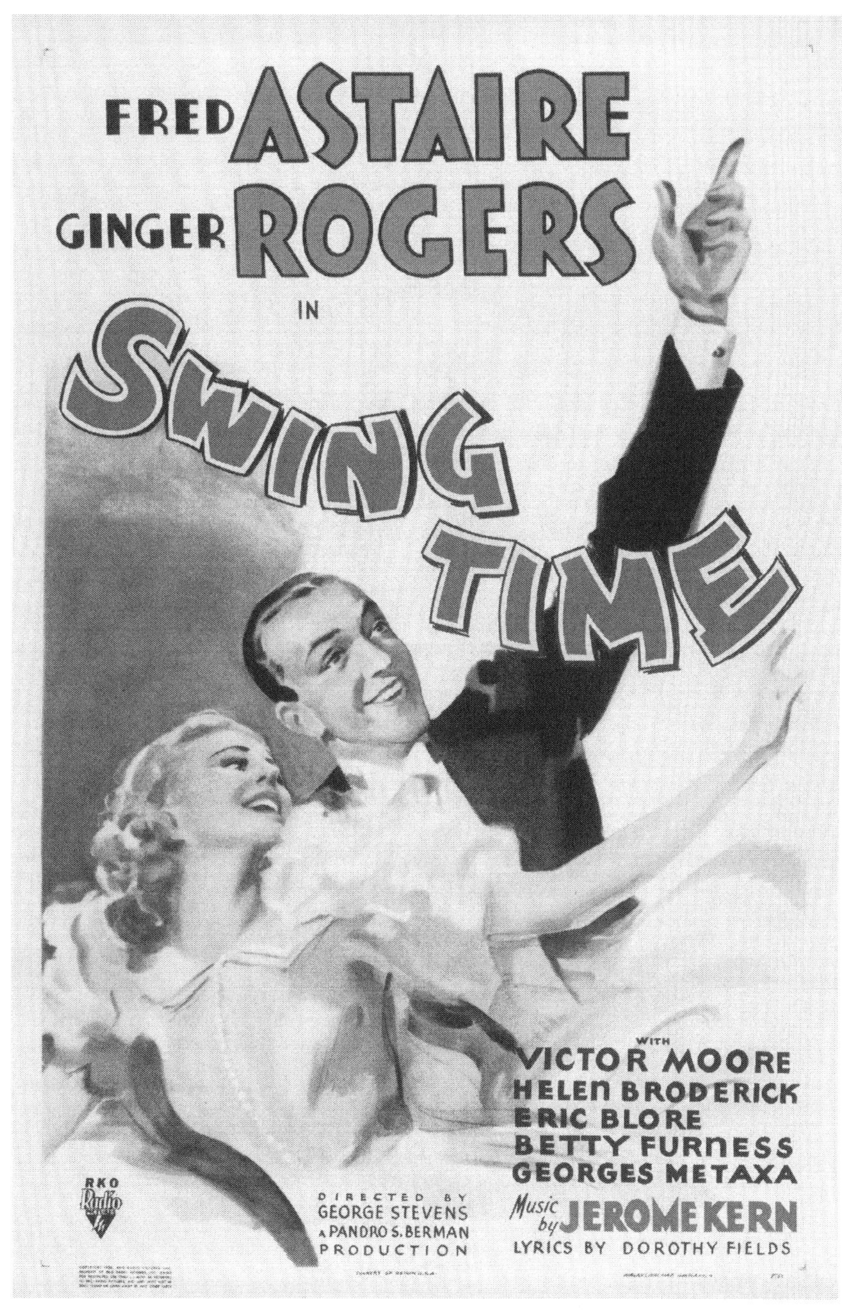

Kinoplakat für die amerikanische Veröffentlichung des Films *Swing Time* von 1936.

58. The Song Is You

Jerome Kern (1885–1945)
Bearb.: Michael Schäfer

Ballad

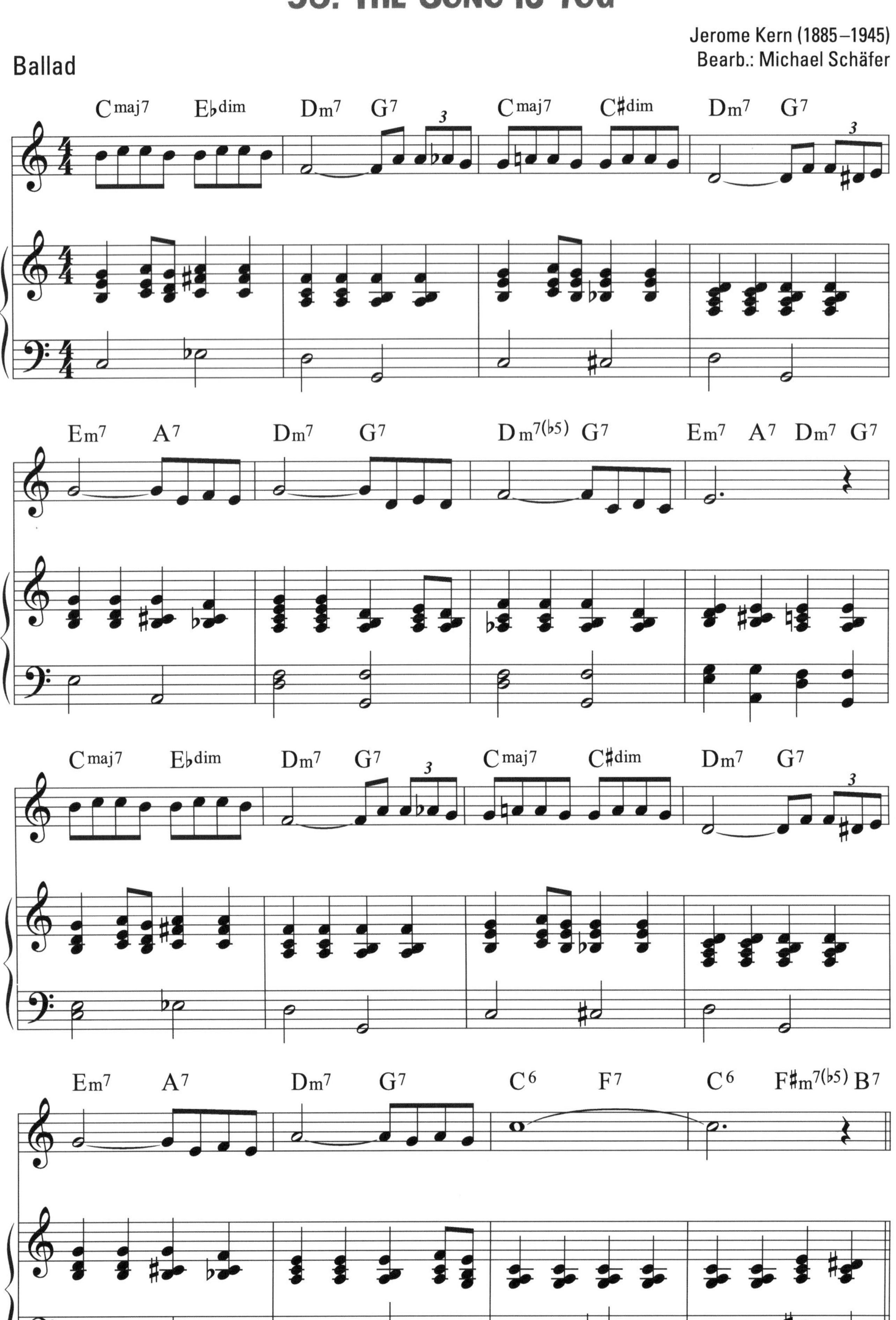

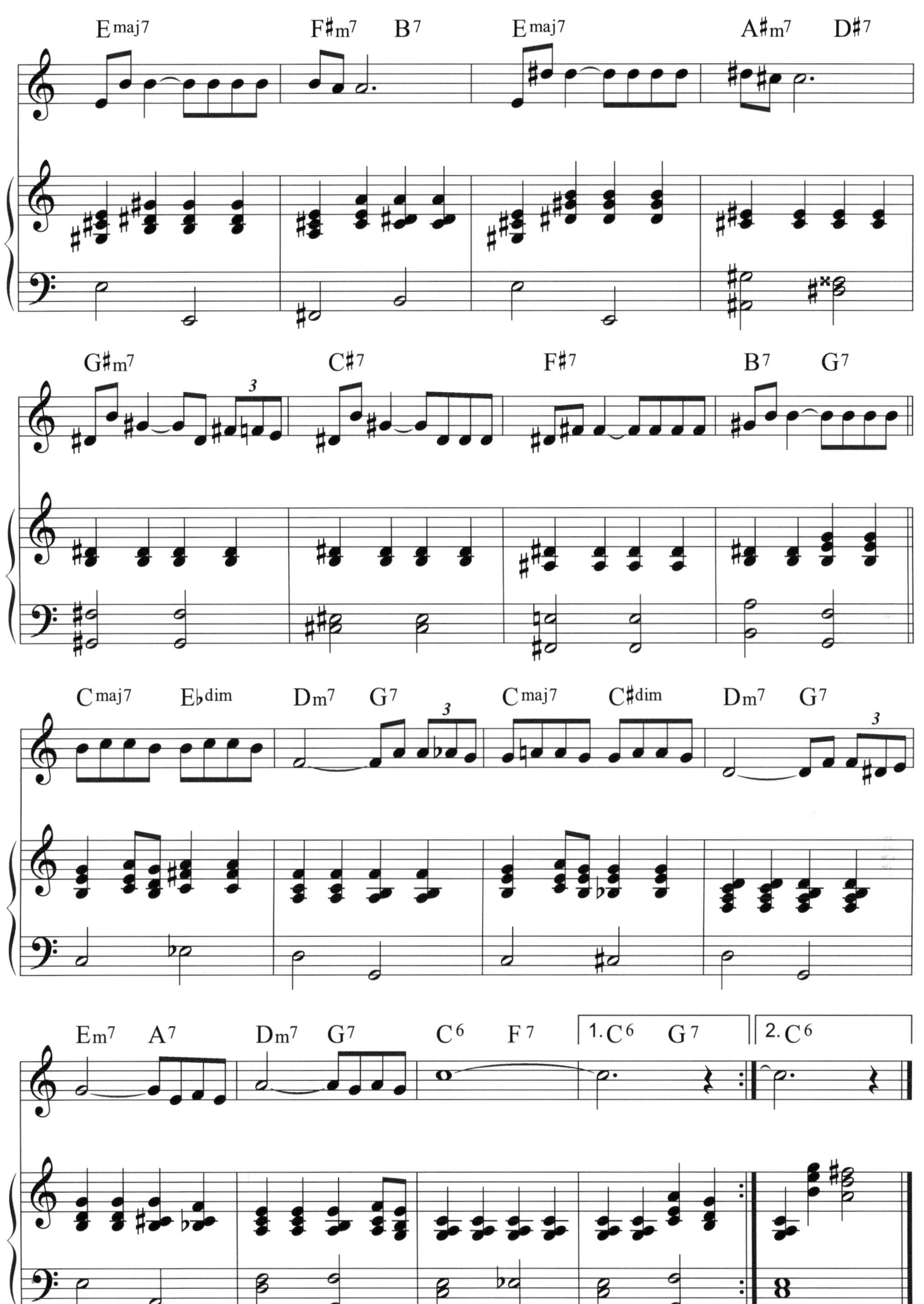

The Song Is You ist der bekannteste Song aus dem Musical *Music in the Air*, das am 8. November 1932 im Alvin Theater am Broadway in New York uraufgeführt wurde.
Als Vorspiel könnt ihr die ersten zwei oder vier Takte der Begleitung spielen.

59. As Time Goes By

Herman Hupfeld (1894–1951)
Bearb.: Michael Schäfer

Ballad

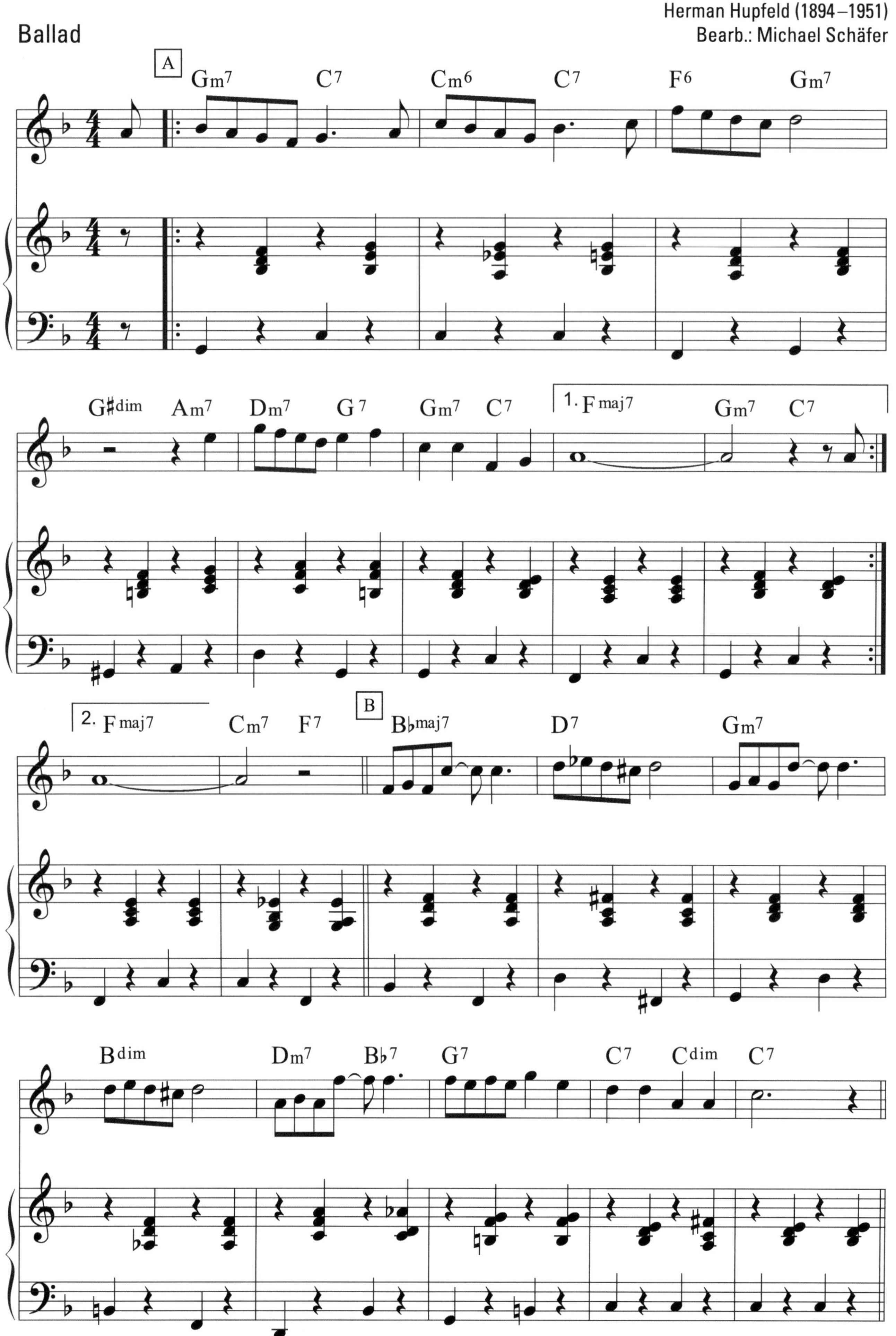

AMA VERLAG

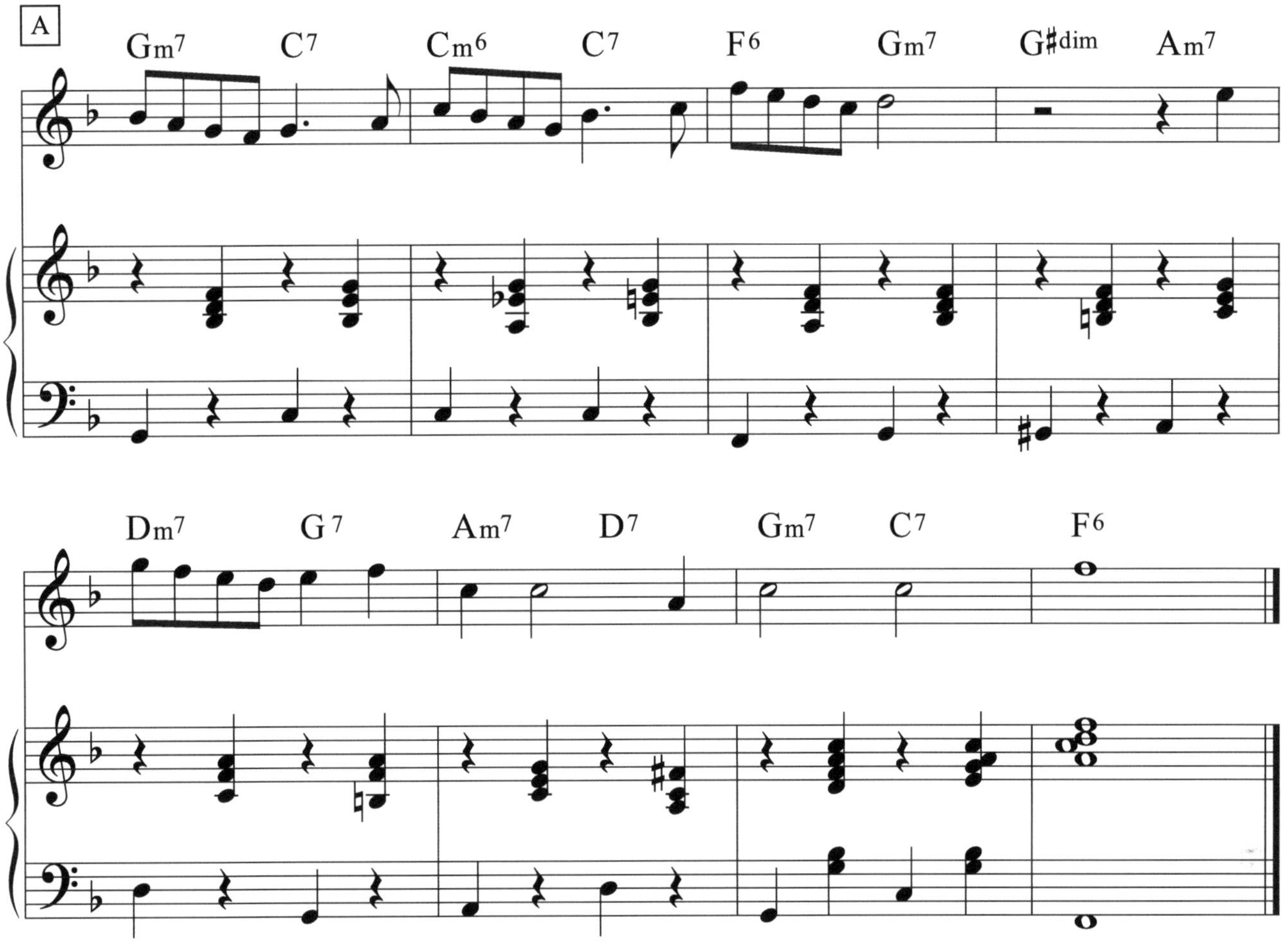

As Times Goes By wurde durch Dooley Wilson weltberühmt, der den Song in dem Liebesfilm *Casablanca* sang. Das Lied wurde auch von Nancy Sinatra, Harry Nilsson, Jimmy Durante und Bryan Ferry gecovert.

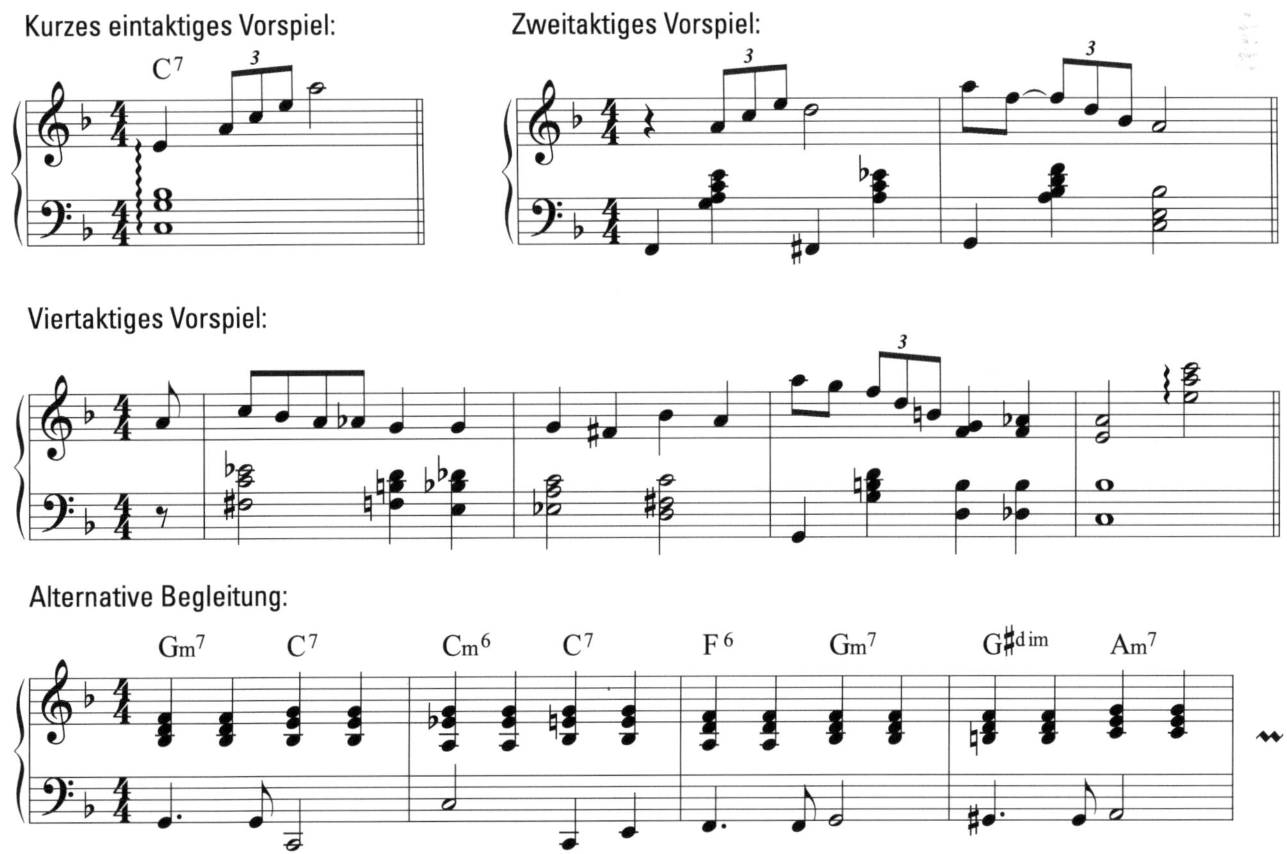

60. Adios Muchachos

Julio César Sanders (1897–1942)
Bearb.: Michael Schäfer

Tango

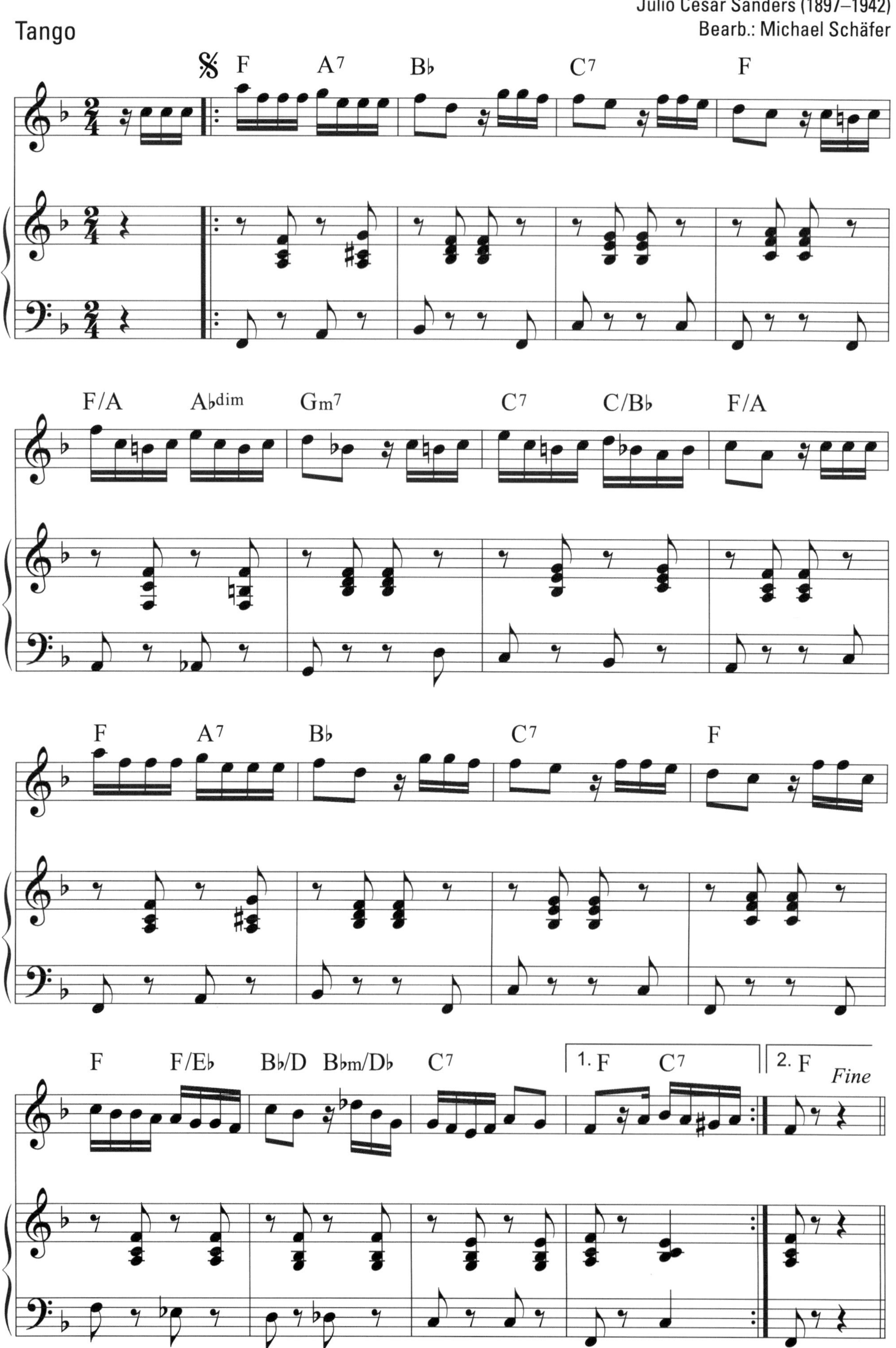

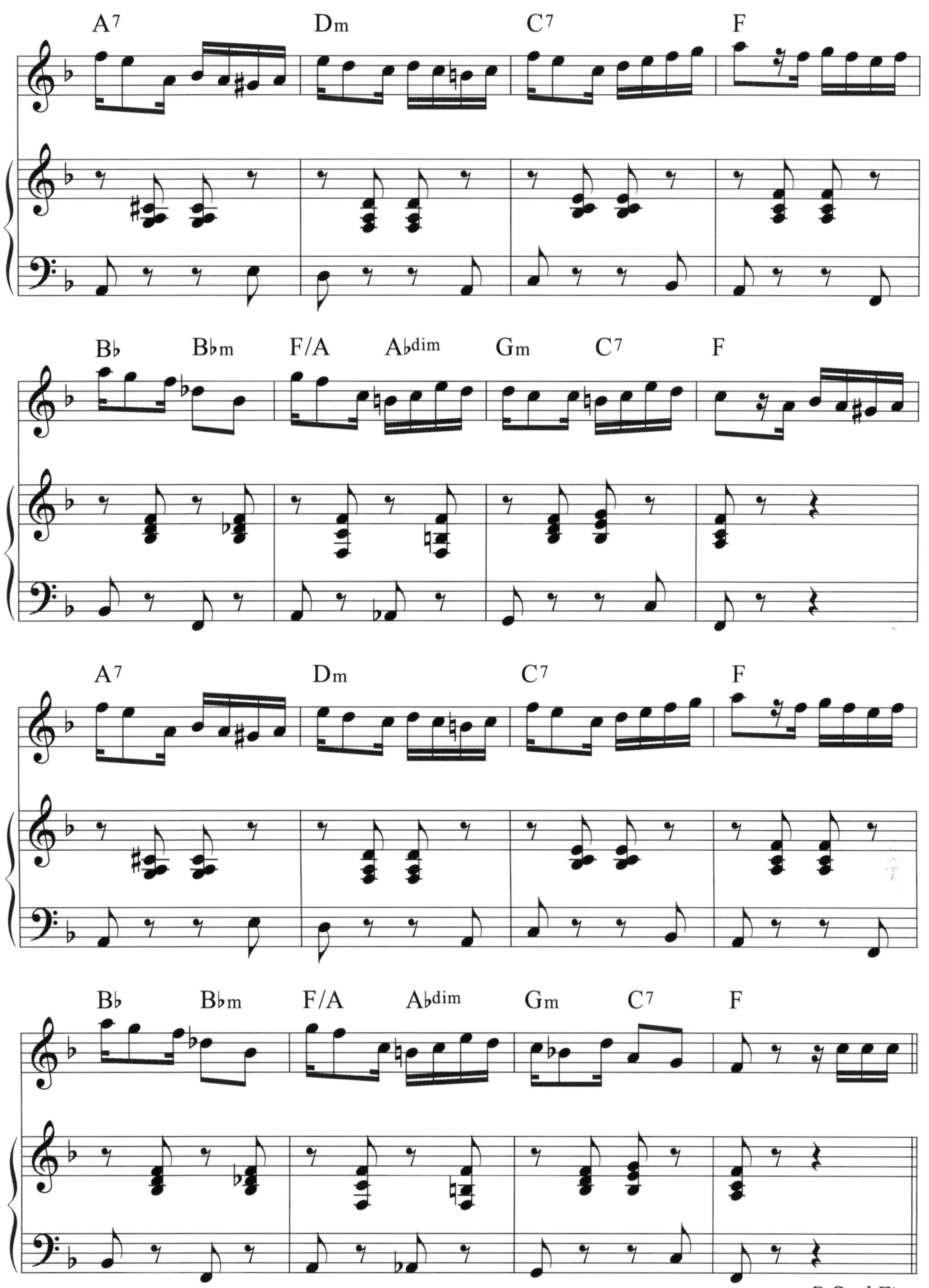

Adios Muchachos (etwa „Macht's gut, Leute") – den argentinischen Pianisten Julio César Sanders soll diese Abschiedsformel unter Freunden zu dieser Melodie inspiriert haben. *Adios Muchachos* ist einer der weltweit am meisten gespielten Tangos. Als Vorspiel könnt ihr die ersten oder letzten vier Takte der Begleitung spielen. Beachte: Befinden sich innerhalb des Songablaufs nach einer Sprunganweisung wie D.C. und D.S. Klammen, wird ohne Wiederholung direkt in der 2. Klammer weitergespielt.

61. La Cumparsita

Gerardo Hernan Matos Rodríguez (1897–1948)
Bearb.: Michael Schäfer

Tango

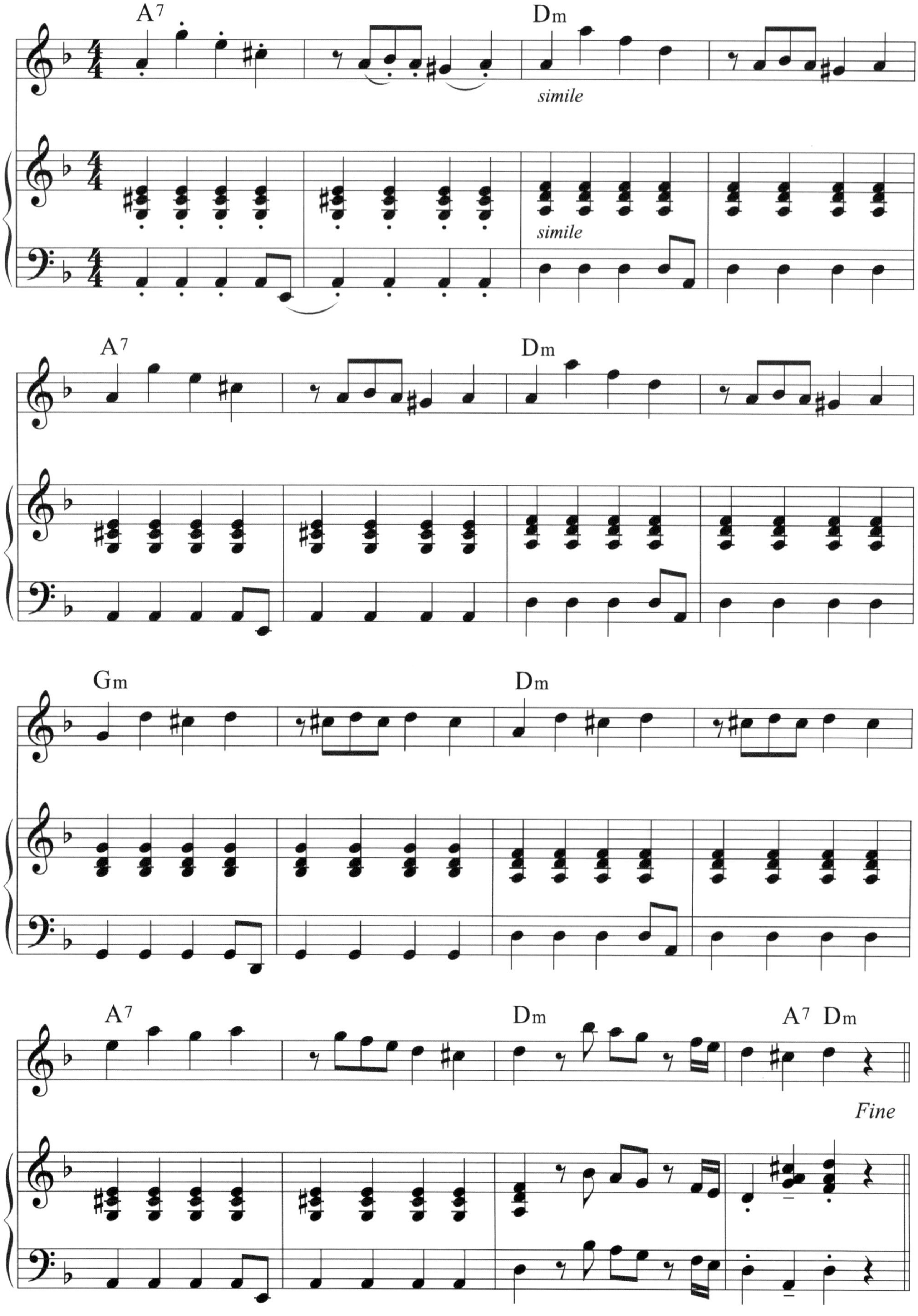

A7 Dm

simile

simile

A7 Dm

Gm Dm

A7 Dm A7 Dm

Fine

AMA VERLAG

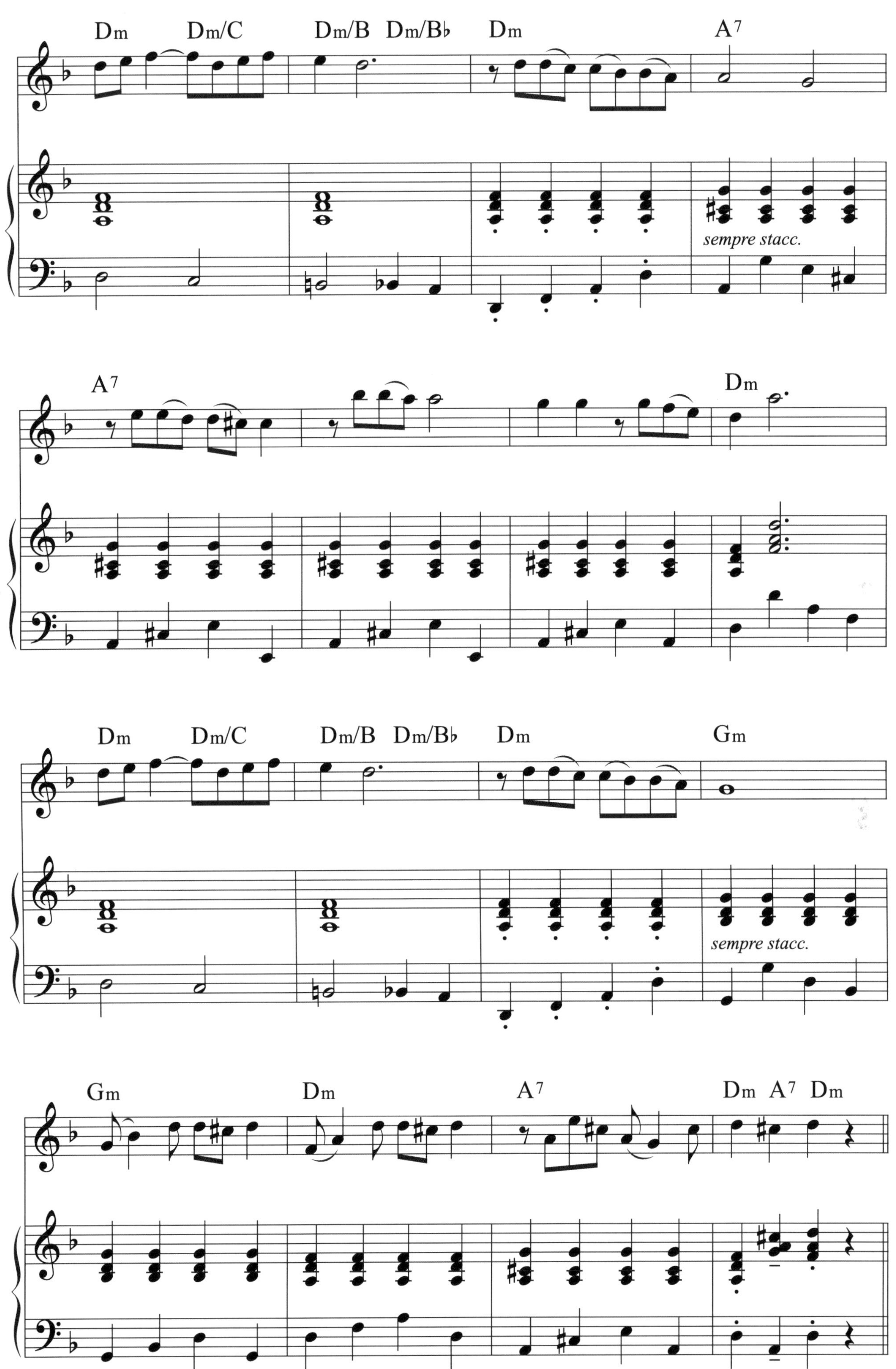
Dm
Dm/C
Dm/B
Dm/B♭
Dm
A7
sempre stacc.
A7
Dm
Dm
Dm/C
Dm/B
Dm/B♭
Dm
Gm
sempre stacc.
Gm
Dm
A7
Dm
A7
Dm

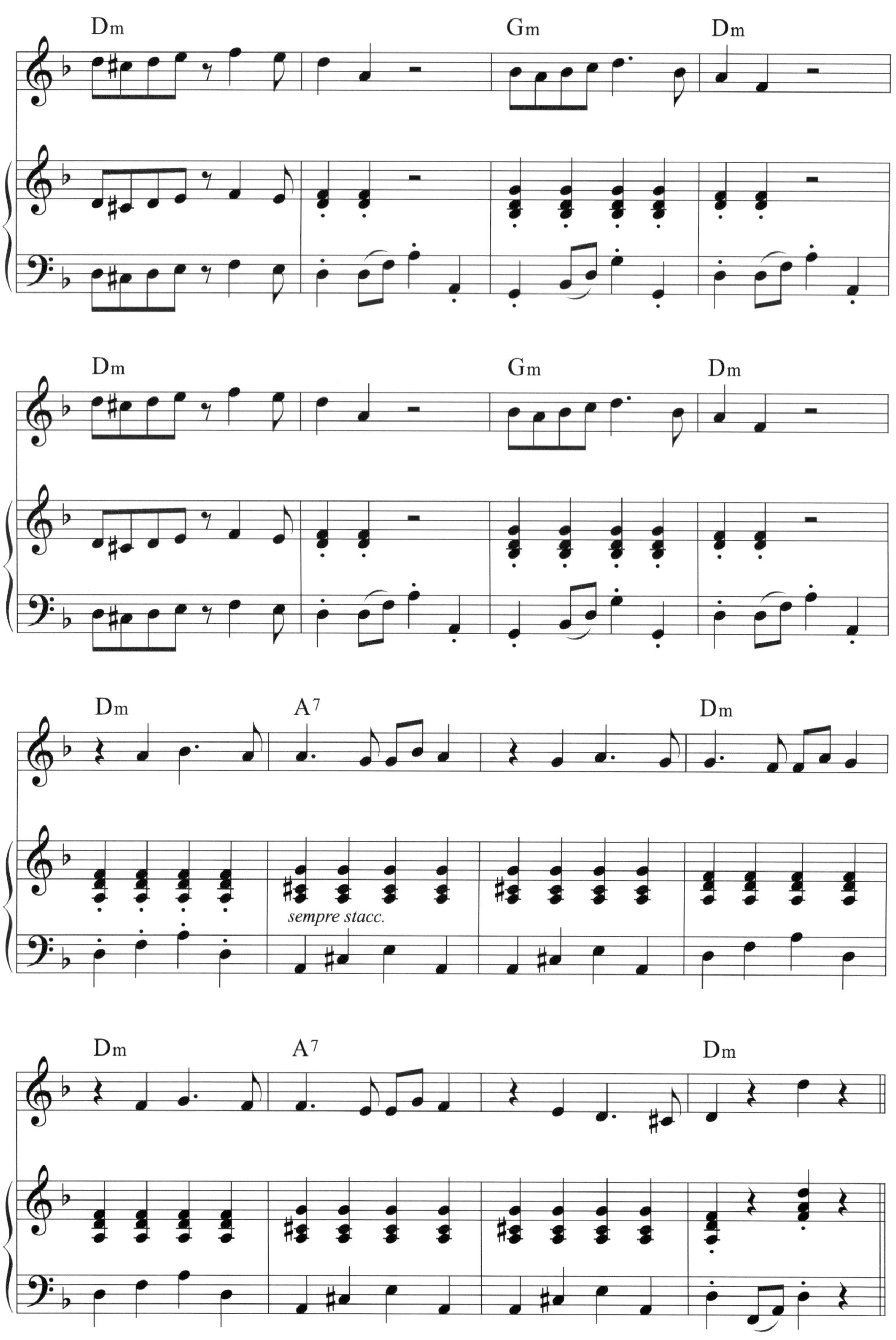
Dm
Gm
Dm
Dm
Gm
Dm
Dm
A7
Dm
sempre stacc.
Dm
A7
Dm
D.C. al Fine

La Cumparsita (etwa „Kleine Parade“) stammt aus der Feder des uruguayischen Komponisten Gerardo Matos Rodríguez (1897–1948), der das Stück als junger Student schrieb. Ursprünglich war es ein Marsch für den Karnevalsumzug einer Studentenvereinigung in Montevideo. 1917 wurde es als Tango arrangiert und in einem Kaffeehaus in Montevideo öffentlich aufgeführt. *La Cumparsita* eroberte die Welt und gilt als „El tango de los tangos“, der „Tango aller Tangos“. Auf einer Milonga, einer Tango-Tanzveranstaltung, ist es gewöhnlich der Höhepunkt und das letzte Stück. 1998 wurde *La Cumparsita* zur offiziellen Volks- und Kulturhymne Uruguays. Von diesem Erfolg konnte der Komponist allerdings nicht profitieren, er soll die Rechte verkauft und das Geld bei einer Pferdewette verloren haben.

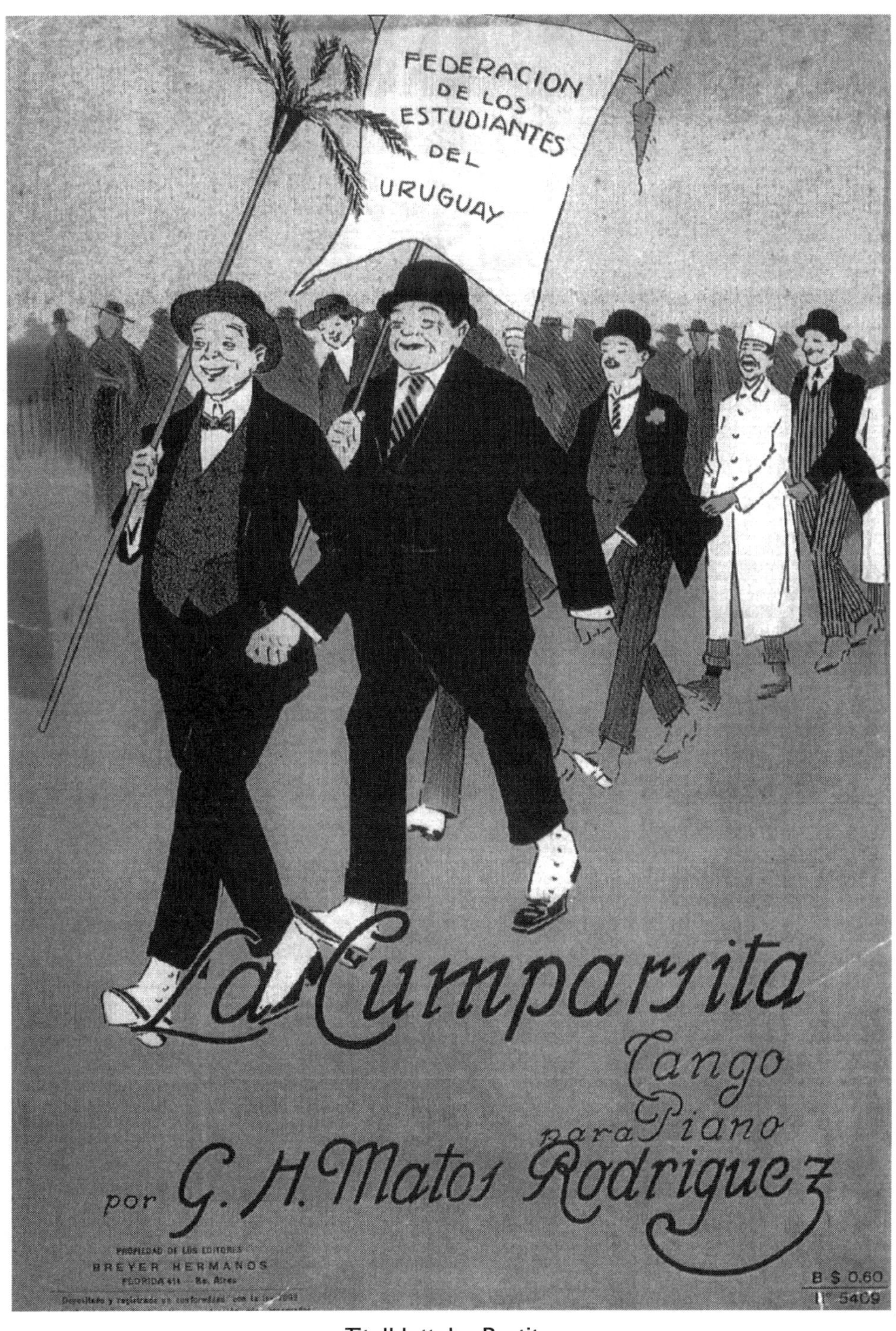

Titelblatt der Partitur
Federación de estudiantes del Uruguay = Bund uruguayischer Studenten

62. Tea for Two

Swing or Cha-Cha-Cha

Vincent Youmans (1898–1946)
Bearb.: Michael Schäfer

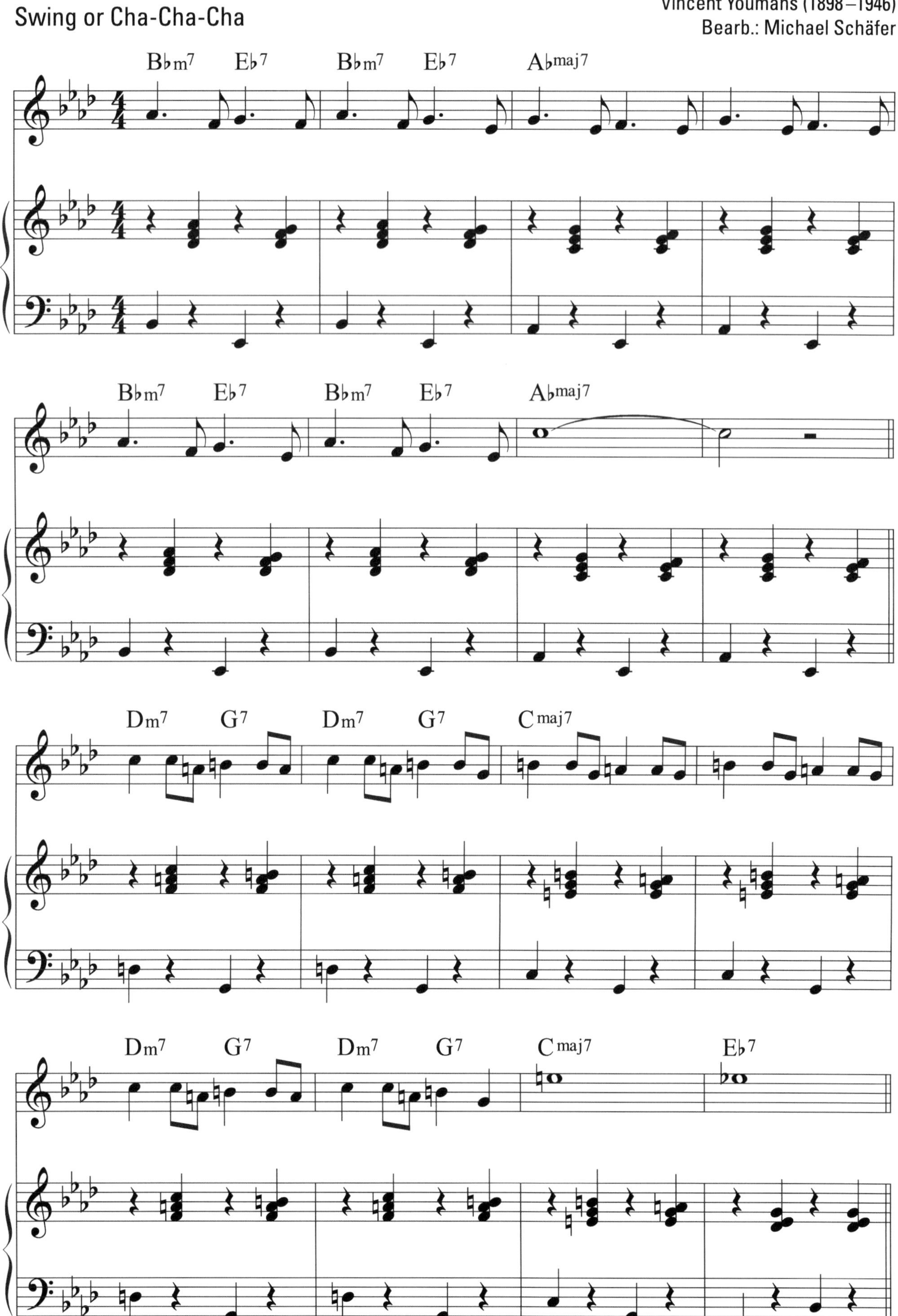

AMA VERLAG

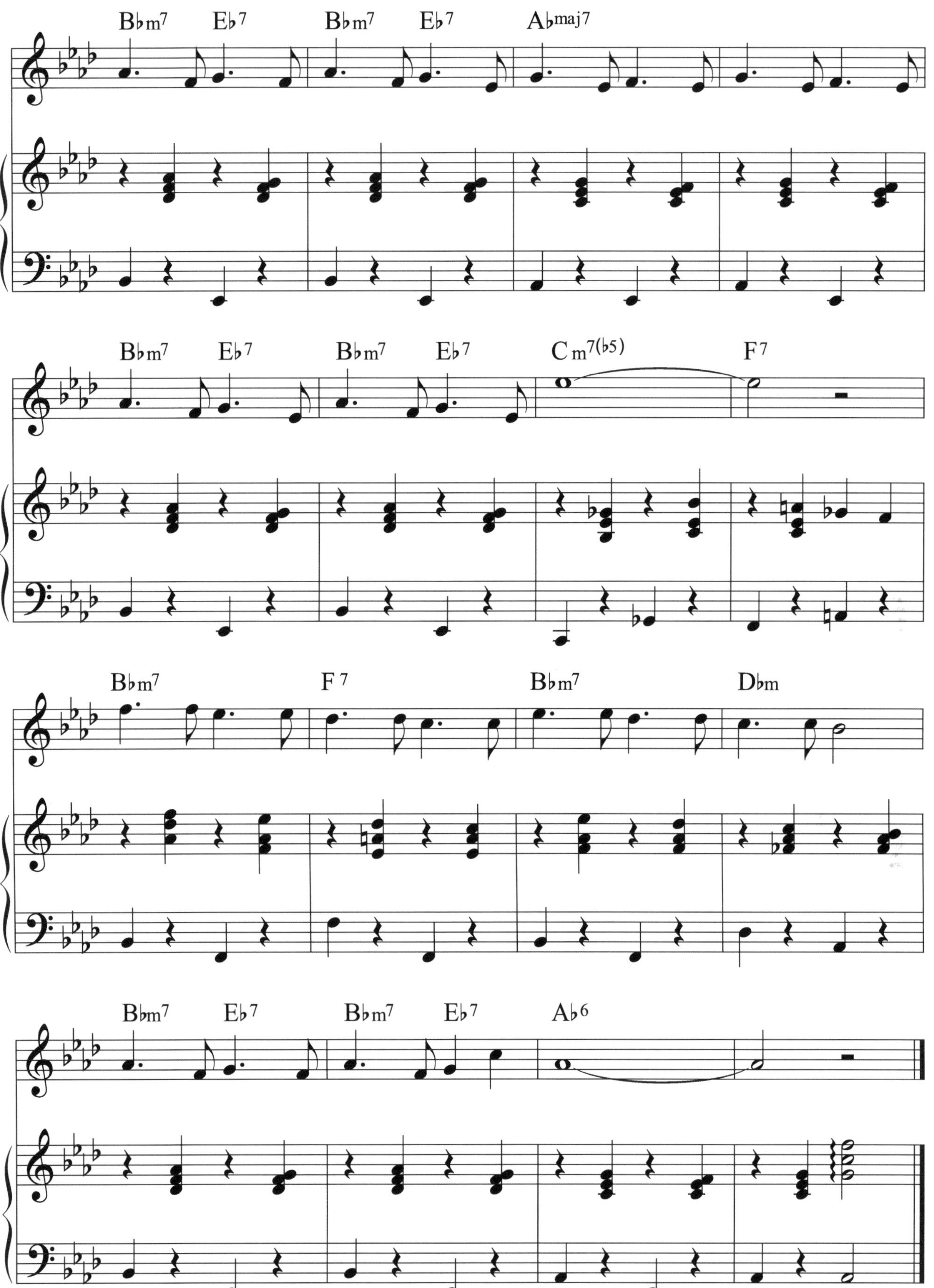

Tea for Two ist ein Song aus dem Broadway-Musical *No, No, Nanette* aus dem Jahr 1924. Durch zahlreiche Plattenaufnahmen wurde der Song zum Standard und zum größten Erfolg in der Karriere des Komponisten Vincent Youman. 1950 sang Doris Day den Song im gleichnamigen Film, 1958 kam *Tea for Two* als Cha-Cha-Cha auf Platz 7 der amerikanischen Hitparade.
Als Vorspiel könnt ihr die ersten vier Takte der Begleitung spielen.

63. Ol' Man River

Jerome Kern (1885–1945)
Bearb.: Michael Schäfer

Ballad

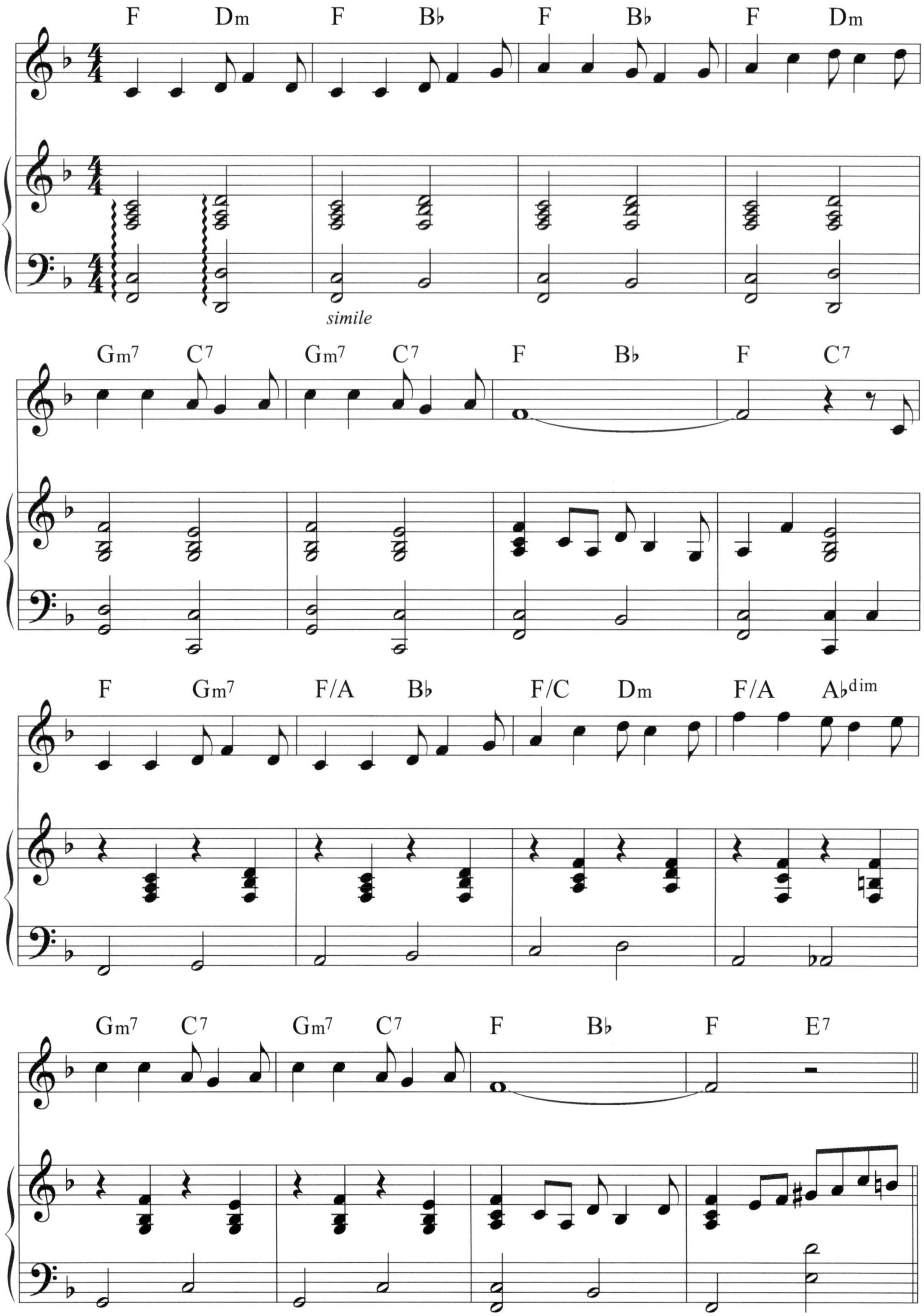

F Dm | F B♭ | F B♭ | F Dm

simile

Gm7 C7 | Gm7 C7 | F B♭ | F C7

F Gm7 | F/A B♭ | F/C Dm | F/A A♭dim

Gm7 C7 | Gm7 C7 | F B♭ | F E7

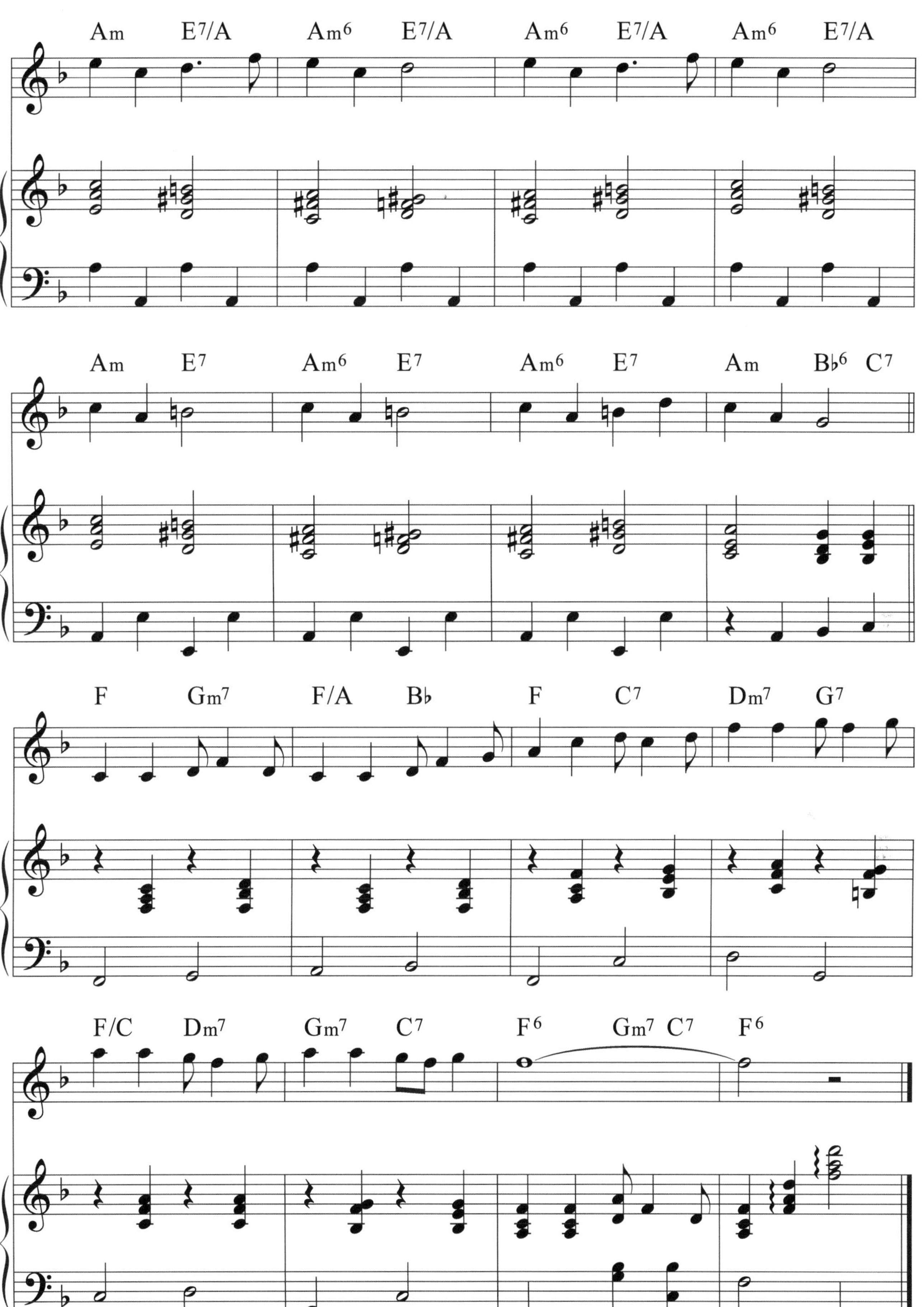

Ol' Man River ist der berühmteste Song aus dem Musical *Show Boat* aus dem Jahre 1927. Das Lied, vom schwarzen Schiffsarbeiter Joe im ersten Akt gesungen, beschreibt die Kämpfe und Nöte der Afroamerikaner mit dem endlosen Mississippi, dem wasserreichsten Fluß der USA. Der Song wurde von vielen Größen der Jazz- und Popmusik interpretiert. Als Vorspiel könnt ihr die Takte 5 bis 8 der Begleitung spielen.

64. I Got Rhythm

Swing

George Gershwin (1898–1937)
Bearb.: Michael Schäfer

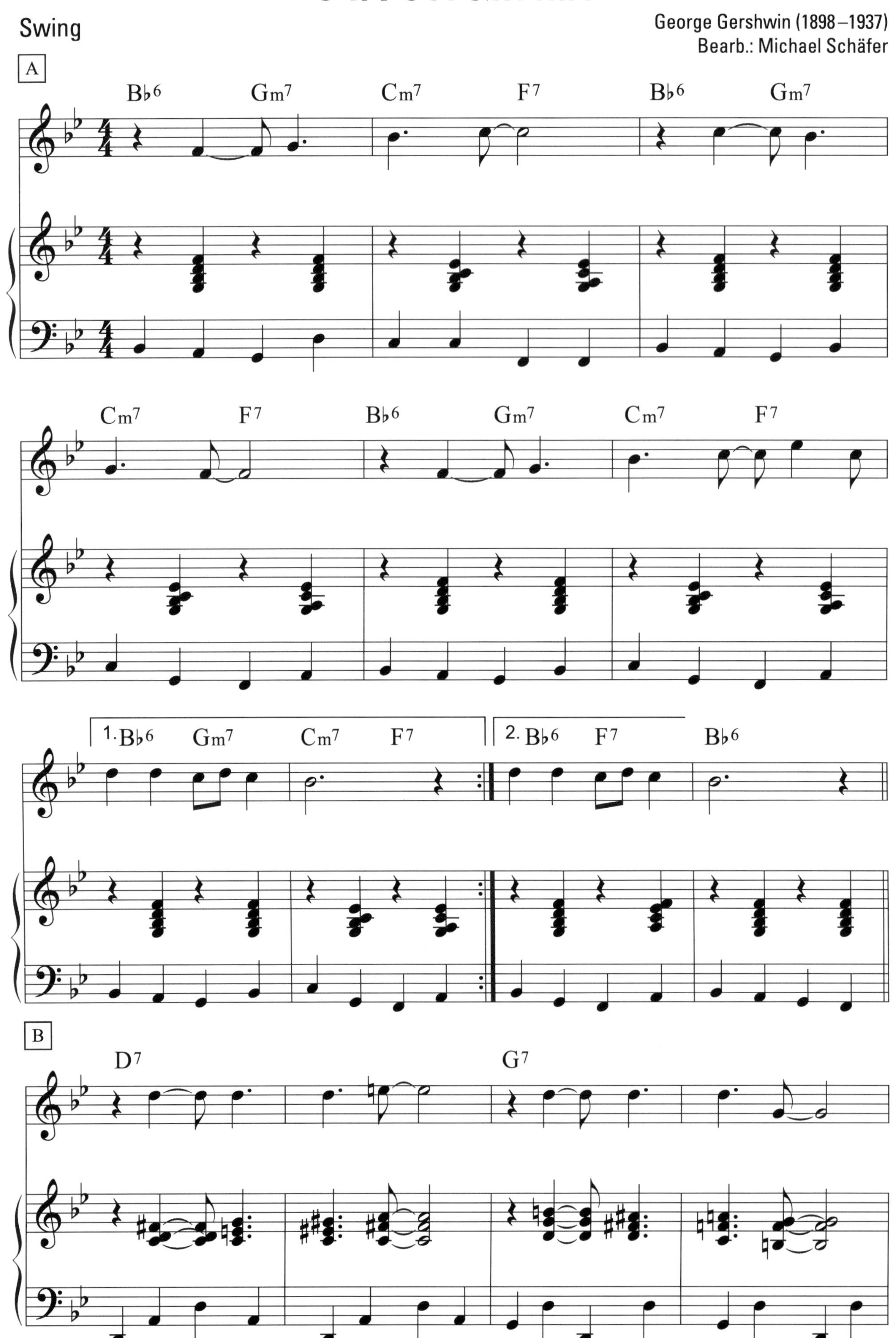

AMA VERLAG

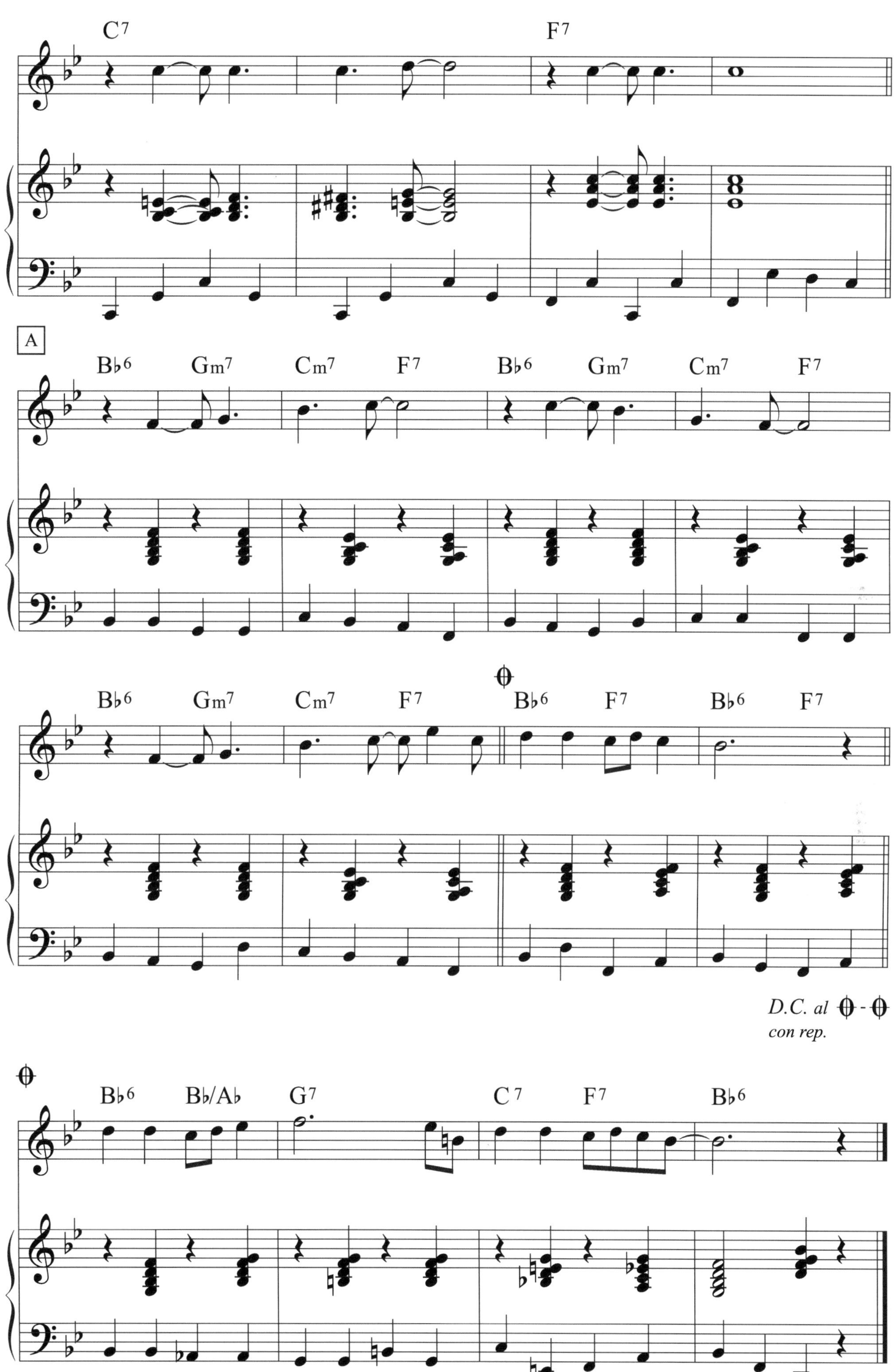
C7
F7
A
B♭6
Gm7
Cm7
F7
B♭6
Gm7
Cm7
F7
B♭6
Gm7
Cm7
F7
B♭6
F7
B♭6
F7
D.C. al 𝄌 - 𝄌
con rep.
B♭6
B♭/A♭
G7
C7
F7
B♭6

Spielt den A-Teil der Melodie auch im „Two Beat Feel" (zwei Basstöne pro Takt):

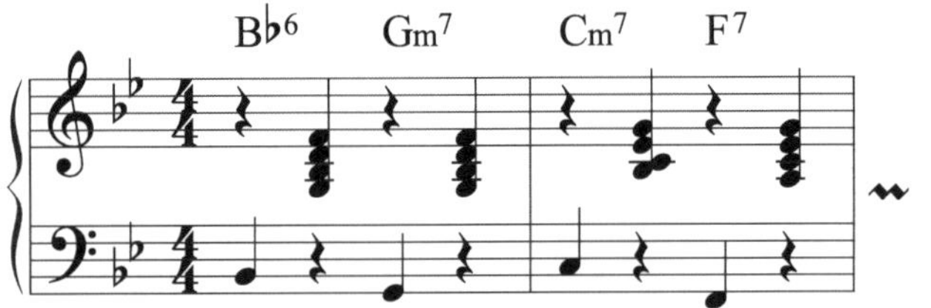

Die beiden Takte (auch mit Wiederholungen) eignen sich auch als Vorspiel.

Begleitet das Solo auch in diesem Rhythmus:

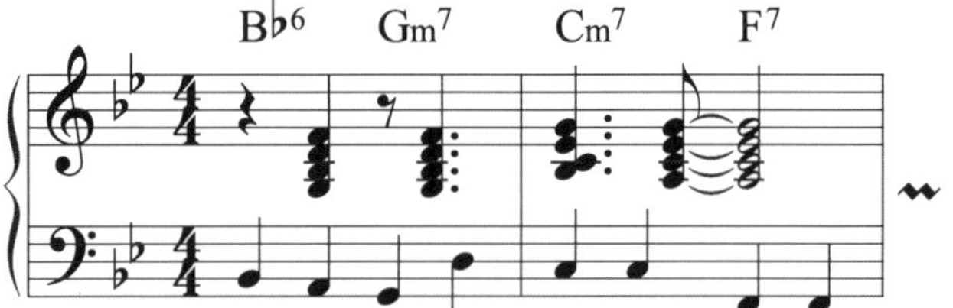

Alternative Akkordfolge:

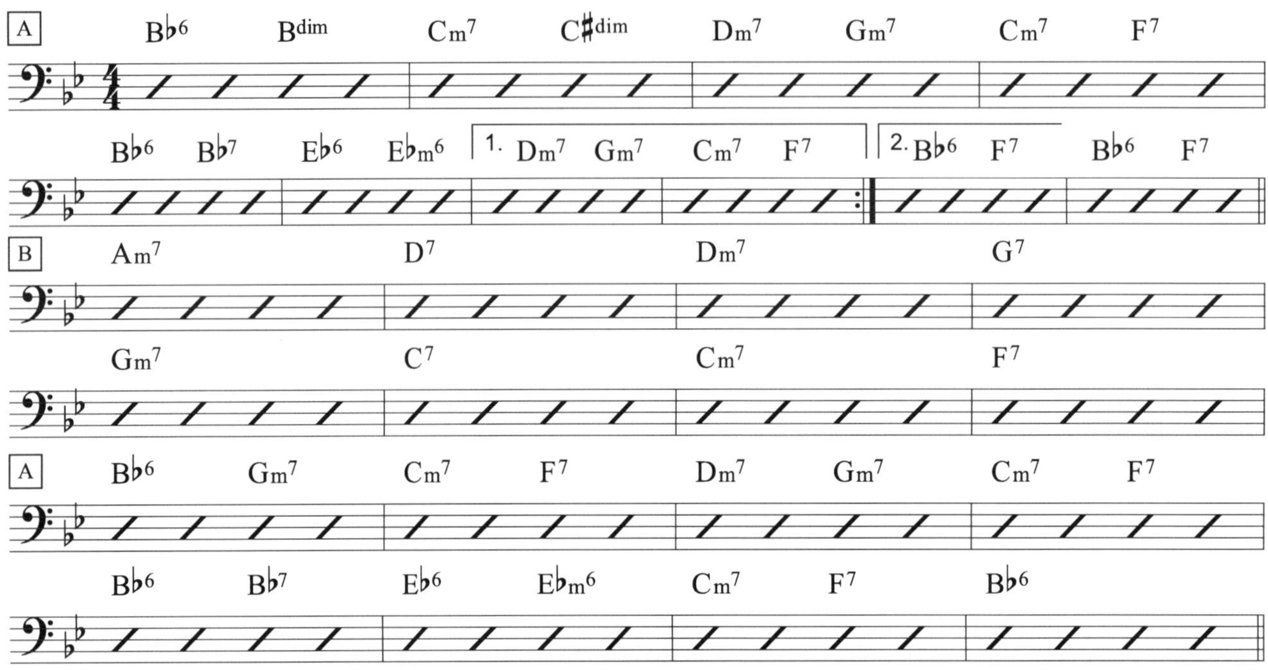

I Got Rhythm ist ein Song aus dem Musical *Girl Crazy*, das am 14. Oktober 1930 am Broadway in New York uraufgeführt wurde. Das Stück wurde von vielen Größen des Jazz gespielt und wurde zum Jazzstandard. Die Akkordfolge, auch als Rhythm Changes bekannt, ist Grundlage für zahlreiche andere Jazzkompositionen. Die 32-taktige AABA-Songform wird auch als American Popular Song Form bezeichnet.

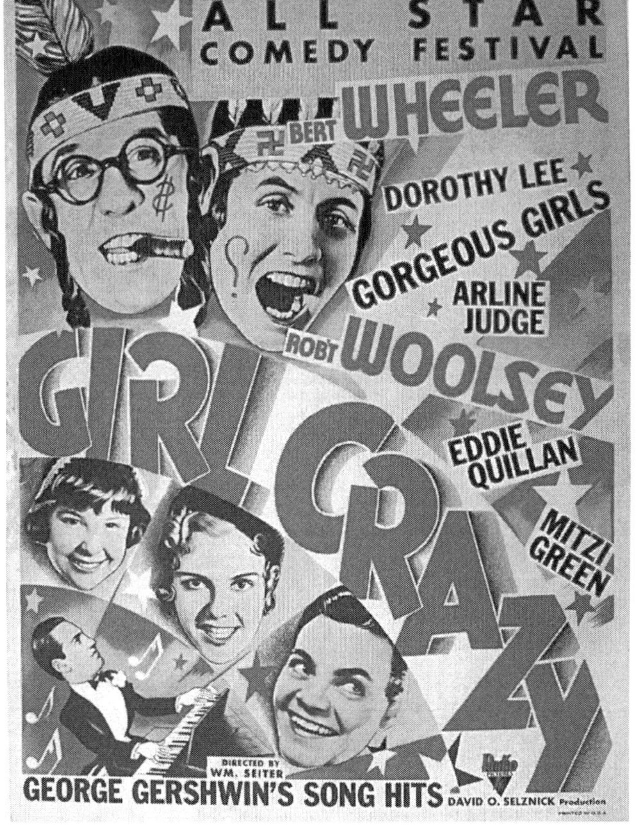

Filmplakat für *Girl Crazy*, 1932

65. East of the Sun (and West of the Moon)

Brooks Bowman (1913–1937)
Bearb.: Michael Schäfer

Swing

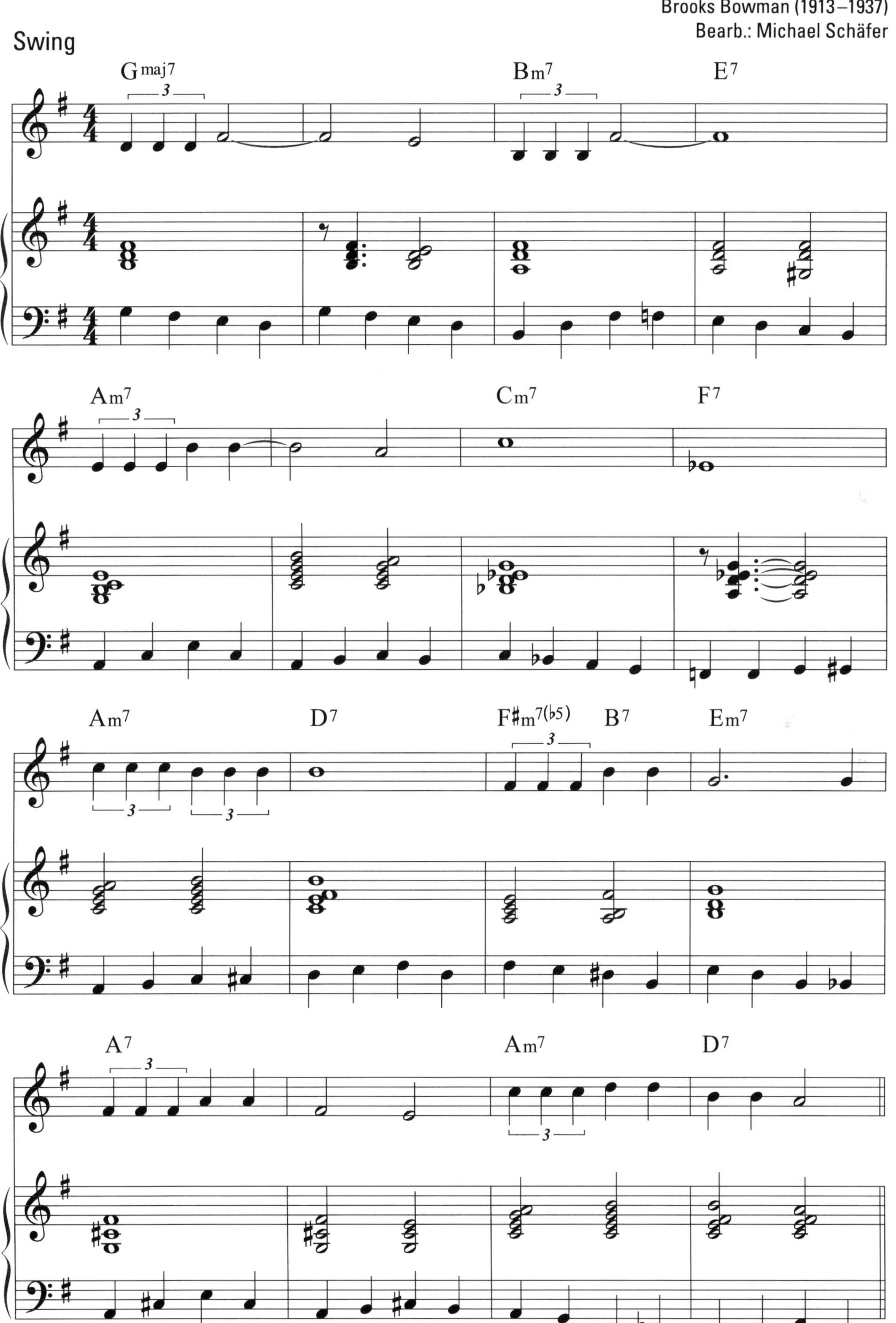

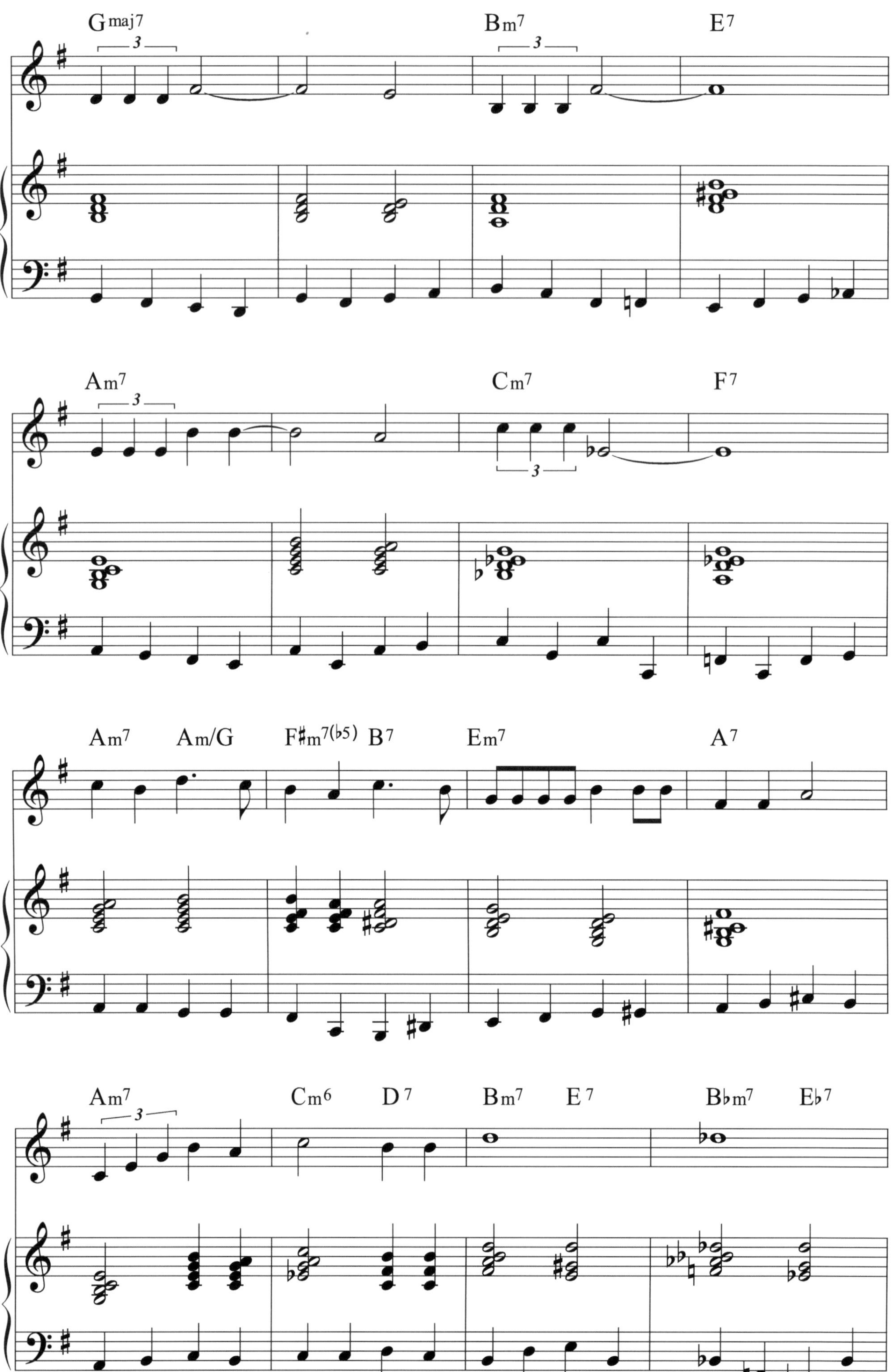
Gmaj7
3
Bm7
3
E7
Am7
3
Cm7
3
F7
Am7
Am/G
F♯m7(♭5)
B7
Em7
A7
Am7
3
Cm6
D7
Bm7
E7
B♭m7
E♭7

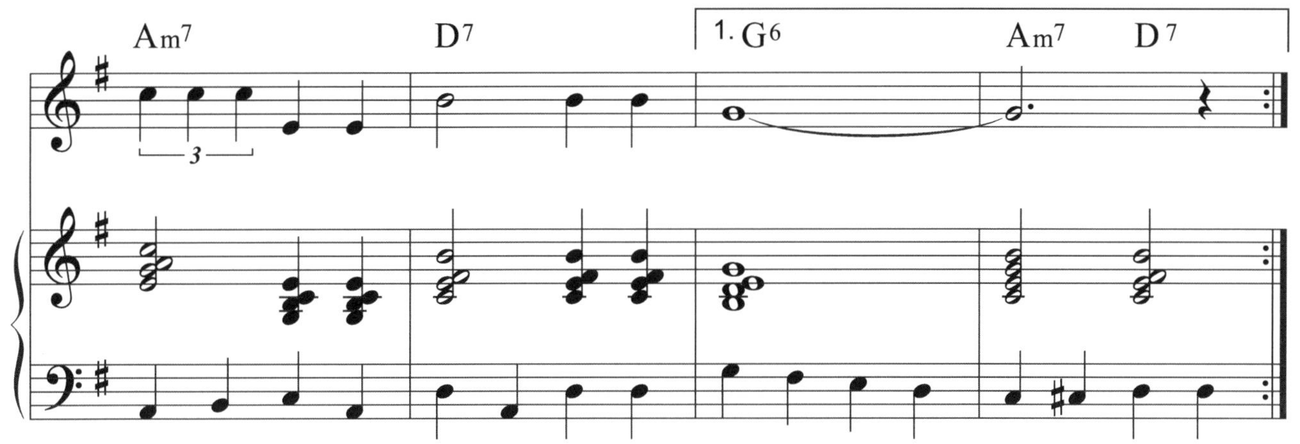

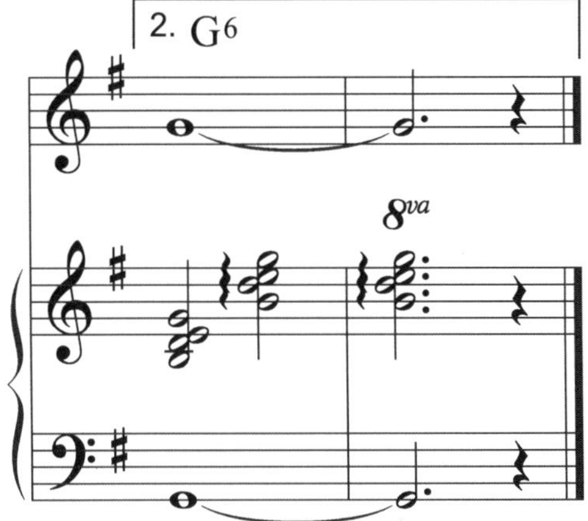

Alternatives Ending mit Arpeggio:

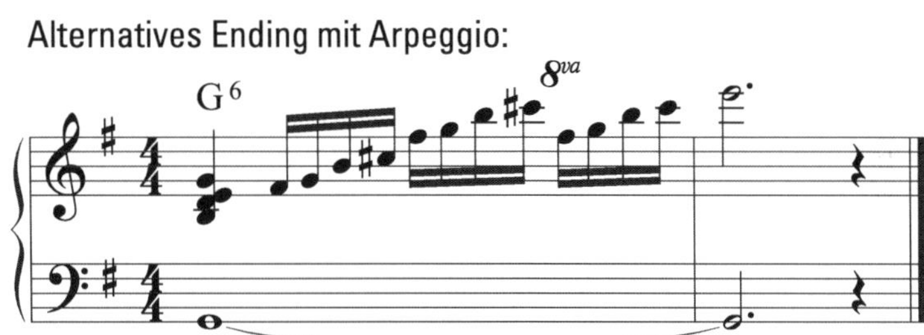

Brooks Bowman schrieb den Song im Jahr 1934 für den Princeton Triangle Club, einem Vokalensemble an der Studentenbühne der Universität in Princeton (New Jersey). *East Of The Sun (And West Of The Moon)* wurde zu einem populären Jazz-Standard, Aufnahmen gibt es u. a. von Lester Young, Charlie Parker, Sarah Vaughan, Billie Holiday und Frank Sinatra.

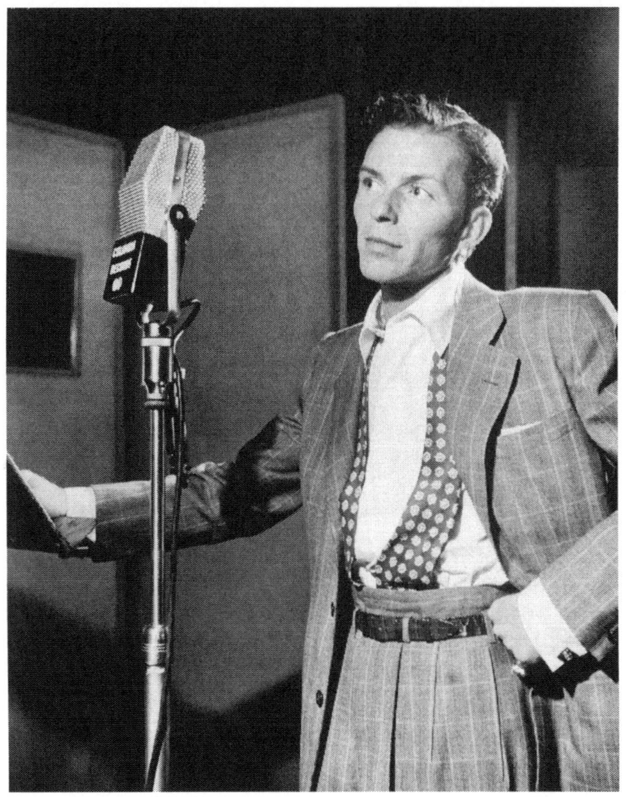

Frank Sinatra 1947, Fotografie von William P. Gottlieb

66. Honeysuckle Rose

Swing

Thomas („Fats“) Waller (1904–1943)
Bearb.: Michael Schäfer

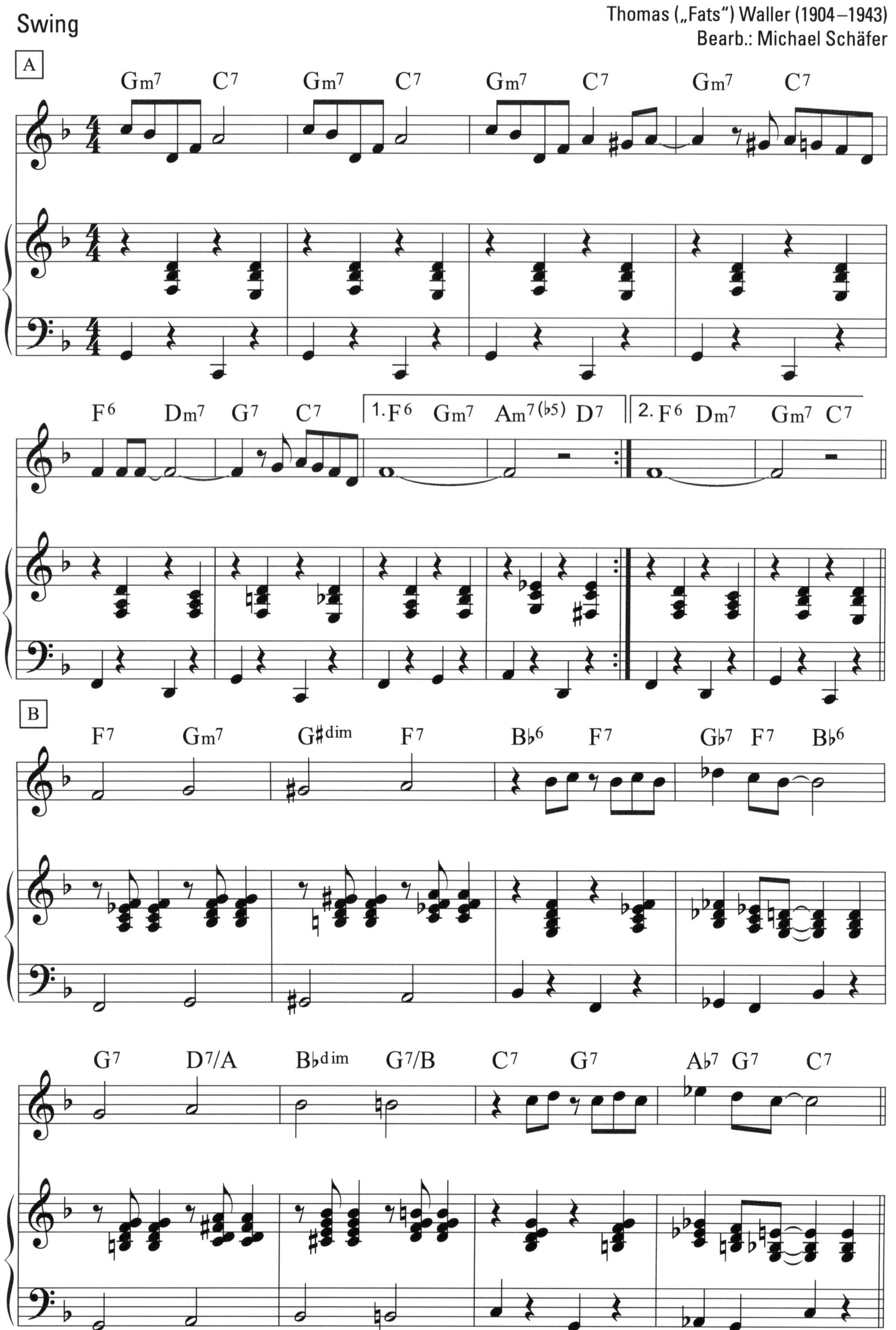

 AMA VERLAG

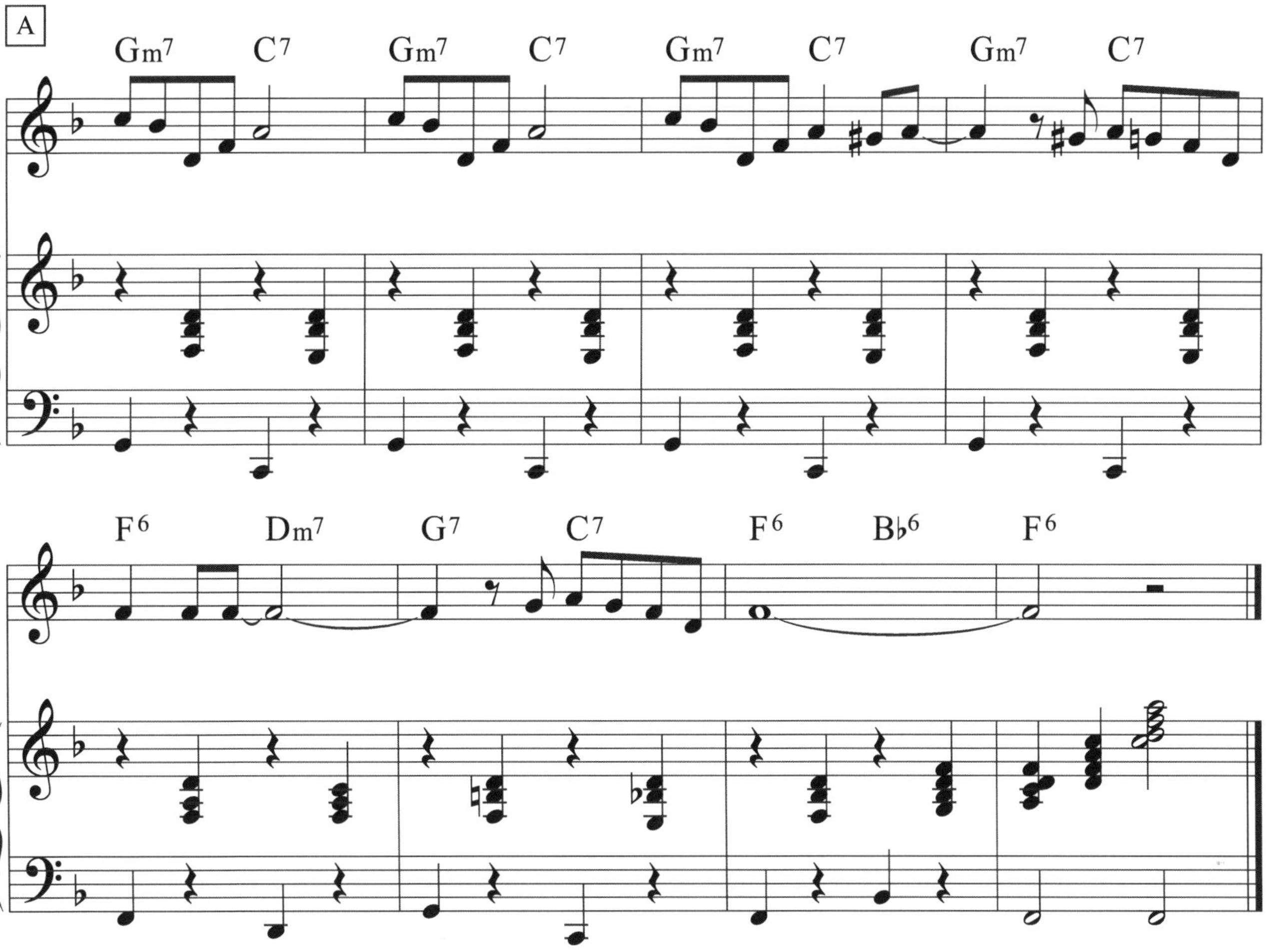

A

Gm7 C7 | Gm7 C7 | Gm7 C7 | Gm7 C7

F6 Dm7 | G7 C7 | F6 B♭6 | F6

Fats Wallers *Honeysuckle Rose* ist eine Komposition aus dem Jahr 1928. Der Song in der 32-taktigen AABA-Songform (American Popular Song Form) wurde zu einem der meistgespielten Stücke der Swing-Ära. Berühmte Aufnahmen gibt es u. a. von Count Basie, Benny Goodman, Ella Fitzgerald, Louis Armstrong und Sarah Vaughan. Die Aufnahme von Fats Waller aus dem Jahr 1934 wurde 1999 in die Grammy Hall of Fame aufgenommen.
Als Vorspiel könnt ihr die letzten vier Takte der Begleitung spielen.

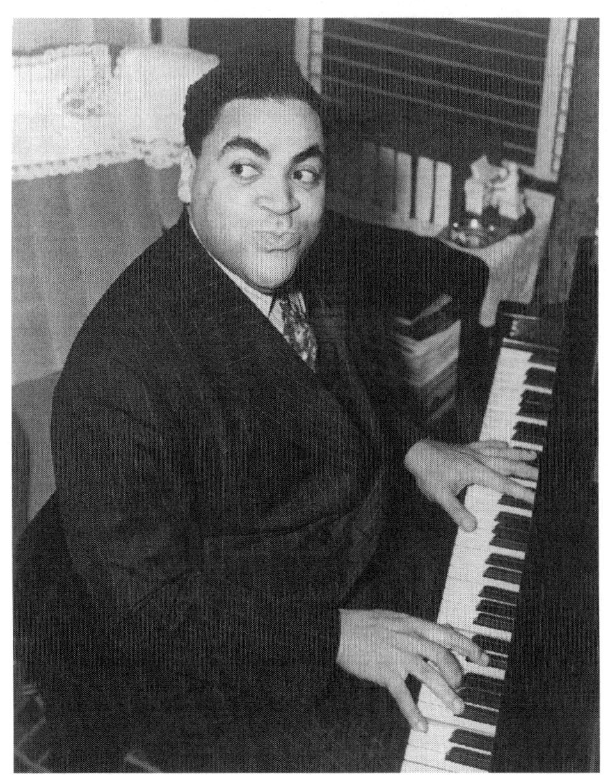

Fats Waller, 1938

67. Smoke Gets In Your Eyes

Jerome Kern (1885–1945)
Bearb.: Michael Schäfer

Ballad

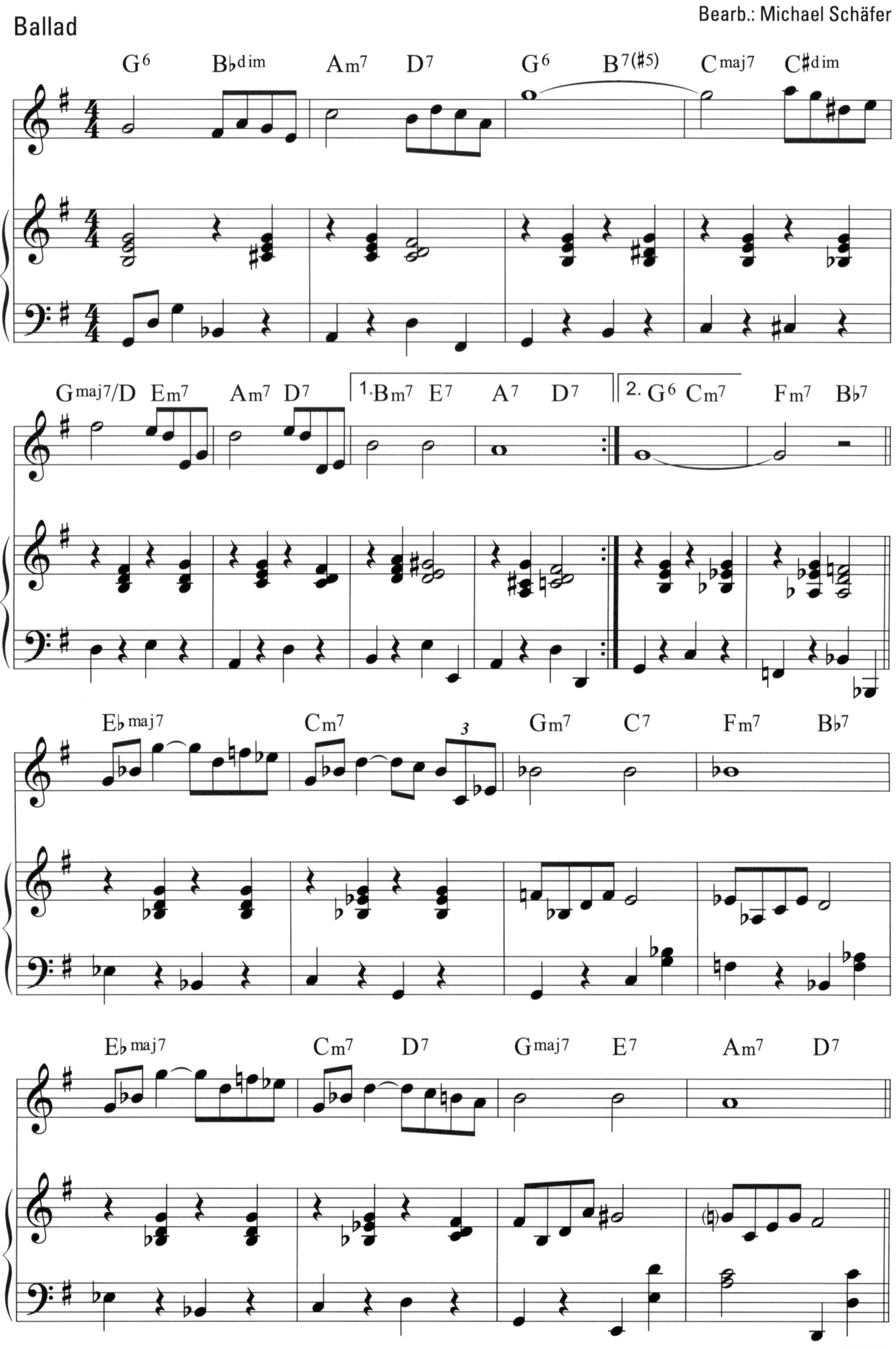

AMA VERLAG

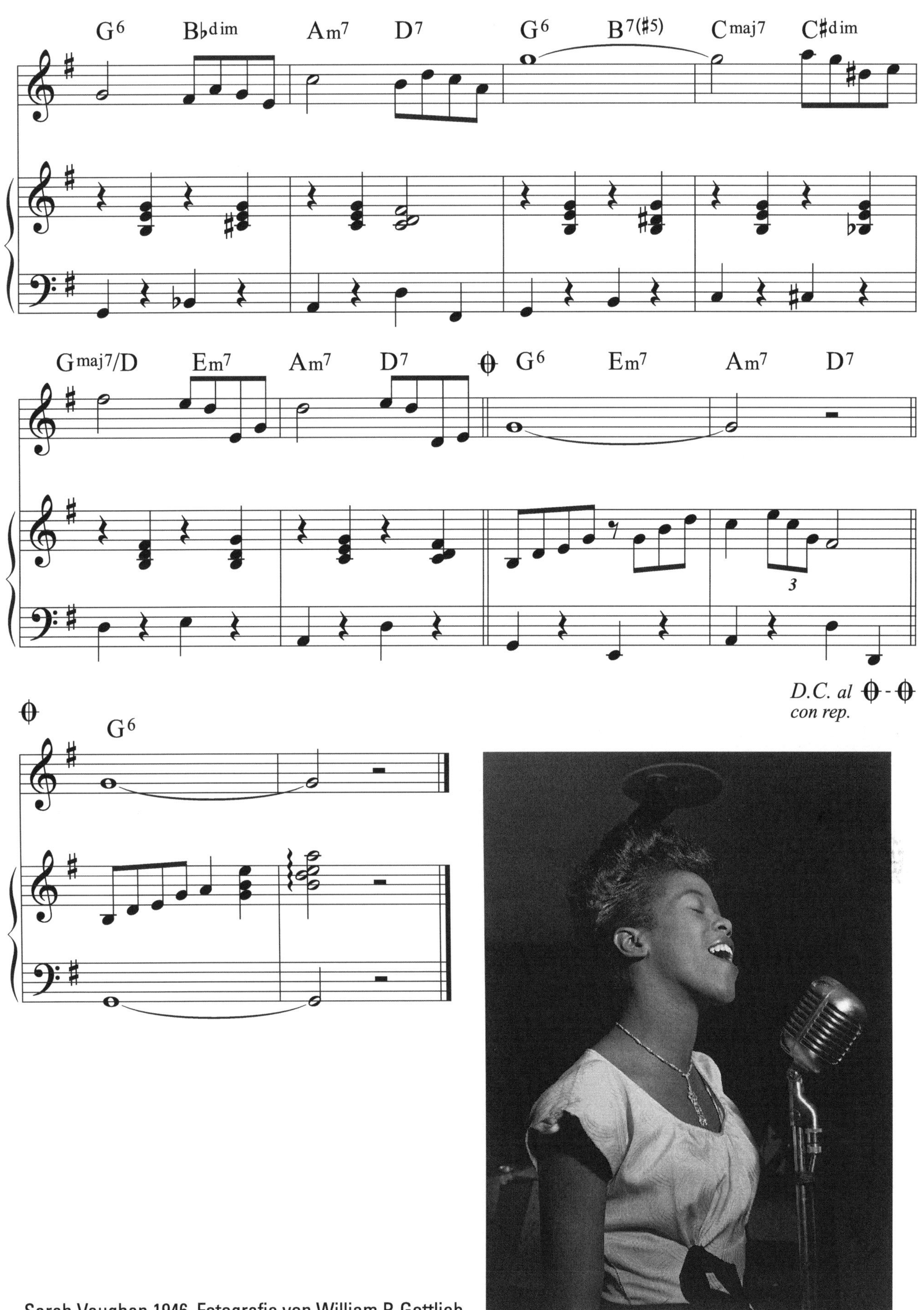

Sarah Vaughan 1946, Fotografie von William P. Gottlieb

Smoke Gets in Your Eyes ist ein Song aus dem Musical *Roberta* aus dem Jahre 1933. Der Song wurde ein großer Erfolg und zu einem viel gespielten Jazz-Standard. Plattenaufnahmen gibt es u. a. von Sarah Vaughan, Nat „King" Cole, Thelonious Monk und Charlie Parker. Die US-amerikanische Vocalgruppe The Platters landete mit ihrer Version von *Smoke Gets in Your Eyes* im Jahre 1958 einen Nummer-eins-Hit in den US-amerikanischen Billboard-Charts.

68. Die Moritat von Mackie Messer

Kurt Weill (1900–1950)
Bearb.: Michael Schäfer

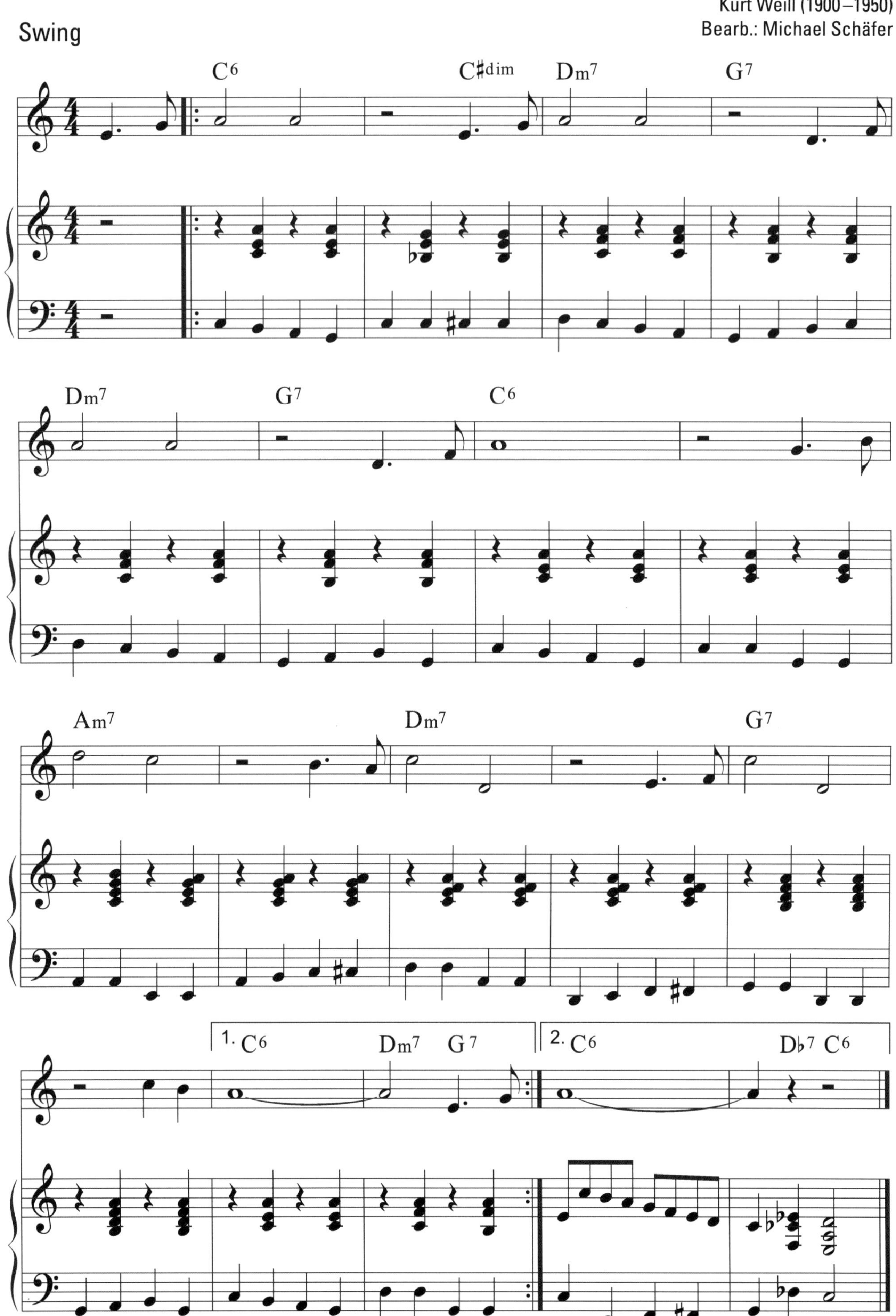

AMA VERLAG

Die Moritat von Mackie Messer stammt aus der *Dreigroschenoper* („… weil sie doch so billig sein sollte, dass Bettler sie bezahlen können, …“), einem Theaterstück von Bertold Brecht.
Das Stück spielt in London Anfang des 20. Jahrhunderts und handelt von dunklen, zwielichtigen Gestalten, die ihre dubiosen Geschäfte machen. Macheath, genannt Mackie Messer, ist der Anführer einer Verbrecherbande.
In der Tradition der Moritatensänger, die im 17. und 18. Jh. auf den Jahrmärkten ihre Schauergeschichten unters Volk brachten, erklingt die *Moritat von Mackie Messer* gleich zu Beginn des Stückes. Harald Paulsen, der den berühmten Bösewicht in der Uraufführung spielte, wünschte für sich eine große Eröffnungsnummer. *Mackie Messer* wurde zum Welthit und als *Mack the Knife* zum Jazzstandard.
Berühmte Interpreten waren u. a. Ernst Busch, Hildegard Knef, Louis Armstrag, Frank Sinatra und Ella Fitzgerald.

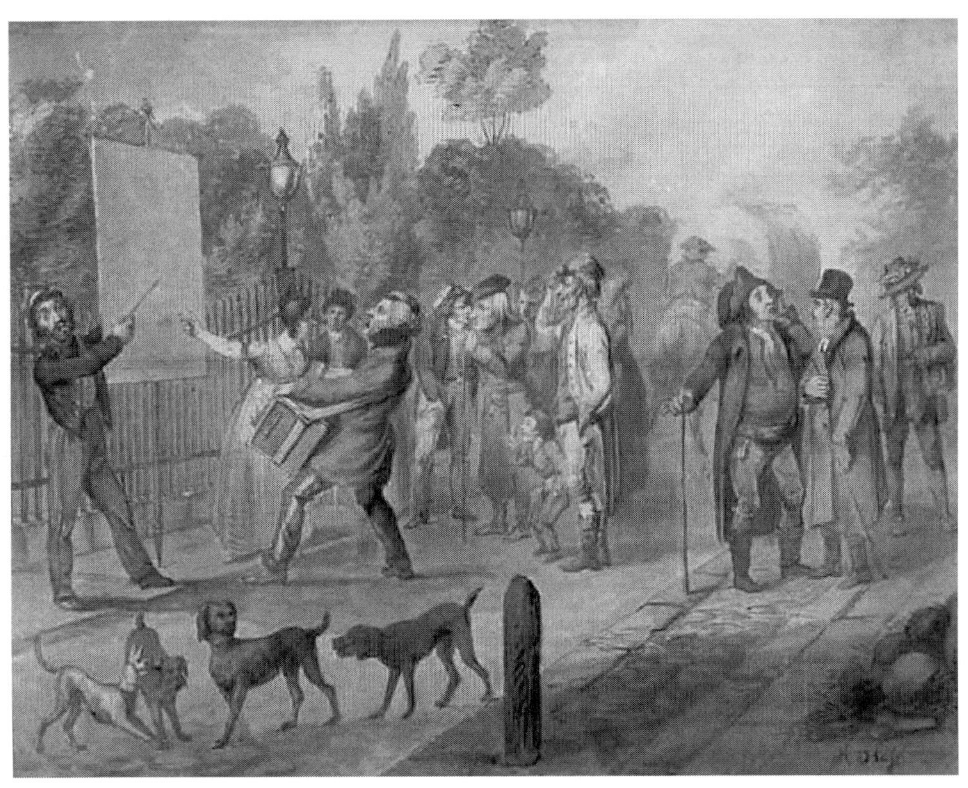

Moritatensänger, 1. Hälfte des 19 Jh., Gemälde von Hieronymus Hess (1799–1850)

Zwei Vorschläge für ein Vorspiel:

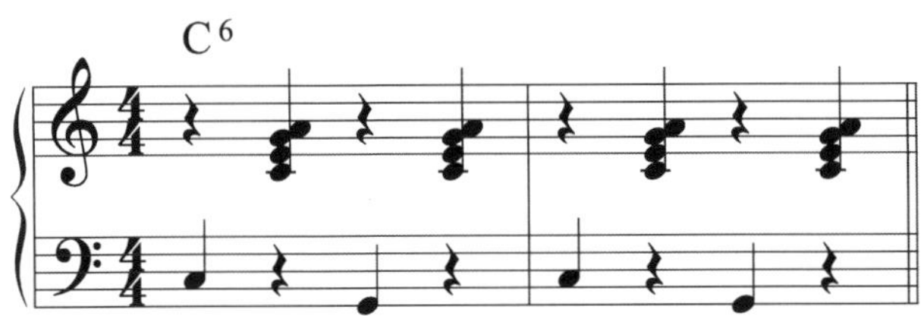

C6 G7

Spielt das Thema auch im „Two Beat Feel“ (zwei Basstöne pro Takt):

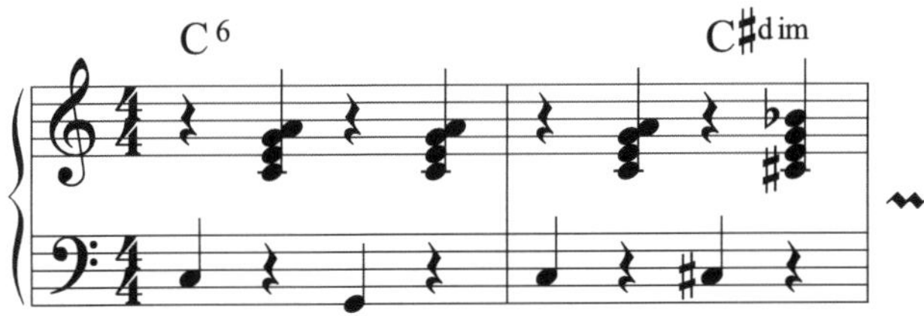

Begleitet das Solo auch in diesem Rhythmus:

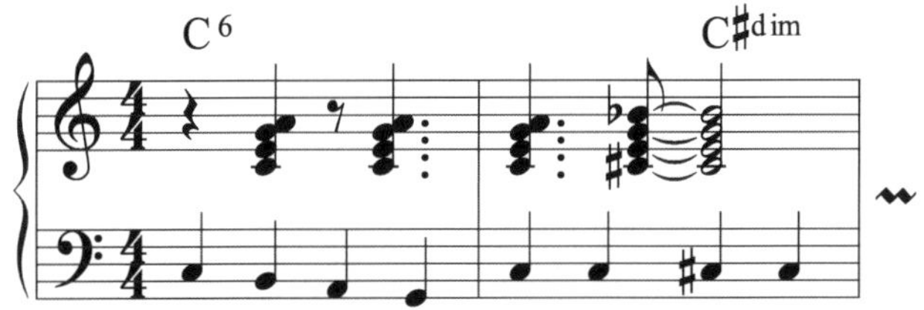

69. Moonlight Serenade

Glenn Miller (1904–1944)
Bearb.: Michael Schäfer

Medium Swing

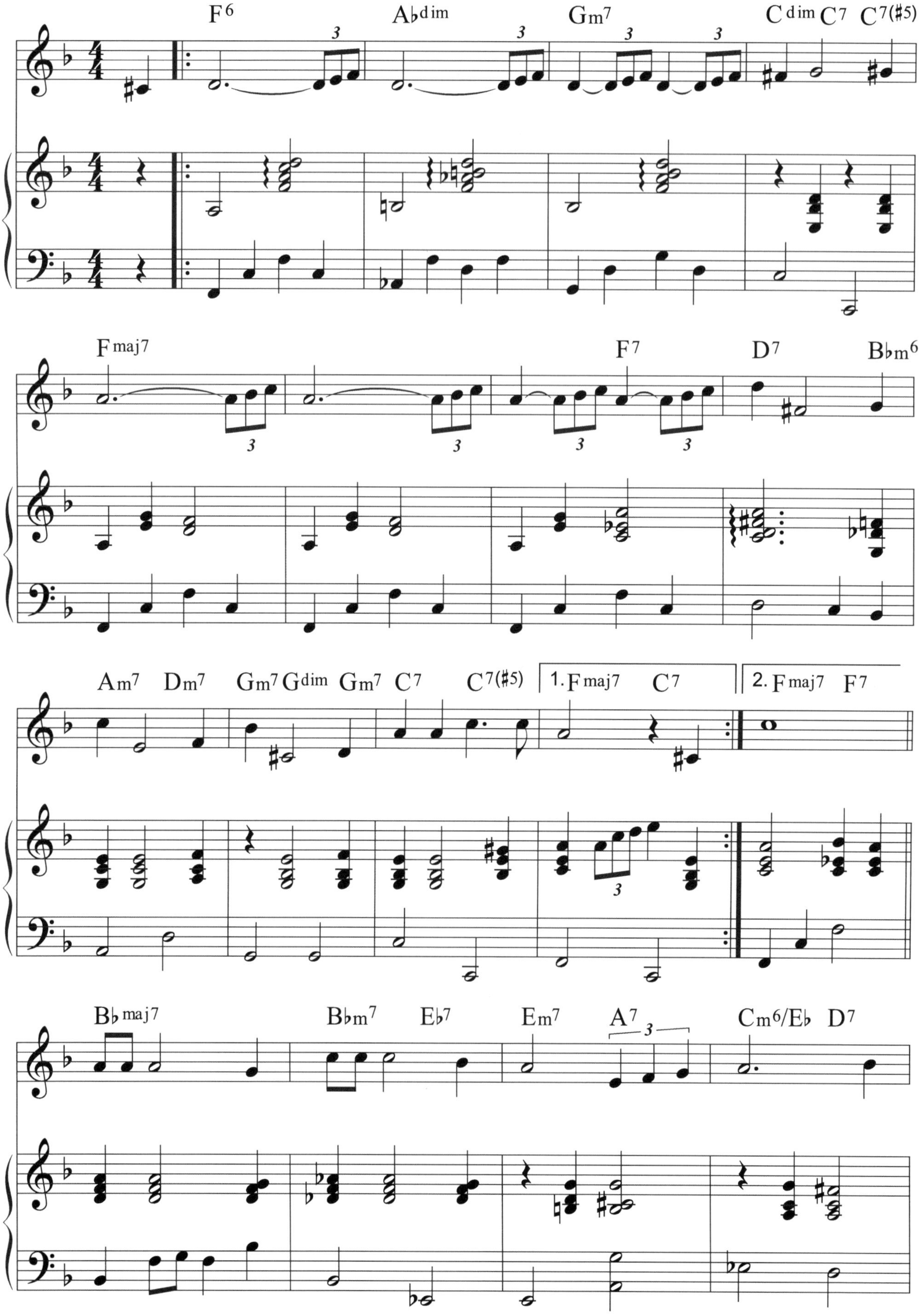

F6 A♭dim Gm7 Cdim C7 C7(♯5)

Fmaj7 F7 D7 B♭m6

Am7 Dm7 Gm7 Gdim Gm7 C7 C7(♯5) 1. Fmaj7 C7 2. Fmaj7 F7

B♭maj7 B♭m7 E♭7 Em7 A7 Cm6/E♭ D7

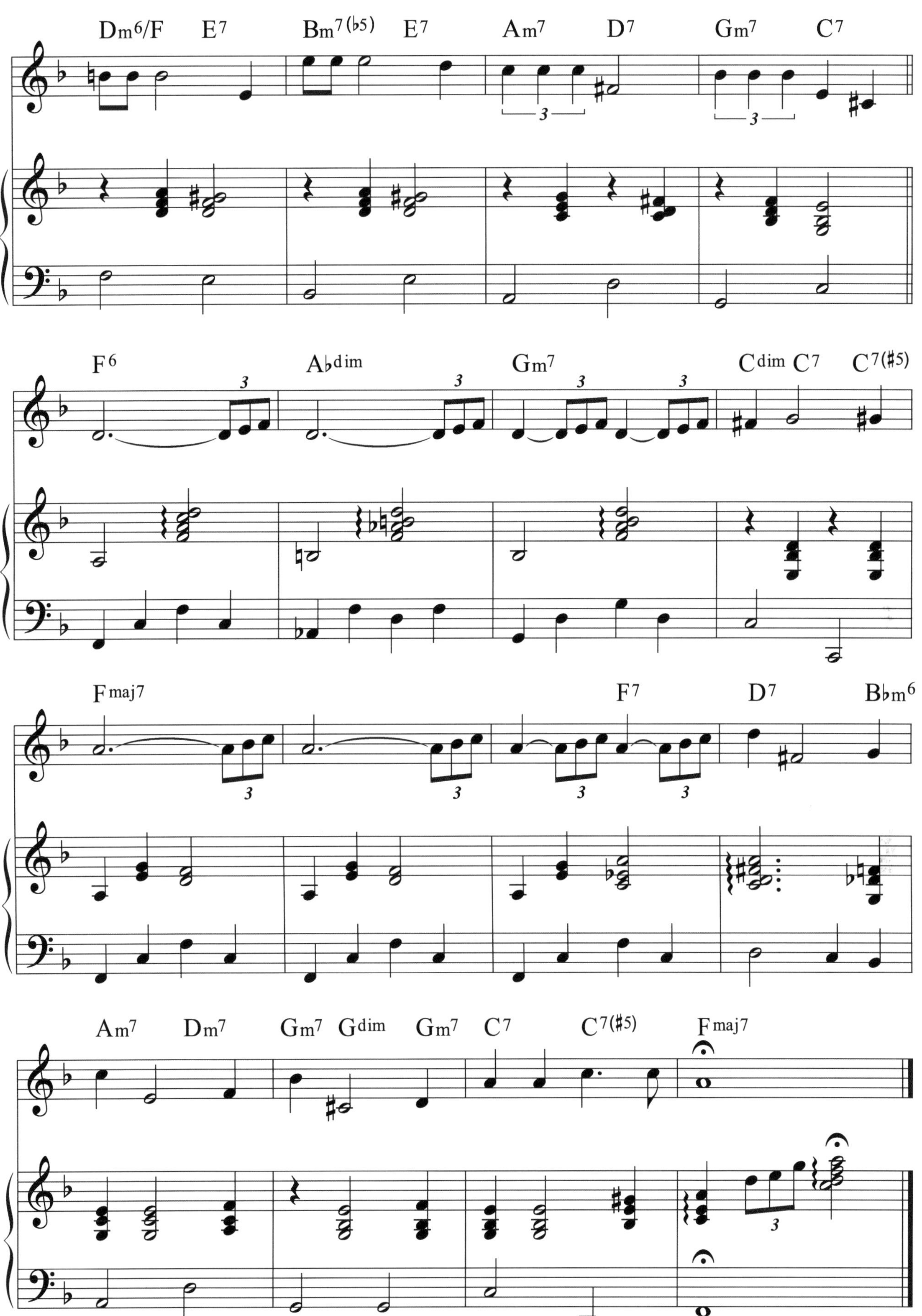

Moonlight Serenade erschien 1939 und ist Glenn Millers erfolgreichste Komposition. Sein „Glenn Miller Orchestra" mit seinem neuen Sound war die populärste Big-Band der Swing-Ära, *Moonlight Serenade* wurde zu seiner Erkennungsmelodie.
Als Vorspiel könnt ihr die ersten vier Takte der Begleitung spielen.

70. Someday My Prince Will Come

Frank Churchill (1901 – 1942)
Bearb.: Michael Schäfer

Swing Waltz

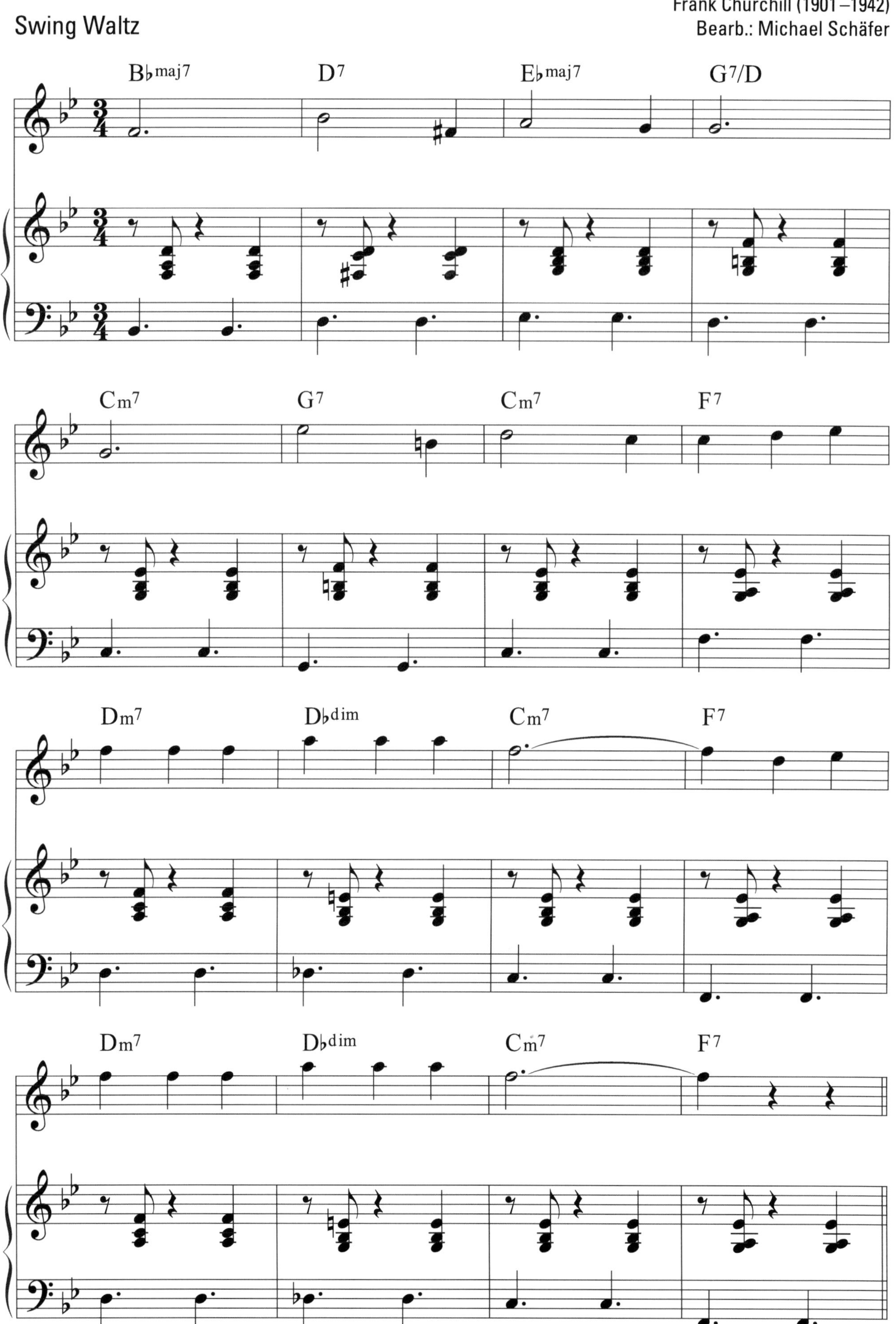

AMA VERLAG

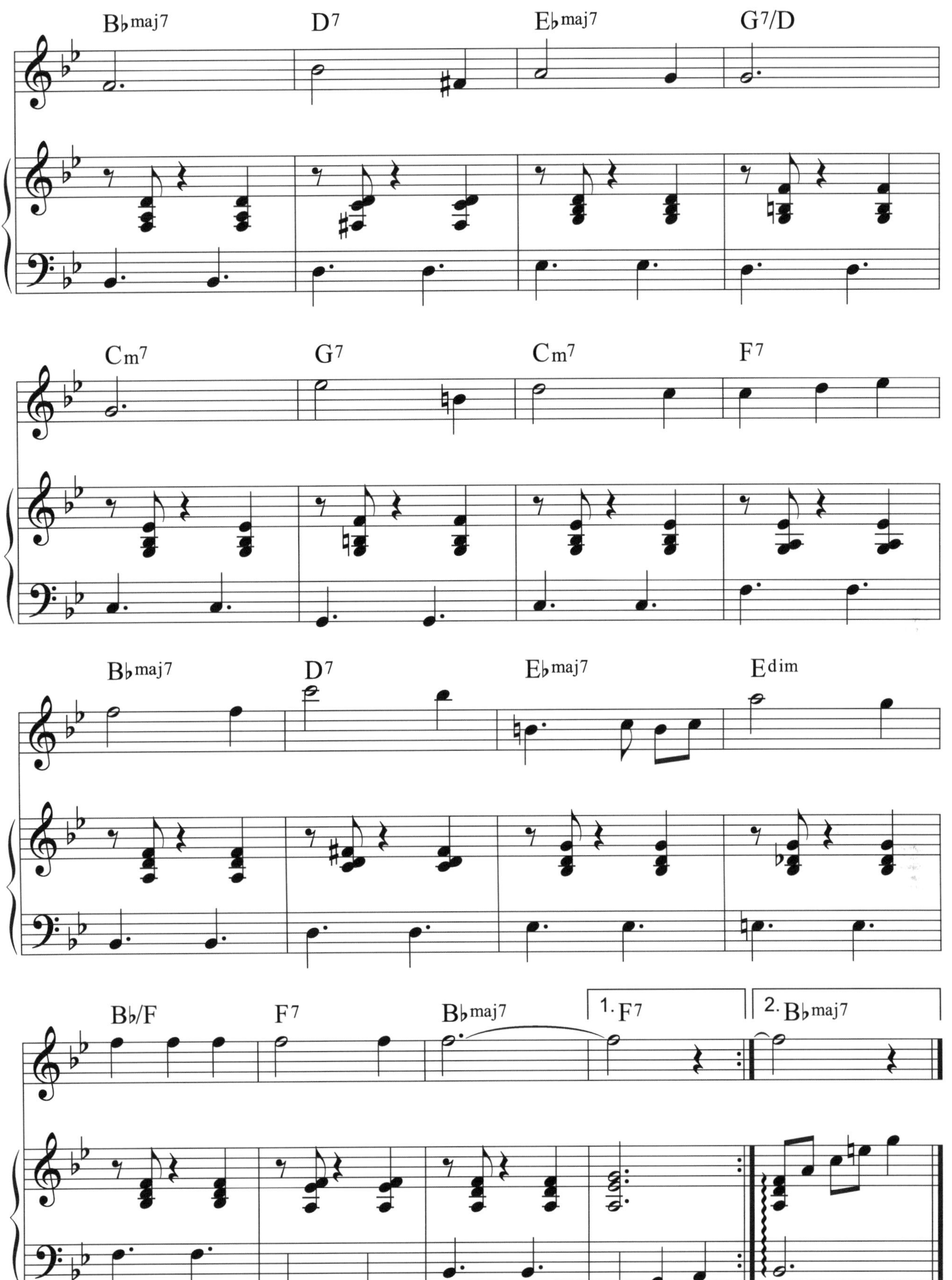

Someday My Prince Will Come ist ein Song aus dem Zeichentrickfilm *Snow White and the Seven Dwarfs* (Schneewittchen und die sieben Zwerge) der Walt-Disney-Studios aus dem Jahr 1937 und zählt zu den besten Filmsongs aller Zeiten. Aufnahmen gibt es u. a. von Bill Evans, Miles Davis mit John Coltrane, Oscar Peterson, Herbie Hancock und Barbra Streisand.
Ihr könnt das Stück wie notiert als Jazzwaltz oder auch als langsamen Walzer (Basston und zwei Viertel-Akkorde als Nachschlag) begleiten. Als Vorspiel eignen sich die ersten acht Takte oder die Takte 9 bis 16 der Begleitung.

71. Oh Happy Day

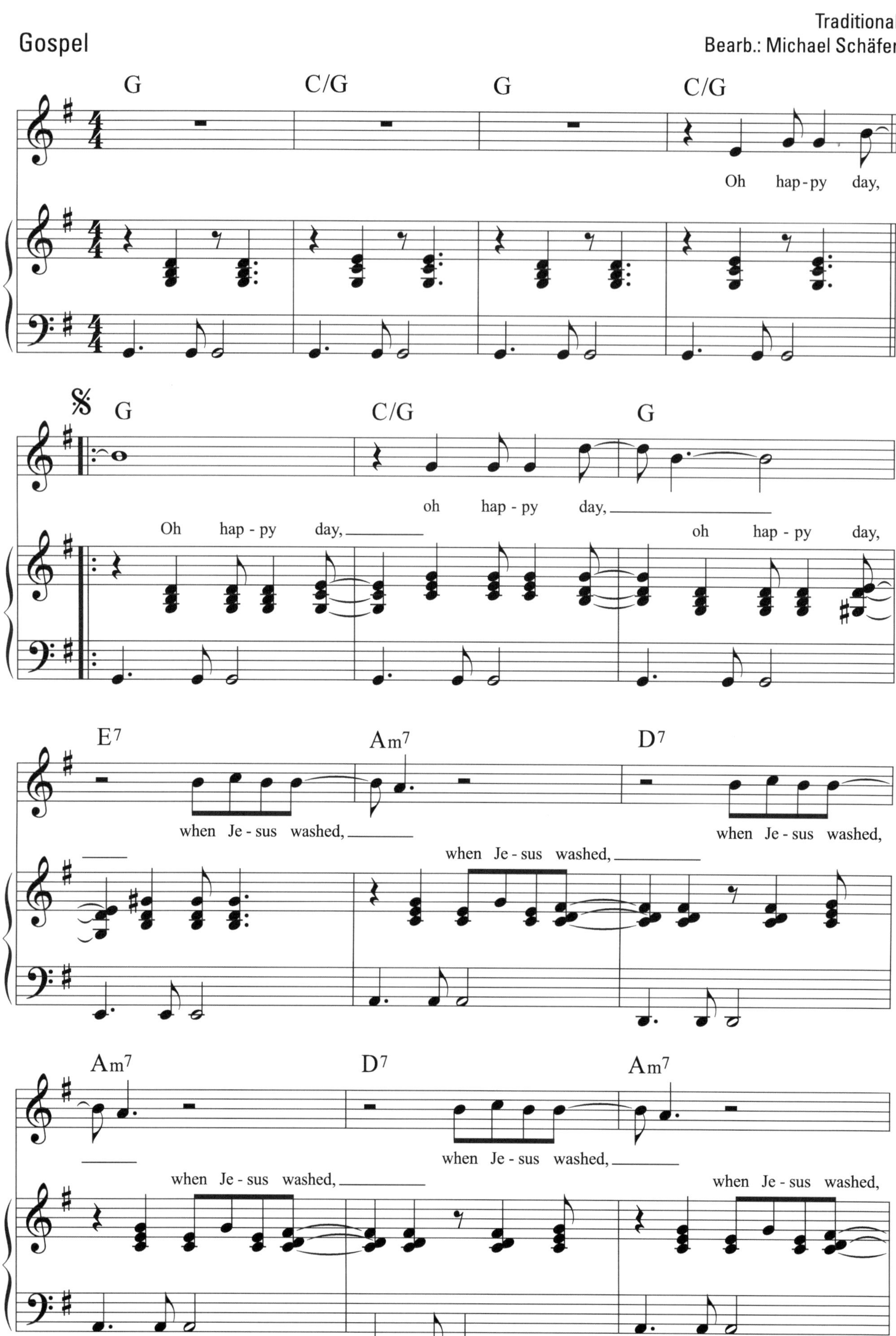

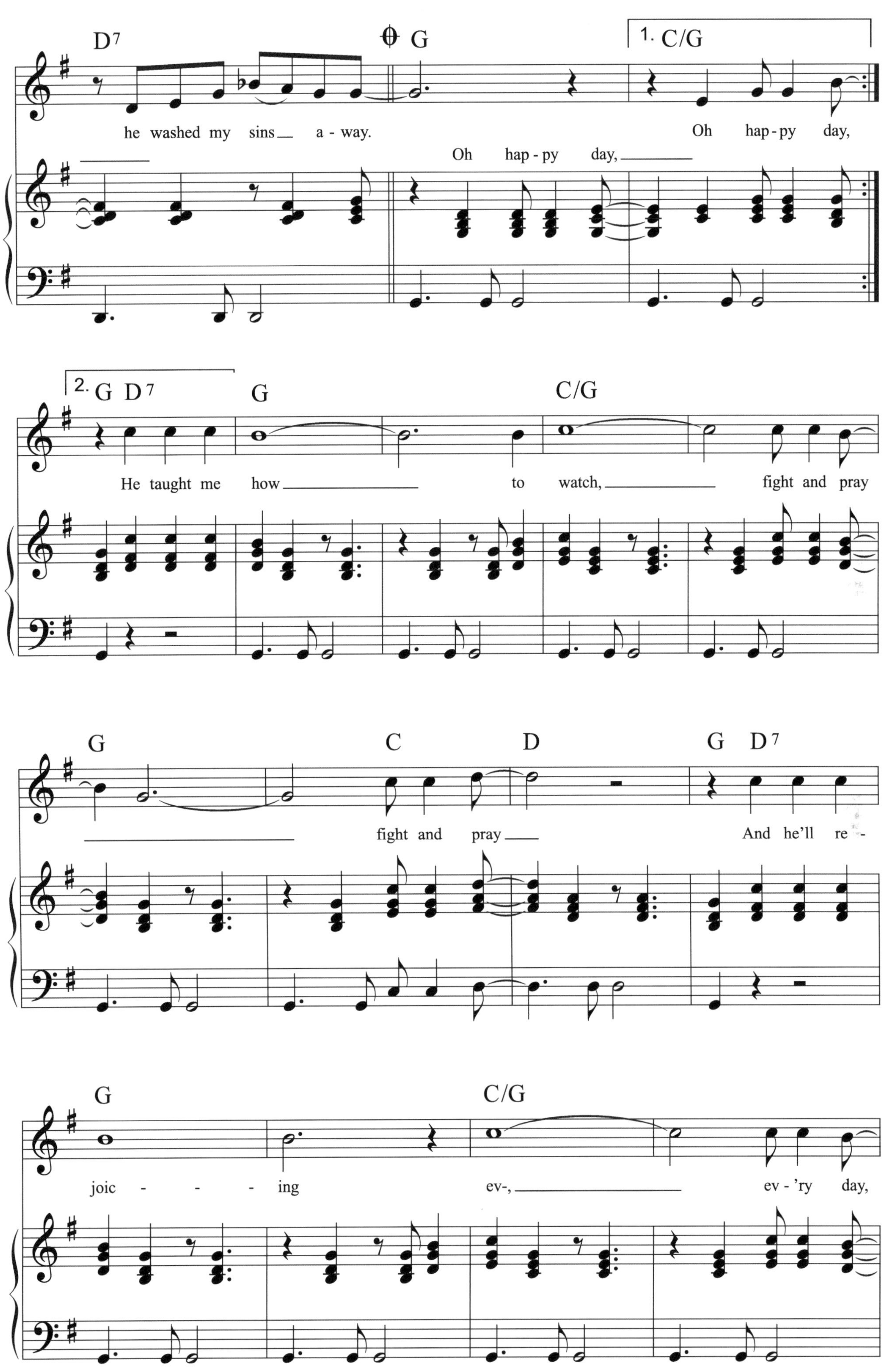
D7
G
1. C/G
he washed my sins a - way.
Oh hap - py day,
Oh hap - py day,
2. G D7
G
C/G
He taught me how to watch, fight and pray
G
C
D
G D7
fight and pray
And he'll re -
G
C/G
joic - - - ing ev-, ev - 'ry day,

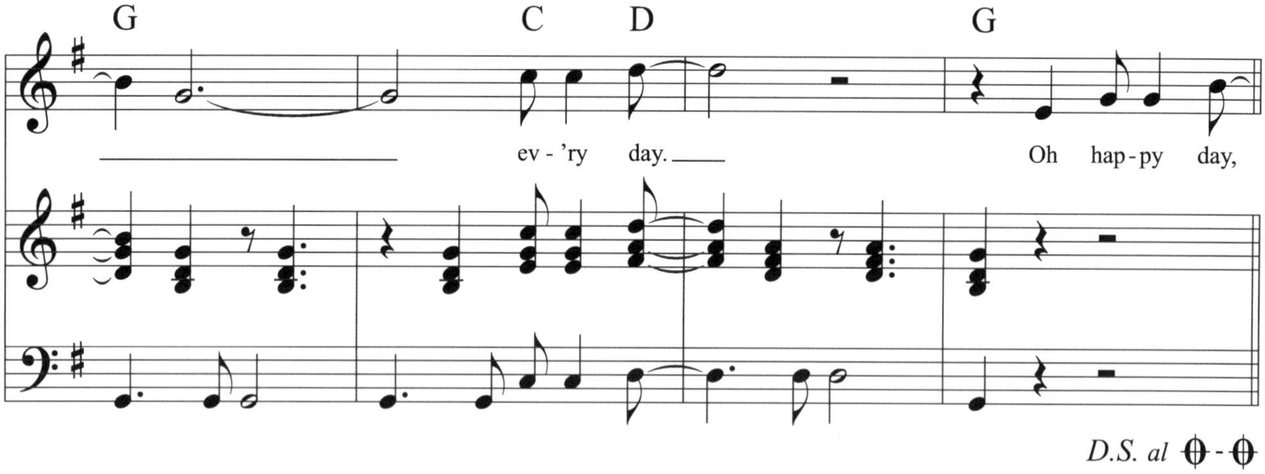

G C D G

ev - 'ry day. Oh hap - py day,

D.S. al ɸ - ɸ

ɸ

G C/G G

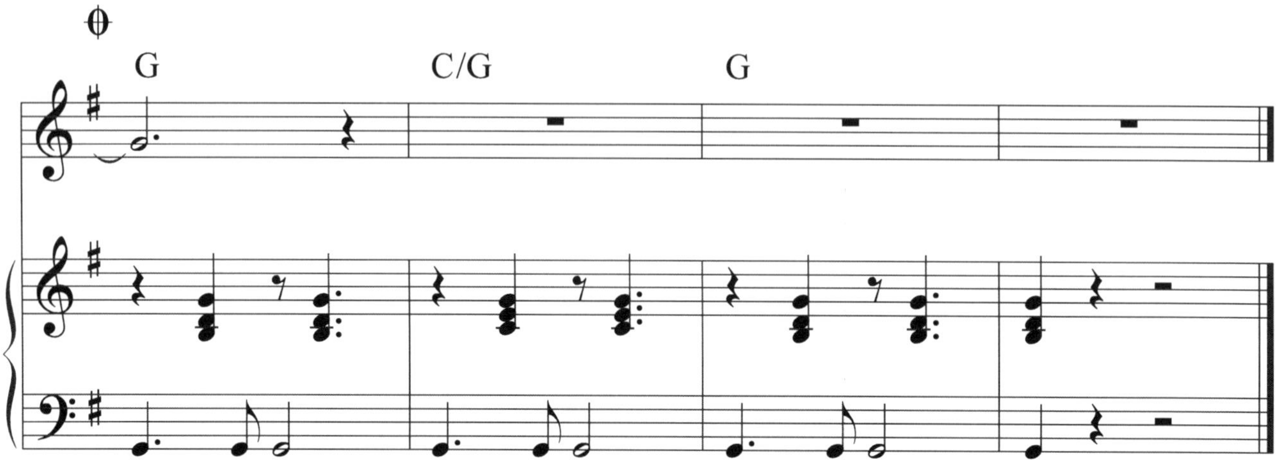

Oh Happy Day ist ein wahrer Klassiker unter den Gospelsongs. 1969 von den Edwin Hawkins Singers veröffentlicht erreichte er die internationalen Hitparaden und ebnete den Weg zur Kommerzialisierung der Gospelmusik. Insgesamt gibt es mindestens 42 Coverversionen, u. a. von Elvis Presley aus dem Jahr 1970. *Oh Happy Day* kommt im Kinofilm *Sister Act 2* mit Sängerin Lauryn Hill vor, in einer der letzten Szenen singt ein Gospelchor das Lied bei einer Schulaufführung.

72. Dos Palomitas

Volkslied aus Peru
Bearb.: Michael Schäfer

Huayno

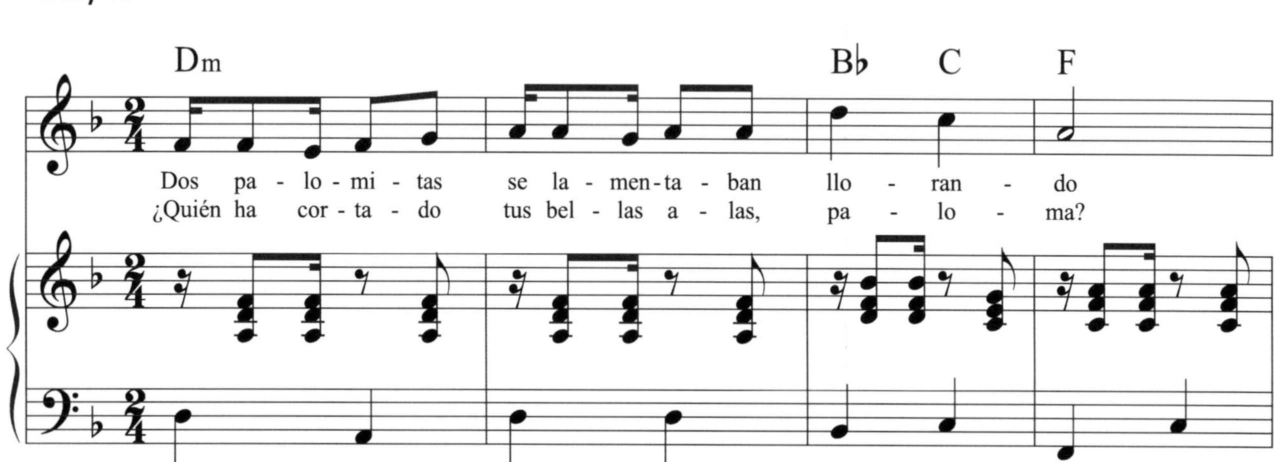

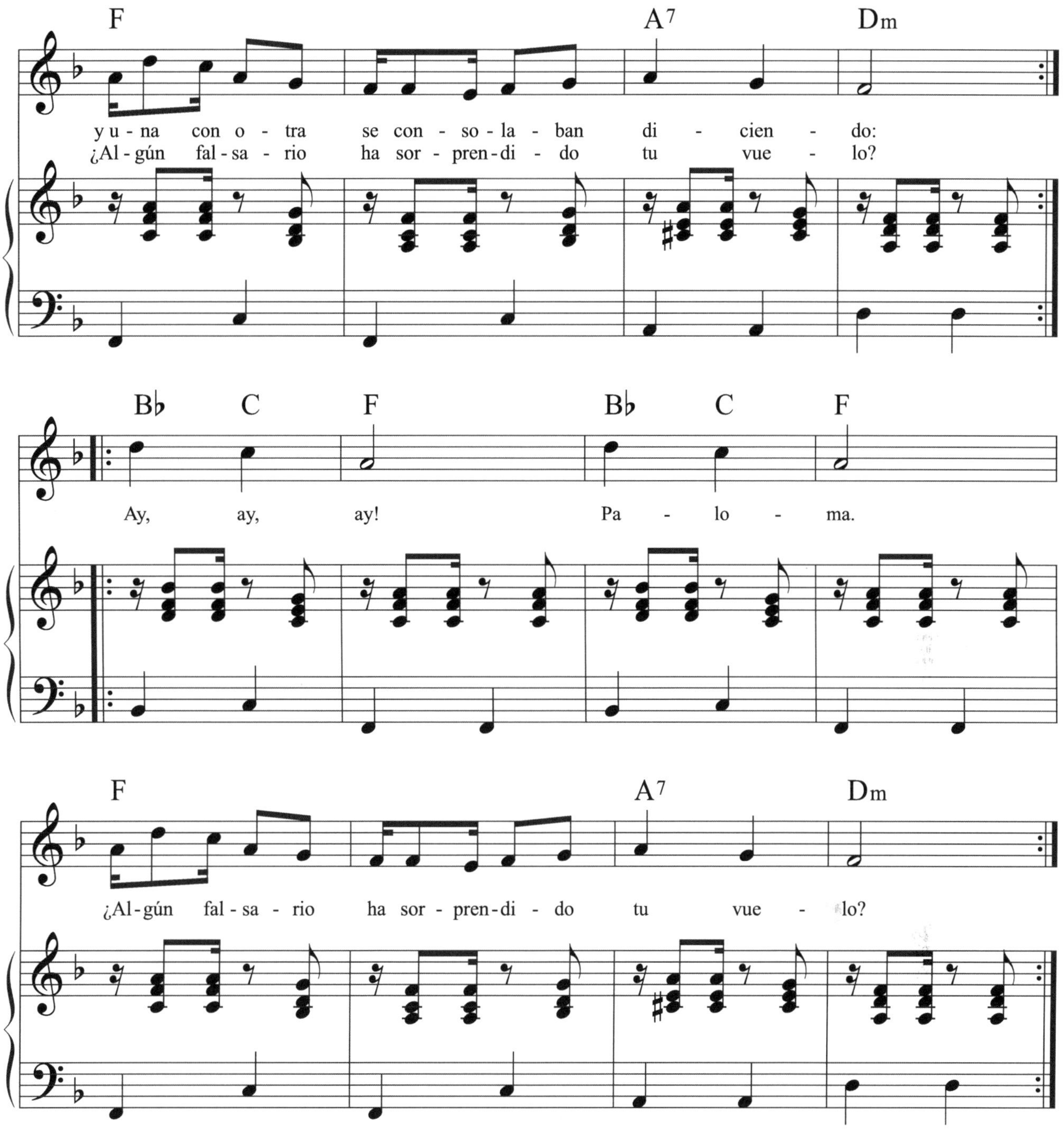

F A7 Dm

yu - na con o - tra se con - so - la - ban di - cien - do:
¿Al - gún fal - sa - rio ha sor - pren - di - do tu vue - lo?

B♭ C F B♭ C F

Ay, ay, ay! Pa - lo - ma.

F A7 Dm

¿Al - gún fal - sa - rio ha sor - pren - di - do tu vue - lo?

Zu *Dos Palomitas* tanzt man einen Huayno, einen in den Andenländern beliebten Kreistanz im 2/4-Takt. Begleitet wird traditionell mit Panflöten und Gitarren.

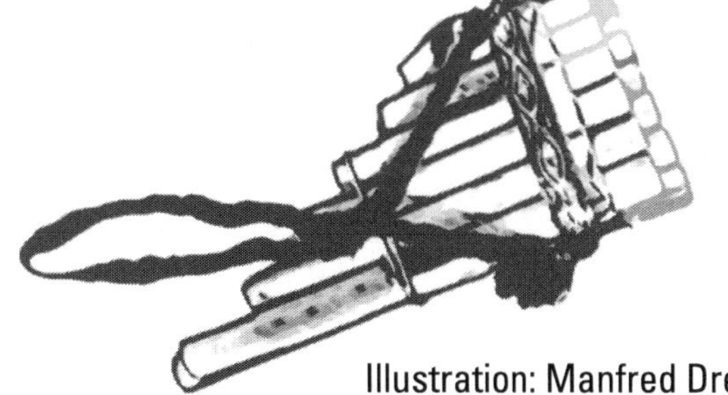

Illustration: Manfred Drechsel

Vorschlag für ein Vorspiel:

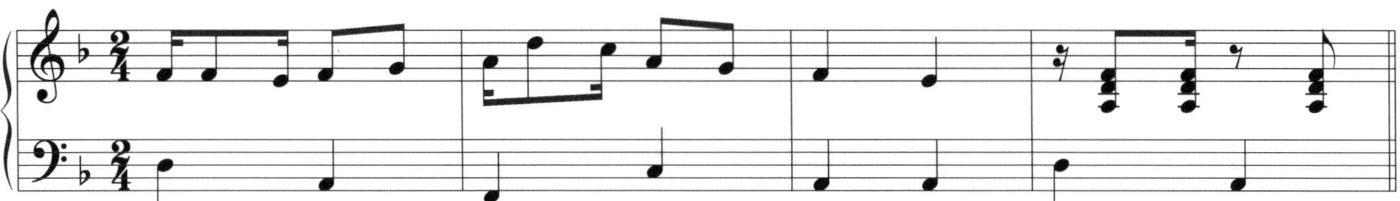

73. Banana Boat Song

Volkslied aus Jamaica
Bearb.: Michael Schäfer

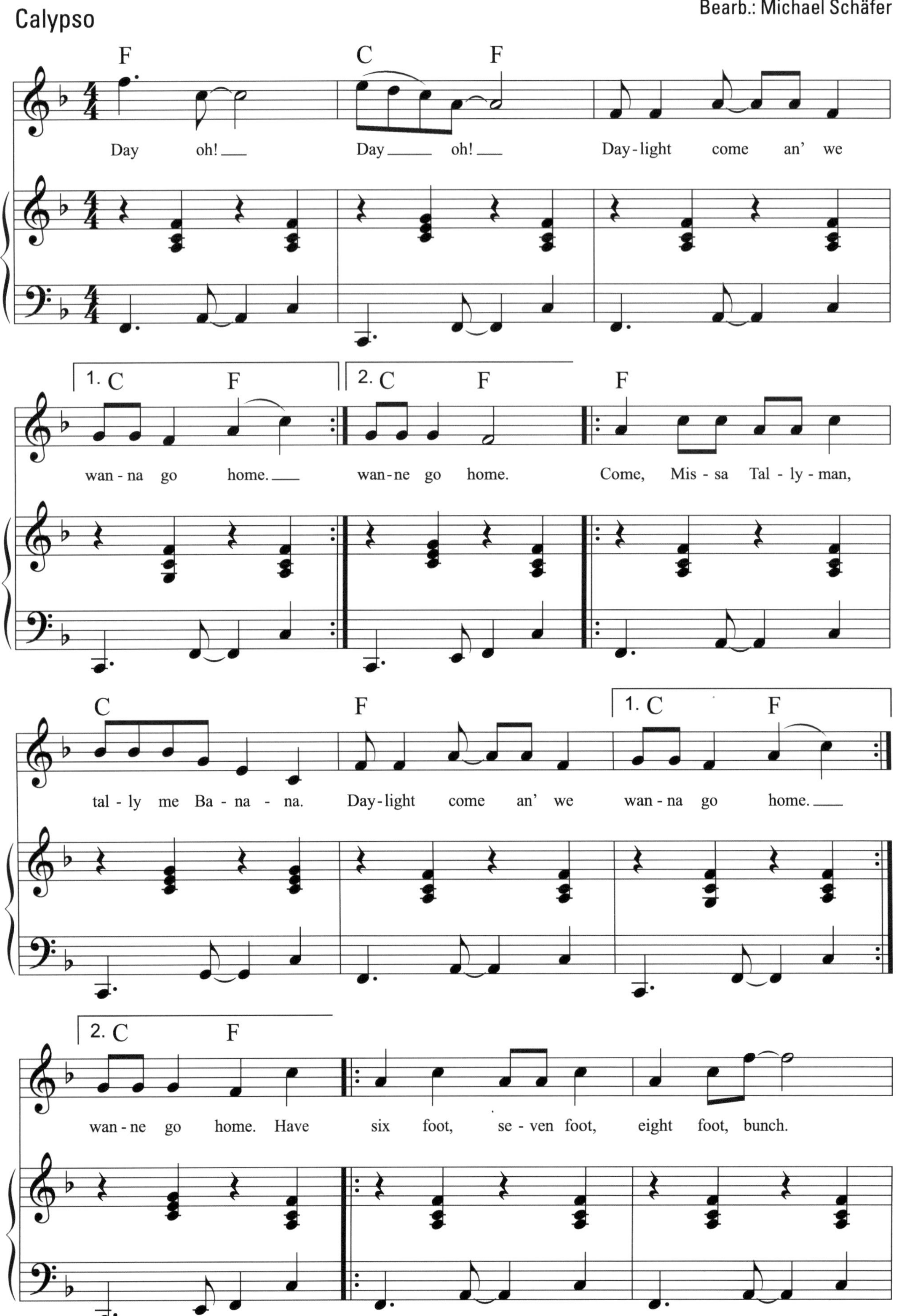

AMA VERLAG

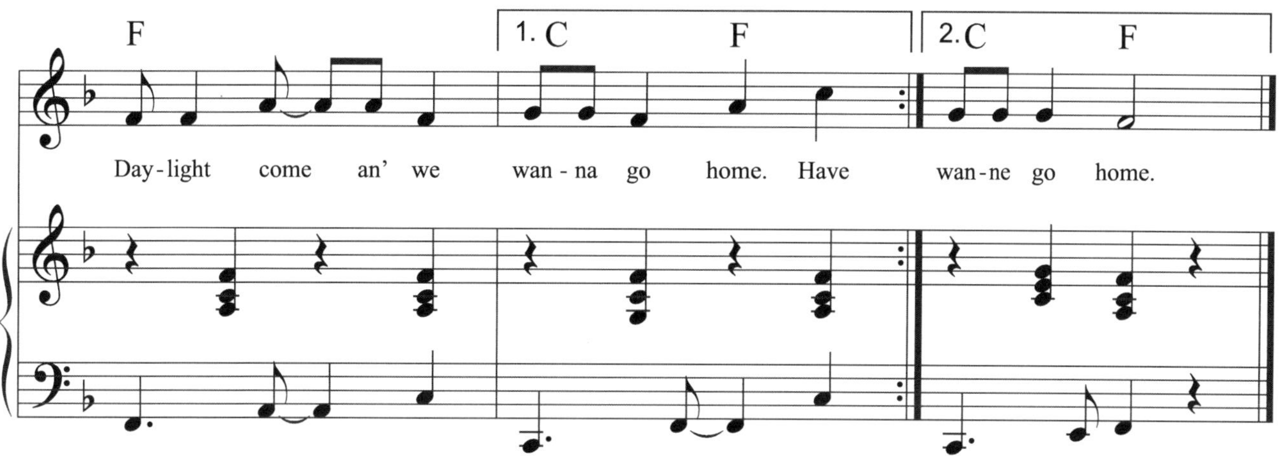

Vorschlag für ein Vorspiel:

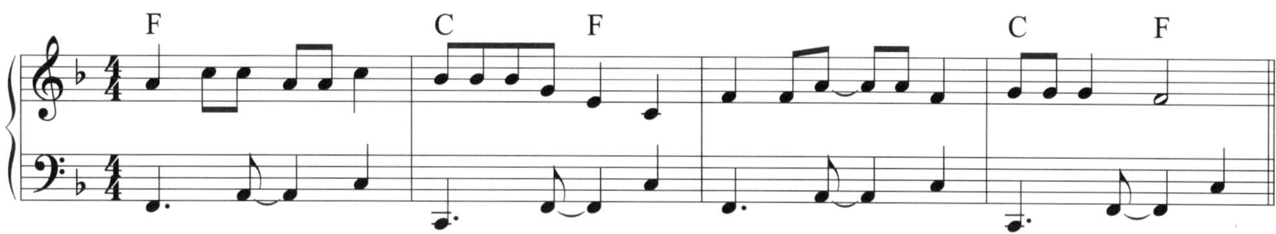

Alternative Begleitung:

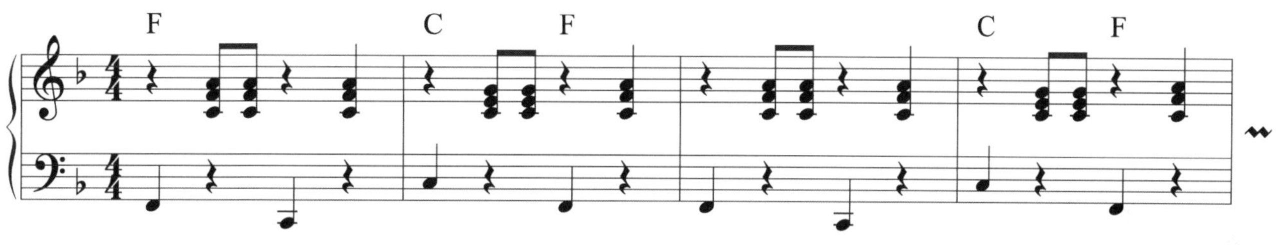

Der *Banana Boat Song* ist ein Worksong, der von Hafenarbeitern gesungen wurde, die in der Nachtschicht Bananen auf Schiffe verluden und mit dem anbrechenden Tageslicht das Schichtende herbeisehnten. Die bekannteste Version wurde 1956 vom amerikanischen Sänger Harry Belafonte veröffentlicht, ursprünglich mit dem Titel „Banana Boat (Day-O)". Die Singleauskopplung wurde ein Millionenseller.

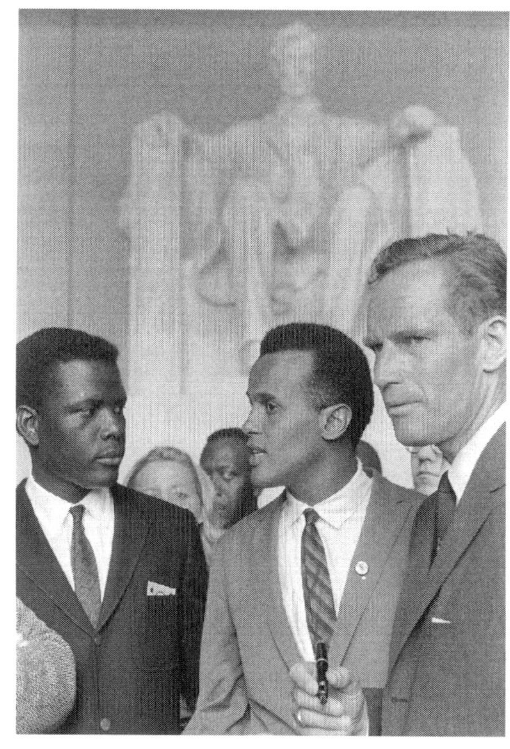

Die Schauspieler und Bürgerrechtler Harry Belafonte (Mitte), Sidney Poitier (links) und Charlton Heston (rechts) 1963 auf dem Civil Rights March in Washington, D.C

74. The House of the Rising Sun

Volkslied aus Amerika
Bearb.: Michael Schäfer

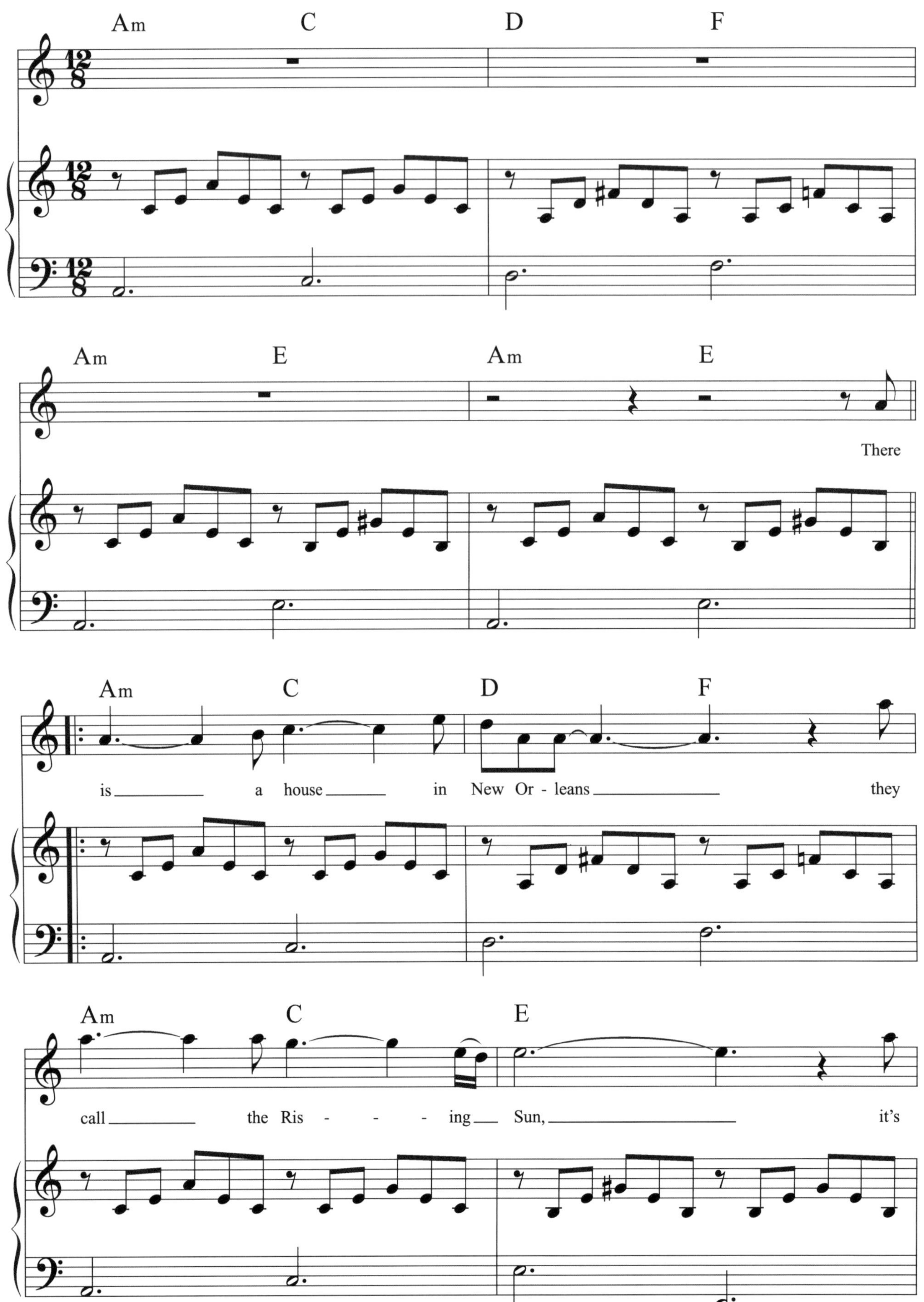

AMA VERLAG

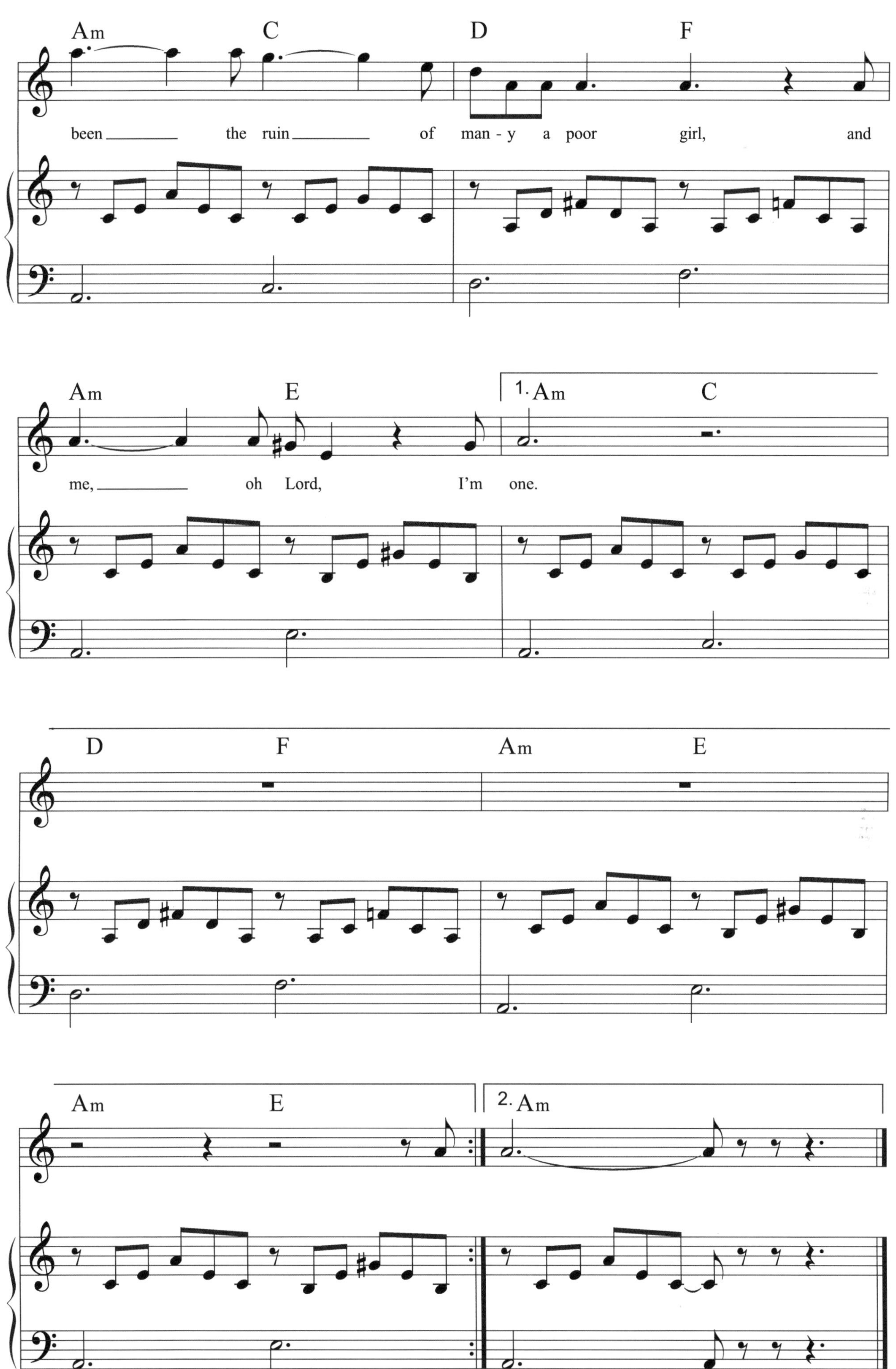
Am
C
D
F
been the ruin of man - y a poor girl, and
Am
E
1. Am
C
me, oh Lord, I'm one.
D
F
Am
E
Am
E
2. Am

75. Backwater Blues

Volkslied aus Amerika
Bearb.: Michael Schäfer

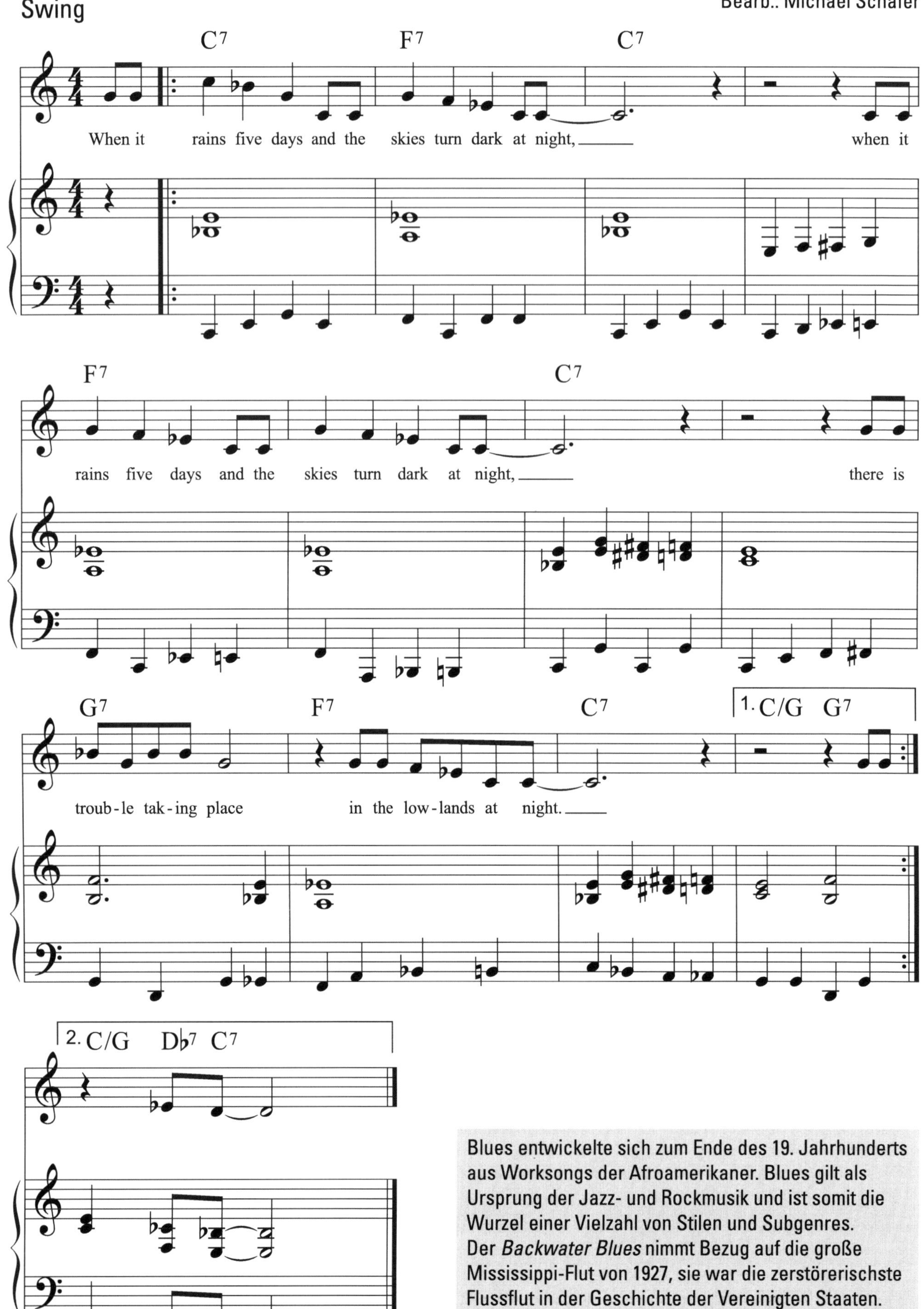

Blues entwickelte sich zum Ende des 19. Jahrhunderts aus Worksongs der Afroamerikaner. Blues gilt als Ursprung der Jazz- und Rockmusik und ist somit die Wurzel einer Vielzahl von Stilen und Subgenres. Der *Backwater Blues* nimmt Bezug auf die große Mississippi-Flut von 1927, sie war die zerstörerischste Flussflut in der Geschichte der Vereinigten Staaten.

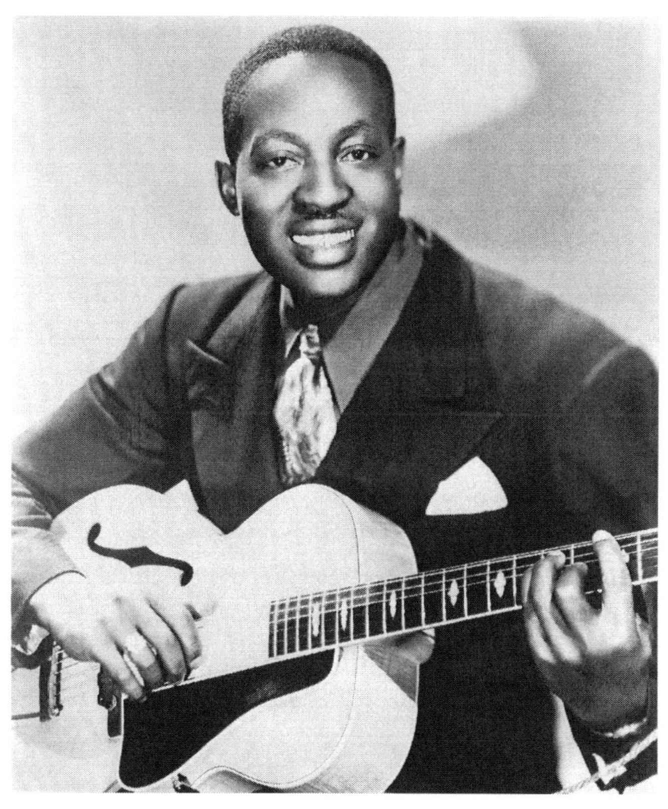

Der amerikanische Bluesmusiker
Big Bill Broonzy, 1951

Vorschlag für ein Vorspiel, auch als Zwischenspiel für die Takte 11 und 12:

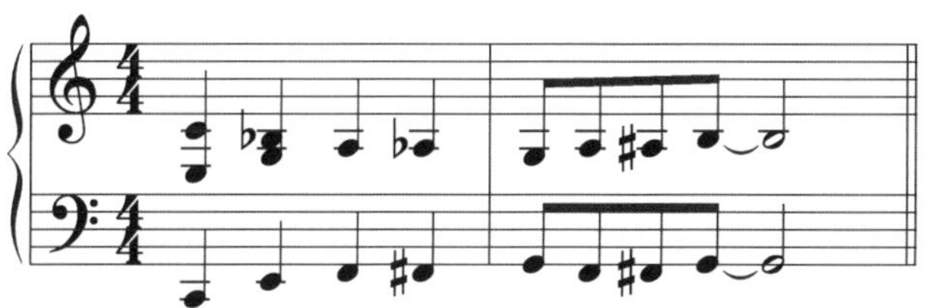

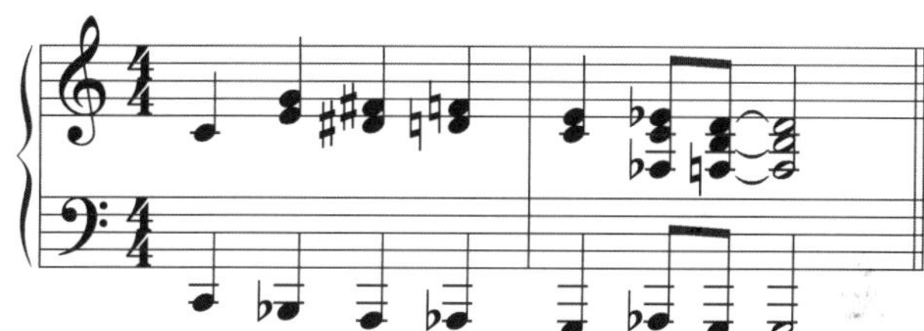

Alternatives Ende für die letzten beiden Takte:

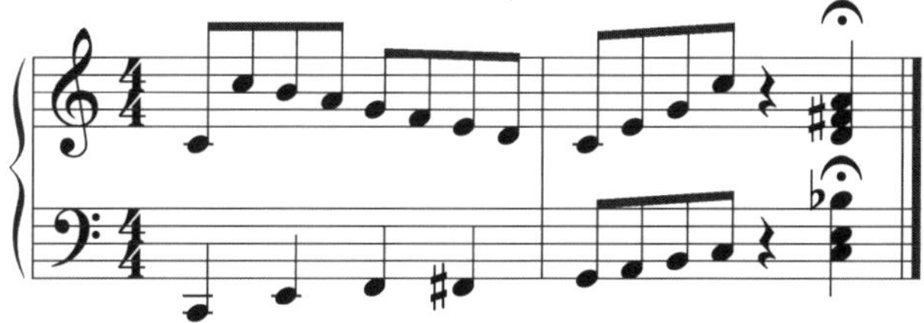

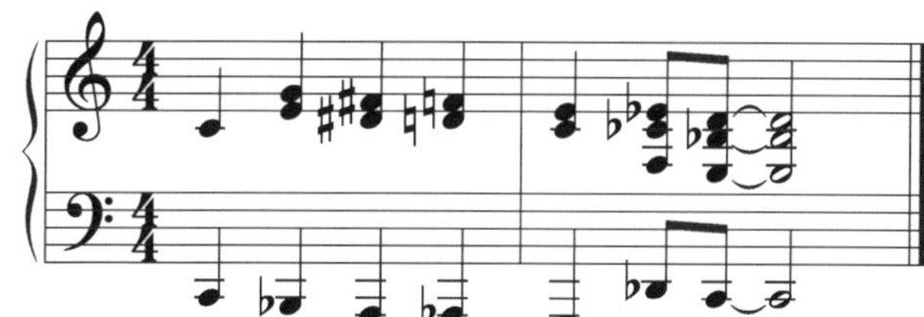

Alternative Begleitung für die linke Hand:

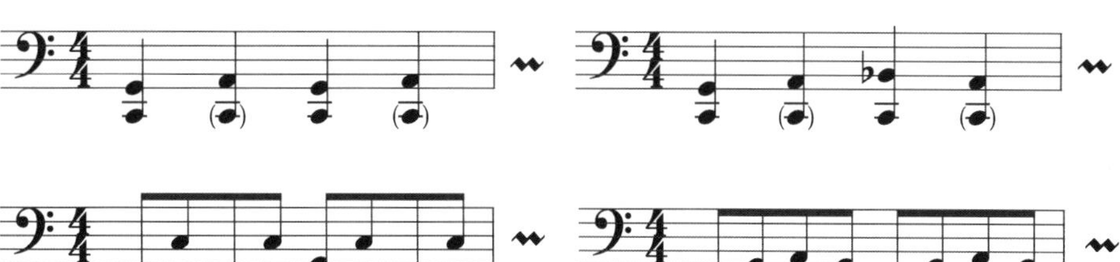

Improvisiert mit der Blues-Tonleiter:

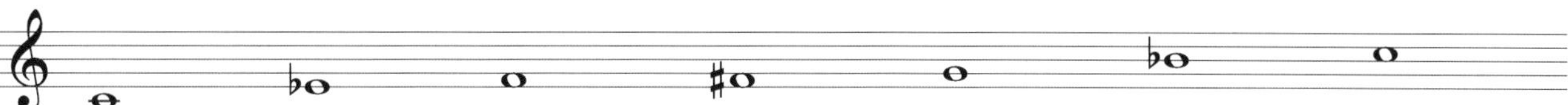

76. Card Game Blues

Michael Schäfer

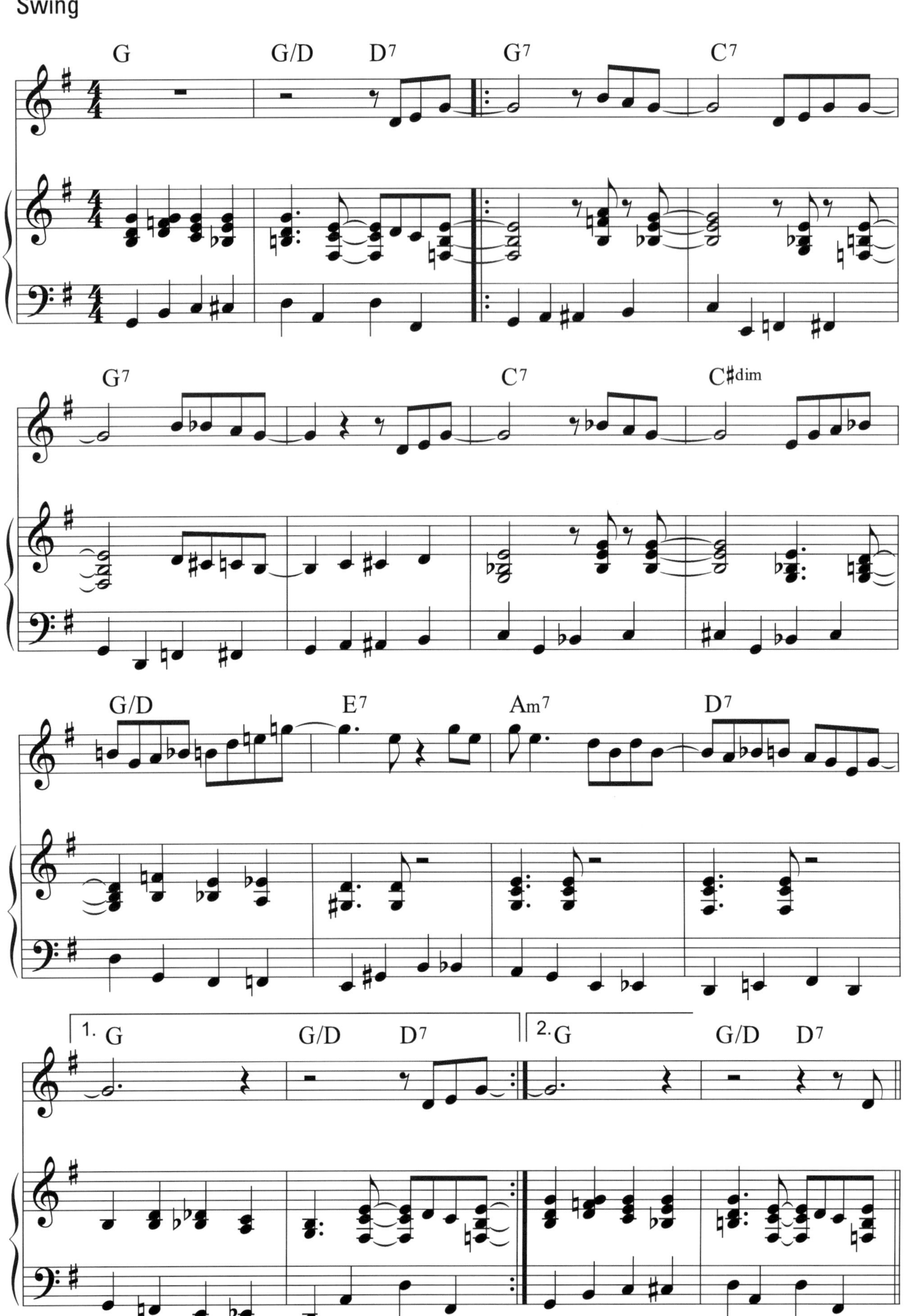

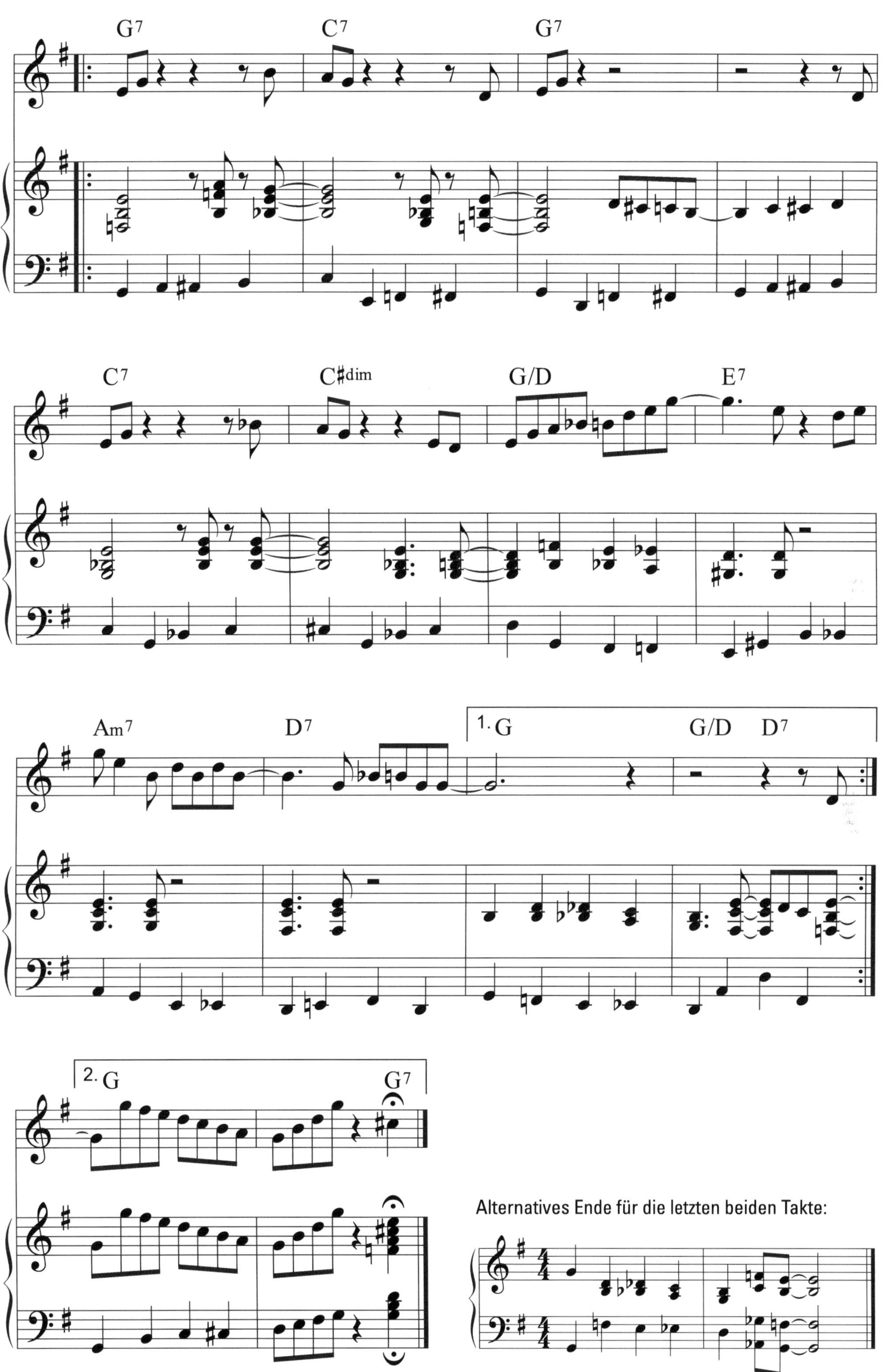
G7
C7
G7
C7
C♯dim
G/D
E7
Am7
D7
1. G
G/D
D7
2. G
G7
Alternatives Ende für die letzten beiden Takte:

77. Worried Man Blues

Swing

Volkslied aus Amerika
Bearb.: Michael Schäfer

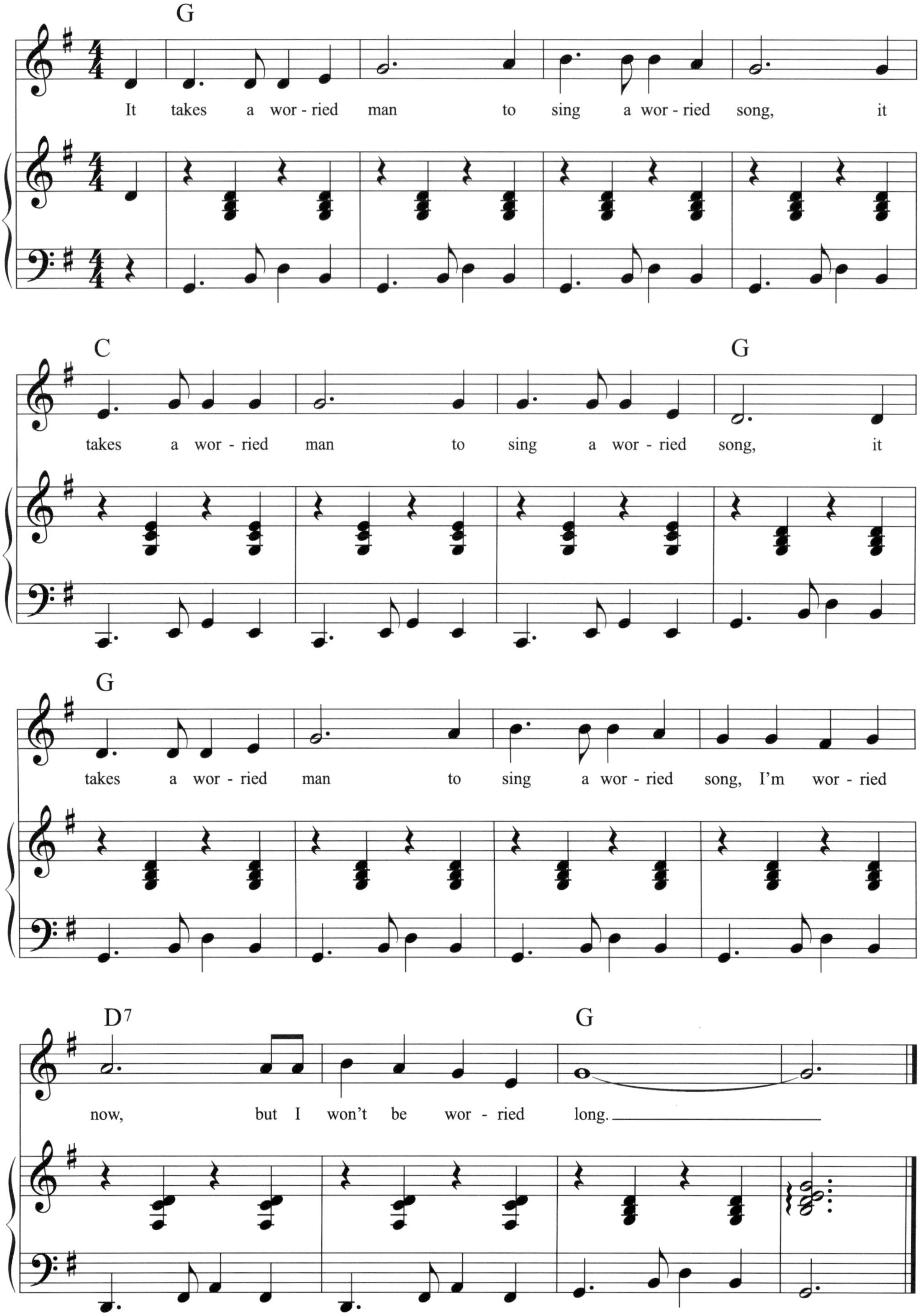

G
It takes a wor - ried man to sing a wor - ried song, it

C G
takes a wor - ried man to sing a wor - ried song, it

G
takes a wor - ried man to sing a wor - ried song, I'm wor - ried

D7 G
now, but I won't be wor - ried long.

In der Anfangszeit des Blues hatte sich die feststehende Form, wie wir sie heute kennen, noch nicht herausgebildet. So nannte man damals auch Songs „Blues", die in unserem heutigen Sinne keine typischen Bluesmerkmale besitzen. Ein Beispiel dafür ist der *Worried Man Blues*, der heute eher wie ein Folk Song denn wie ein Blues wirkt.
Der *Worried Man Blues* wurde von vielen Folk- und Country-Künstlern aufgeführt, darunter Woody Guthrie, Peter Seeger, June Carter und Johnny Cash.

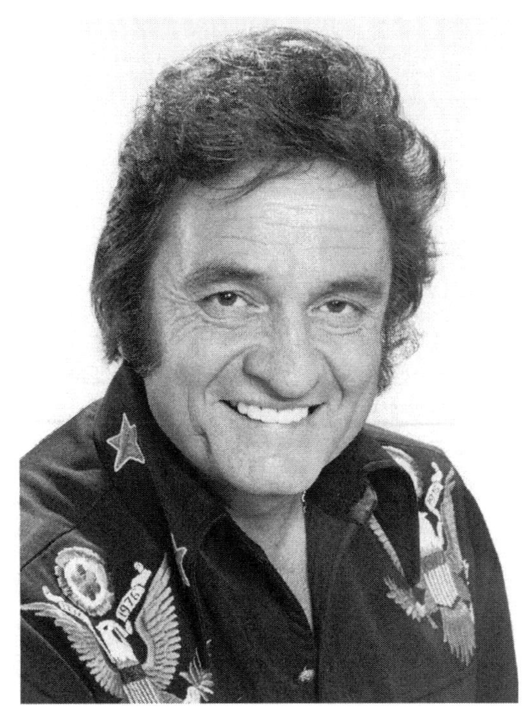

Johnny Cash, 1977

Alternative Begleitungen, auch als Vorspiel:

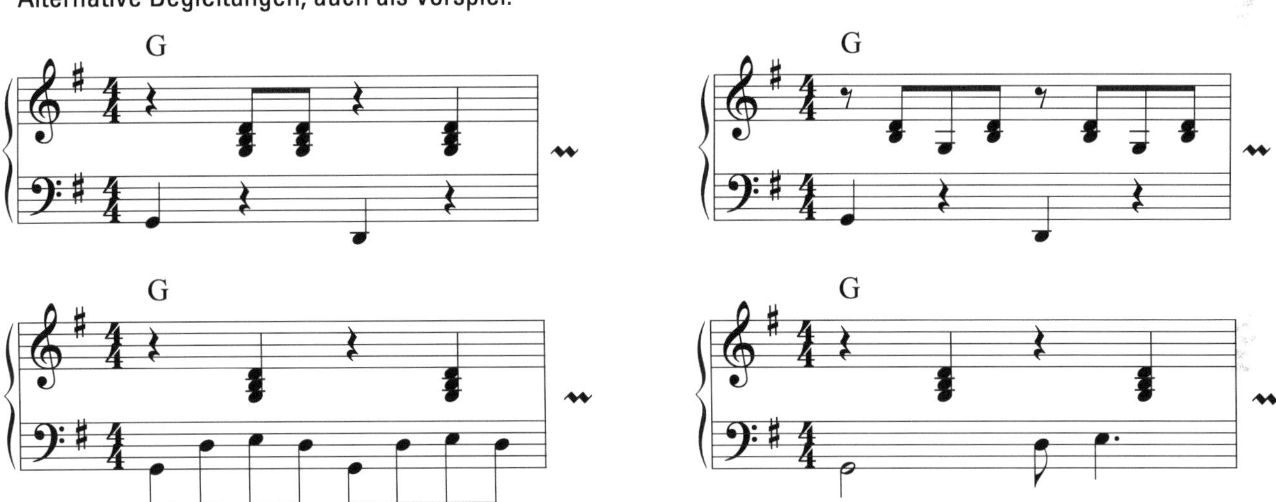

78. Streets of Laredo

Volkslied aus Amerika
Bearb.: Michael Schäfer

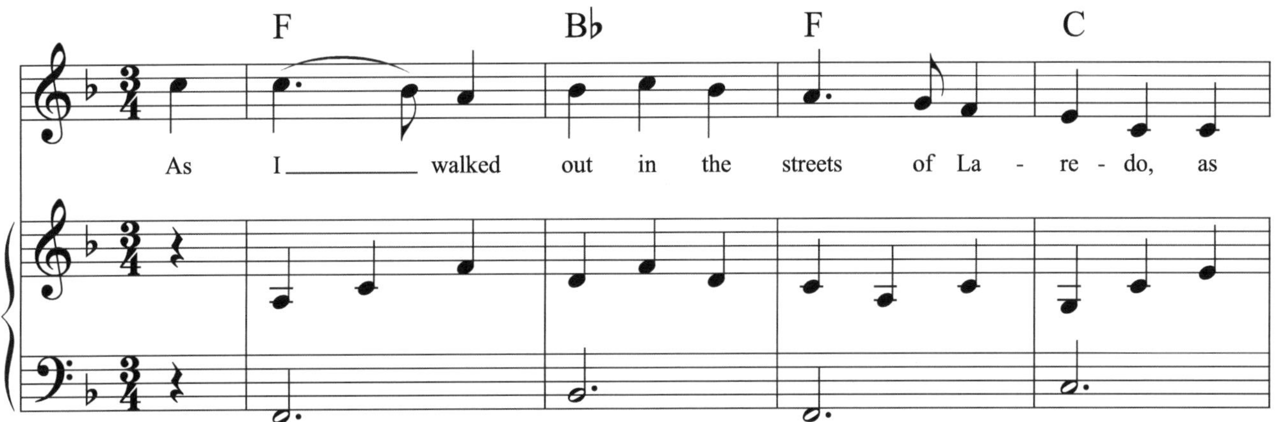

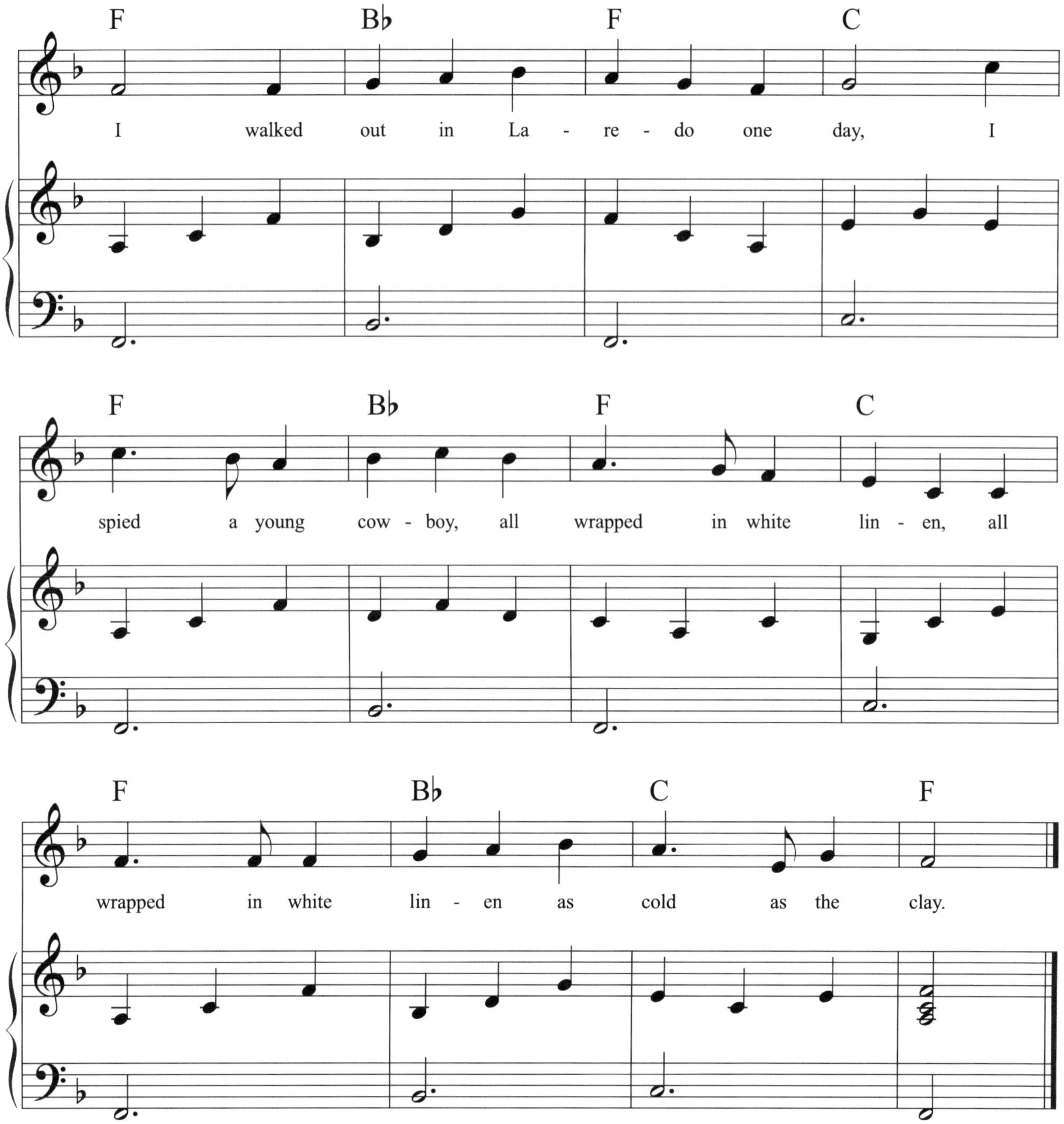

F Bb F C

I walked out in La - re - do one day, I

F Bb F C

spied a young cow - boy, all wrapped in white lin - en, all

F Bb C F

wrapped in white lin - en as cold as the clay.

Alternative Begleitung:

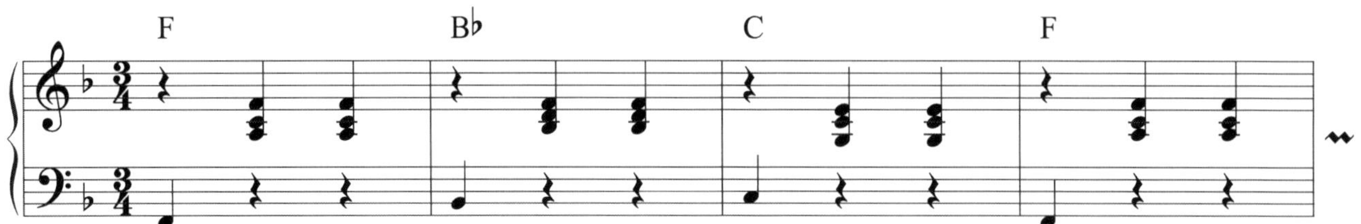

Als Vorspiel könnt ihr die letzten acht Takte der Begleitung spielen.

79. Morning Has Broken

Schottisch-gälisches Lied
Bearb.: Michael Schäfer

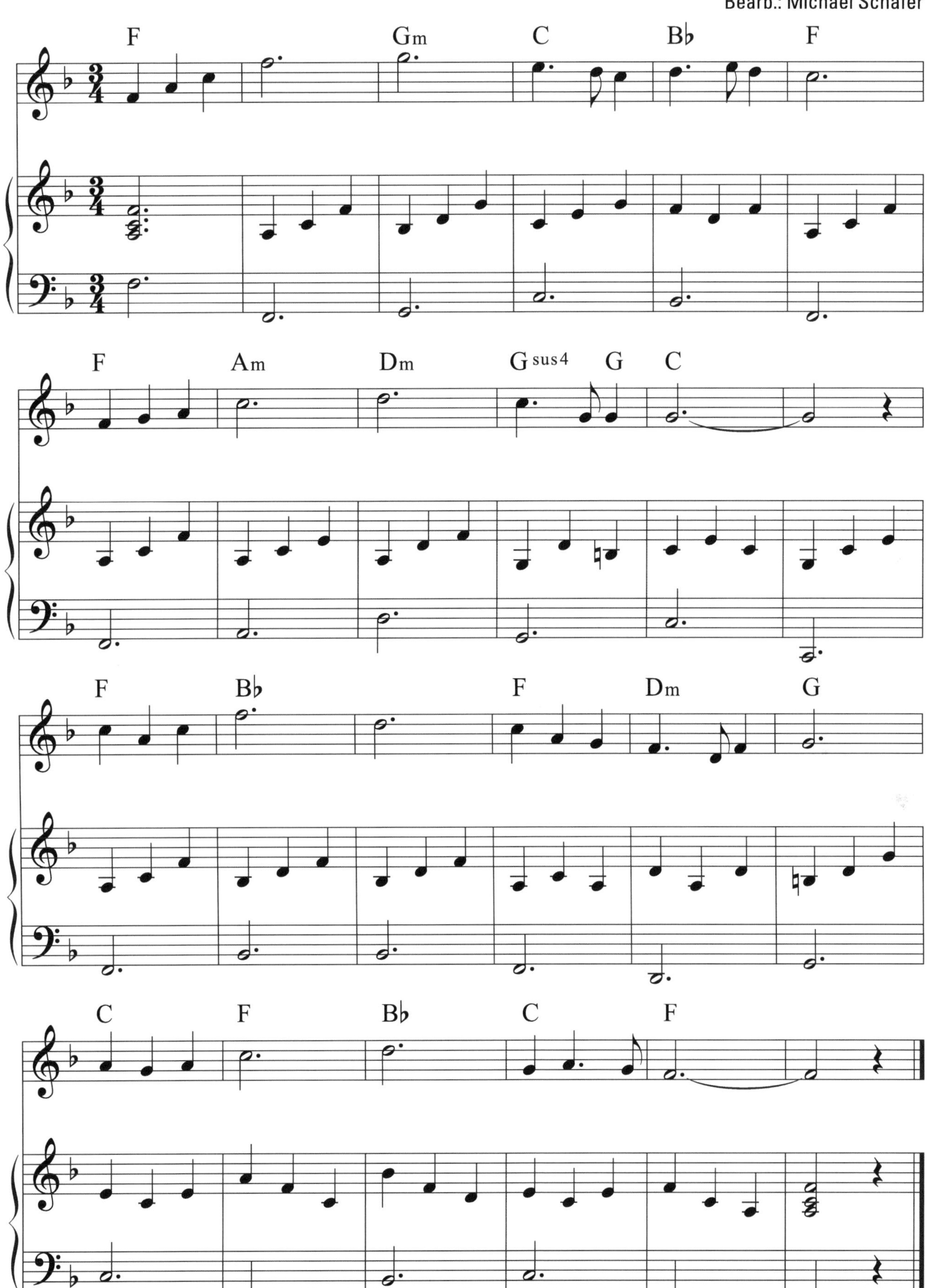

Weltweit populär wurde *Morning Has Broken* durch den englischen Singer-Songwriter Cat Stevens, der das Lied 1971 aufgenommen hat. Als Vorspiel könnt ihr die letzten sechs Takte der Begleitung spielen.

80. Amazing Grace

Volkslied aus Neuengland
Bearb.: Michael Schäfer

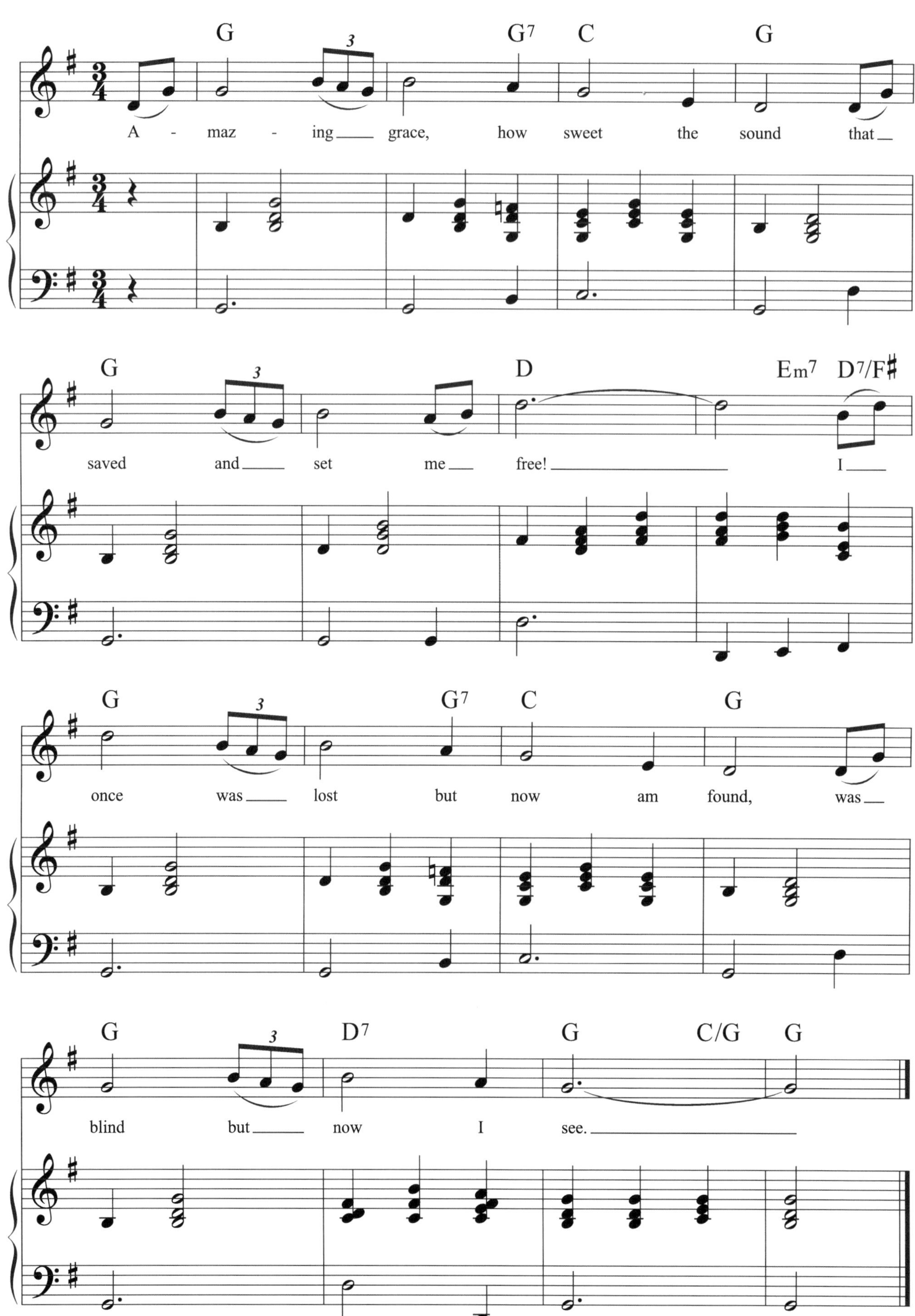

 AMA VERLAG

Vorschlag für ein Vorspiel:

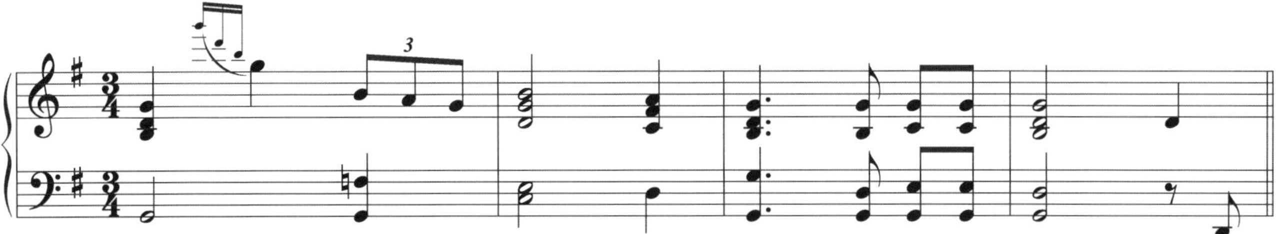

Im Januar 1972 wurde in der „New Temple Missionary Baptist Church" in Los Angeles ein Gospelgottesdienst gefeiert, der zu einer Sternstunde in der Geschichte der Soul- und Gospelgeschichte werden sollte. Das Konzert, in dem Aretha Franklin eine 11-minütige Version von *Amacing Grace* sang, wurde als Doppelalbum „Amacing Grace" veröffentlicht und gelangte gleich bei seinem Erscheinen in die „Billboard Top Ten". Für dieses epochale Gospelalbum wurde Aretha Franklin mit einem Grammy in der Kategorie „Best Soul Gospel Performance" ausgezeichnet. Das Konzert wurde von Sidney Pollak gefilmt. Da Bild und Ton nicht synchron liefen, konnte der Film nicht veröffentlicht werden. Die reparierte Fassung feierte erst 2018 Premiere und wurde von der Presse als einer der besten Musikfilme aller Zeiten gefeiert.

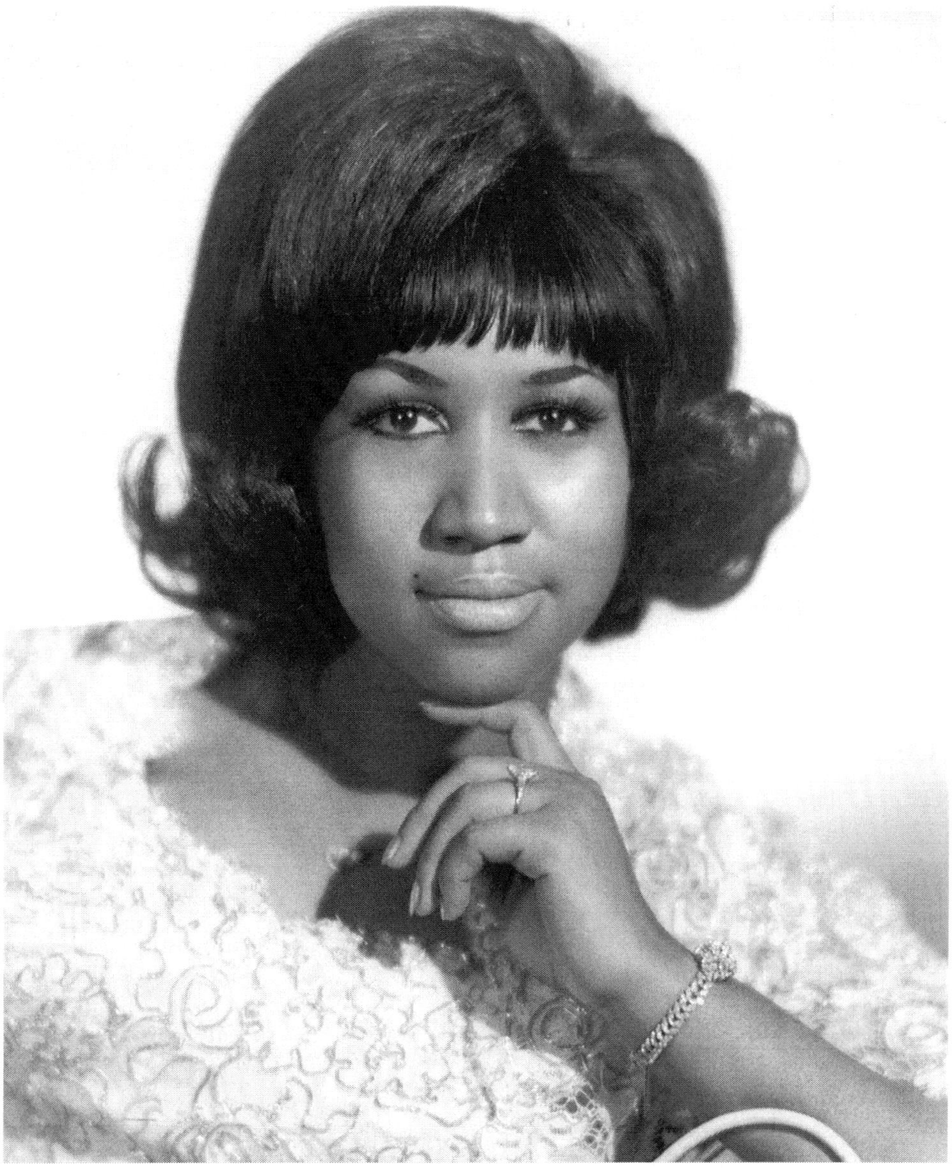

Aretha Franklin in der Zeitschrift Billboard, Februar 1968

81. Aura Lee

Volkslied aus Amerika
Bearb.: Michael Schäfer

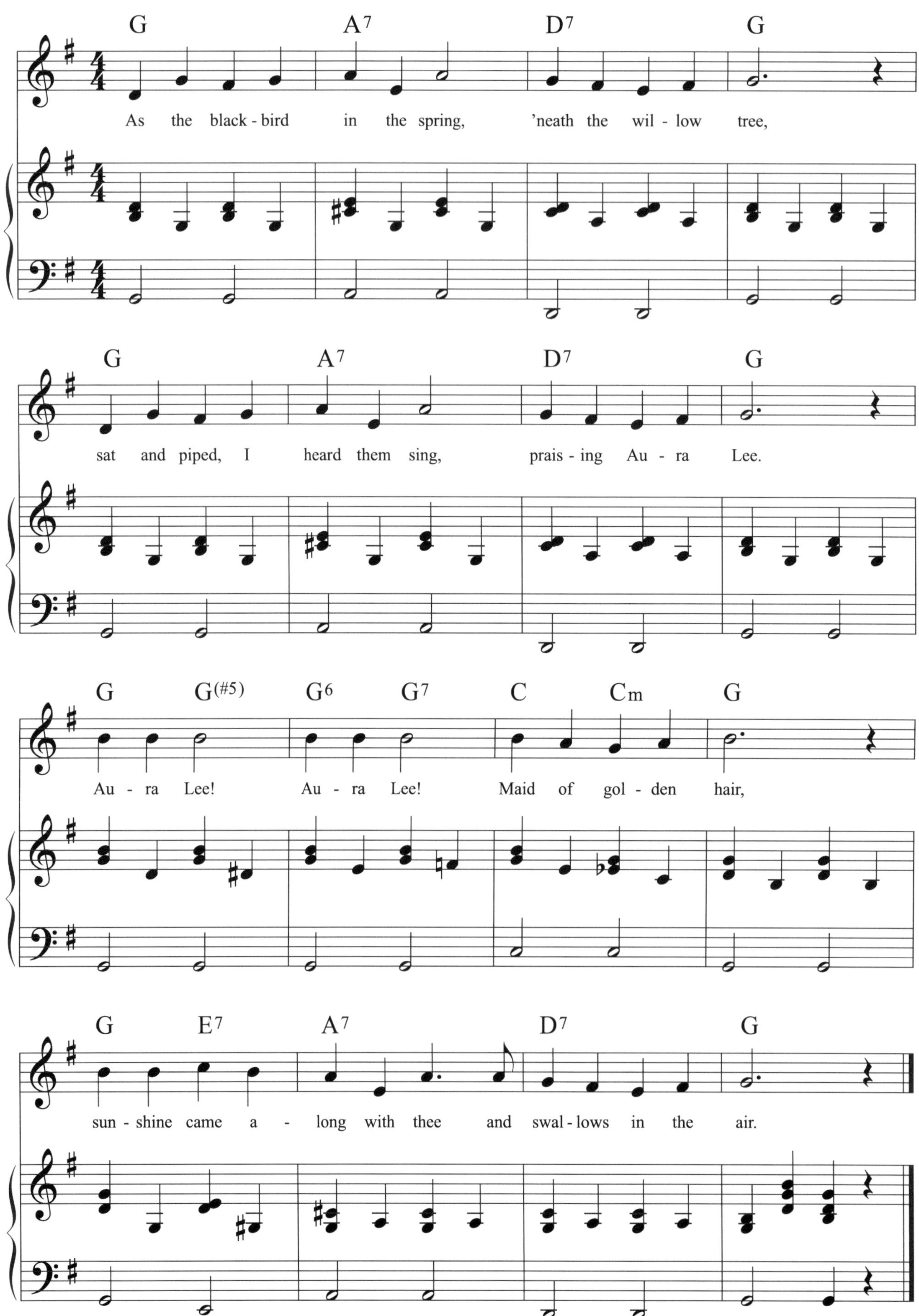

 AMA VERLAG

Aura Lee ist ein Lied aus dem amerikanischen Bürgerkrieg. Elvis Presleys Hit *Love Me Tender* aus dem Jahr 1956 hat die gleiche Melodie.

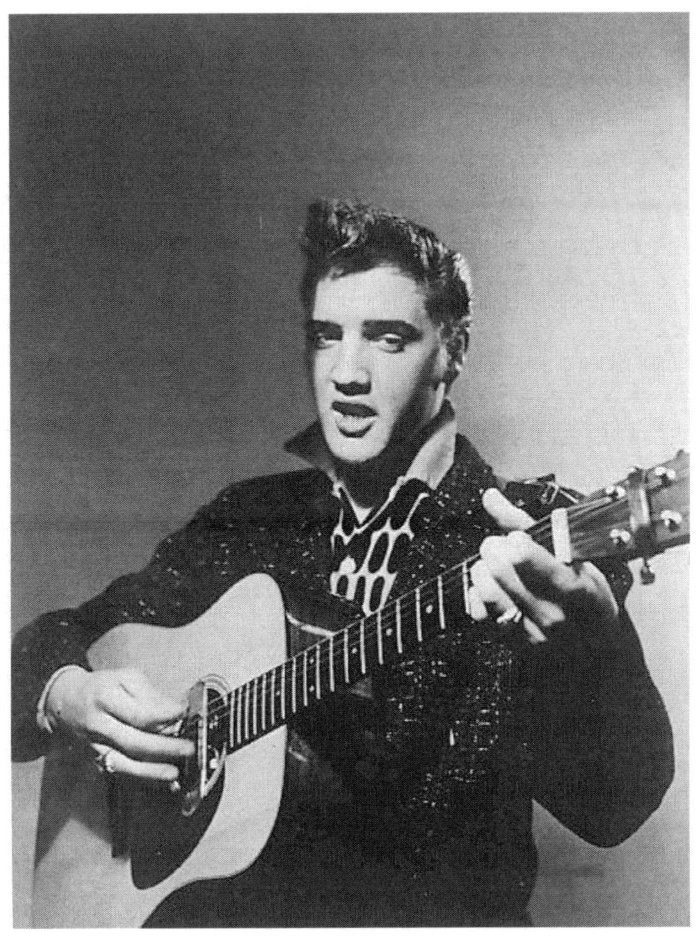

Elvis Presley, Januar 1956

Vorschlag für ein Vorspiel:

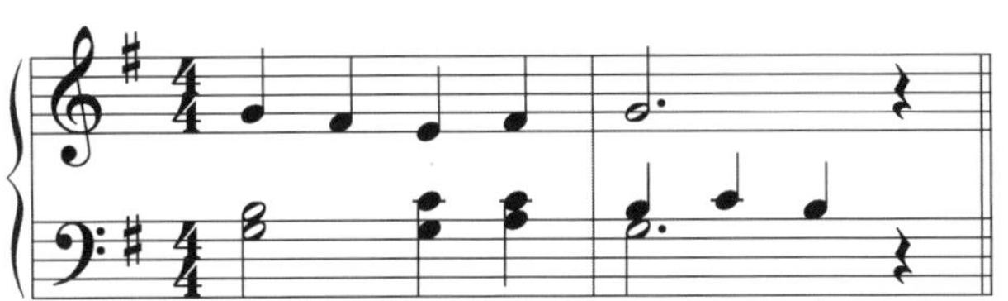

Alternative Begleitung:

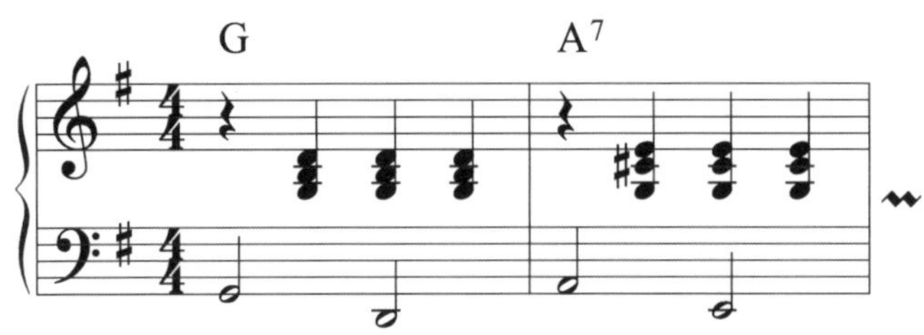

Alternative Akkordfolge für die Takte 9 bis 12:

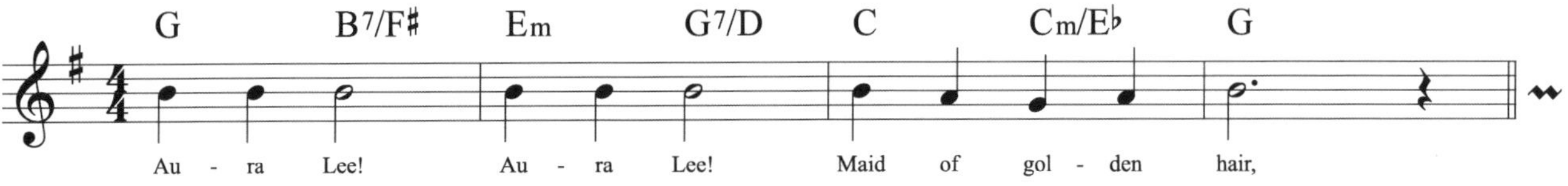

82. La Bamba

Volkslied aus Mexiko
Bearb.: Michael Schäfer

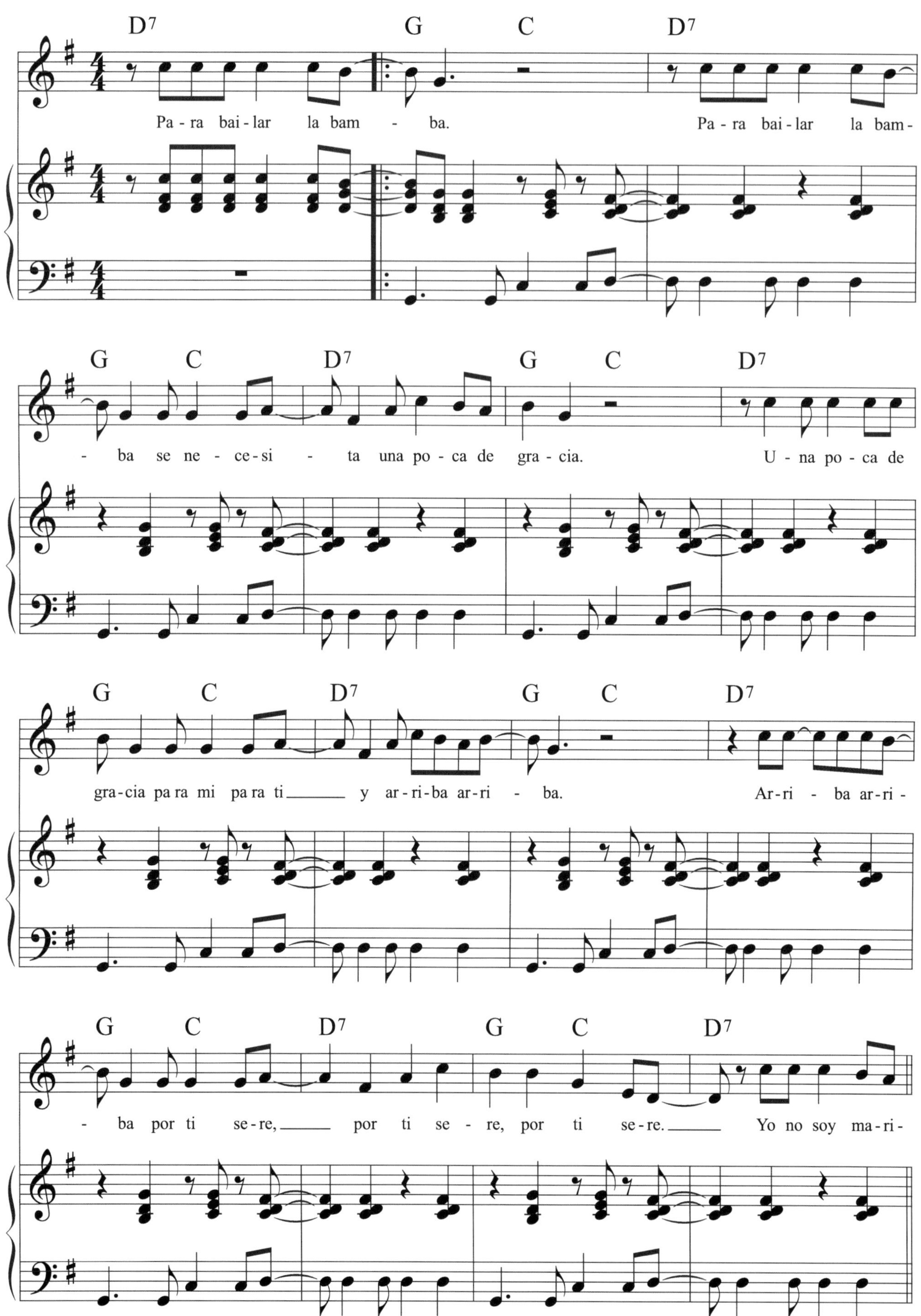

AMA VERLAG

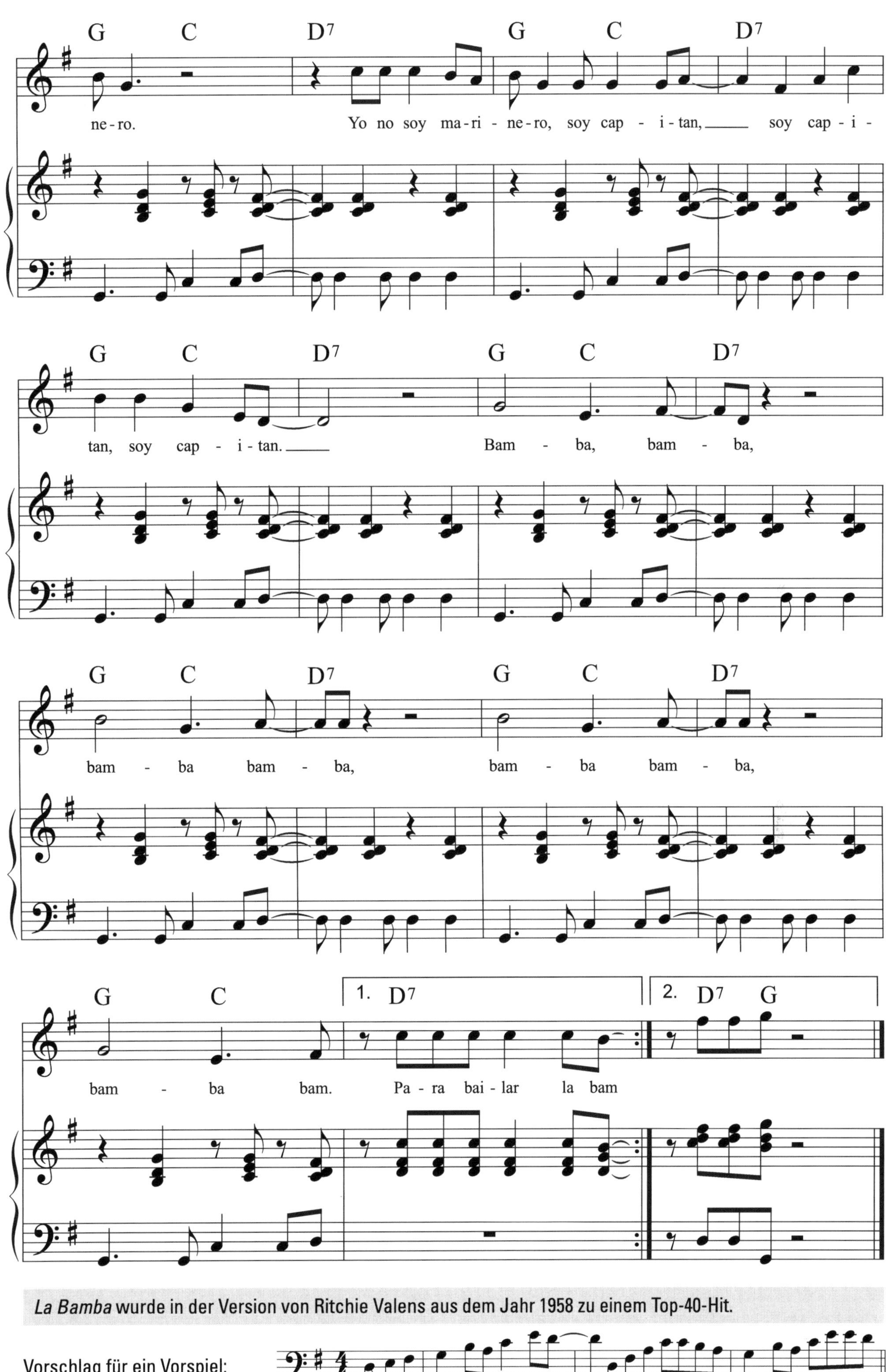

La Bamba wurde in der Version von Ritchie Valens aus dem Jahr 1958 zu einem Top-40-Hit.

Vorschlag für ein Vorspiel:

83. Morisson's Jig

Jig (Volkstanz) aus Irland
Bearb.: Michael Schäfer

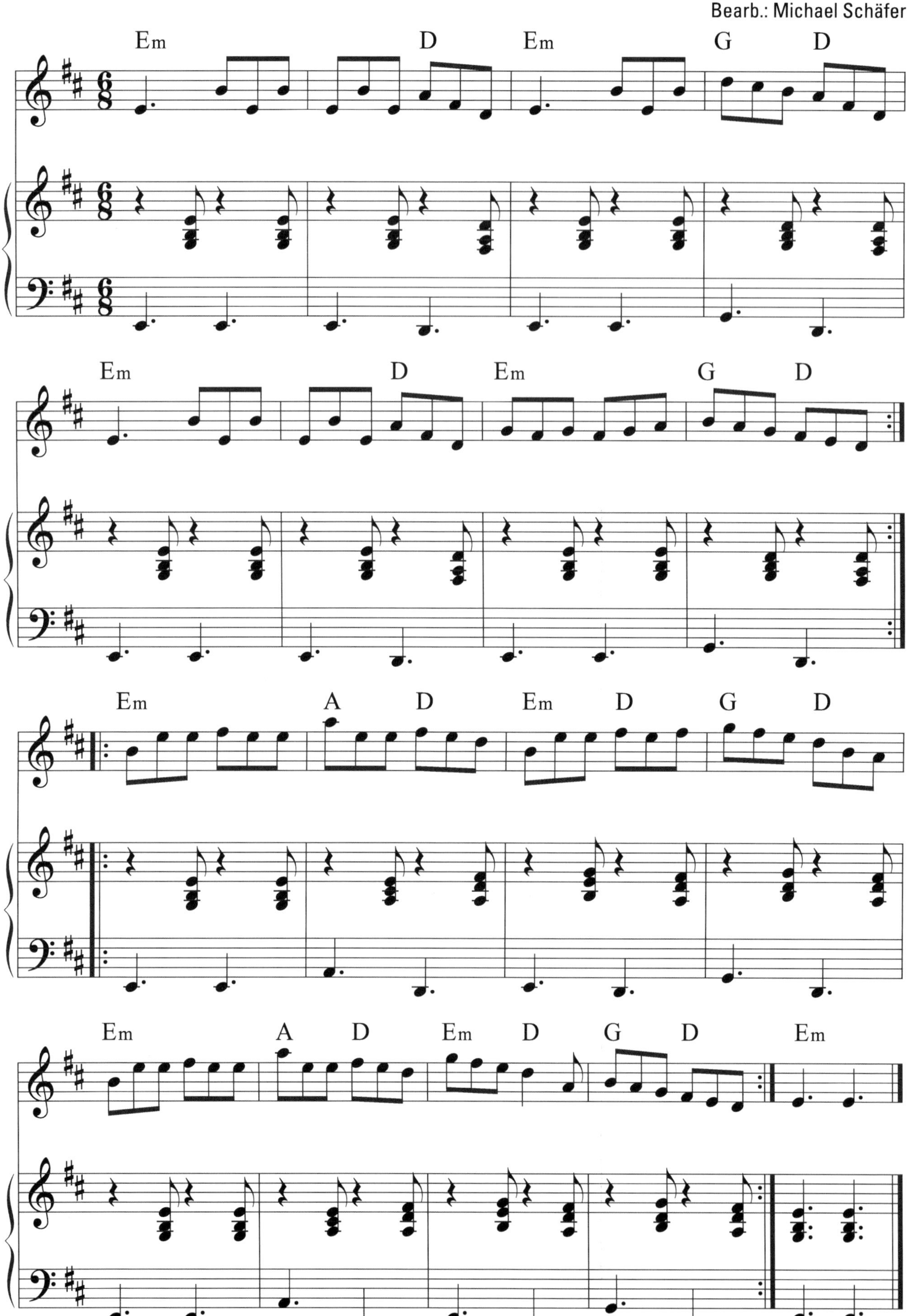

Als Vorspiel könnt ihr die ersten vier Takte der Begleitung spielen.

84. The Irish Washerwoman

Jig (Volkstanz) aus Irland
Bearb.: Michael Schäfer

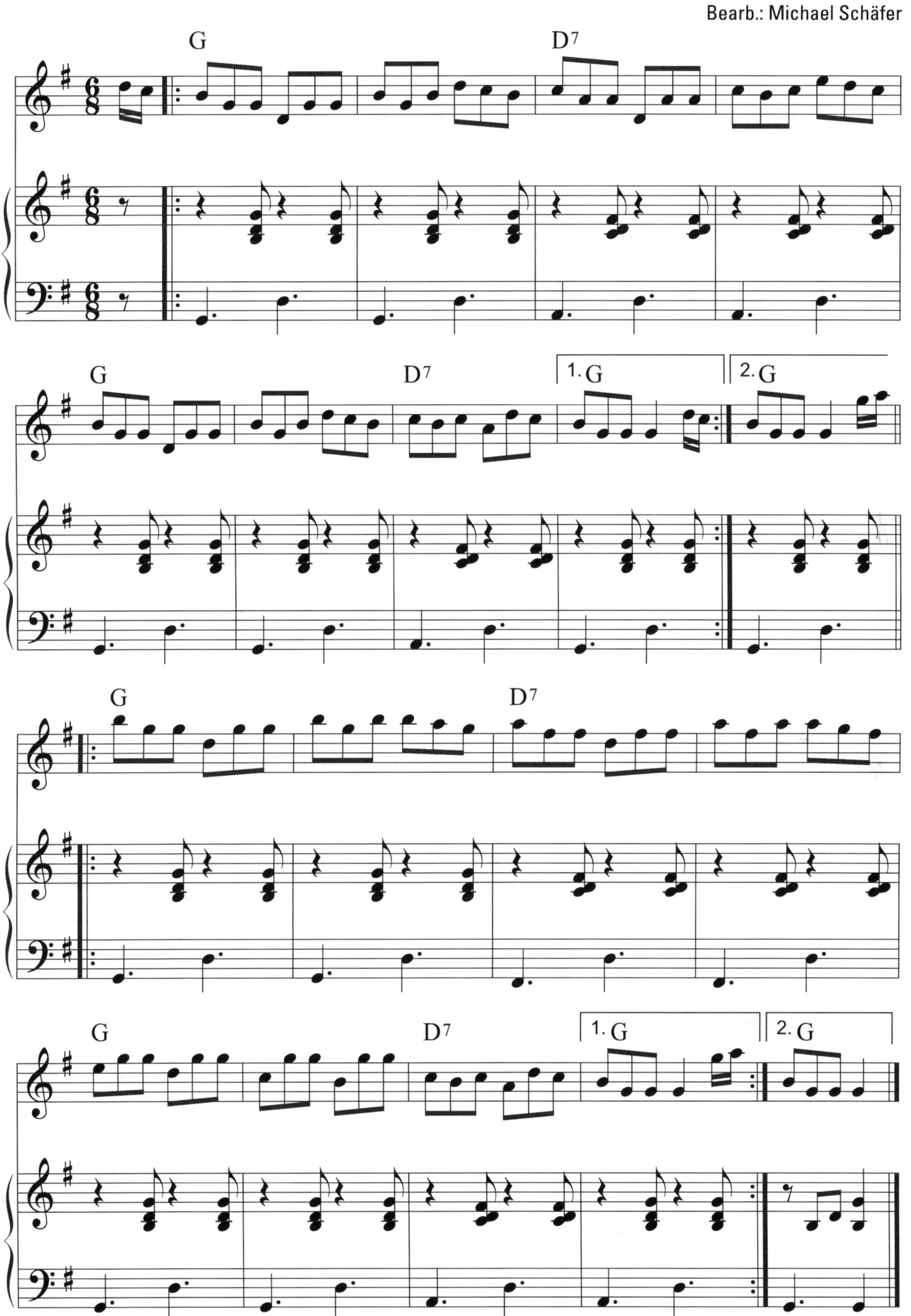

Als Vorspiel könnt ihr die ersten vier Takte der Begleitung spielen.

85. Cooley's Reel

Reel (Volkstanz) aus Irland
Bearb.: Michael Schäfer

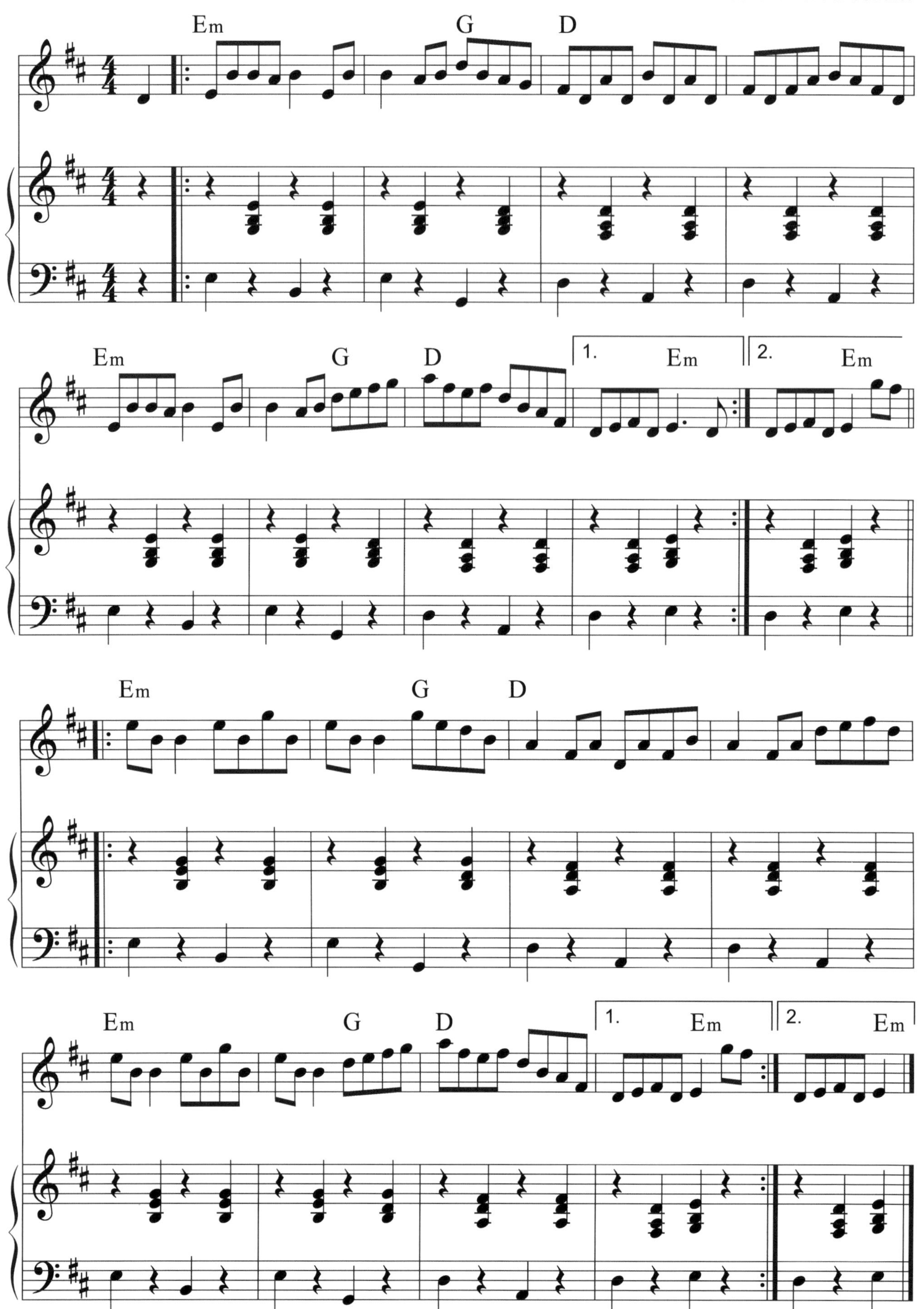

Als Vorspiel könnt ihr die ersten acht Takte der Begleitung spielen.

86. THE MERRY BLACKSMITH

Reel (Volkstanz) aus Irland
Bearb.: Michael Schäfer

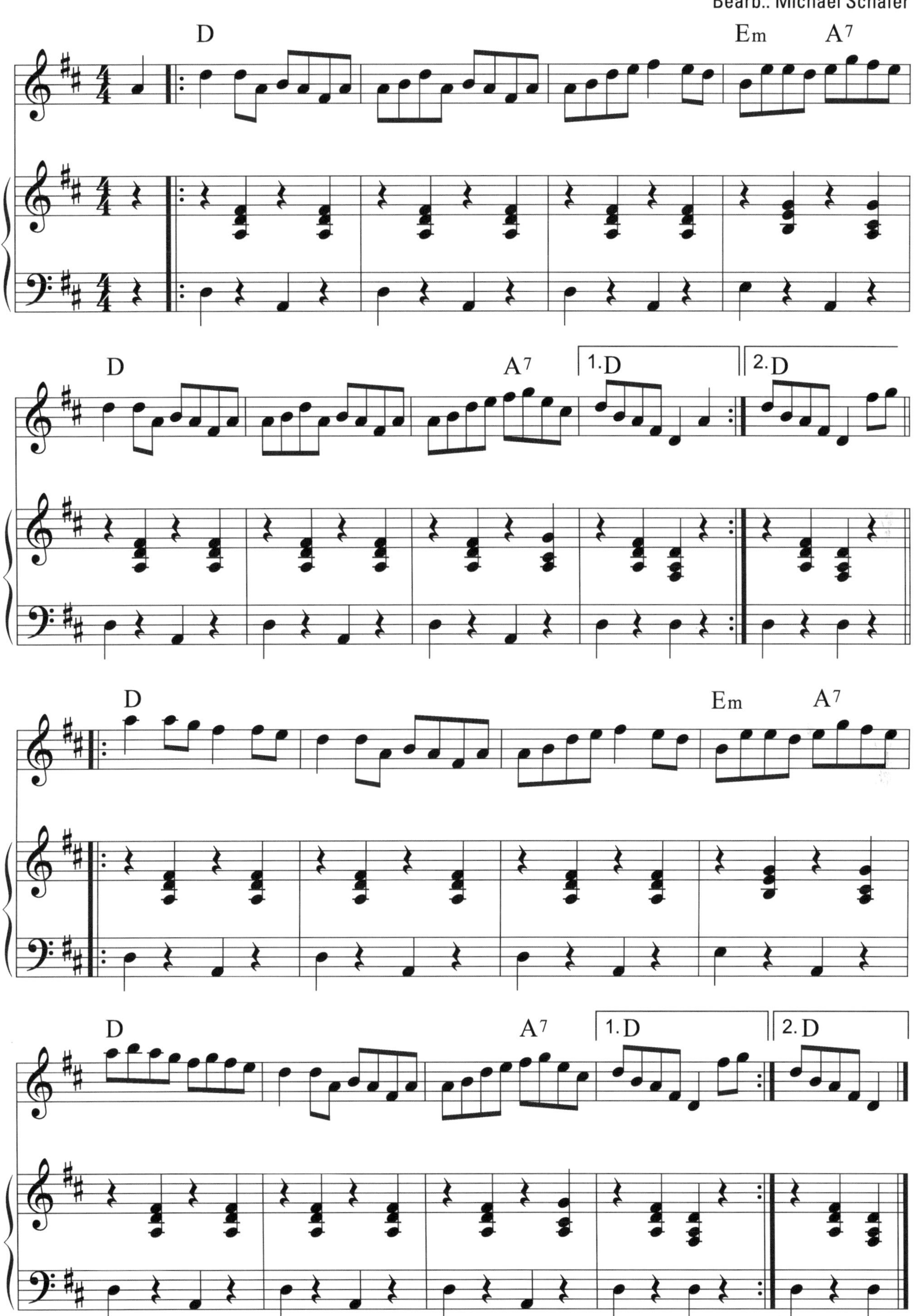

Als Vorspiel könnt ihr die ersten vier Takte der Begleitung spielen.

87. The Dingle Regatta

Slide (Volkstanz) aus Irland
Bearb.: Michael Schäfer

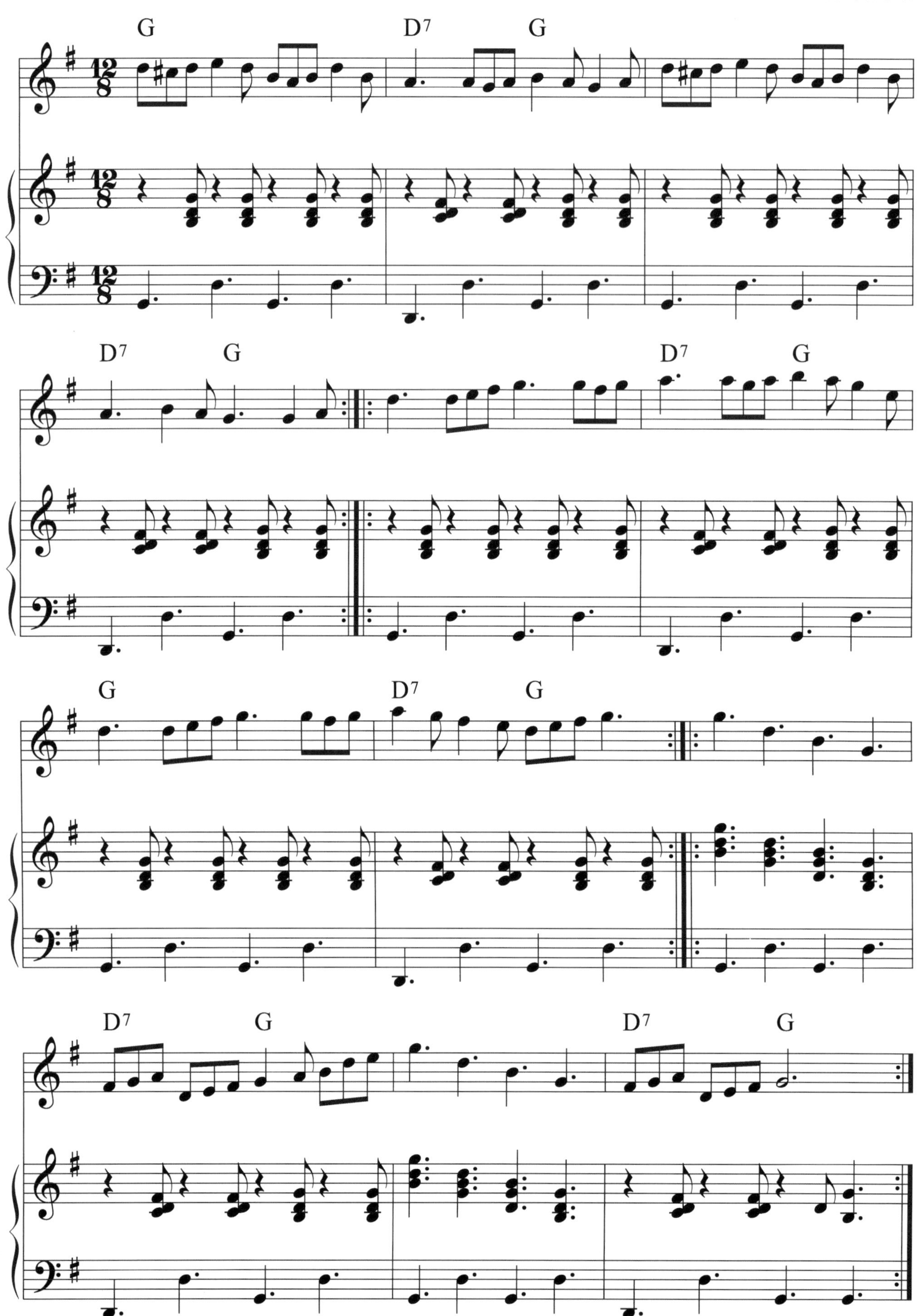

Als Vorspiel könnt ihr die ersten zwei oder vier Takte der Begleitung spielen.

88. O'Keeffe's

Slide (Volkstanz) aus Irland
Bearb.: Michael Schäfer

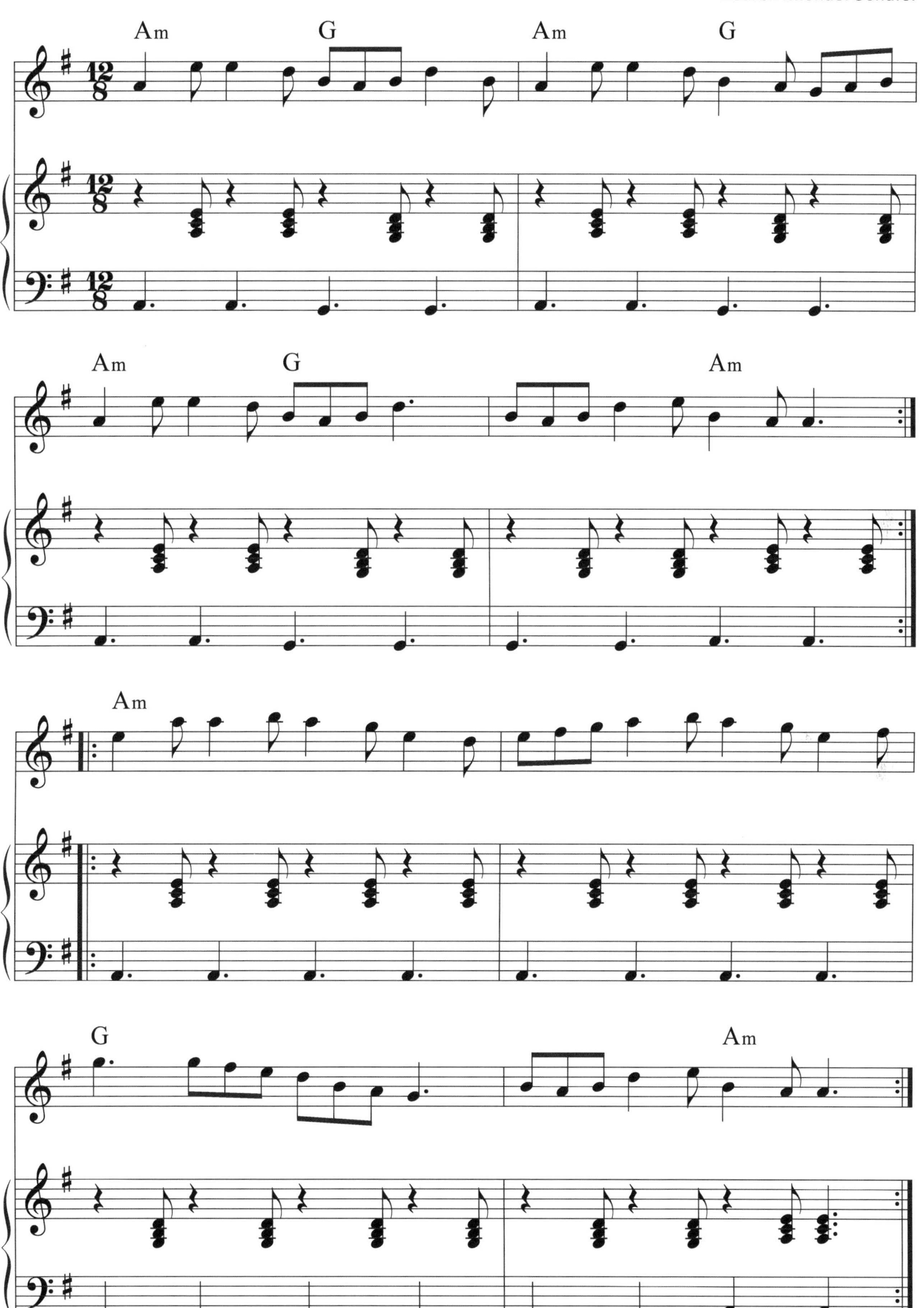

Als Vorspiel könnt ihr die ersten acht Takte der Begleitung spielen.

89. Londonderry Air

Volkslied aus Irland
Bearb.: Michael Schäfer

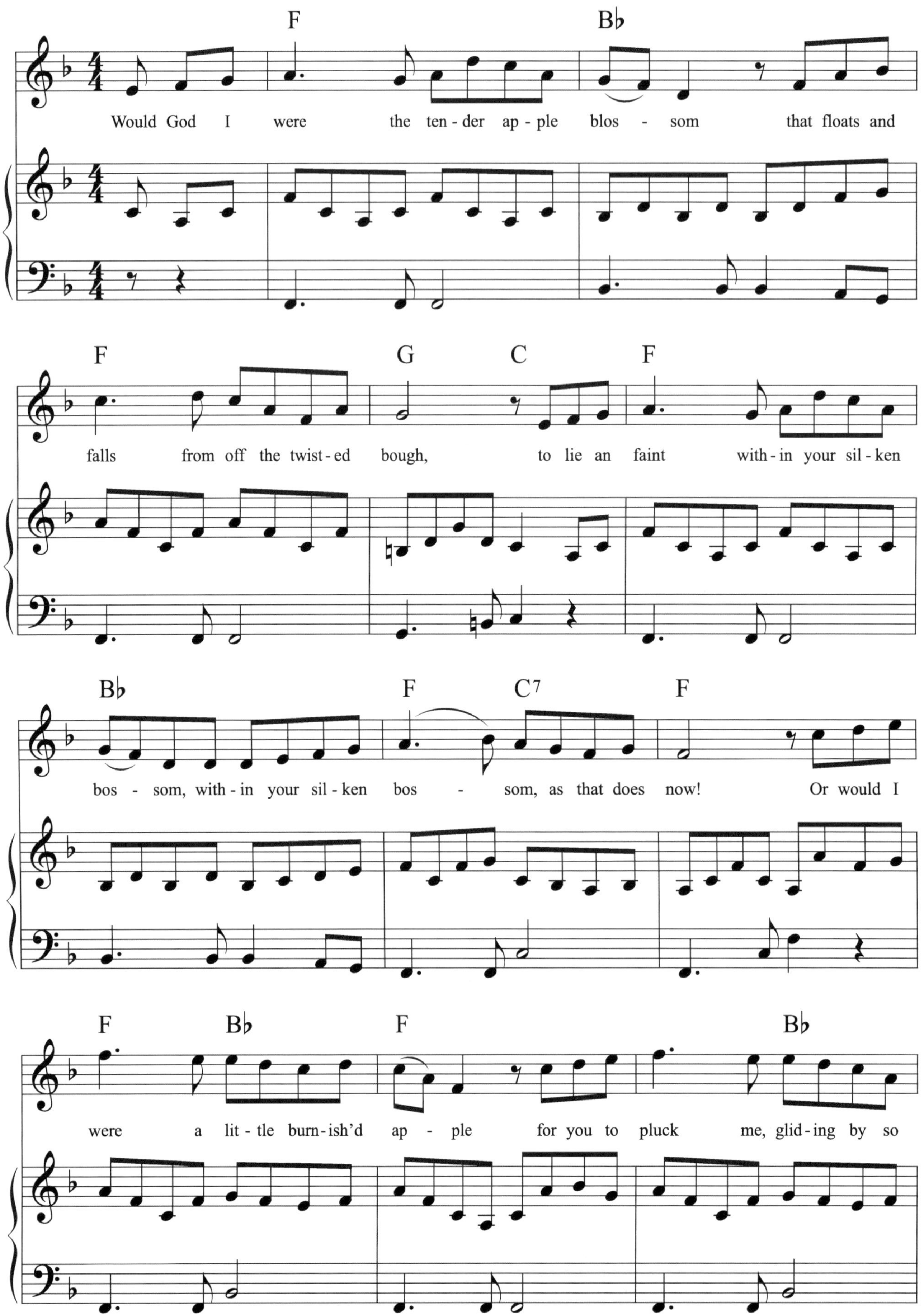

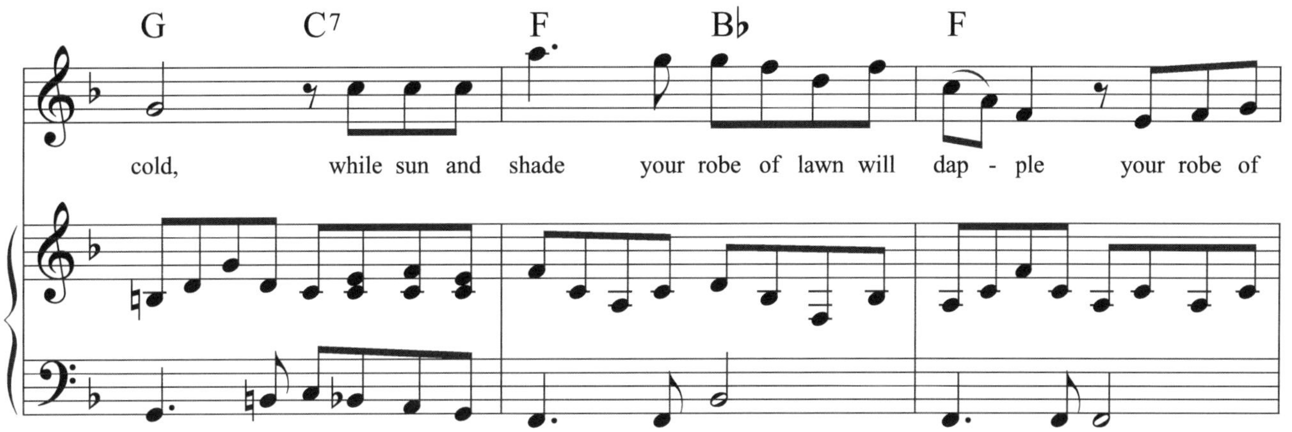

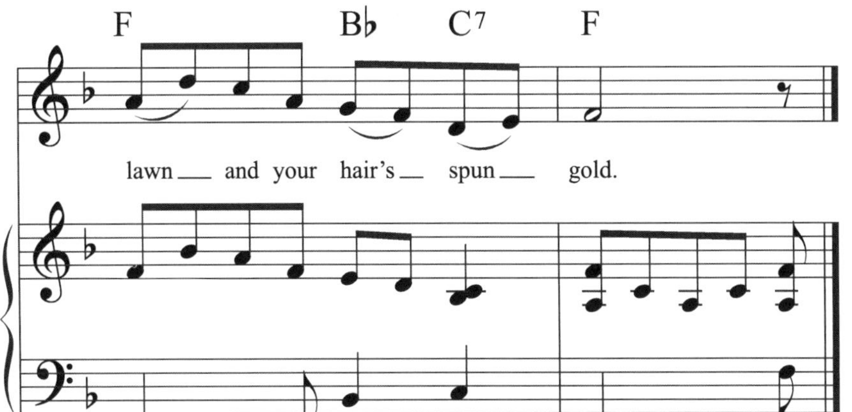

Die traditionelle irische Musik (Reels, Jigs, Hornpipes, Polkas, Slides und Airs) erlebte als Irish Folk in den 60er Jahren des letzten Jahrhunderts ein fulminantes Comeback. Elemente dieser traditionellen Musikrichtungen fanden Eingang in den Rock, den Blues und in die moderne Popmusik.

Vorschlag für ein Vorspiel:

Alternative Begleitung:

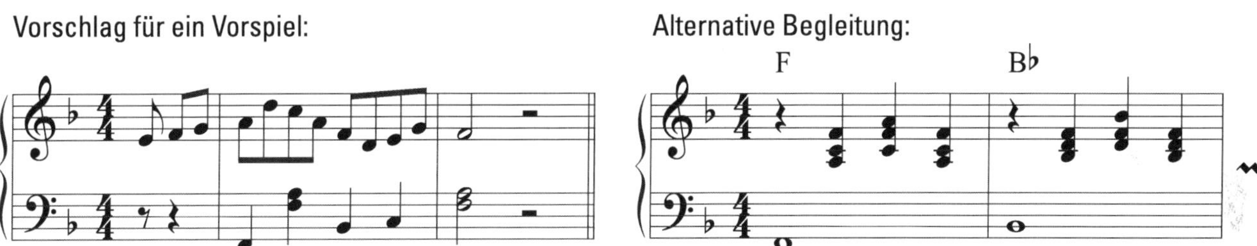

90. The Foggy Dew

Air aus Irland
Bearb.: Michael Schäfer

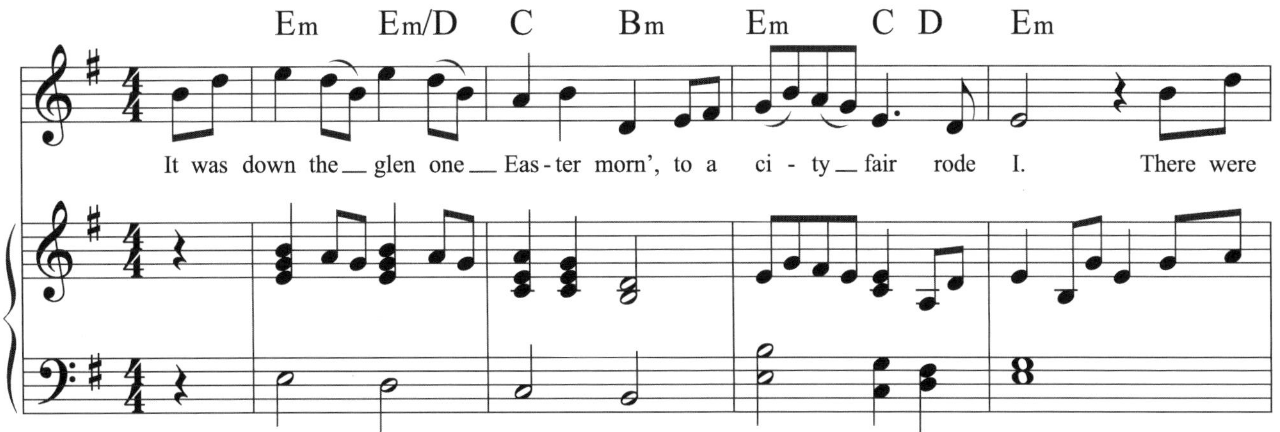

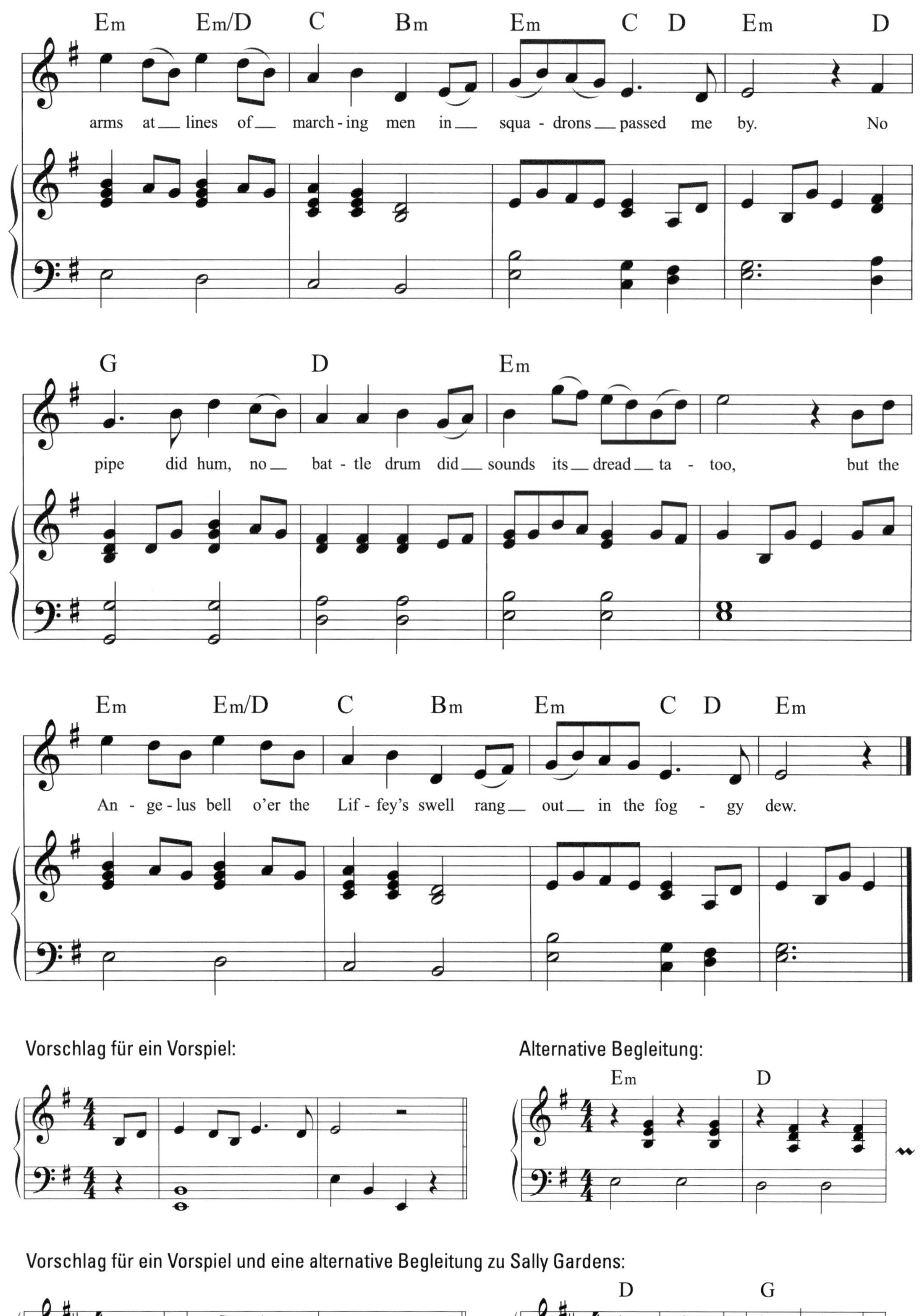
Em Em/D C Bm Em C D Em D
arms at lines of march-ing men in squa-drons passed me by. No
G D Em
pipe did hum, no bat-tle drum did sounds its dread ta-too, but the
Em Em/D C Bm Em C D Em
An-ge-lus bell o'er the Lif-fey's swell rang out in the fog-gy dew.
Vorschlag für ein Vorspiel:
Alternative Begleitung:
Em D
Vorschlag für ein Vorspiel und eine alternative Begleitung zu Sally Gardens:
D G

91. Sally Gardens

Air aus Irland
Bearb.: Michael Schäfer

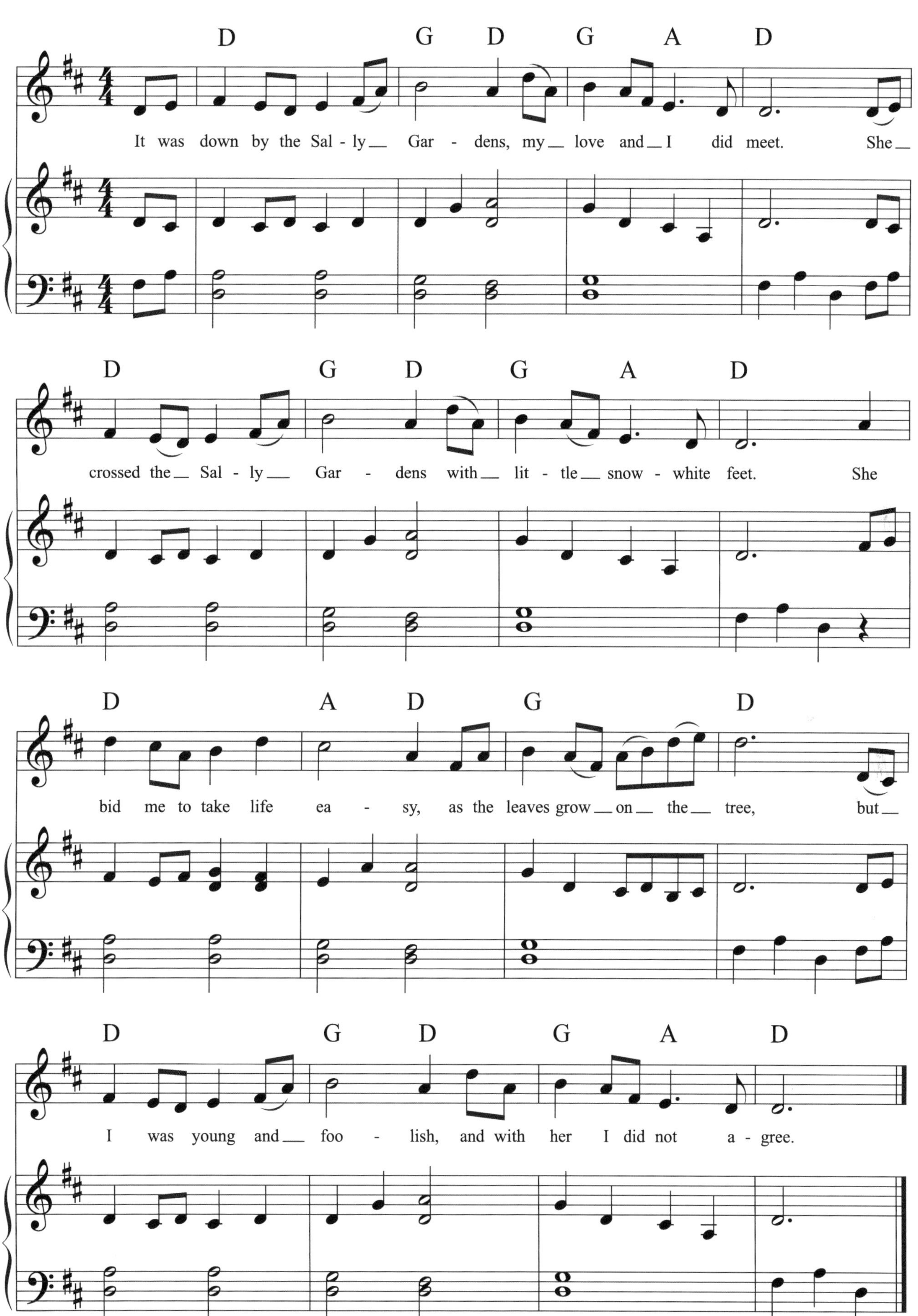

92. The Butterfly

Slip Jig (Volkstanz) aus Irland
Bearb.: Michael Schäfer

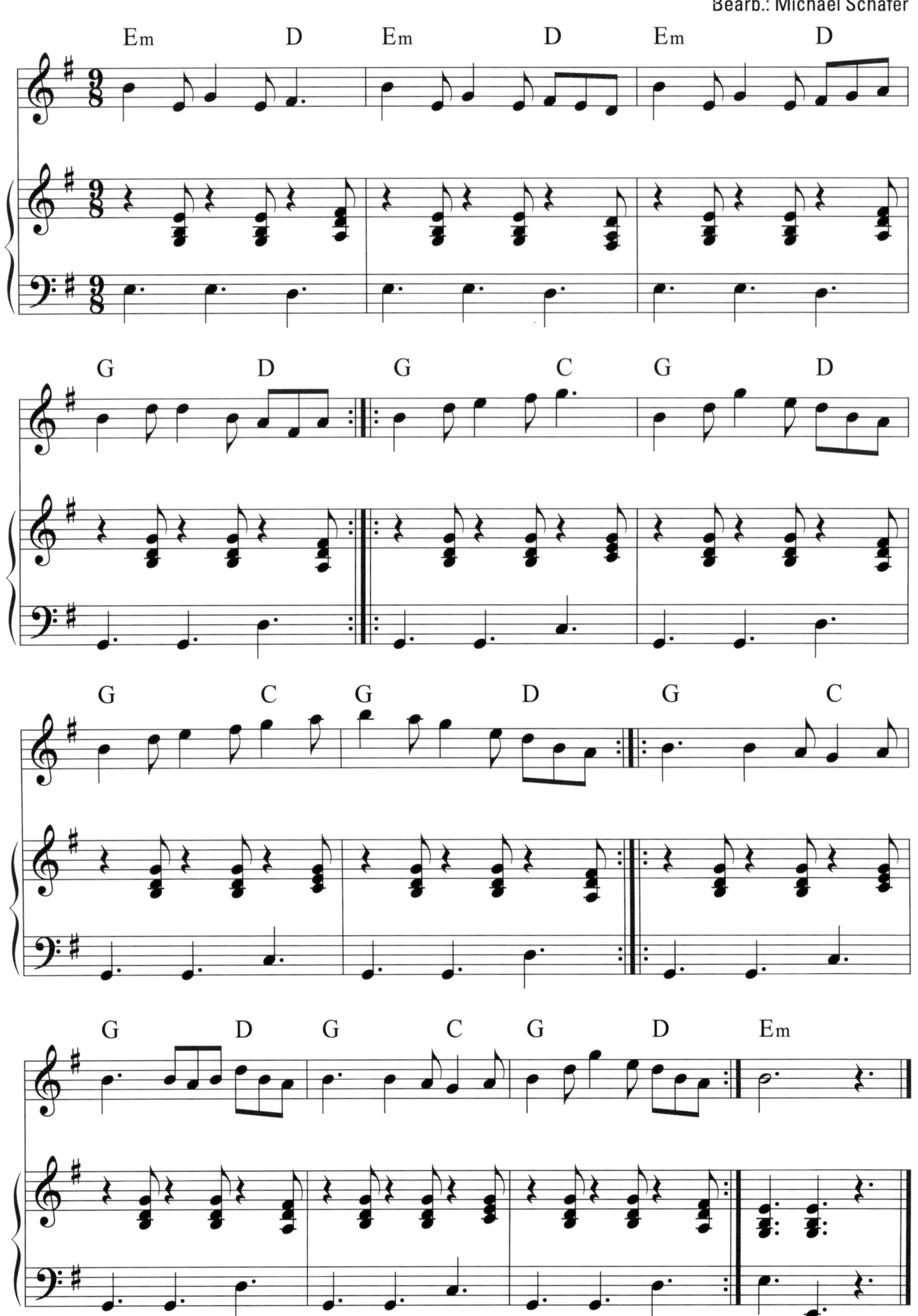

Als Vorspiel könnt ihr die ersten zwei oder vier Takte der Begleitung spielen.

93. The Foxhunter's Jig

Slip Jig (Volkstanz) aus Irland
Bearb.: Michael Schäfer

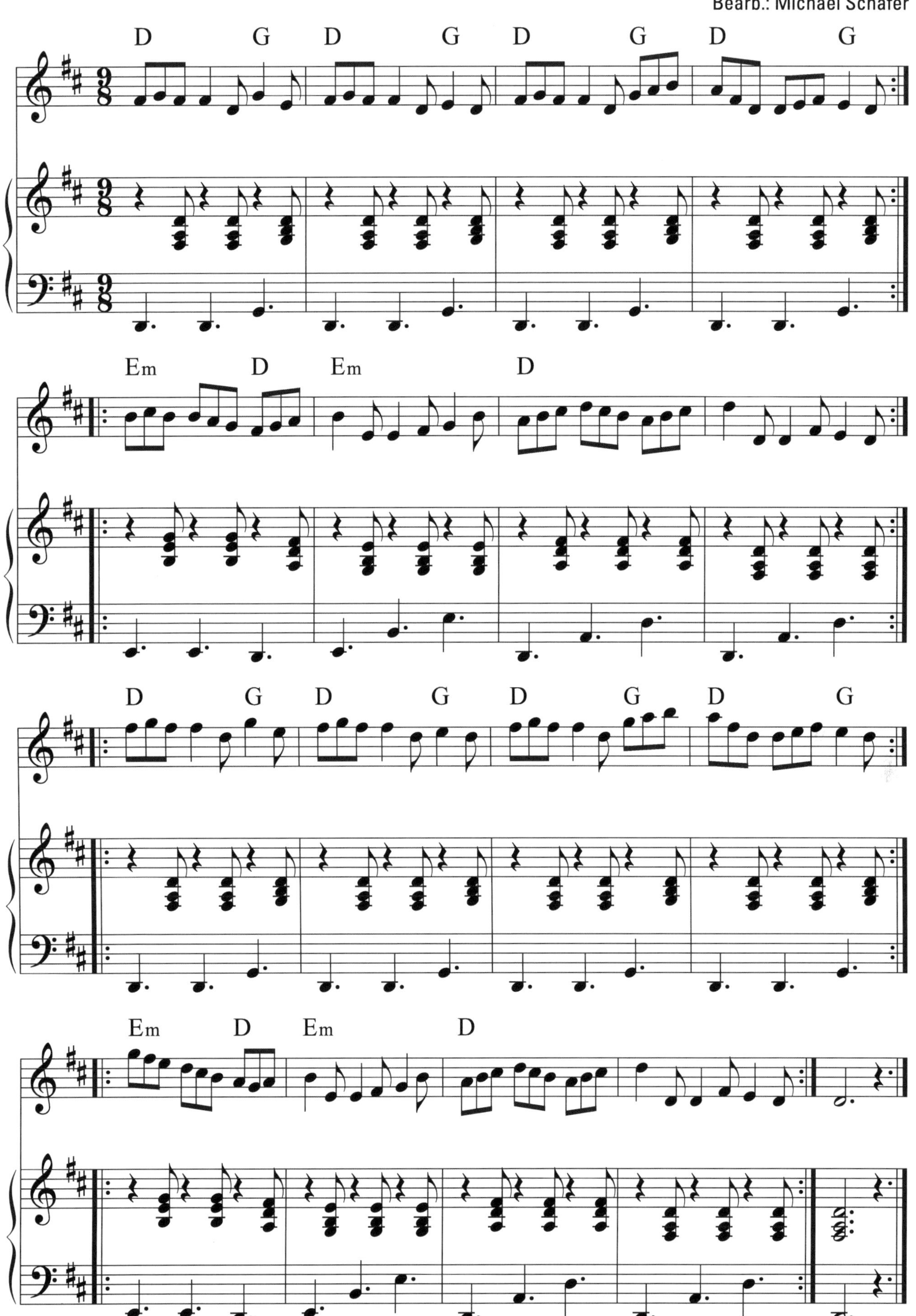

Als Vorspiel könnt ihr die ersten vier Takte der Begleitung spielen.

94. Kerry Polka

Polka (Volkstanz) aus Irland
Bearb.: Michael Schäfer

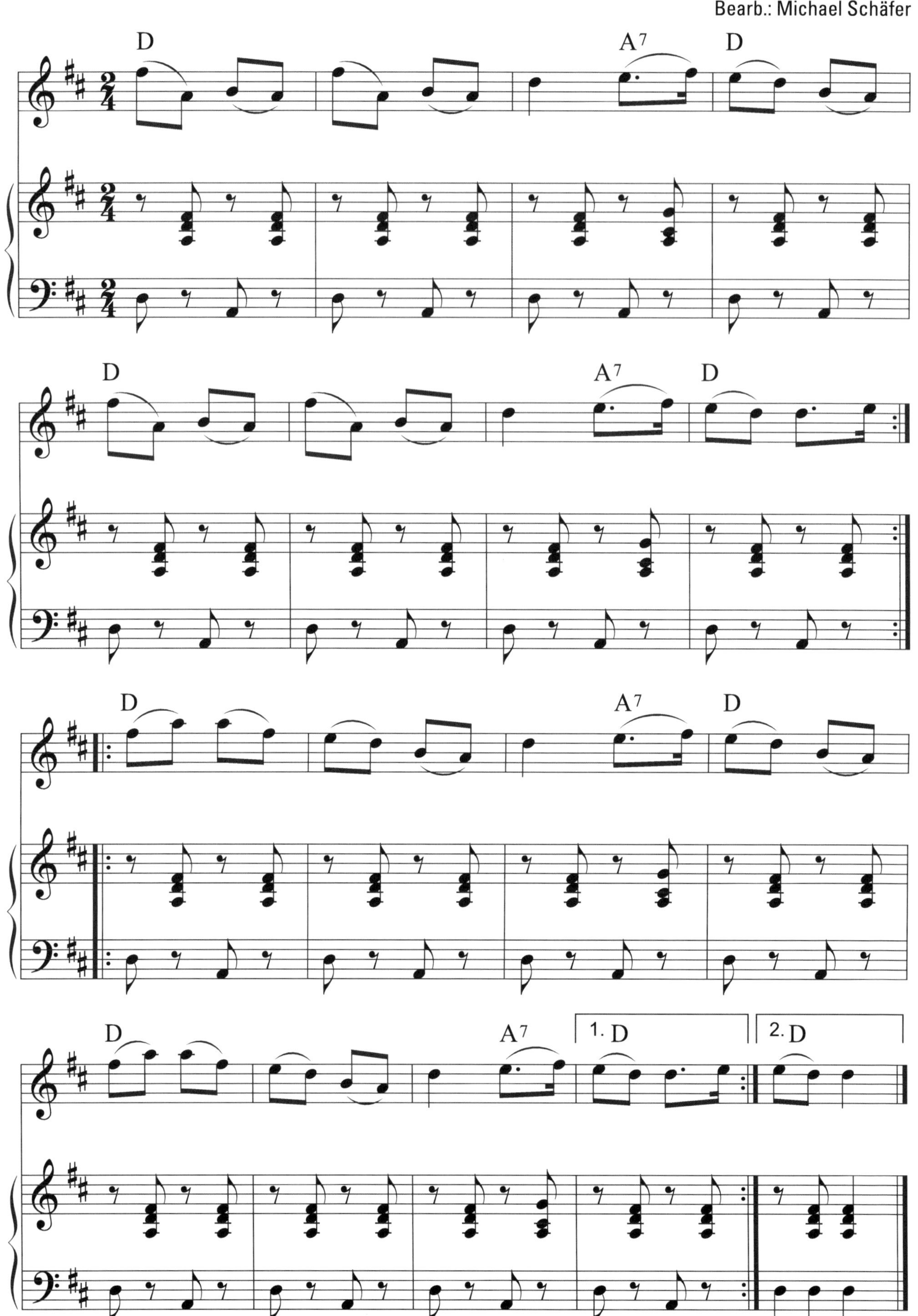

Als Vorspiel könnt ihr die ersten zwei oder vier Takte der Begleitung spielen.

95. Soon May the Wellerman Come

Shanty aus Neuseeland
Bearb.: Michael Schäfer

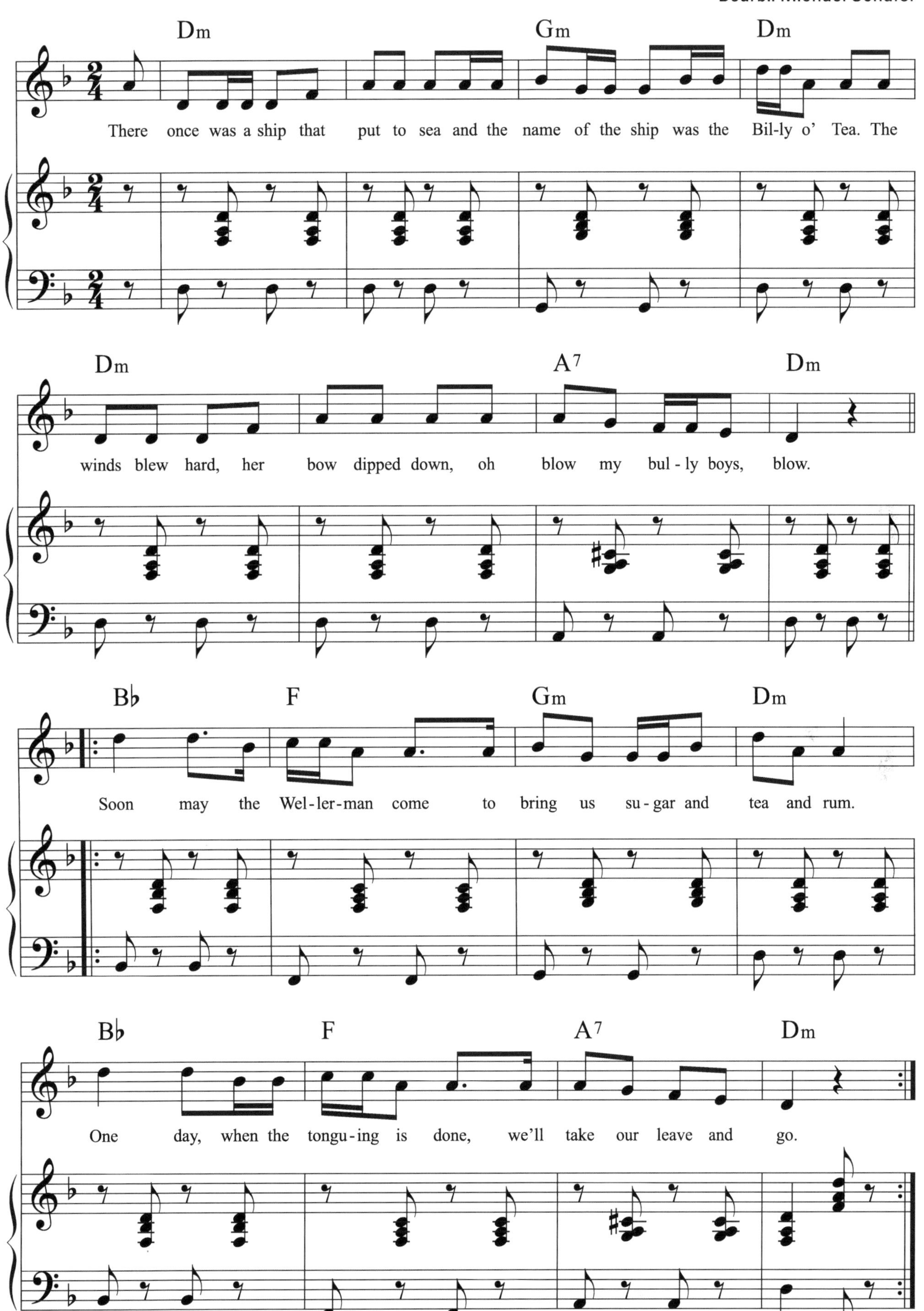

Als Vorspiel könnt ihr die letzten vier Takte der Begleitung spielen.

96. Ale Brider

Jiddisches Volkslied
Bearb.: Michael Schäfer

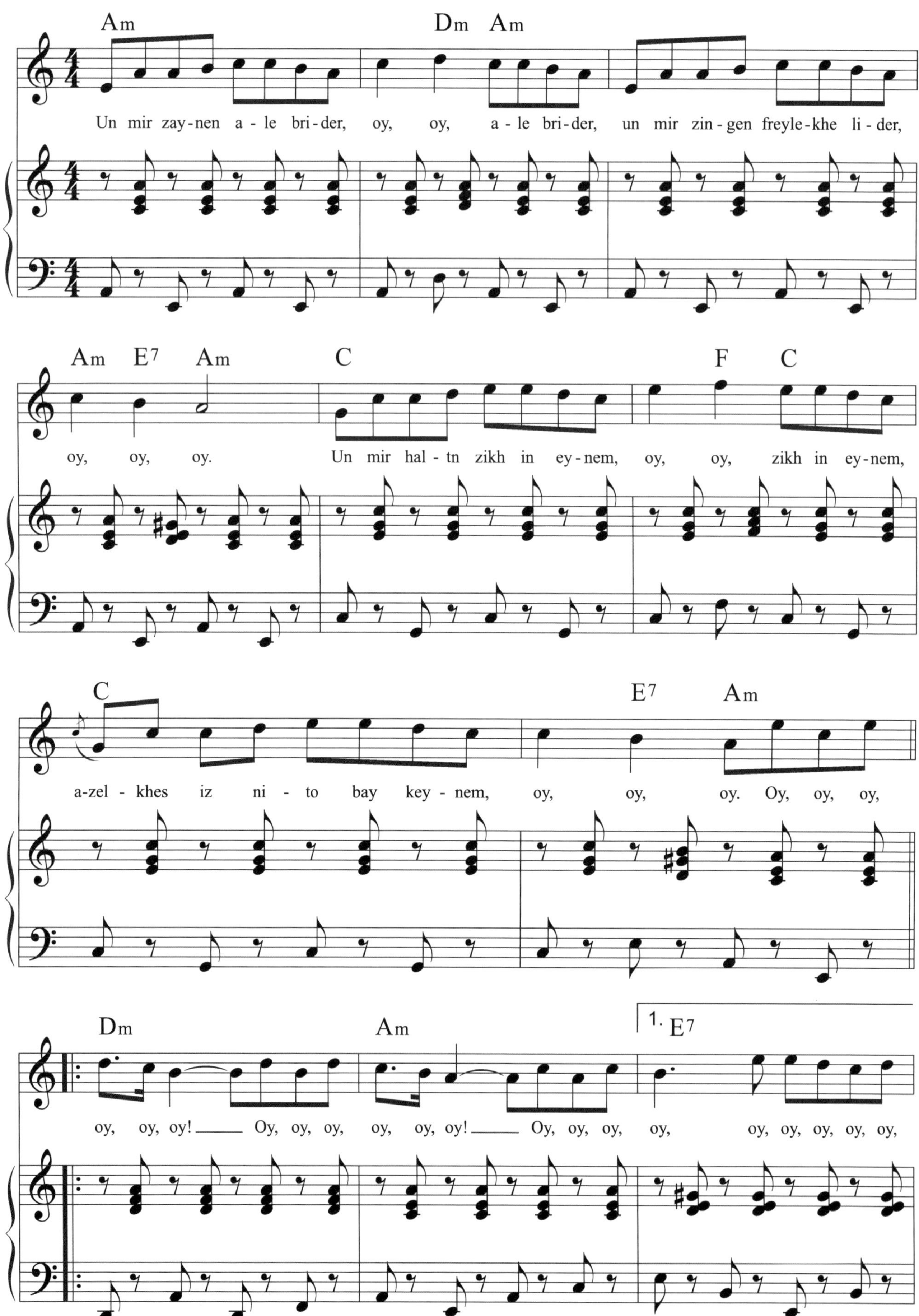

AMA VERLAG

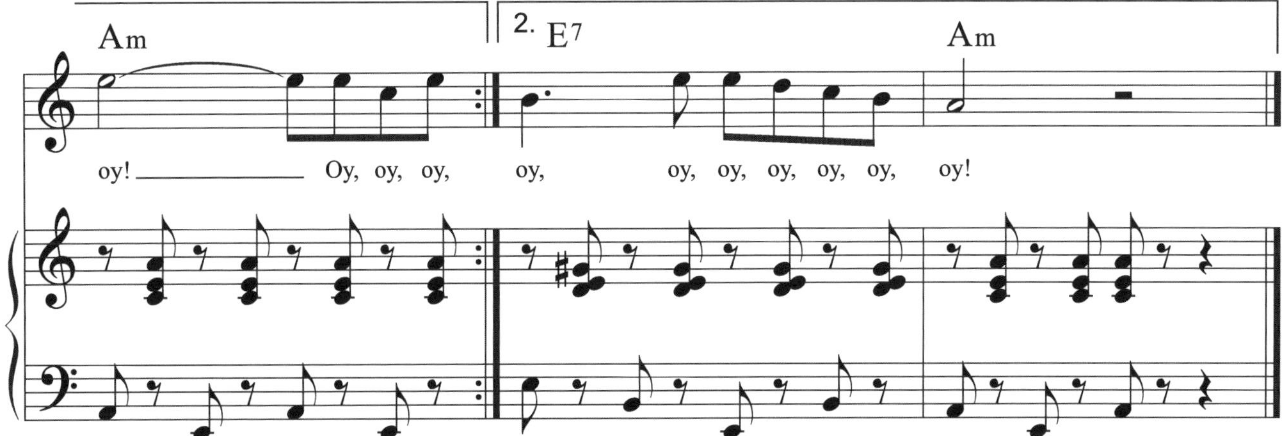

Als Vorspiel könnt ihr den ersten Takt der Begleitung immer wiederholen.

Die jiddische Kultur, die mit dem Holocaust in Europa fast ausgelöscht wurde, erlebt mittlerweile eine Renaissance. Klezmer-Musik verbreitet sich mit neuem Leben erfüllt als ein spezieller Aspekt jüdischer Kultur über den gesamten Globus.

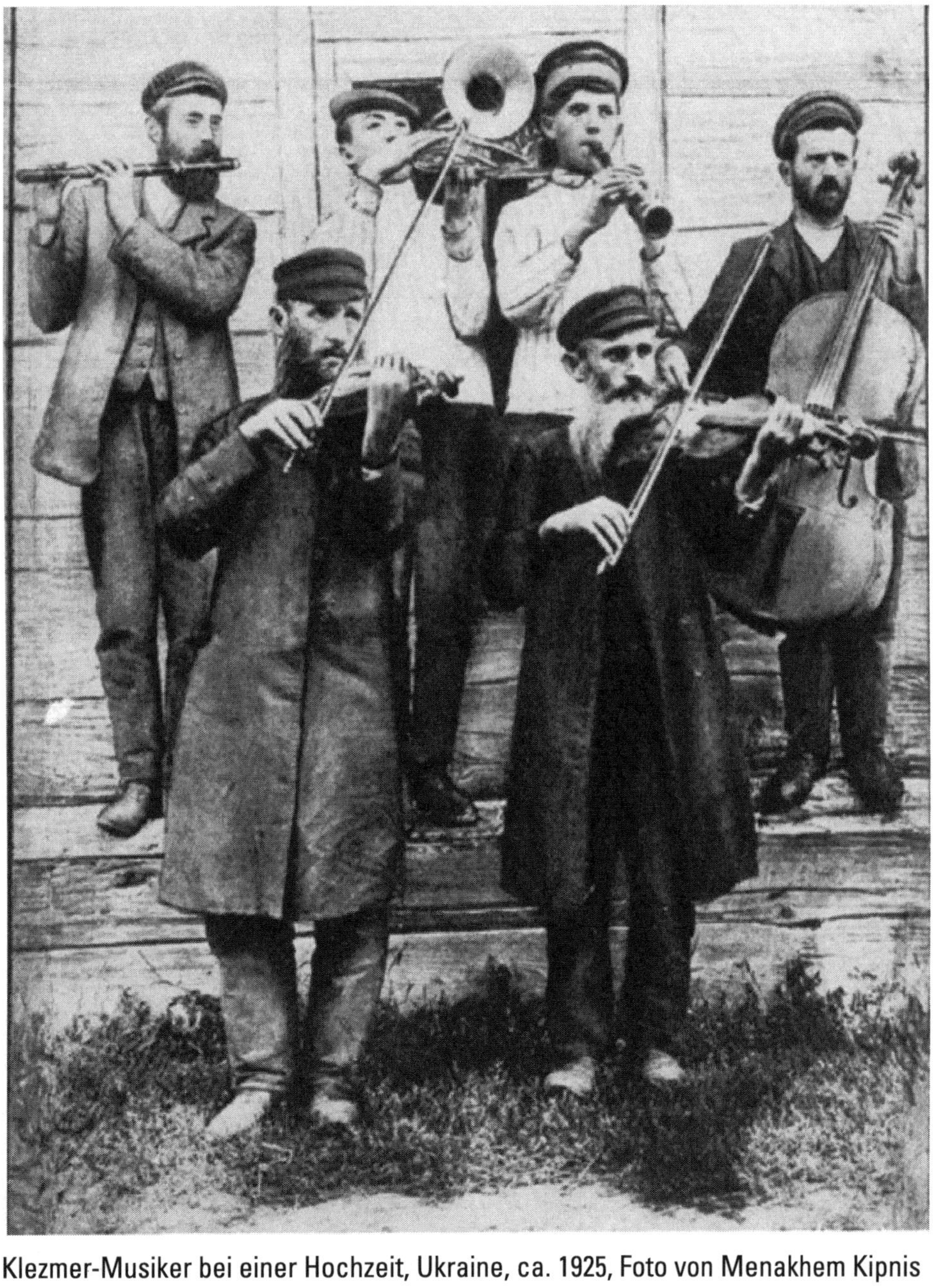

Klezmer-Musiker bei einer Hochzeit, Ukraine, ca. 1925, Foto von Menakhem Kipnis

97. Battare Prosciutto

Klezmer
Bearb.: Michael Schäfer

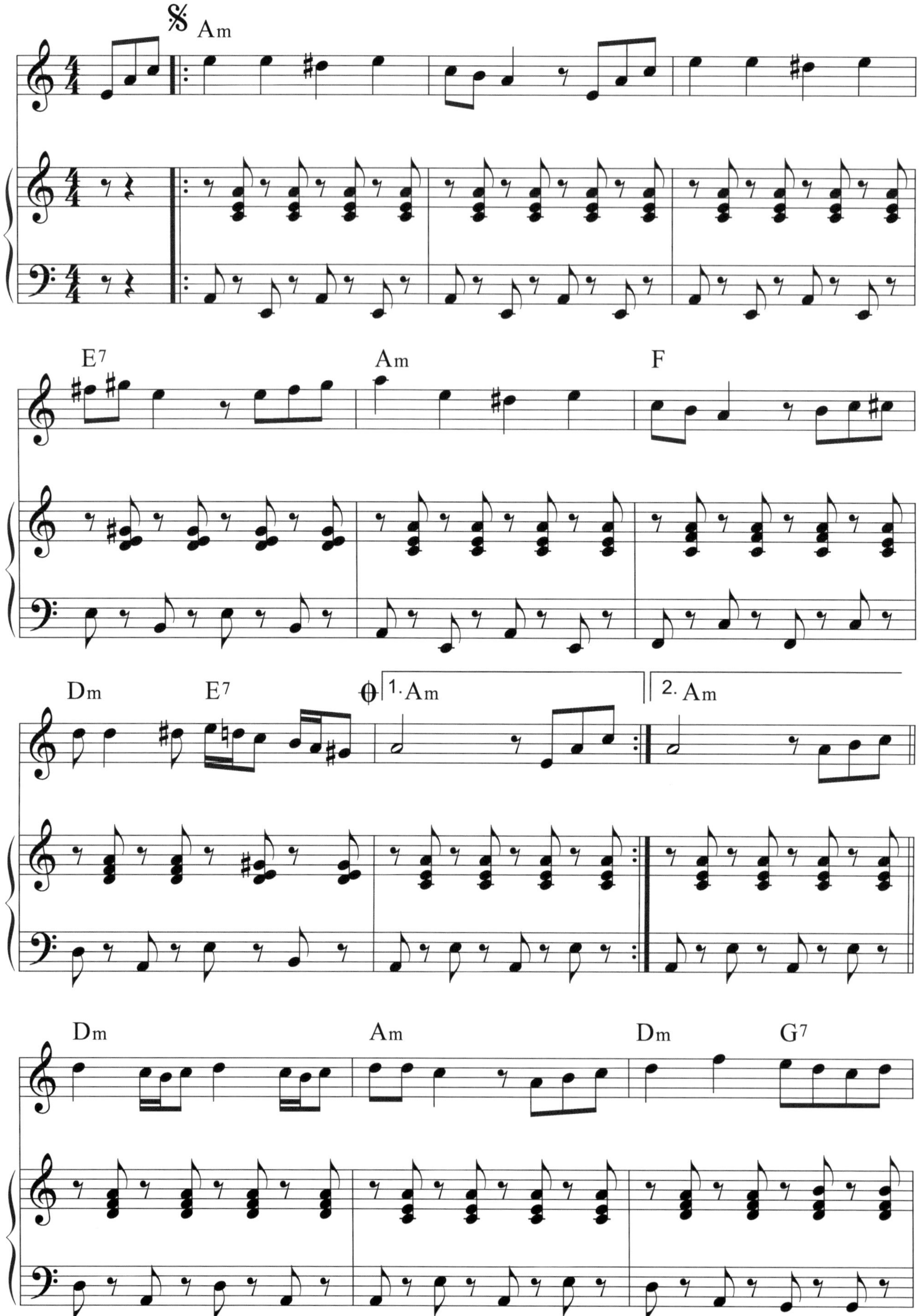

AMA VERLAG

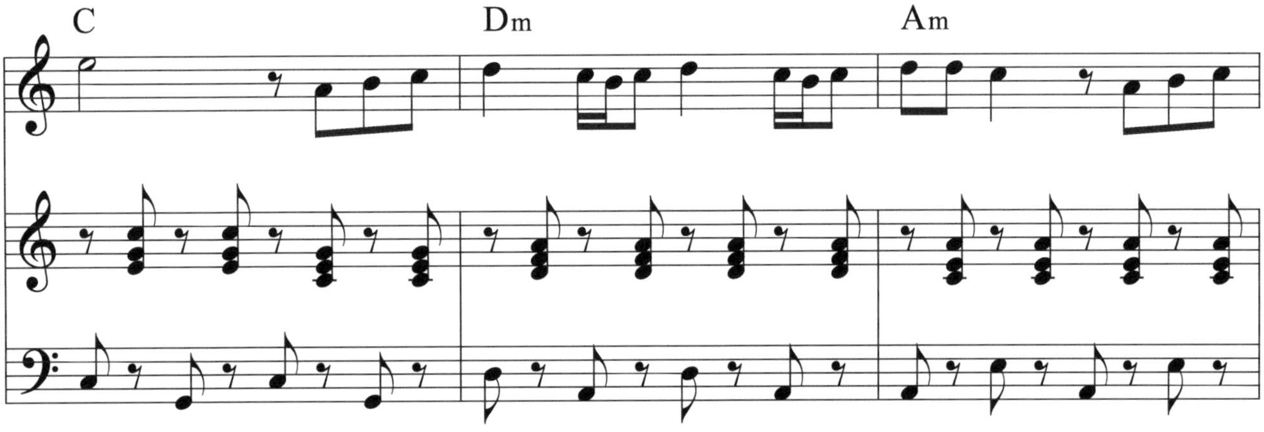

C Dm Am

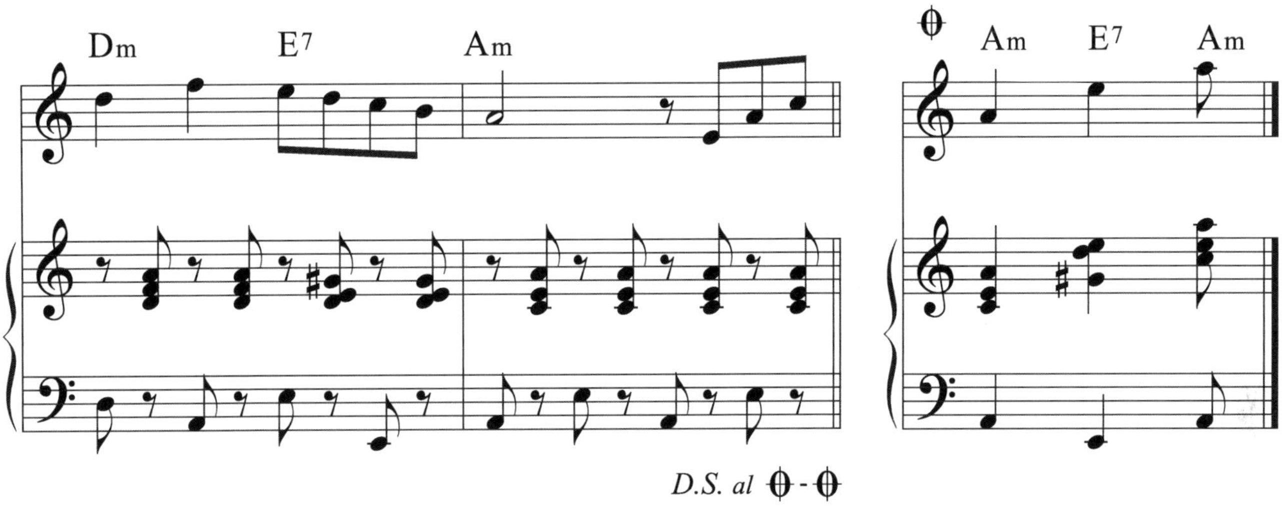

Dm E7 Am

Am E7 Am

D.S. al ⊕ - ⊕

Vorschlag für ein Vorspiel:

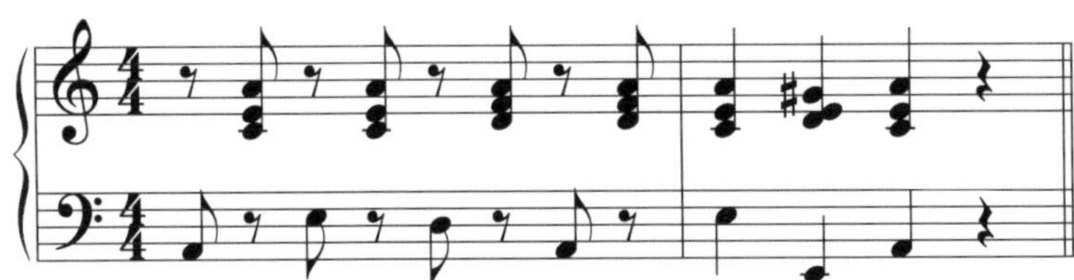

Alternativ könnt ihr als Vorspiel auch den ersten Takt der Begleitung immer wiederholen und nach Belieben mit der Melodie einsetzen.

Alternative Begleitung:

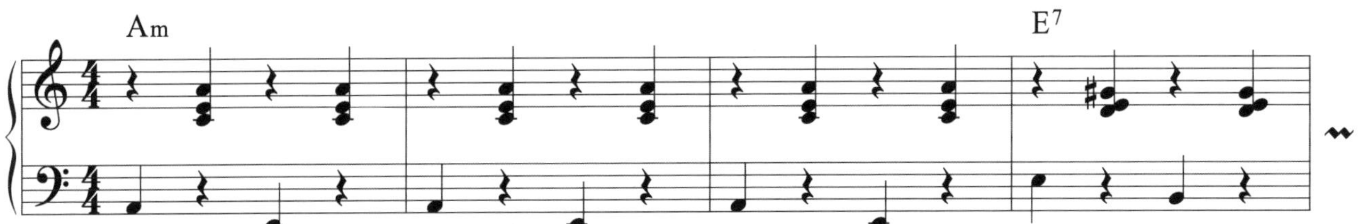

Grundlage für die Improvisation ist die harmonische A-Moll-Tonleiter. Spielt auch mit der erhöhten 4. Stufe (dis).

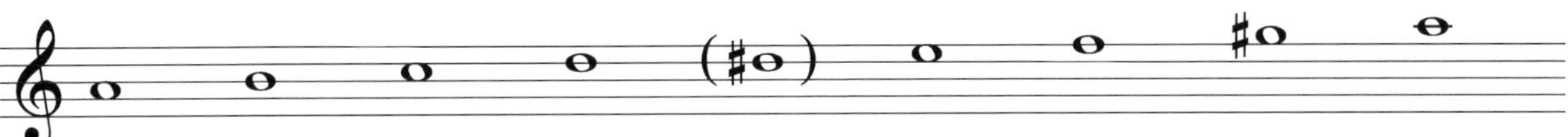

98. Tants, tants, Yiddelekh

Jiddischer Volkstanz
Bearb.: Michael Schäfer

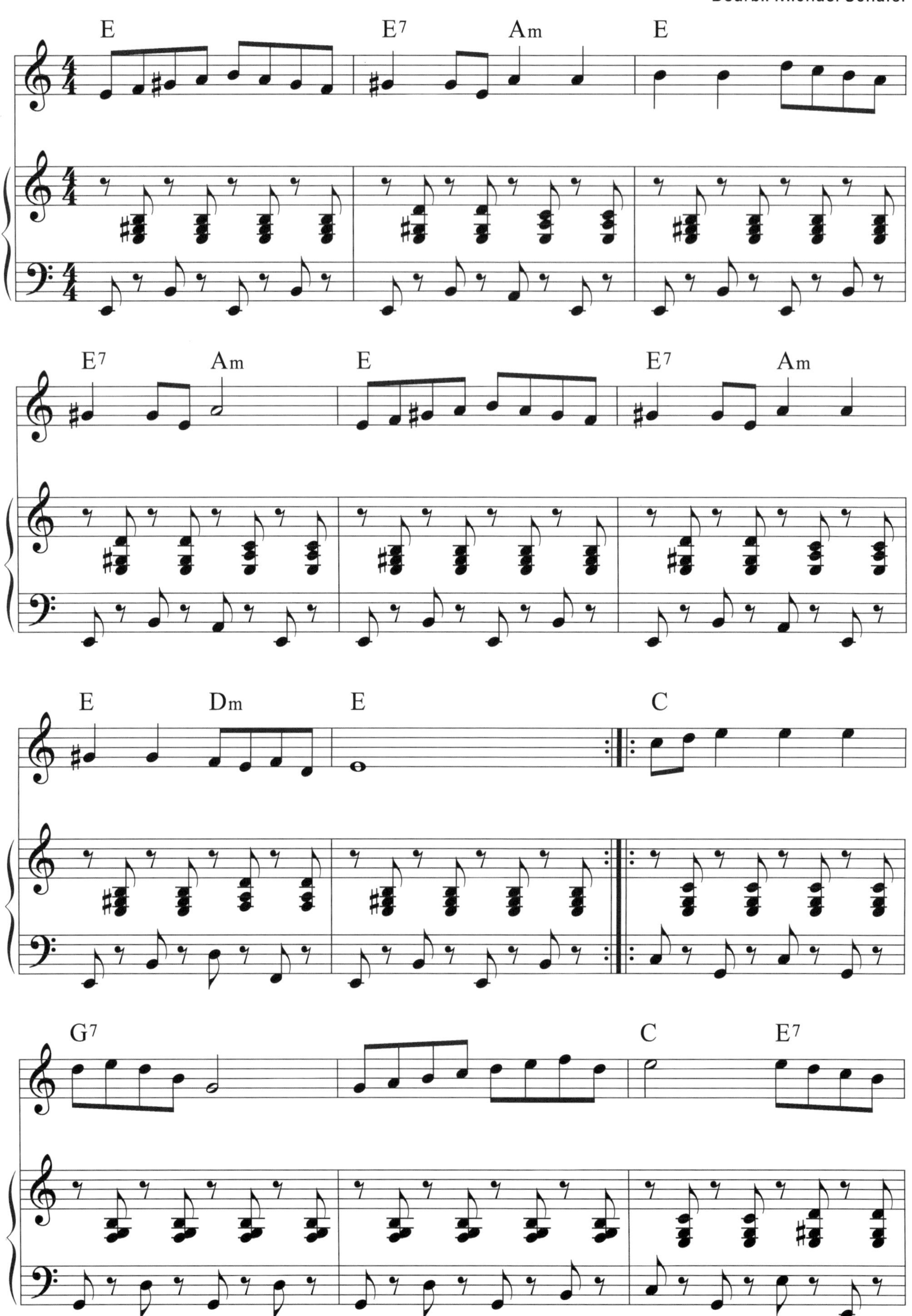

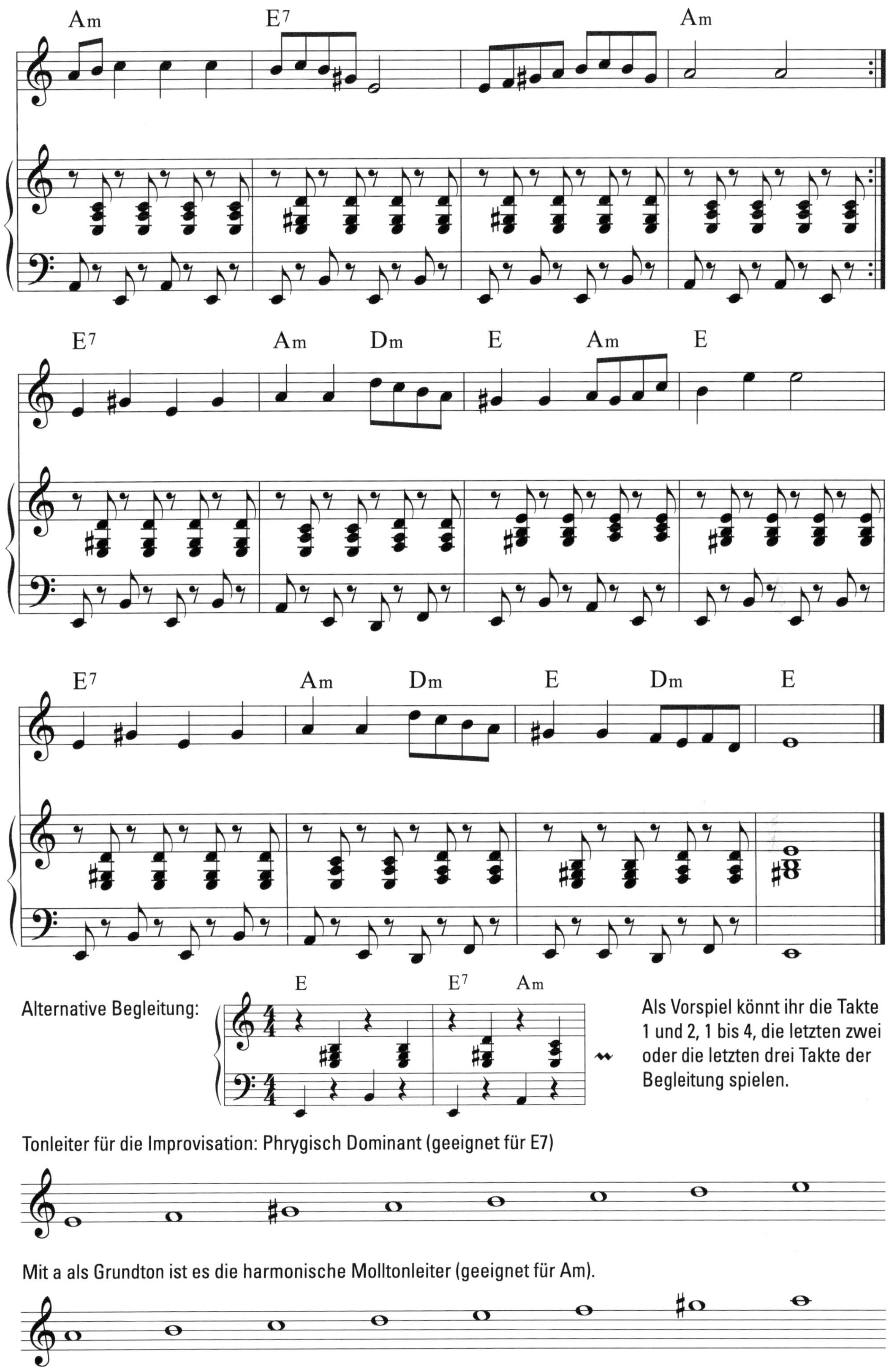

Alternative Begleitung:

Als Vorspiel könnt ihr die Takte 1 und 2, 1 bis 4, die letzten zwei oder die letzten drei Takte der Begleitung spielen.

Tonleiter für die Improvisation: Phrygisch Dominant (geeignet für E7)

Mit a als Grundton ist es die harmonische Molltonleiter (geeignet für Am).

Improvisiert über die Akkorde C-Dur und G7 in den Takten 9 bis 11 mit den Tönen der C-Dur-Tonleiter.

99. Broyges Tants

Jiddisches Volkslied
Bearb.: Michael Schäfer

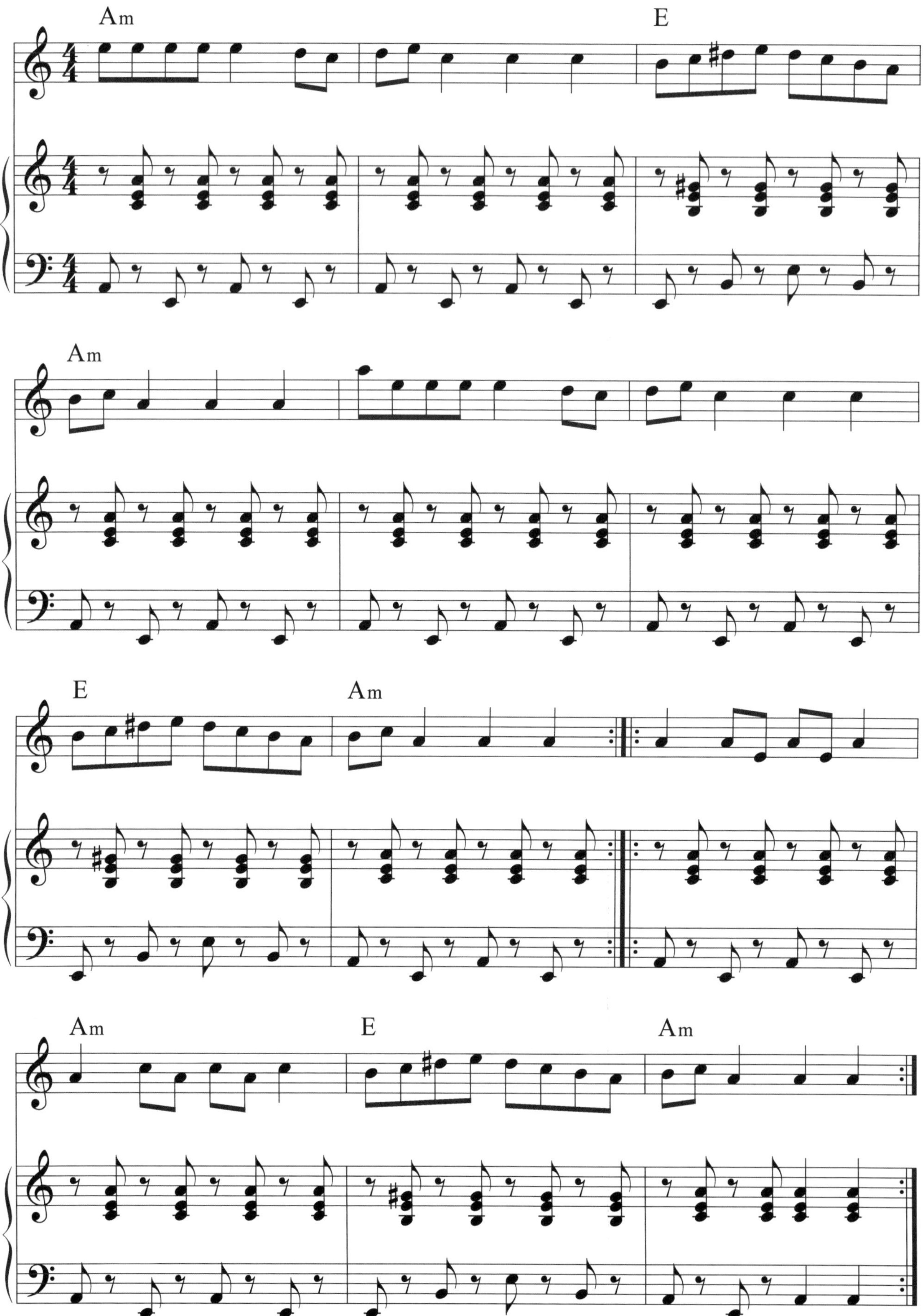

Broyges Tants (Wütender Tanz) ist ein Präsentationstanz der beiden Schwiegermütter auf einer jiddischen Hochzeit. Dabei wird theatralisch ein nonverbaler Streit inszeniert, der sich in eine Versöhnung auflöst.

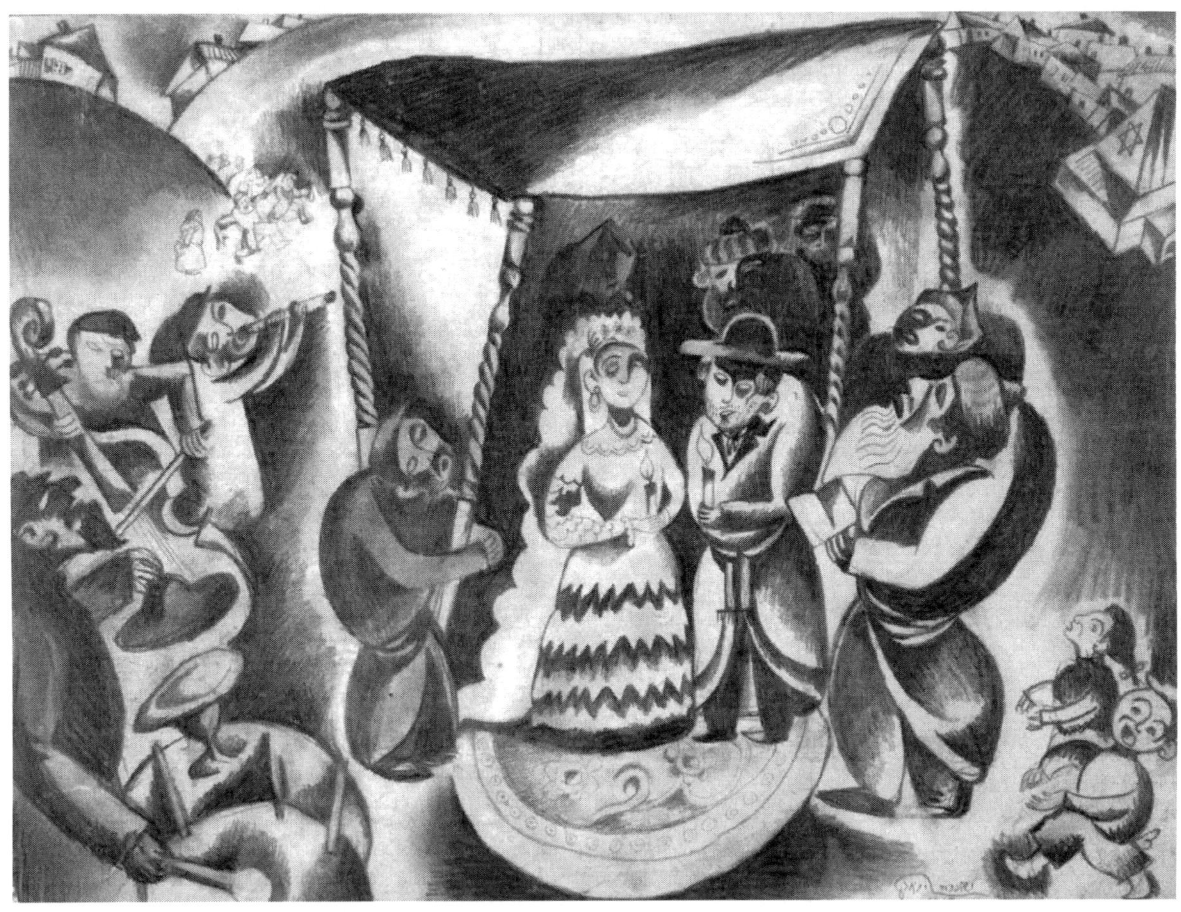

Issachar Ber Ryback: Hochzeitszeremonie, 1916

Als Vorspiel könnt ihr den ersten Takt der Begleitung immer wiederholen.

Grundlage die Improvisation ist die harmonische A-Moll-Tonleiter. Spielt auch mit der erhöhten 4. Stufe (dis).

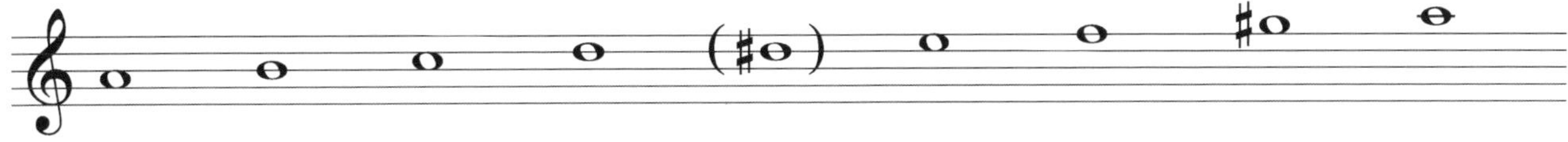

Alternative Begleitung:

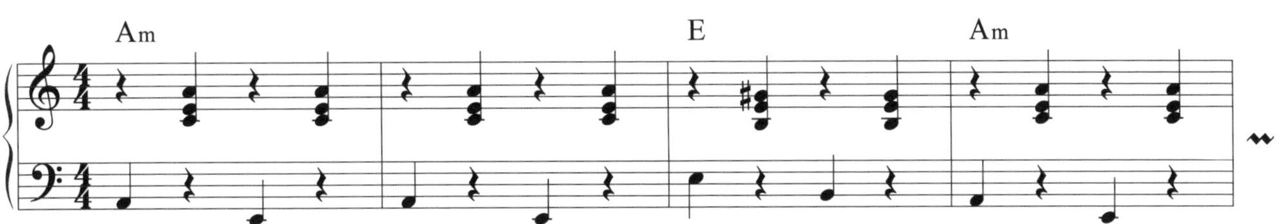

100. Dospatsko Horo

Volkstanz aus Bulgarien
Bearb.: Michael Schäfer

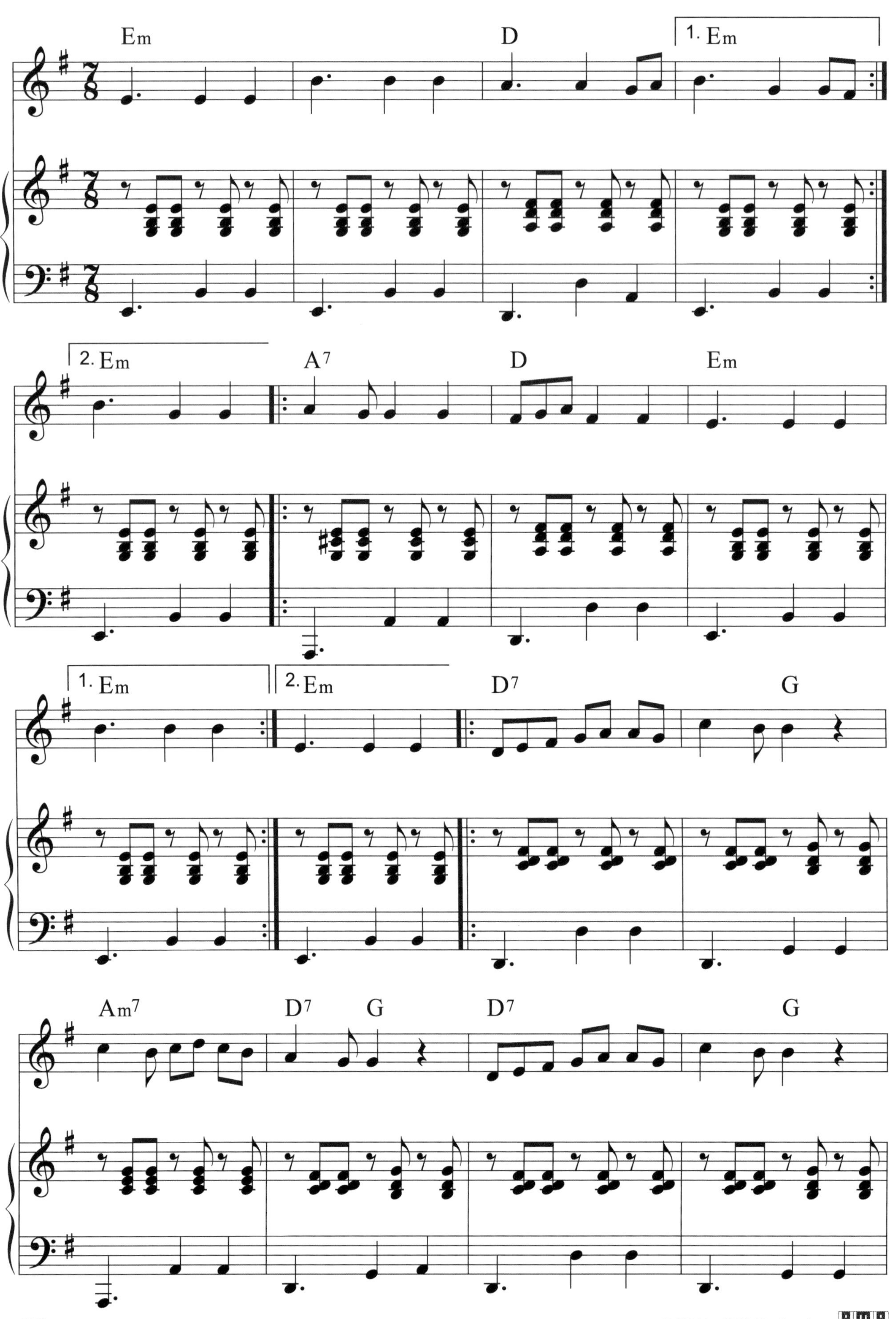

AMA VERLAG

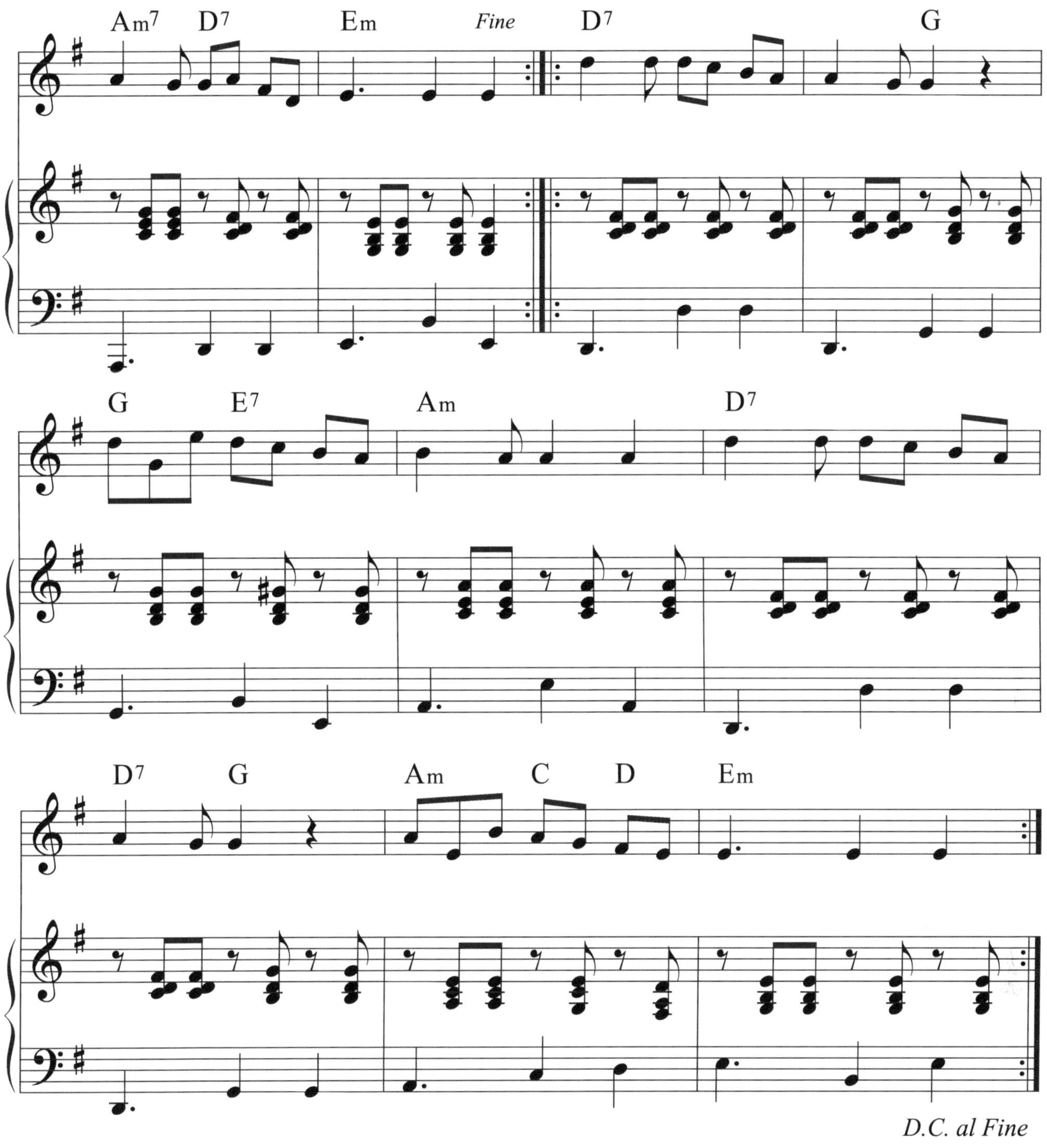

Am7 D7 Em *Fine* D7 G

G E7 Am D7

D7 G Am C D Em

D.C. al Fine

Als Vorspiel könnt ihr die Takte 1 und 2 oder die Takte 1 bis 4 der Begleitung spielen.

Horo (auch *Oro* oder *Hora*) ist ein Reigentanz, der seinen Ursprung auf dem Balkan hat. Man tanzt in der Reihe oder im Kreis, die Schrittfolgen sind vielfältig und können einfach und anspruchsvoll sein.

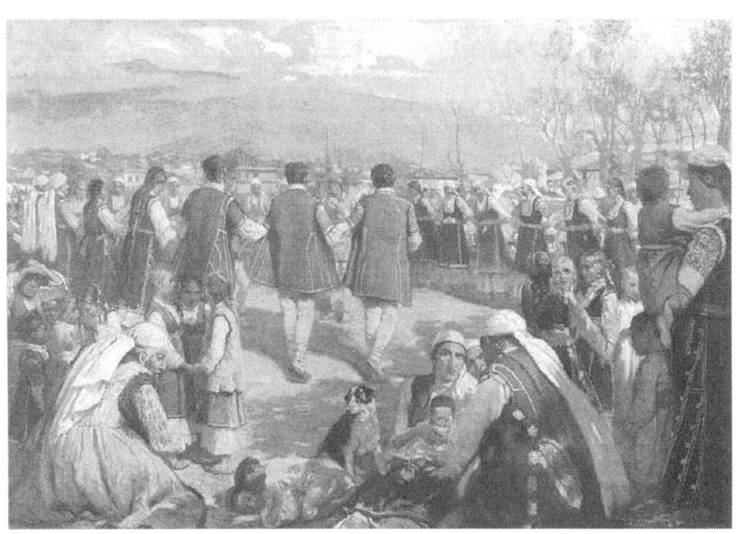

Horo in Bulgarien, 1892
Gemälde von Ivan Mrkvička (1856–1938)

101. Hava Nagila

Volkstanz aus Israel
Bearb.: Michael Schäfer

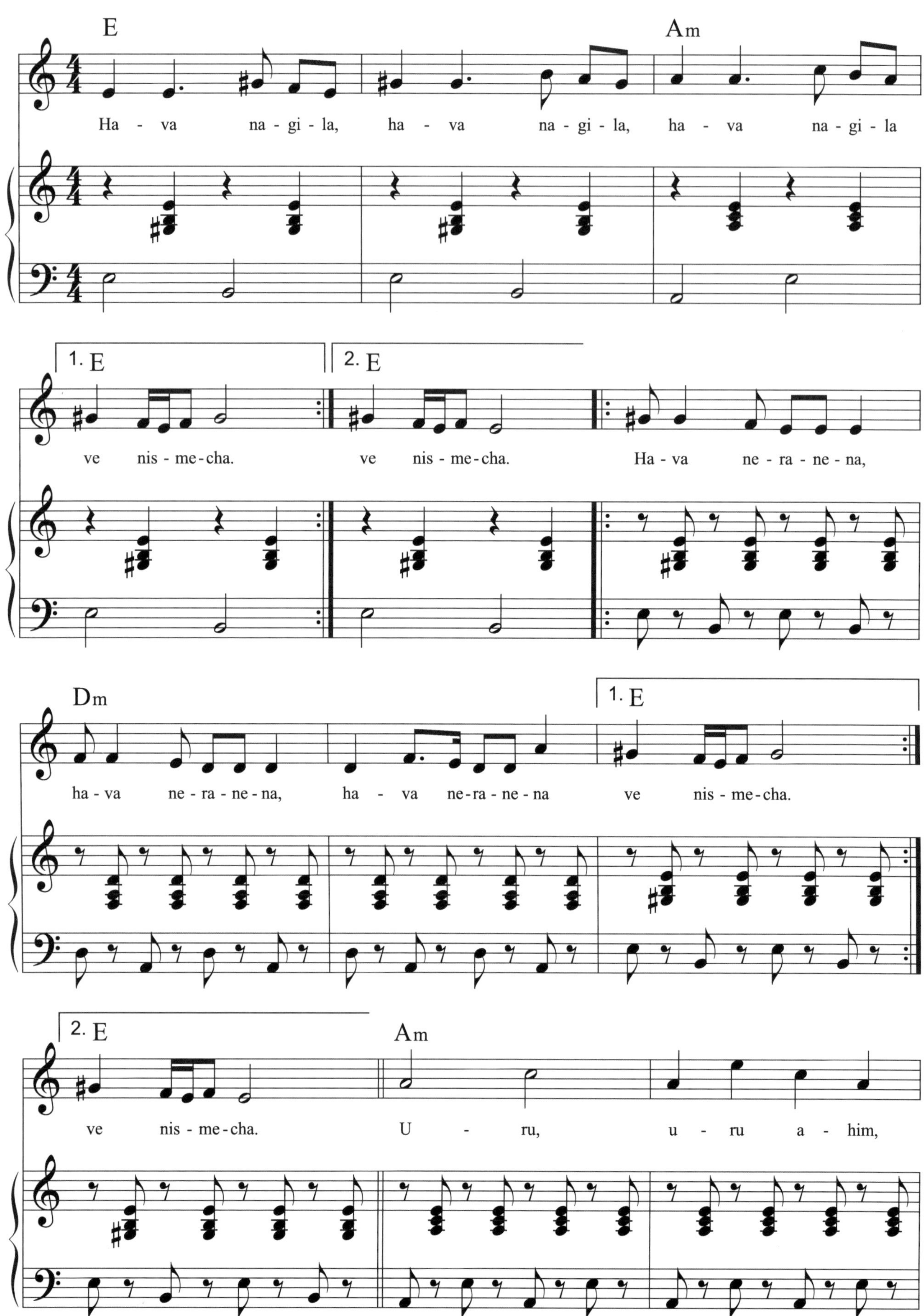

AMA VERLAG

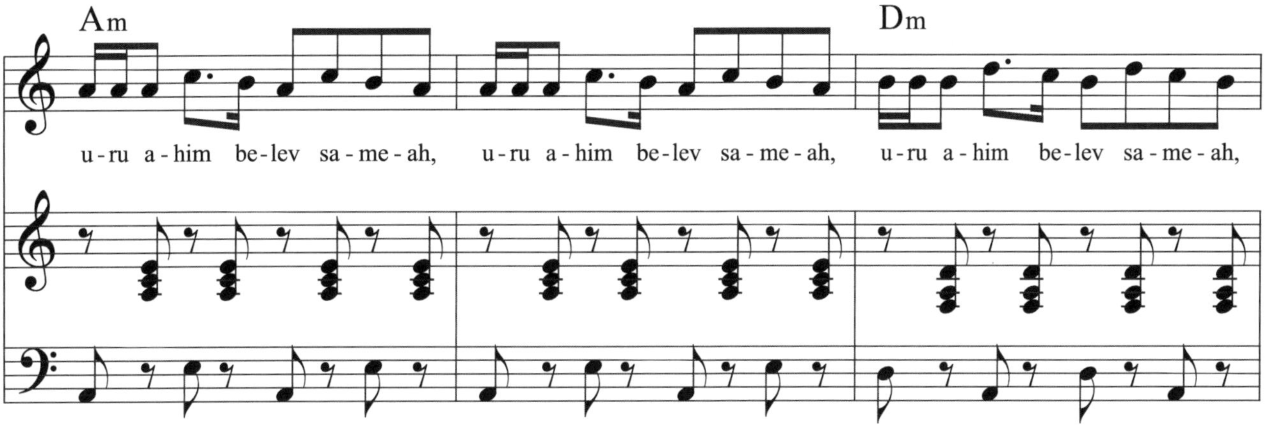

Am Dm

u-ru a-him be-lev sa-me-ah, u-ru a-him be-lev sa-me-ah, u-ru a-him be-lev sa-me-ah,

Dm E Am

u-ru a-him be-lev sa-me-ah. U-ru a-him, u-ru a-him be-lev sa-me-ah.

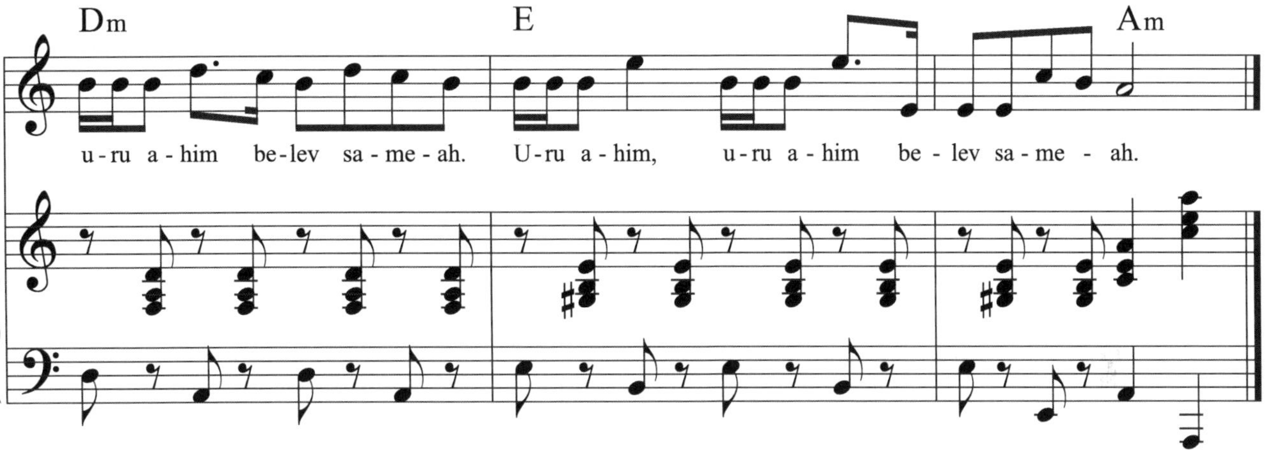

Vorschlag für ein Vorspiel:

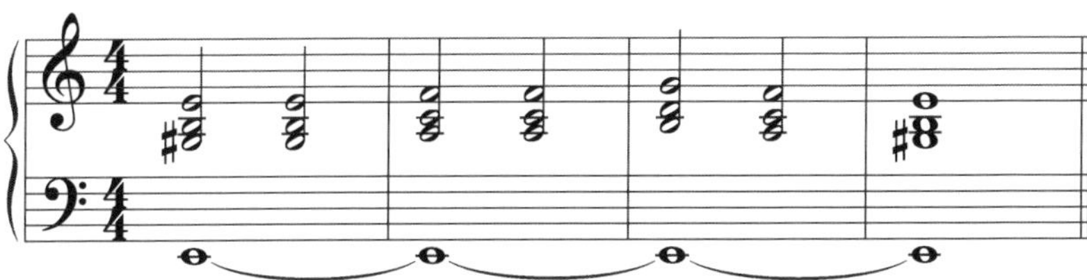

Tonleiter für die Improvisation:

Phrygisch Dominant (geeignet für die ersten beiden Teile)

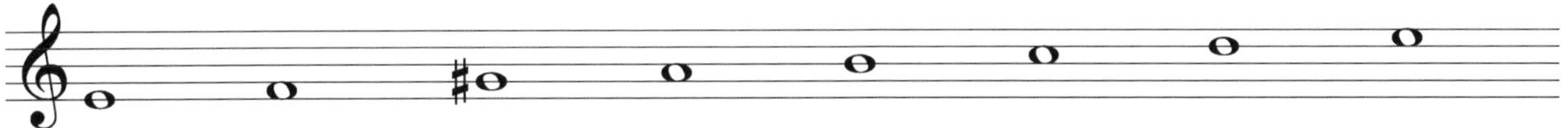

Mit a als Grundton ist es die harmonische Molltonleiter (geeignet für den letzten Teil).

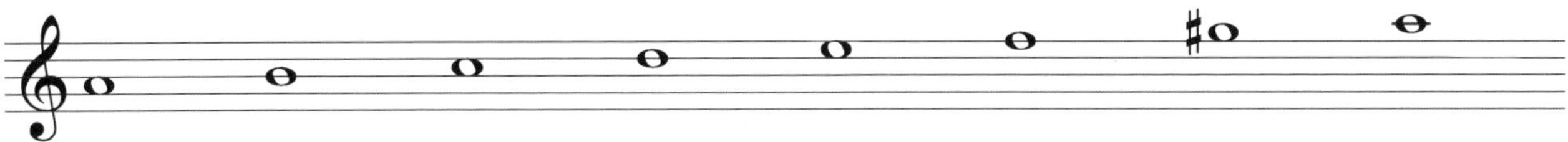

Hava Nagila ist ein jüdisches Volkslied in hebräischer Sprache. Es ist ein fester Bestandteil bei jüdischen Feiern und auch als Kreistanz (Hora) beliebt.

Anhang

Anregungen, Beispiele und Übungen für die Improvisation

Um improvisieren, also frei spielen und aus dem Stegreif musizieren zu können, muss man kein Genie oder Virtuose sein. Ein gutes Solo muss ebensowenig wie eine gute Komposition aus vielen Tönen bestehen, vielmehr kommt es auf Originalität und Einfallsreichtum an. Dennoch will Improvisieren gelernt sein. Die folgenden Anregungen und Übungen werden euch dabei helfen.

Bestimmt zunächst die Tonart des Stückes, zu dem ihr improvisieren wollt, eventuell mit Hilfe eines Quintenzirkels. Spielt nun die entsprechende Tonleiter von jedem Ton über eine Oktave und hört auf den unterschiedlichen Charakter.
Die Tonart für die folgenden Beispiele ist G-Dur, transponiert auch in andere Tonarten.

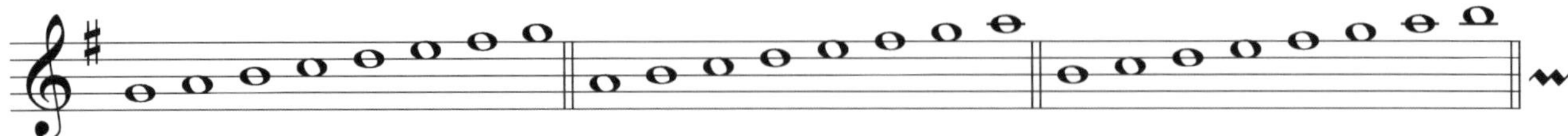

Spielt von jedem Ton der Tonleiter den entsprechenden Dreiklang in allen drei Lagen:

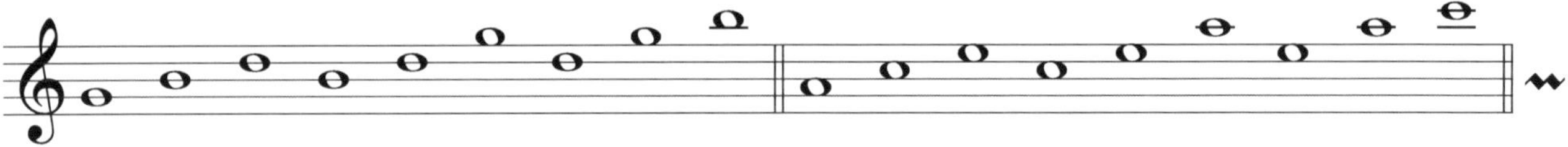

Erfindet nun mit den Tönen der Tonleiter kleine melodische Motive, variiert sie und erweitert sie zu längeren Phrasen.

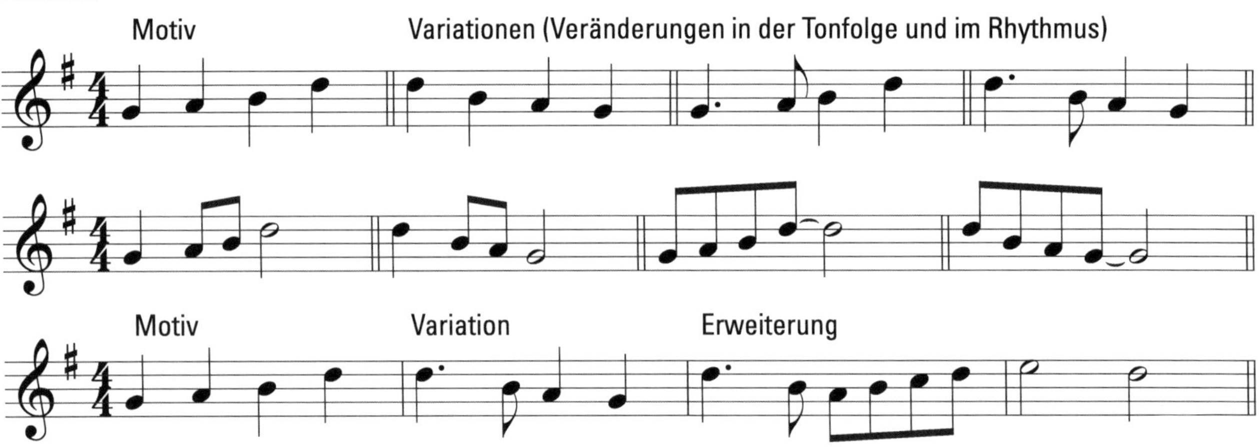

Beginnt auch auf einer anderen Tonstufe:

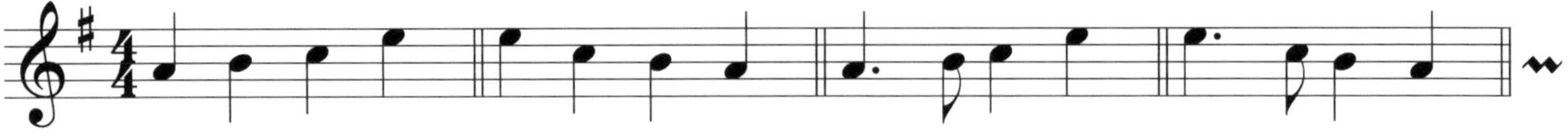

Experimentiert auch mit anderen Metren und spielt z. B. im 3/4-Takt:

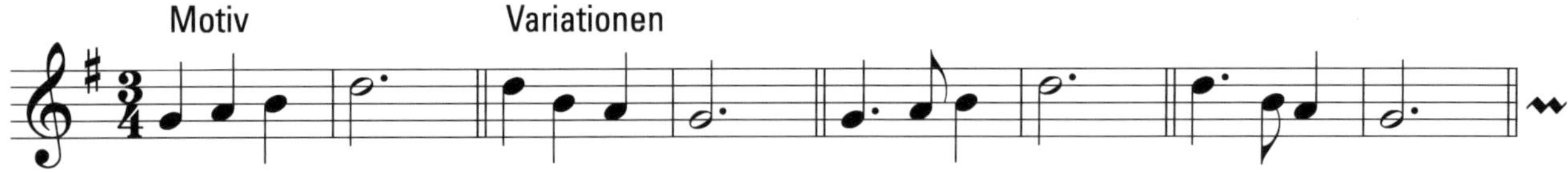

Variationen sind ein Element der Improvisation. Variiert die Melodie des Stückes, indem ihr beispielsweise den Rhythmus beibehaltet und die Tonfolge ändert. Auch andersherum ist es möglich: Spielt die Töne der Melodie in einem anderen Rhythmus; oder spielt z. B. ein oder zwei Takte der Melodie und dann eine Variation.

Eine der ältesten Tonleitern ist die **Pentatonik**. Unzählige Melodien bestehen nur aus diesen fünf Tönen. Sie eignet sich hervorragend für die Improvisation. Wir unterscheiden zwischen Dur- und Moll-Pentatonik:

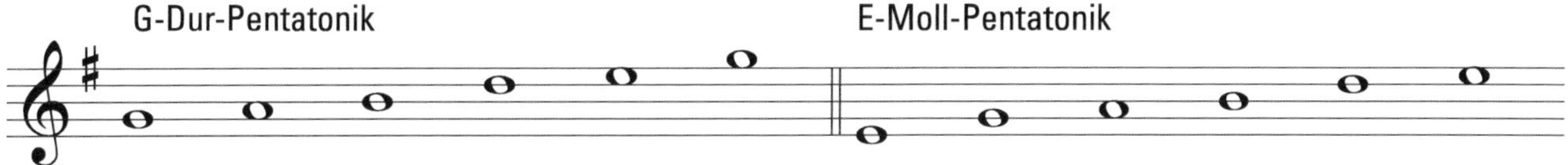

Die **Bluestonleiter** besteht aus den Tönen der Moll-Pentatonik (hier die G-Moll-Pentatonik) mit einem zusätzlichen Halbton zwischen der 3. und 4. Stufe (#4). Sie kann sowohl im Dur- als auch im Moll-Blues (hier in G) verwendet werden.

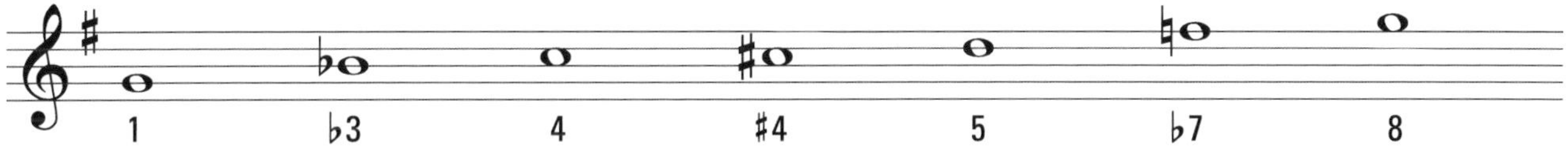

Für die **Improvisation im Jazz** sind harmonische Kenntnisse zwingend erforderlich.
Auf den Tönen der Tonleiter bilden wir nun Septakkorde. Auf der 1. und 4. Stufe entsteht ein Durakkord mit großer Septime (Major 7), auf der 2., 3. und 6. Stufe ein Mollakkord mit kleiner Septime und auf der 5. Stufe ein Durakkord mit kleiner Septime, der Dominantseptakkord. Der Akkord auf der 7. Stufe ist ein verminderter Dreiklang (die Quinte ist vermindert) mit kleiner Septime.

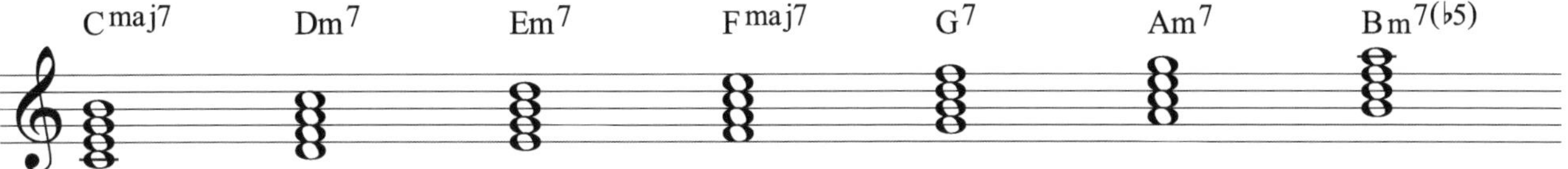

Ein verminderter Vierklang (*dim = diminished)* besteht nur aus kleinen Terzen, Cdim z. B. besteht also aus den Tönen c – es – fis und a.
Slashchords haben nicht den Grundton des Akkords im Bass, sondern den neben dem Strich (Slash) stehenden Ton, C/D z. B. bedeutet also: C-Dur mit D als Basston.
N.C. bedeutet „No Chord", an dieser Stelle wird kein Akkord gespielt, die Begleitung hat Pause.

Ihr könnt über die Akkorde sowohl mit der entsprechenden Tonleiter als auch mit Akkordbrechungen improvisieren. Erweitert den Terzaufbau auch bis zur None.

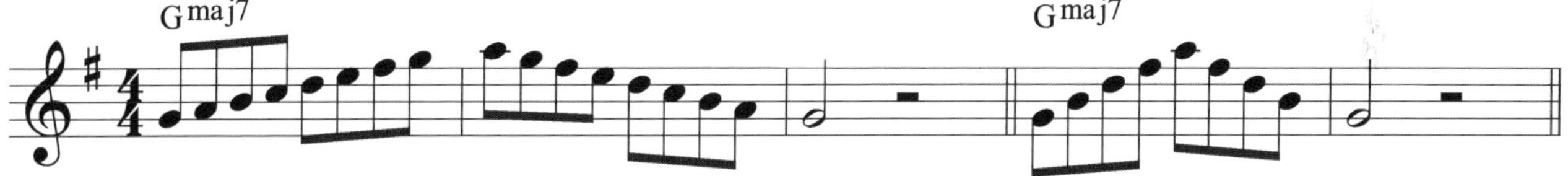

Erweitert euer Klangspektrum durch Chromatik (durch Vorzeichen erzeugte Halbtöne).
Spielt jeden Dreiklangston chromatisch von unten an:

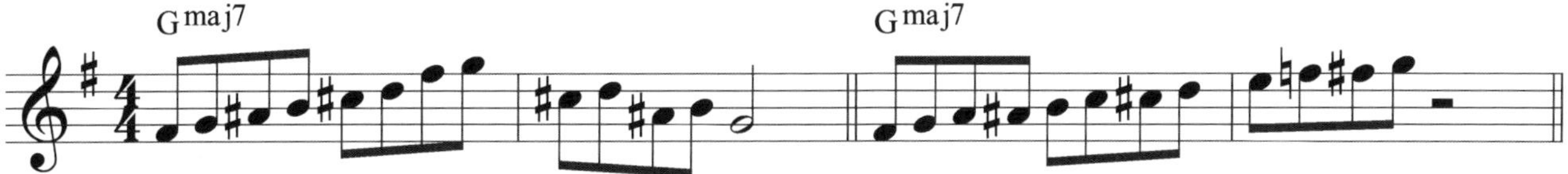

Gut klingt auch die Umspielung von Dreiklangstönen, diatonisch (tonleitereigen) von oben und chromatisch von unten:

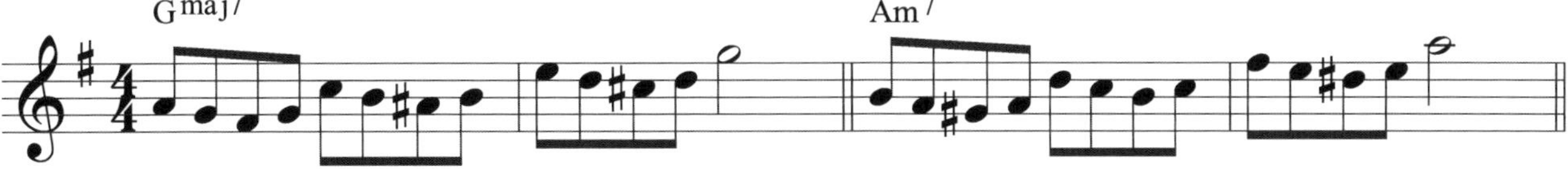

Ein Beispiel mit Tonleiterausschnitten, Akkordbrechungen (bis zur None) und Chromatik über eine gängige Akkordfolge:

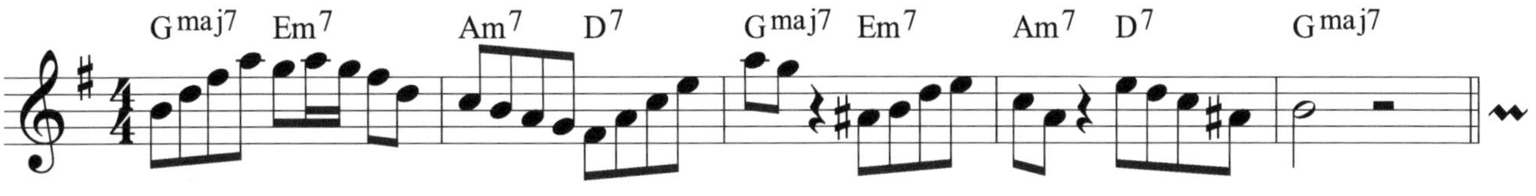

Titelverzeichnis

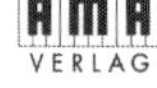

Nr. Titel Seite

20. und 21. Jahrhundert Jazz, Latin, Traditionals, Folk, Blues, Irish, Shanty und Klezmer

Weitere Liederbücher und Spielliteratur von Michael Schäfer im AMA-Verlag

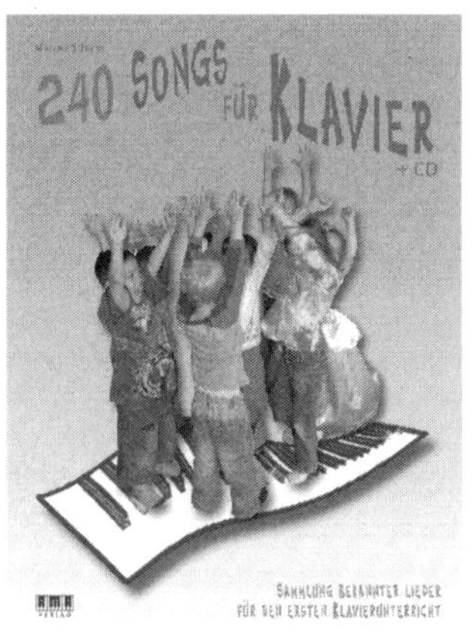

240 Songs für Klavier

Sammlung bekannter Lieder für den ersten Klavierunterricht

Diese Liedersammlung eignet sich hervorragend als begleitendes Spielmaterial für den Anfänger.
Für Kinder zwischen 6 und 14 Jahren, inkl. CD.

Best.-Nr. 610355
ISBN 978-3-89922-069-8

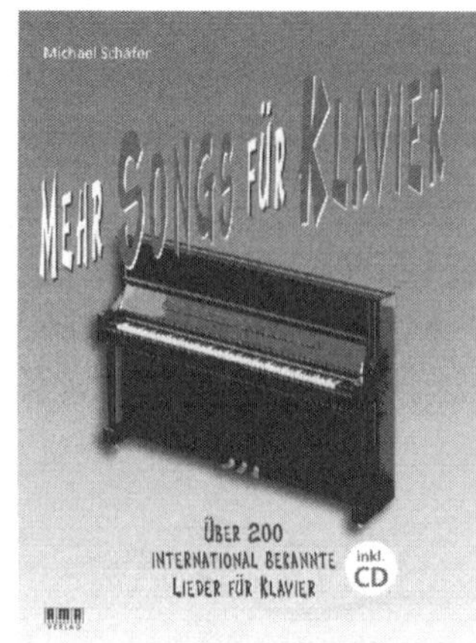

Auf 88 Tasten um die Welt

Sammlung international bekannter Lieder für Klavier

Diese Sammlung ist für Jugendliche und Erwachsene geeinet, die mit dem Klavierspiel beginnen oder wieder einsteigen möchten. Sie ist aber auch für diejenigen interessant, die schon spielen können und sich mit Liedern aus aller Welt beschäftigen möchten. Inkl. CD.

Best.-Nr. 610377
ISBN 978-3-89922-093-3

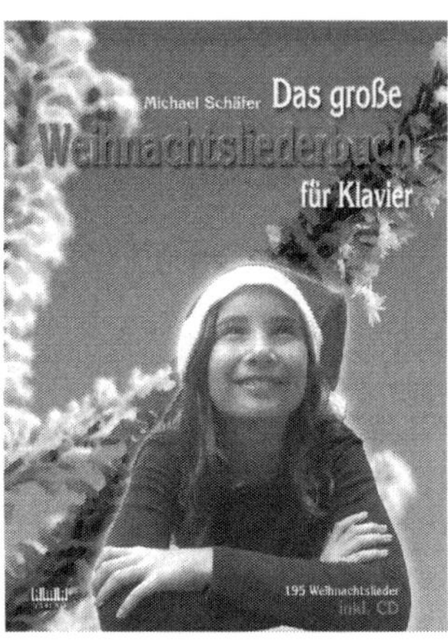

Das große Weihnachtsliederbuch für Klavier

195 Weihnachtslieder aus aller Welt für Kinder, Jugendliche und Erwachsene, die gerade mit dem Klavierspiel beginnen, wieder einsteigen möchten oder schon spielen können.
Inkl. CD.

Best.-Nr. 610428
ISBN 978-3-89922-146-6

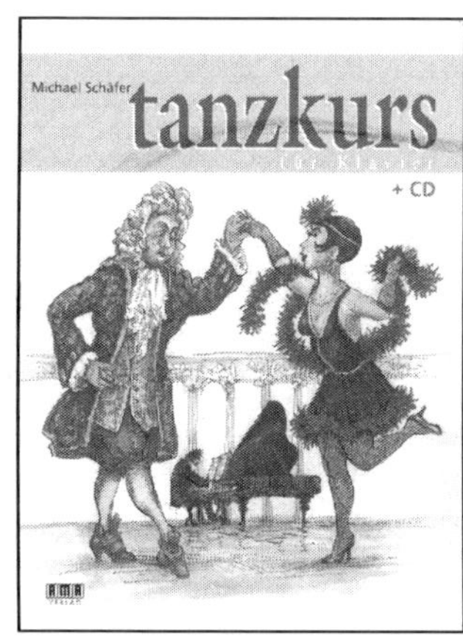

Tanzkurs für Klavier

über 150 internationale Tänze für Klavier

Historische und Höfische Tänze, Volkstänze aus aller Welt, Zunfttänze der Handwerker, Standardtänze und Lateinamerikanische Tänze in leichten Arrangements für Anfänger und Fortgeschrittene.
Inkl. CD.

Best.-Nr. 610464
ISBN 978-3-89922-188-6

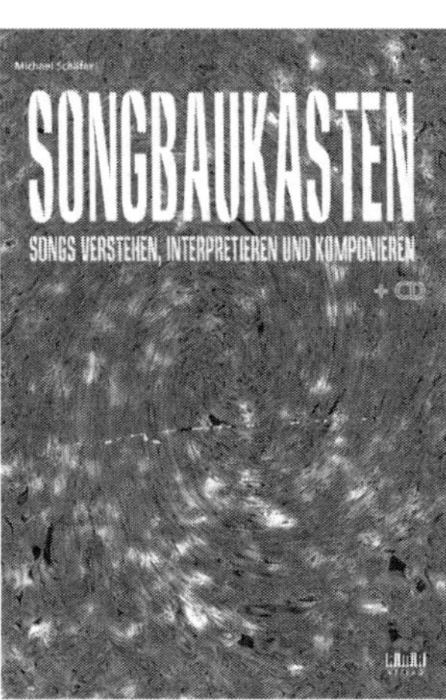

Songbaukasten

Songs verstehen, interpretieren und komponieren

Arbeitsbuch zu den Themen „Klassische Harmonielehre" (Kadenzen), Jazz- und Popharmonielehre (Kadenzen, Akkordbildung, Walking Bass), Spiel nach Akkordsymbolen, Formenlehre (Melodiebildung, Liedgestaltung), Lied- und Songanalyse, Songwriting, Stilkunde (Blues, Pop, Swing, Latin), Grundlagen des Generalbassspiels, inkl. CD.

Best.-Nr. 610510
ISBN 978-3-89922-241-8

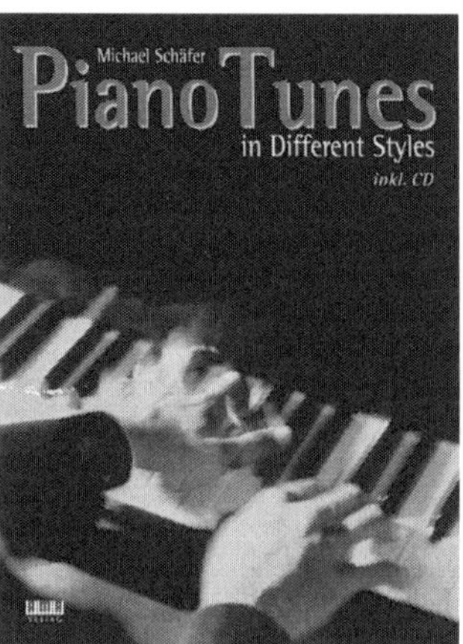

Piano Tunes in Different Styles

Eigenkompositionen in populären Stilrichtungen

Zahlreiche Stücke aus vielen populären Stilrichtungen, wie Blues, Jazz Waltz, Ragtime, Bossa Nova, Boogie-Woogie und anderen.
Inkl. CD.

Best.-Nr. 610394
ISBN 978-3-89922-109-1